团 务 通

基层团务实用手册

（第三版）

上海市团校　编

上海交通大学出版社
SHANGHAI JIAO TONG UNIVERSITY PRESS

图书在版编目(CIP)数据

团务通:基层团务实用手册/上海市团校编. — 3
版. —上海: 上海交通大学出版社,2022.9
ISBN 978 - 7 - 313 - 26953 - 9

Ⅰ. ①团… Ⅱ. ①上… Ⅲ. ①中国共产主义青年团—
共青团工作—手册 Ⅳ. ①D297 - 62

中国版本图书馆 CIP 数据核字 (2022) 第 098465 号

团务通　基层团务实用手册(第三版)
TUANWUTONG　JICENG TUANWU SHIYONG SHOUCE(DI-SANBAN)

编　　者:上海市团校
出版发行: 上海交通大学出版社　　　　　　　　地　址: 上海市番禺路 951 号
邮政编码: 200030　　　　　　　　　　　　　　电　话: 021 - 64071208
印　　制: 上海万卷印刷股份有限公司　　　　　经　销: 全国新华书店
开　　本: 710 mm×1000 mm　1/16　　　　　　印　张: 21.75
字　　数: 289 千字
版　　次: 2007 年 4 月第 1 版　2022 年 9 月第 3 版　　印　次: 2022 年 9 月第 27 次印刷
书　　号: ISBN 978 - 7 - 313 - 26953 - 9
定　　价: 69.00 元

序

　　党的十八大以来，以习近平同志为核心的党中央从确保党的事业薪火相传和中华民族永续发展的战略高度，深刻把握新时代中国青年运动规律，加强党对青年工作的领导，召开党的历史上第一次中央党的群团工作会议，出台新中国历史上第一个青年发展规划，印发党的历史上第一个以党中央名义发布的少先队工作文件，部署共青团改革，推动青年工作取得历史性成就。

　　习近平总书记围绕党的青年工作发表的一系列重要论述，深刻阐明了党的青年工作的地位作用、目标任务、职责使命、实践要求，深刻回答了新时代培养什么样的青年、怎样培养青年，建设什么样的共青团、怎样建设共青团等方向性、全局性、战略性重大课题，把我们党对青年工作的规律性认识提升到了新的高度，为做好新时代党的青年工作指明了前进方向、提供了根本遵循。

　　《团务通》2007年4月问世、2013年修订再版，是一本集共青团的基础知识、基本规范和实务工作于一体的参考工具书，在各级团组织和广大基层团干部中受到好评和欢迎。2022年，恰值党的二十大胜利召开之时，恰逢中国共产主义共青团成立100周年之际，为更好贯彻新时代党的青年工作新要求，适应新时代青年群体新变化和共青团改革工作新形势，修订改版《团务通》十分必要，也是正当其时。《团务通(第三版)》的修订改版是上海共青团庆祝建团百年、推进共青团改革向纵深发展的重点项目，是上海市团校聚焦主责主业、服务共青团事业和团市委工作大局的光荣任务，也是团校学科建设和核心课程教材建设的重要依托。

　　修订改版工作的指导思想：一是以习近平总书记关于青年工作的重要思想为根本遵循。深入贯彻习近平新时代中国特色社会主义思想、党的十九大精神以及党的十九届中央委员会历次全会精神，深刻领会习近平总书记在庆祝中国共产主义青年团成立100周年大会上的重要讲话精神。二是贯彻全团重要工作部署要求。以团的十八大、新团章和十八届历次全会精神为指导，系统介绍"三力一度两保障"新时代共青团工作格局的工作要求和路径方法。三是凸显上海共青团特色。全面总结上海共青团改革和创新工作进展，收集展示相关特色工作案例。四是注重理论系统性和实用工具性兼备。以习近平总书记关于青年工作的重要思想、新时代共青团工作格局为主体内容，另设实用工作方法和共青团简史专章，附录相关工作文件汇编，配套视频微课程，辅以数字出版和互联网衍生阅读平台。

2021年7月，在团市委指导下，成立由校领导牵头、26名教师组成的校内重点工作项目组，推动编撰工作有序进行。在团市委各部门的大力支持下，广泛收集素材资料。系统整理习近平总书记关于青年工作的重要思想内容，收集了近五年来团中央印发的各类制度文件，全面梳理了上海共青团历年工作资料与各类素材。全书融汇了团的十八大以来至共青团十八届六中全会团中央书记处的重要工作思考、工作部署和工作要求。本书共八章，涵盖了理论到实务等方方面面的内容，同时吸收了全国共青团各条线、各领域的重点品牌工作。

第一章习近平总书记关于青年工作的重要思想。本章系统阐述习近平总书记关于青年工作的重要思想的科学内涵，贯彻习近平总书记在庆祝中国共产主义青年团成立100周年大会上的重要讲话精神。

第二章青少年思想政治引领。本章主要以共青团十八届三中全会精神为指导，重点围绕青少年思想政治引领规律、共青团宣传思想文化工作以及深入实施青年马克思主义者培养工程等方面进行阐述。

第三章组织动员青年。本章结合相关文件要求和改革实践，介绍新形势下共青团的组织体系建设和创新，呈现共青团组织动员的方法和举措，分析青联、学联的改革要求与发展路径，归纳联系、服务和引导青年社会组织的经验，探讨新兴青年群体的工作方法和策略，从多维度展现新时代共青团提升组织力的要求、方法和经验。

第四章联系服务青少年。本章围绕履行巩固和扩大党执政的青年群众基础这一政治责任进行系统阐述。深刻把握青年发展的政治价值，充分发挥青年发展工作的政治功能。以纵深推动《中长期青年发展规划（2016—2025年）》落实为统揽，加强政策倡导和社会倡导能力，帮助青年解决实际问题。切实维护青少年合法权益，完善具有中国特色的青年发展政策体系和工作机制，着力提升各级团组织的服务意识、服务能力、服务效果。

第五章紧扣中心大局，提升共青团青年工作的大局贡献度。本章聚焦提升大局贡献度，重点从围绕经济高质量发展下的共青团组织青年创新创业创优、在民主政治建设中加强青年参与、在创新社会治理中展现青年力量、共青团组织动员青年投身生态文明建设以及围绕乡村振兴团结带领青年奋发作为等方面进行阐述。

第六章全面从严治团。本章主动对标全面从严治党具体要求，紧扣共青团的根本任务、政治责任和工作主线，锚定保持和增强"三性"的目标，以发扬自我革命精神，扎实推进全面从严治团，主要围绕坚持党的全面领导、提升组织效能、加强团干部和团员队伍建设以及加强制度建设等方面的内容进行阐述。

第七章介绍共青团的实用工作方法。本章内容包括制定计划、调查研究、理论学习、有效开会、交友活动、新媒体宣传、微团课等实用工作方法。

第八章介绍共青团简史。贯彻正确党史观，梳理党领导下共青团百年奋斗征程和宝贵历史经验。

2022年是进入全面建设社会主义现代化国家、向第二个百年奋斗目标进军新征程的关键一年，党领导下的中国青年运动迎来了建团百年的历史性时刻。我们将聚焦迎接和学习、宣传、贯彻党的二十大这一主线，围绕共青团十八届六中全会和团上海市委十五届六次全会确定的各项目标任务，进一步提升引领力、组织力、服务力，不断提高大局贡献度，团结引领广大团员青年奋进新征程，建功新时代。

目　录

第四章　联系服务青少年

第五章　紧扣中心大局,提升共青团青年工作的大局贡献度

第六章　全面从严治团

第七章　共青团的实用工作方法

第八章　共青团简史

后记

第一章
习近平总书记关于青年工作的重要思想

关键词： 习近平;中国共产党;共青团;青年;青年工作;马克思主义;毛泽东;邓小平;江泽民;胡锦涛;青年观;中华传统文化;理想信念;立德修身;知行合一;全面发展;人类命运共同体;时代新人;青年运动;中国梦;职责;使命;助手;时代主题;后备军;根本任务;政治责任;工作主线;引领凝聚;组织动员;联系服务;社会主义核心价值观;去四化;强三性;从严治团;新时代;党管青年

习近平总书记关于青年工作的重要思想是对党的十八大以来习近平总书记对青年发展和青年工作所作的 系列重要论述的理论总结,是马克思主义青年观中国化的最新成果。它系统深刻地回答了为谁培养青年、培养什么样的青年以及如何培养青年等一系列新时代青年工作的重大问题。

习近平新时代中国特色社会主义思想是习近平总书记关于青年工作的重要思想的指导思想和精神纲领,是习近平新时代中国特色社会主义思想的重要组成部分。习近平总书记关于青年工作的重要思想不仅具有丰富的理论内涵和鲜明的理论品格,还具有科学的时代价值,为提高新时代青年工作的实效性,推动青年工作的现代化提供了根本遵循。

第一节　习近平总书记关于青年工作的重要思想的
　　　　理论价值和实践意义

一、习近平总书记关于青年工作的重要思想的提出

习近平总书记指出,"当前,我国处于近代以来最好的发展时期,世界处于百年未有之大变局,两者同步交织、相互激荡。"①这是习近平总书记对当代中国面临的内外总体形势的总判断,也是习近平总书记关于青年工作的重要思想产生的时代依据。

党的十八大以来,习近平总书记在全面推进中国特色社会主义建设的过程中十分重视关心青年和青年工作。他坚持党对青年工作领导的优良传统,思想上尊重青年,

---

① 坚持以新时代中国特色社会主义外交思想为指导 努力开创中国特色大国外交新局面[N].人民日报,2018-06-24(001).

感情上贴近青年,工作上依靠青年,行动上深入青年,站在党和国家事业薪火相传的战略高度,从理论和实践相结合上深刻回答了新时代关于党的青年工作的重大课题。他在一系列重要讲话、书信以及座谈等内容中,对做好新时代青年工作作出明确论述。

这些重要论述包括《在同团中央新一届领导班子成员集体谈话时的讲话》(2013 年 6 月 20 日)、《在中央党的群团工作会议上的讲话》(2015 年 7 月 6 日)、《在全国高校思想政治工作会议上的讲话》(2016 年 12 月 7 日)、《党的十九大报告》(2017 年 10 月 18 日)、《在同团中央新一届领导班子成员集体谈话时的讲话》(2018 年 7 月 2 日)、《在纪念五四运动 100 周年大会上的讲话》(2019 年 4 月 30 日)、《在庆祝中国共产党成立 100 周年大会上的讲话》(2021 年 7 月 1 日)、《在庆祝中国共产主义青年团成立 100 周年大会上的讲话》(2022 年 5 月 10 日)、《论党的青年工作》等。这一系列重要论述形成了习近平总书记关于青年工作的重要思想。

2018 年 6 月 26 日,中共中央政治局常委、中央书记处书记、中央政策研究室主任王沪宁在中国共产主义青年团第十八次全国代表大会上代表党中央致词。在致词中,他首次使用了"习近平总书记关于青年工作的重要思想"这一政治理论术语。这标志着中共中央对这一中国青年运动和青年工作的重大指导思想作为一个完整体系作出了历史性总结和集中性标定。

王沪宁指出:"习近平总书记关于青年工作的重要思想,深刻阐明了党的青年工作的地位作用、目标任务、职责使命、实践要求,深刻回答了新时代培养什么样的青年、怎样培养青年,建设什么样的共青团、怎样建设共青团等方向性、全局性、战略性重大课题,把我们党对青年工作的规律性认识提升到了新的高度,为做好新时代党的青年工作指明了前进方向、提供了根本遵循。"①

1.1.1　王沪宁在中国共产主义青年团第十八次全国代表大会上的致词

二、习近平总书记关于青年工作的重要思想的理论价值和实践意义

习近平总书记关于青年工作的重要思想极大促进了中国共产党青年工作思想科学内涵的进一步丰富,推动党的青年工作所依托的思想体系不断成熟完善,是党在新时代领导青年工作过程中形成的关键理论创新和重大实践创新成果的集中体现,对于推动党的青年工作产生历史性变革具有重大意义。它是理论与实践相结合的产物,是对马克思主义青年观、中国化马克思主义青年观的坚持与发展,是对

---

① 王沪宁.乘新时代东风　放飞青春梦想——在中国共产主义青年团第十八次全国代表大会上的致词[N].人民日报,2018 – 06 – 26(02).

中华优秀传统文化创造性的发展和转化,具有重大的理论价值和实践指导意义。

首先,习近平总书记关于青年工作的重要思想创新发展了中国化马克思主义青年观,整体推进了中国特色社会主义青年工作理论体系构建,是新时代最具科学性、系统性的党的青年工作指导思想体系,有助于我们立足中国特色社会主义新时代的历史方位,进一步深化对新时代中国青年特殊本质的认识,将马克思主义的立场、观点、方法创造性地运用于党领导的青年工作,并在新时代党领导的青年工作新实践中深刻把握其中蕴含的正确观点和科学方法,不断增强发现、分析和解决新时代青年问题的能力,将马克思主义青年观中国化推进到新的境界。

同时,这一重要思想对于把握时代性、立足现实性、找准针对性,探究新时代党的青年工作实践新样态、新规律,对于新时代全面推动青年工作发展,提升青年工作的规范化、科学化水平,创新青年工作实践模式,在复杂的国际国内形势下提高我国青年工作影响力具有积极的促进作用。

其次,习近平总书记关于青年工作的重要思想立足新时代中国青年实际问题,以马克思主义基本原理作为理论基础,全面揭示了新时代青年的本质、青年的历史使命、青年健康成长的规律等根本问题,为青年在建设中国特色社会主义现代化中建功立业,实现自我完善和全面发展提供了认识论基础。

习近平总书记关于青年工作的重要思想立足解决新时代青年成长成才、身心健康、就业创业、社会融入、婚恋交友等问题,以为青年全面发展创造良好环境和条件为价值旨归,继承创新中华优秀传统文化基因,为青年自身发展指明了具有"中国特色、中国气派、中国风格"的实践路径,促使青年将个人的前途命运与国家民族的前途命运有机结合起来,认清自身先锋和生力军的地位和作用,自觉自愿地承担起实现中华民族伟大复兴中国梦的神圣历史使命,在投身民族复兴的伟业中放飞青春梦想,实现自己的人生价值。

第二节　习近平总书记关于青年工作的重要思想的理论渊源

习近平总书记关于青年工作的重要思想是马克思主义青年工作思想与当代中国具体实际相结合产生的重大理论成果,是对马克思主义经典作家青年观、中国共产党人青年思想的继承和发展,同时也是对中华优秀传统文化的传承与创新。

一、马克思主义经典作家青年观

青年观是关于青年和青年工作的立场、观点和方法的总和。马克思主义青年观是辩证唯物主义和历史唯物主义在青年工作领域的具体运用与发展,是马克思主义在观察、研究和开展青年工作中的根本立场、观点、方法的综合,是马克思主义科学理论的重要组成部分。

习近平总书记关于青年工作的重要思想是对马克思主义青年观的根本继承,是对中国化马克思主义青年观的推进与发展。以习近平同志为核心的党中央在推进实现中华民族伟大复兴的中国梦的历史征程中,不断丰富对新时代青年的认识,推进青年工作科学化水平的提升,促进青年的全面发展,创新发展了马克思主义青年观,推动深化了马克思主义青年观的中国化。

(一)青年是人类未来的希望

19世纪80年代,世界范围内的工人运动蓬勃兴起。无产阶级革命导师深刻认识到青年与工人运动之间的必然联系,科学地揭示了青年的历史定位。他们把青年看成人类未来的希望,充分肯定青年在推动历史发展、建设共产主义事业进程中的重要作用。

马克思指出,"历史不外是各个世代的依次交替","在变革社会的进程中,青年是一支重要推动力量。"1845年,恩格斯在谈到德国工人运动时指出:"实现这一变革的将是德国的青年。但是这种青年不应该在资产阶级中去寻找。德国的革命行动将从我们的工人当中开始。"①

列宁认为,青年是进步的政治力量,是各个政党千方百计争取的对象。他说:"我们是未来的党,而未来是属于青年的。我们是革新者的党,而总是青年更乐于跟着革新者走。我们是跟腐朽的旧事物进行忘我斗争的党,而总是青年首先投身到忘我斗争中去。"②1920年10月,他在《青年团的任务》中明确指出,"真正建立共产主义社会的任务正是要由青年来担负。""必须更广泛和更大胆地、更大胆和更广泛地、再更广泛和再更大胆地把青年组织起来。"③

(二)关注青年一代的教育和培养

马克思指出:"最先进的工人完全了解,他们阶级的未来,从而也是人类的未来,完全取决于正在成长的工人一代的教育。"④列宁明确指出,要承担起建立共产主义的任务,全体青年的任务"就是要学习","只有了解人类创造的一切财富以丰富自己的头脑,才能成为共产主义者。"⑤他特别强调,青年"必须把自己的教

---

① 马克思,恩格斯.马克思恩格斯全集:第2卷[M].北京:人民出版社,1995:629.
② 列宁.列宁全集:第14卷[M].北京:人民出版社,1988:161.
③ 列宁.列宁选集:第4卷[M].北京:人民出版社,1995:281.
④ 马克思,恩格斯.马克思恩格斯全集:第21卷[M].北京:人民出版社,2003:270.
⑤ 列宁.列宁选集:第4卷[M].北京:人民出版社,1995:285.

育、训练和培养同工农的劳动结合起来,不要关在自己的学校里,不要只限于阅读共产主义书籍和小册子。只有在与工农的共同劳动中,才能成为真正的共产主义者。"①

(三) 造就全面发展的一代新人

人的全面发展理论是马克思主义的重要内容。马克思主义经典作家认为,人的全面发展实质是人的一切属性的全面发展,包括物质属性和精神属性,包括作为生产力要素和生产关系要素的人的全面发展,即人的智力、体力、道德、思想、审美等方面的自由、充分、协调发展。个人的全面发展与社会整体的全面发展是相互促进的,两者在实践上是统一的。因此,促进青年的全面发展是马克思主义青年观的重要内容,造就全面发展的一代新人是青年工作的根本任务。马克思、恩格斯认为,一方面"由整个社会共同经营生产和由此而引起的生产的新发展,也需要完全不同的人,并将创造出这种人来。"②另一方面,"个人的全面发展,只有到了外部世界对个人才能的实际发展所起的推动作用为个人本身所驾驭的时候,才不再是理想、职责等等,这也正是共产主义者所向往的。"③

由上可见,马克思主义经典作家始终将青年和青年工作放置于特定的历史背景下,在与无产阶级革命理论和革命实践紧密结合的过程中,形成了高度重视青年的历史作用,高度关注青年成长与培养的具有鲜明的阶级性、革命性和时代性的无产阶级青年观。

二、中国化马克思主义青年观
(一) 毛泽东关于青年和青年工作的论述

毛泽东在革命和建设时期对青年和青年工作作出了一系列重要论述。这些论述是马克思主义青年观与中国具体实际紧密结合基础上的本土化创新,开启了马克思主义青年观的中国化进程。

青年是最积极最有生气的力量,起了先锋队的作用。在革命年代,毛泽东认为"没有他们,革命队伍就不能发展,革命就不能胜利。"④1939年,他在《青年运动的方向》中说:"'五四'以来,中国青年们起了什么作用呢?起了某种的先锋队作用……什么叫做先锋队的作用?就是带头作用,就是站在革命队伍的前头。"在社会主义建设时期,毛泽东认为"青年是整个社会力量中的一部分最

---

① 列宁.列宁选集:第4卷[M].北京:人民出版社,1995:295.
② 马克思,恩格斯.马克思恩格斯全集:第4卷[M].北京:人民出版社,1995:532.
③ 马克思,恩格斯.马克思恩格斯全集:第3卷[M].北京:人民出版社,1995:330.
④ 中共中央文献研究室.毛泽东年谱(中卷)[M].北京:中央文献出版社,2013:143.

积极最有生气的力量"①,是无产阶级革命和社会主义建设事业的接班人。1957 年 11 月,他在莫斯科大学接见中国留学生时说:"世界是你们的,也是我们的,但是归根结底是你们的。你们青年人朝气蓬勃,正在兴旺时期,好像早晨八九点钟的太阳。希望寄托在你们身上。"②"早晨八九点钟的太阳"由此成为青年的代名词,昭示着青年群体蓬勃向上的生命朝气,体现出我们党对青年寄予的殷切期望。

青年要德智体全面发展,做"三好"学生。毛泽东指出,"我们的教育方针,应该使受教育者在德育、智育、体育几方面都得到发展,成为有社会主义觉悟的有文化的劳动者。"他特别强调青年要具有强健的体魄。他早年在《体育之研究》(《新青年》杂志 1917 年 4 月 1 日)中说:"体者,为知识之载而为道德之寓者也,其载知识也如车,其寓道德也如舍。"为此,他要求青年学生做"身体好,学习好,工作好"的"三好"学生。

既要加强党对青年工作的领导,又要照顾青年的特点。毛泽东坚持党对青年工作的领导这一优良传统。1939 年 12 月,他在《一二九运动的伟大意义》的讲演中说:"共产党从诞生之日起,就是同青年学生、知识分子结合在一起的;同样,青年学生、知识分子也只有跟共产党在一起,才能走上正确的道路。"③他强调坚持党对青年工作领导的重要性,同时也指出不要一味遵从党的领导而忽视青年工作的特殊性及青年群体的需求。

1953 年 6 月,他在接见中国新民主主义青年团二大主席团时发表重要讲话,指出:"青年团要配合党的中心工作,但在配合党的中心工作当中,要有自己的独立工作,要照顾青年的特点。""青年人和成年人不同,女青年和男青年也不同,不照顾这些特点,就会脱离群众。你们现在有九百万团员,如果不注意青年的特点,也许就只有一百万拥护你们,八百万不拥护你们。"④

(二)邓小平关于青年和青年工作的论述

邓小平关于青年和青年工作的论述在继承马克思主义青年观的基础上,对中国化马克思主义青年观作出了时代化的创新。

青年最肯学习、最少保守,是社会主义建设的急先锋。邓小平肯定青年是最肯学习、最少保守的一支力量。1957 年 5 月,他在中国新民主主义青年团第三次

---

① 毛泽东.毛泽东选集:第 4 卷[M].北京:人民出版社,1991:247.

② 毛泽东.建国以来毛泽东文稿(第 6 册)[M].北京:中央文献出版社,1987:650 - 651.

③ 团中央青运史研究室、中央档案馆.中共中央青年运动文件选编(1921 年 7 月—1949 年 9 月)[M].北京:中国青年出版社,1988:506.

④ 郑洸、叶学丽.中国共产党与中国共青团关系史略[M].北京:中共党史出版社,2015:133.

全国代表大会上热情赞扬青年"是我国社会主义建设事业的急先锋,是人民幸福生活的创造者。"①他说,"青年一代的成长是我们事业兴旺发达的希望所在",面向 21 世纪,要将建设有中国特色社会主义事业推向前进。

立足"三个面向",培养"四有"新人和"四化"干部。1983 年 10 月 1 日,邓小平为景山学校题词"教育要面向现代化,面向世界,面向未来。"②这是他对教育发展提出的战略方针,也为青少年教育工作发展指明了方向。从我国社会主义初级阶段国情和中国特色社会主义建设的实际出发,邓小平提出了"四有"新人的青年培养目标,"四有"即"有理想、有道德、有文化、有纪律"。③ 他还提出,要加强青少年思想政治教育工作。他说:"我们希望从事教育工作的同志,各个有关部门的同志,整个社会的家家户户,都来关心青少年思想政治进步,把被'四人帮'破坏了的优良革命传统恢复和发扬起来。"④

此外,他从革命和建设的战略需要角度对干部培养选拔提出了"革命化、年轻化、知识化、专业化"的"四化"要求。他说:"要制定一系列制度包括干部制度和教育制度,鼓励年轻人。"⑤他还指出,"必须打破常规去发现、选拔和培养杰出人才。"⑥

(三)江泽民关于青年和青年工作的论述

江泽民关于青年和青年工作的论述,继承和发展了毛泽东、邓小平的青年观,丰富和深化了中国化马克思主义青年观,并将其推向 21 世纪。

青年兴则国家兴,青年强则国家强。江泽民在肯定青年作为"生力军和突击队"角色的基础上,对梁启超的"少年强则国强"作了时代化阐释。他说:"青年兴则国家兴,青年强则国家强,青年有希望,未来的发展就有希望。"⑦2002 年,他在纪念共青团成立八十周年大会上指出:"马克思主义政党只有赢得青年,才能赢得未来。"

强调青年思想教育中的"四个统一"和"四以"方法。江泽民向全国各界青年提出了"坚持四个统一"的号召:"学习科学文化与加强思想修养的统一,学习书本知识与投身社会实践的统一,实现自身价值与服务祖国人民的统一,树立远大

---

① 邓小平.邓小平文选:第 1 卷[M].北京:人民出版社,1994:276-277.
② 邓小平.邓小平文选:第 3 卷[M].北京:人民出版社,1993:35.
③ 邓小平.邓小平文选:第 3 卷[M].北京:人民出版社,1993:110.
④ 邓小平.邓小平文选:第 2 卷[M].北京:人民出版社,1983:105-106.
⑤ 邓小平.邓小平文选:第 3 卷[M].北京:人民出版社,1993:179.
⑥ 邓小平.邓小平文选:第 2 卷[M].北京:人民出版社,1983:95.
⑦ 江泽民与团中央新一届领导成员和团十四大部分代表座谈时的讲话[N].人民日报,1998-06-25(001).

理想与进行艰苦奋斗的统一。"①

江泽民认为,在青年思想教育中要贯彻"四以"的方法论。他在庆祝中国共产党成立八十周年大会上的讲话中指出,培养一代又一代有理想、有道德、有文化、有纪律的公民。"要坚持以科学的理论武装人,以正确的舆论引导人,以高尚的精神塑造人,以优秀的作品鼓舞人。"

(四) 胡锦涛关于青年和青年工作的论述

胡锦涛对"新世纪培养什么样的青年以及如何培养青年"等问题作出了较为系统科学的理论阐发,形成了关于青年和青年工作的重要论述。

青年是推动历史发展和社会前进的重要力量。在中国共产主义青年团第十四次全国代表大会上,胡锦涛指出:"一个有远见的民族,总是把关注的目光投向青年;一个有远见的政党,总是把青年看作是推动历史发展和社会前进的重要力量。我们的民族就是这样的民族,我们的党就是这样的党。"

育人为本、德育为先,全员全过程全方位育人。胡锦涛指出:"高校是培育人才的重要基地,必须把培养中国特色社会主义事业的建设者和接班人作为根本任务。""全国高校都要始终不渝地全面贯彻党的教育方针,坚持学校教育、育人为本,德智体美、德育为先,充分发挥大学生思想政治教育主阵地、主课堂、主渠道的作用,全方位推进大学生思想政治教育,多方面促进大学生全面发展。"他强调,高校思政教育要以理想信念教育为核心,以爱国主义教育为重点,以基本道德规范为基础,以大学生全面发展为目标,大力培养造就社会主义事业建设者和接班人。②

坚持服务青年与教育青年相结合。胡锦涛提出:"各级共青团组织要认真做好青年和青年学生工作,加强教育引导,主动提供服务,切实维护他们的合法权益……社会各界都要关心爱护青年和青年学生,为他们健康成长营造良好社会环境。"③他主张青年工作要转换思路,"要把教育青年和服务青年有机结合起来,既要以理服人,又要以情感人,切实帮助青年解决学习、工作和生活中的实际问题,尤其要为下岗青工、农村贫困青年、进城务工青年、经济上有困难的学生排忧解难,多办实事。"④并强调共青团要实现工作思路、工作方式、自身建设三个创新。

---

① 在庆祝北京大学建校100周年大会上的讲话[N].人民日报,1998-05-05(001).

② 胡锦涛.在全国加强和改进大学生思想政治教育工作会议上讲话[N].山西日报,2005-01-19.

③ 胡锦涛.在同中国农业大学师生代表座谈时的讲话[EB/OL].(2009-05-02).http://www.gov.cn/ldhd/2009-05/02/content_1302750.htm.

④ 胡锦涛强调充分发挥广大团员青年在现代化建设中的生力军和突击队作用[N].中国青年报,1999-12-13(001).

三、中华优秀传统文化

中华优秀传统文化是习近平总书记关于青年工作的重要思想的重要源泉之一。习近平总书记在中央党校 2013 年春季学期开学典礼上指出："中国传统文化博大精深,学习和掌握其中的各种思想精华,对树立正确的世界观、人生观、价值观很有益处。"2014 年 2 月,他在主持政治局集体学习时用"讲仁爱、重民本、守诚信、崇正义、尚和合、求大同"这六个方面高度概括了中华优秀传统文化的思想精髓,并要求深入挖掘和阐发中华优秀传统文化的时代价值。他对青年成长和发展提出的要求以及关于青年教育的思考中都蕴含着丰富的优秀传统文化内容。

（一）人生要坚定理想信念

习近平总书记引用郑板桥的《竹石》诗"咬定青山不放松,立根原在破岩中。千磨万击还坚劲,任尔东西南北风"①,强调坚定理想信念对于年轻人成长的重要性。广大青年在实现中华民族伟大复兴的道路上要自信、要坚守,要有坚定的理想和崇高的信念,不为利益所诱惑,不为困难所困扰,要像岩竹一样历经千万磨难,仍然坚韧不拔。他引用"岳母刺字 精忠报国"②的故事,激励青年要从小立志心怀天下、心怀苍生、心怀祖国,要有家国情怀。

（二）发展以立德修身为要

习近平总书记强调,青年要"志存高远、德才并重、情理兼修、勇于开拓"。③他以"从善如登,从恶如崩"告诫青年要注重"立德修身",要求青年"勿以善小而不为,勿以恶小而为之"。④ 在谈到社会主义核心价值观时,他表示"核心价值观,其实就是一种德,既是个人的德,也是一种大德,就是国家的德、社会的德。国无德不兴,人无德不立。"⑤

（三）知行合一方能成长

习近平总书记以"学如弓弩、才如箭镞"激励青年通过学习打好厚实的人生根基,号召青年把学习当成首要任务,"树立梦想从学习开始、事业靠本领成就的观念,让勤奋学习成为青春远航的动力,让增长本领成为青春搏击的能量。"他认为"博学之,审问之,慎思之,明辨之"是学习过程必经的四个阶段,强调知行合一在学习过程中的重要作用,希望青年做到知行合一、学以致用。⑥

---

① 平"语"近人——习近平总书记用典解说词(第十一集)咬定青山不放松[EB/OL]."学习强国"学习平台,2018-10-19.

② 单洁.习近平总书记的文学情缘[J].共产党员,2016(11).

③ 习近平.论党的青年工作[M].北京：中央文献出版社,2022：111.

④ 中共中央文献研究室.十八大以来重要文献选编(上)[M].北京：中央文献出版社,2014：280.

⑤ 中共中央文献研究室.十八大以来重要文献选编(上)[M].北京：中央文献出版社,2014：279.

⑥ 中共中央文献研究室.十八大以来重要文献选编(中)[M].北京：中央文献出版社,2016：3.

（四）成才需要笃行实践

2013 年 5 月 4 日，习近平总书记在同各界优秀青年代表座谈时指出"空谈误国、实干兴邦"。2014 年 5 月 4 日在北京大学师生座谈会上他强调，青年要"道不可坐论，德不能空谈。于实处用力，从知行合一上下功夫。"①他在多个场合引用"合抱之木，生于毫末；九层之台，起于累土"告诫青年，"千里之行，始于足下"，要从小事和点滴做起，要有坚韧不拔、百折不挠的精神，一步一个脚印才能成就大事。

（五）坚持创新才能与时俱进

习近平总书记认为"青年是社会上最富活力、最具创造性的群体，理应走在创新创造前列。"2013 年 5 月 4 日，他在同各界优秀青年代表座谈时提出"苟日新，日日新，又日新"，要求广大青年一定要主动增强创新意识、提高创新能力，争做锐意进取、开拓创新的时代先锋。他指出"不日新者必日退"。他强调"惟改革者进，惟创新者强，惟改革创新者胜。"②

（六）要为构建人类命运共同体而努力

习近平总书记在纪念五四运动 100 周年大会上的讲话中指出："青年是国家的未来，也是世界的未来。中国梦与世界梦息息相通，中华民族应该对人类社会作出更大贡献。新时代中国青年，要有家国情怀，也要有人类关怀，发扬中华文化崇尚的四海一家、天下为公精神，为实现中华民族伟大复兴而奋斗，为推动共建'一带一路'、推动构建人类命运共同体而努力。"他在同越共中央总书记阮富仲会谈时指出："'国之交在于民相亲'，而'民相亲'要从青年做起。"③

综上可见，习近平总书记关于青年工作的重要思想秉承了中华优秀传统文化的基因，是在新的历史条件下对优秀传统文化创造性的发展和转化。

1.2.1　习近平总书记在庆祝中国共产主义青年团成立 100 周年大会上的讲话

第三节　习近平总书记关于青年工作的重要思想的科学内涵

习近平总书记关于青年工作的重要思想包括青年工作的战略定位（战略地位

①　习近平.2014 年 5 月 4 日在北京大学师生座谈会上的讲话［EB/OL］."学习强国"平台，2014 - 05 - 14.

②　习近平对上海代表团审议：创新是引领发展第一动力［EB/OL］.（2015 - 03 - 06）.https://news.youth.cn/gn/201503/t20150306_6509043.htm.

③　习近平同越共中央总书记阮富仲举行会谈［EB/OL］.（2015 - 04 - 07）.http://www.gov.cn/xinwen/2015 -04/07/content_2843540.htm.

论)、中国青年运动的时代主题(时代主题论)、青年工作的职责使命(职责使命论)、青年一代健康成长的正确道路(成长成才论)、青年工作的路径方法(路径方法论)、共青团改革发展的目标任务(深化改革论)、加强党对青年工作的领导(政治保证论)七个方面内容,深刻回答了新时代培养什么样的青年、怎样培养青年,建设什么样的共青团、怎样建设共青团等方向性、全局性、战略性重大课题。

一、青年工作的战略地位

习近平总书记关于青年工作的重要思想是基于党和国家事业薪火相传的战略高度和"两个布局""两个大局"的战略视野,来认识和看待青年和青年工作的战略地位的。"两个布局"指的是"五位一体"总体布局和"四个全面"战略布局,"两个大局"是指"中华民族伟大复兴战略全局"和"世界百年未有之大变局"。

(一)青年是战略性群体

从青年时期对人生的重要性、青年对党的重要性、青年对国家和社会的重要性,以及党对青年的态度四个维度出发,习近平总书记关于青年工作的重要思想界定了青年本质,明确了青年群体的战略性地位。

青年时期对人生的重要性。习近平总书记认为,青年时期是培养和训练科学思维方法和思维能力的关键时期。[①] 他在纪念五四运动 100 周年大会上的重要讲话中指出:"自古英雄出少年。在漫漫历史长河中,人类社会青年英雄辈出,中华民族青年英雄辈出。《共产党宣言》发表时马克思是 30 岁,恩格斯是 28 岁。列宁最初参加革命活动时只有 17 岁。牛顿和莱布尼茨发现微积分时分别是 22 岁和 28 岁,达尔文开始环球航行时是 22 岁,爱因斯坦提出狭义相对论时是 26 岁。贾谊写出'西汉一代最好的政论'时不到 30 岁,王勃写下千古名篇《滕王阁序》时才 20 多岁。在我们党领导人民进行革命、建设、改革的伟大历史进程中更是青年英雄辈出。中共一大召开时毛泽东是 28 岁,周恩来参加中国共产党时是 23 岁,邓小平参加旅欧中国少年共产党时是 18 岁。杨靖宇牺牲时是 35 岁,赵一曼牺牲时是 31 岁,江姐牺牲时是 29 岁,红三十四师师长陈树湘牺牲时是 29 岁,邱少云牺牲时是 26 岁,雷锋牺牲时是 22 岁,黄继光牺牲时是 21 岁,刘胡兰牺牲时只有 15 岁。守岛 32 年的王继才第一次登上开山岛时是 26 岁,航天报国的嫦娥团队、神舟团队平均年龄是 33 岁,北斗团队平均年龄是 35 岁。这样的青年英杰数不胜数!"

青年对党的重要性。习近平总书记说:"代表广大青年、赢得广大青年、依靠

---

① 习近平.论党的青年工作[M].北京:中央文献出版社,2022:142.

广大青年是我们党不断从胜利走向胜利的重要保证。"①他在庆祝中国共产党成立九十五周年大会上的讲话中指出:"青年是祖国的未来、民族的希望,也是我们党的未来和希望。……95 年来,我们党取得的所有成就都凝聚着青年的热情和奉献。"

在庆祝中国共产党成立 100 周年大会上,他说:"一百年前,一群新青年高举马克思主义思想火炬,在风雨如晦的中国苦苦探寻民族复兴的前途。一百年来,在中国共产党的旗帜下,一代代中国青年把青春奋斗融入党和人民事业,成为实现中华民族伟大复兴的先锋力量。"

党的十九届六中全会通过的《中共中央关于党的百年奋斗重大成就和历史经验的决议》指出:"党和人民事业发展需要一代代中国共产党人接续奋斗,必须抓好后继有人这个根本大计。"所以,必须要坚持用习近平新时代中国特色社会主义思想教育人,用党的理想信念凝聚人,用社会主义核心价值观培育人,用中华民族伟大复兴历史使命激励人,培养造就大批堪当时代重任的接班人。②

青年对国家和社会的重要性。2013 年 12 月 5 日,习近平总书记在给华中农业大学"本禹志愿服务队"的回信中说:"历史和现实都告诉我们,青年一代有理想、有担当,国家就有前途,民族就有希望,实现中华民族伟大复兴就有源源不断的强大力量。"2016 年 4 月 26 日,他在知识分子、劳动模范、青年代表座谈会上的讲话中指出:"青年人朝气蓬勃,是全社会最富有活力、最具有创造性的群体。"2017 年 5 月 3 日,他在中国政法大学考察时的讲话中强调:"青年一代的理想信念、精神状态、综合素质,是一个国家发展活力的主要体现,也是一个国家核心竞争力的重要因素。"2022 年 5 月 10 日,习近平总书记在中国共产主义青年团成立100 周年大会上的讲话中指出:"青年是社会中最有生气、最有闯劲、最少保守思想的群体,蕴含着改造客观世界、推动社会进步的无穷力量。""青春孕育无限希望,青年创造美好明天。一个民族只有寄望青春、永葆青春,才能兴旺发达。""实现中国梦是一场历史接力赛,当代青年要在实现民族复兴的赛道上奋勇争先。"

党对青年的态度。习近平总书记说:"中国共产党从来都把青年看作是祖国的未来,民族的希望,从来都把青年作为党和人民事业发展的生力军,从来都支持青年在人民的伟大奋斗中实现自己的人生理想。"③他在庆祝中国共产主义青年团成立 100 周年大会上深情指出:"中国共产党一经诞生,就把关注的目光投向青

①　习近平.论党的青年工作[M].北京:中央文献出版社,2022:27.
②　中共中央关于党的百年奋斗重大成就和历史经验的决议[M].北京:人民出版社,2021:74.
③　习近平.论党的青年工作[M].北京:中央文献出版社,2022:18.

年,把革命的希望寄予青年。”"中国共产党是始终保持青春特质的党,是永远值得青年人信赖和追随的党。""中国共产党始终向青年敞开大门,热情欢迎青年源源不断成为党的新鲜血液。"

(二)青年工作攸关党和国家的前途命运

2018年7月2日,在与新一届团中央领导班子成员集体谈话的讲话中,习近平总书记明确指出:"青年工作,抓住的是当下,传承的是根脉,面向的是未来,攸关党和国家的前途命运。"2022年5月10日,习近平总书记在庆祝中国共产主义青年团成立100周年大会上强调:"过去、现在、将来青年工作都是党的工作中一项战略性工作。"习近平总书记关于青年工作的重要思想最鲜明的特点就是全面提升青年工作在国家发展整体工作中的地位,把青年工作提高到关乎党和国家事业发展全局的战略高度。

首先,把包括共青团工作在内的群团工作纳入党建工作的总体部署中。《中共中央关于加强和改进党的群团工作的意见》(2015年7月9日)对新形势下群团工作的发展道路、目标任务、重点领域作了明确规定。从巩固和扩大党执政的群众基础这一基本目标出发,站在推进国家治理体系和治理能力现代化建设的高度,首次鲜明提出并定义了中国特色社会主义群团发展道路,也首次把群团工作纳入党建工作的总体部署中。群团工作战略地位的提升意味着青年工作战略地位的提升。

其次,把青年工作纳入国家战略和发展规划中。2017年4月,中共中央、国务院发布《中长期青年发展规划(2016—2025年)》(以下简称规划)。规划是中华人民共和国成立以来的第一个青年发展规划,标志着青年发展纳入党和国家政策体系的总体框架,成为国家治理体系的重要领域。这是习近平总书记关心关怀青年工作,关注青年发展政策的标志性文本,是对新时代青年的本质与地位,青年成长与发展的理念、任务、内容,以及青年工作的原则、主题、方式方法等的全面概括与体现。

规划提出"把青年发展摆在党和国家工作全局中更加重要的战略位置,整体思考、科学规划、全面推进",第一次在国家战略层面上把青年发展明确为国家的基础性、战略性工程,并第一次明确提出"党和国家事业要发展,青年首先要发展"的全新理念。[①] 这种全社会关心支持青年发展的国家机制,从政策角度为青年发展提供了更全面、更权威、更有力的制度保障,为青年发展营造了更为良好的社会环境,有

1.3.1　习近平同十七届团中央新一届领导班子集体谈话时的讲话(2013年6月20日)

---

① 中共中央、国务院印发《中长期青年发展规划(2016—2025年)》[N].人民日报,2017 - 4 - 14(001).

助于激发青年发展的内生动力,推动青年全面发展。

二、中国青年运动的时代主题

青年运动的时代主题是青年工作的"指南针"。习近平总书记把与人民一道为实现中华民族伟大复兴而奋斗的中国梦作为新时代青年运动的鲜明主题,既体现出青年工作对新时代满足"人民对美好生活的向往"这一根本要求的有力保证,又突显出新时代青年对于实现中国梦这一伟大目标的战略地位和作用,深刻表明了新时代青年运动的青年性、党性和人民性的有机统一。

习近平总书记多次强调指出,实现"两个一百年"奋斗目标,推动社会主义现代化强国建设,新时代青年作为关键节点的全程亲历者、见证者和参与者,是实现中国梦的先锋力量。他以历史新起点的高站位,坚持问题导向,战略性地提出中国青年运动的时代主题,系统权威地回答了新时代党的青年工作要坚持怎样的方向,新时代中国青年要担负起怎样的历史重任等重大战略命题。

(一) 青年是实现中华民族伟大复兴的先锋力量

中国共产党始终将青年作为推动历史发展和社会前进的重要力量。习近平总书记指出:"时间之河川流不息,每一代青年都有自己的际遇和机缘,都要在自己所处的时代条件下谋划人生、创造历史。青年是标志时代的最灵敏的晴雨表,时代的责任赋予青年,时代的光荣属于青年。"[①]他对近代以来中国青年在革命、建设和改革开放中的历史地位和作用作了精准总结与概括:"青年最富有朝气、最富有梦想。近代以来,我国青年不懈追求的美好梦想,始终与振兴中华的历史进程紧密相联。在革命战争年代,广大青年满怀革命理想,为争取民族独立、人民解放冲锋陷阵、抛洒热血。在社会主义革命和建设时期,广大青年响应党的号召,向困难进军,向荒原进军,保卫祖国,建设祖国,在新中国的广阔天地忘我劳动、艰苦创业。在改革开放历史新时期,广大青年发出团结起来、振兴中华的时代强音,为祖国繁荣富强开拓奋进、锐意创新。"[②]

在庆祝中国共产主义青年团成立 100 周年大会上,习近平总书记指出:"一百年来,在党的坚强领导下,共青团不忘初心、牢记使命,走在青年前列,组织引导一代又一代青年坚定信念、紧跟党走,为争取民族独立、人民解放和实现国家富强、人民幸福而贡献力量,谱写了中华民族伟大复兴进程中激昂的青春乐章。"

他高度肯定和评价广大青年在不同历史时期为党和人民作出的卓越贡献:

---

① 中共中央文献研究室.习近平关于青少年和共青团工作论述摘编[M].北京:中央文献出版社,2017:4.

② 习近平.论党的青年工作[M].北京:中央文献出版社,2022:17.

在新民主主义革命时期展现出不怕牺牲、浴血斗争的精神风貌,为中国革命胜利贡献了青春、建立了重要功勋;在社会主义革命和建设时期,展现出敢于拼搏、辛勤劳动的精神风貌,为祖国建设贡献了青春、建立了重要功勋;在改革开放和社会主义现代化建设新时期,展现出敢闯敢干、引领风尚的精神风貌,为改革开放和社会主义现代化建设贡献了青春、建立了重要功勋;在中国特色社会主义新时代,展现出自信自强、刚健有为的精神风貌,让青春在实现中华民族伟大复兴的中国梦中绽放异彩,为党和国家事业取得历史性成就、发生历史性变革贡献了青春、建立了重要功勋。"清澈的爱,只为中国",成为当代中国青年发自内心的最强音。

他强调指出:"无论过去、现在还是未来,中国青年始终是实现中华民族伟大复兴的先锋力量!"①"中华民族伟大复兴的中国梦终将在一代代青年的接力奋斗中变为现实。"②

2013 年 5 月 4 日,他在同各界优秀青年代表座谈时的讲话中,殷切希望"广大青年要勇敢肩负起时代赋予的重任,志存高远,脚踏实地,努力在实现中华民族伟大复兴的中国梦的生动实践中放飞青春梦想。"2014 年 6 月 27 日,他对共青团工作作出重要批示:"实现中国梦,需要依靠青年,也能成就青年。"2017 年 5 月 3 日,他在中国政法大学发表的讲话中要求,当代青年要树立与这个时代主题(实现中华民族伟大复兴的中国梦)同心同向的理想信念,勇于担当这个时代赋予的历史责任,励志勤学、刻苦磨炼,在激情奋斗中绽放青春光芒、健康成长进步。

2018 年 5 月 2 日,在北京大学师生座谈会上,他强调:"为实现中华民族伟大复兴的中国梦而奋斗,是我们人生难得的际遇。每个青年都应该珍惜这个伟大时代,做新时代的奋斗者。""广大青年要成为实现中华民族伟大复兴的生力军,肩负起国家和民族的希望。"同年,在同团中央新一届领导班子集体谈话时,他明确提出,"中国梦是国家的梦、民族的梦,也是包括广大青年在内的每个中国人的梦,中华民族伟大复兴的中国梦终将在一代代青年的接力奋斗中变为现实。"要求共青团"动员广大青年把报国之志转化为实际行动,努力成为担当民族复兴大任的时代新人。"

2021 年 4 月 19 日,他在考察清华大学时发表重要讲话指出:"广大青年要肩负历史使命,坚定前进信心,立人志、明大德、成大才、担大任,努力成为堪当民族复兴重任的时代新人,让青春在为祖国、为民族、为人民、为人类的不懈奋斗中绽放绚丽之花。"在庆祝中国共产党成立 100 周年大会上,他寄语广大青年:"新时代的中国青年要以实现中华民族伟大复兴为己任,增强做中国人的志气、骨气、底

①　习近平.论党的青年工作[M].北京:中央文献出版社,2022:208.
②　习近平.论党的青年工作[M].北京:中央文献出版社,2022:150.

气,不负时代,不负韶华,不负党和人民的殷切期望!"

以上重要论述从青年的历史地位和时代使命出发,揭示出中国梦与青年梦的辩证关系——青年成长与发展的奋斗方向要由中国梦指引,中国梦的实现也需要青年的不懈奋斗。同时表明,青年一代始终是经济发展和社会进步的希望和潜力所在,是推动实现中华民族伟大复兴的中国梦的接续力量和现实支撑,彰显了新时代青年在民族复兴伟业中的重要历史地位和作用。

(二)必须始终坚持党对中国青年运动的领导

中国共产党领导是中国特色社会主义最本质的特征,只有在中国共产党的领导下,青年运动才能自始至终保持正确的前进方向,才能为青年发展提供强有力的组织保障。

在庆祝中国共产主义青年团成立100周年大会上,习近平总书记指出,"没有中国共产党,就没有中国共青团。共青团从诞生之日起,就以党的旗帜为旗帜、以党的意志为意志、以党的使命为使命,把坚持党的领导深深融入血脉之中,形成了区别于其他青年组织的根本特质和鲜明优势。听党话、跟党走始终是共青团坚守的政治生命,党有号召、团有行动始终是一代代共青团员的政治信念。历史充分证明,只有坚持党的领导,共青团才能团结带领青年前进,推动中国青年运动沿着正确政治方向前行。"①

他说:"共青团是党的助手和后备军,是党的青年工作的重要力量。在中国青年运动的光辉历程中,共青团发扬'党有号召、团有行动'的优良传统,为党争取青年人心、汇聚青年力量,在革命、建设、改革各个历史时期作出了积极贡献、发挥了重要作用。"②共青团要"紧跟党走在时代前列、走在青年前列,团结带领广大青年在实现中华民族伟大复兴的征途中续写新的光荣"。③

同时,他要求"各级党委和政府要加强对青年工作的领导,认真研究新形势下青年运动的特点和规律,为广大青年成长成才、建功立业创造良好环境和条件,帮助和支持广大青年在时代的舞台上展现风采、发光发热,努力为实现'两个一百年'奋斗目标、实现中华民族伟大复兴的中国梦贡献青春的激情和力量。"④

这些重要论述以敏锐的战略洞察和宽广的战略视野,将新时代中国青年运动的特点和规律作为新时代党的青年工作的重大课题正式提出来,旨在始终坚持中国共产党对中国青年运动的领导和指引,使之成为具有中国特色社会主义特点的有声有色的社会运动。

---

① 习近平.在庆祝中国共产主义青年团成立100周年大会上的讲话[J].中国共青团,2022(10):3.
② 习近平.论党的青年工作[M].北京:中央文献出版社,2022:217.
③ 习近平.论党的青年工作[M].北京:中央文献出版社,2022:41.
④ 习近平.致全国青联十二届全委会和全国学联二十六大的贺信[N].人民日报,2015-07-25(001).

（三）为实现中国梦而奋斗是中国青年运动的时代主题

2013 年 5 月 4 日,习近平总书记在参加"实现中国梦、青春勇担当"主题团日活动时首次提出:"为实现中华民族伟大复兴的中国梦而奋斗,是中国青年运动的时代主题。"①2013 年 6 月,他在同中国共产主义青年团第十七届中央新一届领导班子集体谈话时强调,朝着党的十八大提出的实现中华民族伟大复兴的中国梦的目标奋勇迈进,是党和国家的工作大局,也是中国青年运动的时代主题。

2019 年 4 月,他在主持中共中央政治局第十四次集体学习时的讲话中指出,当代中国青年运动的主题是为实现中华民族伟大复兴的中国梦而奋斗。同年,在纪念五四运动 100 周年大会上的讲话中他明确指出,新时代中国青年运动的主题,新时代中国青年运动的方向,新时代中国青年的使命,就是坚持中国共产党领导,同人民一道,为实现"两个一百年"奋斗目标,实现中华民族伟大复兴的中国梦而奋斗。

2022 年 5 月 10 日,他在庆祝中国共产主义青年团成立 100 周年大会上的讲话中指出:"在新的征程上,如何更好把青年团结起来、组织起来、动员起来,为实现第二个百年奋斗目标、实现中华民族伟大复兴的中国梦而奋斗,是新时代中国青年运动和青年工作必须回答的重大课题。"

上述有关中国青年运动时代主题的重要论述是习近平总书记纵观世界各国青年运动的过去、当下与未来,通览国家、政党、民族兴衰成败的代际更替规律,紧扣中国特色社会主义新时代的党和人民事业需求而作出的重大战略判断,赋予了中国青年运动在新时代、新形势下极高层次的政治价值和战略定位,对青年运动的既往成就和未来意义给予了积极评价和充分肯定。

这些重要论述着眼于大力弘扬我国青年运动的光辉传统和特有优势,强调要在广大青年实现社会化的进程中突出青年运动的导引指向性,争取在当代社会实现青年化的进程中凸显青年运动的引领示范作用,用"中国梦"熔铸青年运动时代主题的内核,为引导广大青年自觉顺应民族复兴的历史大势和时代潮流作出了正确的理论指引。

1.3.2　习近平在纪念五四运动 100 周年大会上的讲话

三、青年工作的职责使命

习近平总书记指出,"共青团是党的助手和后备军,是党的青年工作的重要力量。"②"党旗所指就是团旗所向。共青团要毫不动摇坚持党的领导,增强'四个意

---

①　习近平在同各界优秀青年代表座谈时的讲话[N].人民日报,2013-05-05(002).

②　习近平.论党的青年工作[M].北京:中央文献出版社,2022;217;217-218.

识'、坚定'四个自信'、做到'两个维护',坚定不移走中国特色社会主义群团发展道路,不断保持和增强政治性、先进性、群众性,坚持把培养社会主义建设者和接班人作为根本任务,把巩固和扩大党执政的青年群众基础作为政治责任,把围绕中心、服务大局作为工作主线,认真履行引领凝聚青年、组织动员青年、联系服务青年的职责,不断创新工作思路,增强对青年的凝聚力、组织力、号召力,团结带领新时代中国青年在实现中华民族伟大复兴中国梦的进程中不断开拓创新、奋发有为。"①

（一）当好党的助手和后备军

《党章》第五十一条明确规定:"中国共产主义青年团是中国共产党领导的先进青年的群团组织,是广大青年在实践中学习中国特色社会主义和共产主义的学校,是党的助手和后备军。"《团章》总则写明:"中国共产主义青年团是中国共产党领导的先进青年的群团组织,是广大青年在实践中学习中国特色社会主义和共产主义的学校,是中国共产党的助手和后备军。"

习近平总书记在 2018 年同团中央新一届领导班子成员集体谈话时指出:"共青团是党的助手和后备军,这是很高的政治定位,体现了我们党对共青团的高度信任和殷切期望。团的所有工作,归结到一点,就是要当好这个助手和后备军。"②他在庆祝中国共产主义青年团成立 100 周年大会上的讲话中充分肯定了百年共青团的这一根本政治定位:"历史和实践充分证明,中国共青团不愧为中国青年运动的先锋队,不愧为党的忠实助手和可靠后备军!"③

因此,共青团要做的就是在青年中传播和实践党的主张,团结带领广大青年为了党和人民的事业永久奋斗。值得注意的是,在现实中,有的团干部参与招商、拆迁等任务,没有注意在实际工作中体现团的工作切入点和独特功能;有的团干部把工作实效片面理解为可观可感的活动效果,干工作习惯搞声势讲排场,总结成绩习惯放照片摆数据,没有自觉把是否有效地将青年团结凝聚在党的周围作为最根本的衡量标准;还有的团干部把手段当成目的,没有认真思考通过活动和服务来实现思想层面的有效引领,就活动谈活动、就服务谈服务,把团的工作干成了一般性的事务。④ 这些都是工作没有聚焦主责主业的表现。新时代团干部只有认清共青团的职责使命,找准共青团必须当好党的助手和后备军这个根本政治定位,才能不负党的重托,做好党的青年工作。

---

① 习近平.论党的青年工作[M].北京:中央文献出版社,2022:217;217-218.
② 习近平.论党的青年工作[M].北京:中央文献出版社,2022:155.
③ 习近平.论党的青年工作[M].北京:中央文献出版社,2022:4.
④ 一切聚焦主责主业[N].中国青年报,2018-11-21(001).

（二）抓住"根本任务""政治责任""工作主线"

习近平总书记认为,青年工作的职责使命"关键是要抓住我讲过的三个根本性问题,就是必须把培养社会主义建设者和接班人作为根本任务,把巩固和扩大党执政的青年群众基础作为政治责任,把围绕中心、服务大局作为工作主线。"①

培养社会主义建设者和接班人。习近平总书记指出,"必须把培养中国特色社会主义事业建设者和接班人作为根本任务。青年一代健康成长,直接关系中国特色社会主义事业后继有人、兴旺发达。共青团作为青年在实践中学习中国特色社会主义、共产主义的大学校,必须时刻把为党和人民培养人的工作摆在首位、贯穿始终。"②"必须把培养社会主义建设者和接班人作为根本任务,引导广大青年自觉为共产主义远大理想和中国特色社会主义共同理想而奋斗"。③"要立足党的事业后继有人这一根本大计,牢牢把握培养社会主义建设者和接班人这个根本任务,引导广大青年在思想洗礼、在实践锻造中不断增强做中国人的志气、骨气、底气,让革命薪火代代相传!"④

巩固和扩大党执政的青年群众基础。2013年6月,在同团中央新一届领导班子集体谈话时,习近平总书记说:"必须把巩固和扩大党执政的青年群众基础作为政治责任。包括青年在内的广大人民群众是我们党的执政基础。共青团作为党和政府联系青年的桥梁和纽带,必须密切联系青年、有效吸引青年、广泛团结青年,把最大多数青年紧紧凝聚在党的周围。"⑤

在庆祝中国共产主义青年团成立100周年大会的讲话中,习近平总书记提出:"要紧扣服务青年的工作生命线,履行巩固和扩大党执政的青年群众基础这一政治责任,既把青年的温度如实告诉党,也把党的温暖充分传递给青年。"⑥"在实现中华民族伟大复兴的征程上,中国共产党是先锋队,共青团是突击队,少先队是预备队。入队、入团、入党,是青年追求政治进步的'人生三部曲'。中国共产党始终向青年敞开大门,热情欢迎青年源源不断成为党的新鲜血液。共青团要履行好全团带队政治责任,规范和加强少先队推优入团、共青团推优入党工作机制,着力推动党、团、队育人链条相衔接、相贯通。"⑦

围绕中心、服务大局。习近平总书记明确指出:"必须把围绕中心、服务大局作为工作主线。围绕中心才能找准方向,服务大局才能体现价值。共青团要紧紧

① 习近平.论党的青年工作[M].北京:中央文献出版社,2022:155.
② 习近平.论党的青年工作[M].北京:中央文献出版社,2022:28.
③ 习近平.论党的青年工作[M].北京:中央文献出版社,2022:153.
④ 习近平.论党的青年工作[M].北京:中央文献出版社,2022:8.
⑤ 习近平.论党的青年工作[M].北京:中央文献出版社,2022:28.
⑥ 习近平.论党的青年工作[M].北京:中央文献出版社,2022:9.
⑦ 习近平.论党的青年工作[M].北京:中央文献出版社,2022:11.

围绕党和国家工作大局找准工作的切入点、结合点、着力点,广泛组织动员广大青年在深化改革开放、促进经济社会发展中充分发挥生力军作用。"①他在庆祝中国共青团成立 100 周年大会的讲话中要求面向新征程的共青团自觉担当尽责,始终成为组织中国青年永久奋斗的先锋力量。"共青团要团结带领广大团员青年勇做新时代的弄潮儿,自觉听从党和人民召唤,胸怀'国之大者',担当使命任务,到新时代新天地中去施展抱负、建功立业,争当伟大理想的追梦人,争做伟大事业的生力军,让青春在祖国和人民最需要的地方绽放绚丽之花!"②

(三) 做好引领凝聚、组织动员、联系服务工作

习近平总书记指出,共青团必须"认真履行引领凝聚青年、组织动员青年、联系服务青年的职责,不断创新工作思路,增强对青年的凝聚力、组织力、号召力",③"让广大青年敢于有梦、勇于追梦、勤于圆梦"。④ 他在庆祝中国共青团成立 100 周年大会上强调说:"共青团要增强引领力、组织力、服务力,团结带领广大团员青年成长为有理想、敢担当、能吃苦、肯奋斗的新时代好青年,用青春的能动力和创造力激荡起民族复兴的澎湃春潮,用青春的智慧和汗水打拼出一个更加美好的中国!"⑤

在加强对青年政治引领方面。习近平总书记指出:"共青团要做好青年思想引导工作、增强吸引力和凝聚力,必须站在理想信念这个制高点上。"⑥"加强对青年的政治引领,首先要把握住方向。党旗所指就是团旗所向。要在广大青年中加强和改进理论武装工作。……要引导广大青年运用马克思主义立场、观点、方法观察分析问题,学会在各种思潮交融交锋中把握主流,在纷繁复杂的现象中抓住本质,从而坚定正确政治方向,增强道路自信、理论自信、制度自信、文化自信,坚定听党话、跟党走的人生追求。"⑦

在庆祝中国共产主义青年团成立 100 周年大会上的讲话中,他殷切期望共青团"坚持为党育人,始终成为引领中国青年思想进步的政治学校。"⑧他说,"我们党用'共产主义'为团命名,就是希望党的青年组织永远站在理想信念的高地上,用党的科学理论武装青年,用党的初心使命感召青年,用党的光辉旗帜指引青年,用党的优良作风塑

---

① 习近平.论党的青年工作[M].中央文献出版社,2022: 28.
② 习近平.论党的青年工作[M].中央文献出版社,2022: 8.
③ 习近平.论党的青年工作[M].中央文献出版社,2022: 217 - 218.
④ 习近平.论党的青年工作[M].中央文献出版社,2022: 153.
⑤ 习近平.论党的青年工作[M].中央文献出版社,2022: 7.
⑥ 习近平.论党的青年工作[M].中央文献出版社,2022: 29.
⑦ 习近平.论党的青年工作[M].中央文献出版社,2022: 156.
⑧ 习近平.论党的青年工作[M].中央文献出版社,2022: 7.

造青年。"①"共青团作为广大青年在实践中学习中国特色社会主义和共产主义的学校，要从政治上着眼、从思想上入手、从青年特点出发，帮助他们早立志、立大志，从内心深处厚植对党的信赖、对中国特色社会主义的信心、对马克思主义的信仰。"②

他强调，理想信念是共青团必须坚守的政治之魂。"共青团把青年人组织起来，是在理想信念感召下坚定信仰的结合、科学主义的结合。团的一大就明确提出了建设共产主义社会的远大理想，亮出了社会主义的鲜明旗帜，在一代又一代青年心中点亮理想之灯、发出信念之光，这是共青团最根本、最持久的凝聚力。历史充分证明，只有始终高举共产主义、社会主义旗帜，共青团才能形成最为牢固的团结、锻造最有战斗力的组织，始终把青年凝聚在党的理想信念旗帜之下。"③

在组织动员青年方面。习近平总书记强调，"党有号召，团有行动"，历来是共青团的光荣传统。要全面贯彻党的十九大精神，围绕统筹推进"五位一体"总体布局和协调推进"四个全面"战略布局，主动配合党和国家重大工作部署，动员广大青年把报国之志转化为实际行动。他要求共青团围绕培养时代新人这一重大课题，找准工作着力点，为实现"两个一百年"奋斗目标、实现中华民族伟大复兴的中国梦源源不断提供生力军。④

具体而言，要围绕促进经济高质量发展，组织青年创新创业创优；围绕促进社会主义民主政治建设，引导青年有序政治参与；围绕繁荣兴盛社会主义文化，激发青年的文化创造活力；围绕加强和创新社会治理，带领青年参与共建共治共享；围绕建设美丽中国，组织动员青少年投身生态文明实践。

在更好联系服务青年方面。习近平总书记着重指出："团组织要努力做广大青年值得信赖的贴心人，深入青年之中，倾听青年呼声，把青年安危冷暖挂在心上，发挥组织优势，调动社会资源，千方百计为青年排忧解难，使团组织成为广大青年遇到困难时想得起、找得到、靠得住的力量。"⑤他提出，要更好联系服务青年，扩大团的工作覆盖面，"强化服务意识、提升服务能力，千方百计为青年排忧解难，做广大青年信得过、靠得住、离不开的贴心人"⑥，增强团的吸引力和凝聚力，落实好《中长期青年发展规划（2016—2025年）》。

在庆祝中国共产主义青年团成立100周年大会上的讲话中，他殷切期望共青

---

① 习近平.论党的青年工作[M].中央文献出版社,2022：7.
② 习近平.论党的青年工作[M].北京：中央文献出版社,2022：8.
③ 习近平.论党的青年工作[M].北京：中央文献出版社,2022：5.
④ 习近平.论党的青年工作[M].北京：中央文献出版社,2022：158－159.
⑤ 习近平.论党的青年工作[M].北京：中央文献出版社,2022：31－32.
⑥ 习近平.论党的青年工作[M].北京：中央文献出版社,2022：160.

团"心系广大青年,始终成为党联系青年最为牢固的桥梁纽带。"①他说:"共青团是党领导的群团组织,也是青年人自己的组织。团的最大优势在于遍布基层一线、深入青年身边。"②"要千方百计为青年办实事、解难事,主动想青年之所想、急青年之所急,充分依托党赋予的资源和渠道,为青年提供实实在在的帮助,让广大青年真切感受到党的关爱就在身边、关怀就在眼前!"③

2019 年 4 月 30 日,在纪念五四运动 100 周年大会上的讲话中,他提出,"我们要关注青年所思、所忧、所盼,帮助青年解决好他们在毕业求职、创新创业、社会融入、婚恋交友、老人赡养、子女教育等方面的操心事、烦心事,努力为青年创造良好发展条件,让他们感受到关爱就在身边、关怀就在眼前。"④2018 年 7 月 2 日,他在同十八届团中央新一届领导班子成员集体谈话,谈到为青年成长成才服务,制定和落实《中长期青年发展规划(2016—2025 年)》时,他说:"制定这个规划,是我提出来的。贯彻落实好《规划》,共青团责无旁贷,必须加强统筹协调,压实牵头和参加单位责任,一项一项加以推进,务必落地见效。"⑤

1.3.3　同十八届团中央书记处书记集体座谈时的讲话(2018 年 7 月 2 日)

四、青年一代健康成长的正确道路

习近平总书记指出,新时代青年"朝气蓬勃、好学上进、视野宽广、开放自信,是可爱、可信、可为的一代。"⑥他们"正处在人生成长的关键时期,知识体系搭建尚未完成,价值观塑造尚未成型,情感心理尚未成熟,需要加以正确引导。"⑦习近平总书记始终如一地关心青年一代的健康成长,他的工作很忙,但是无论多忙,"五四"、"六一"他是一定要和青少年在一起的。他对新时代中国青年提出要求、寄予期望,指明青年成长、发展、教育的正确道路,形成了关于新时代青年健康成长的重要论述。

(一)对新时代青年的关心和期望

习近平总书记在 2013 年 5 月 4 日同各界优秀青年代表座谈时的讲话中提

①　习近平.论党的青年工作[M].北京:中央文献出版社,2022:9.
②　习近平.论党的青年工作[M].北京:中央文献出版社,2022:9.
③　习近平.论党的青年工作[M].北京:中央文献出版社,2022:9.
④　习近平.论党的青年工作[M].北京:中央文献出版社,2022:215.
⑤　习近平.论党的青年工作[M].北京:中央文献出版社,2022:161.
⑥　习近平.2016 年 12 月 7 日在全国高校思想政治工作会议上的讲话(习近平论青年工作 2016)[EB/OL]."学习强国"学习平台,2016-12-07.
⑦　习近平.2016 年 12 月 7 日在全国高校思想政治工作会议上的讲话(习近平论青年工作 2016)[EB/OL]."学习强国"学习平台,2016-12-07.

出："历史和现实都告诉我们,青年一代有理想、有担当,国家就有前途,民族就有希望,实现中华民族伟大复兴就有源源不断的强大力量。"①"中国梦是我们的,更是你们青年一代的。中华民族伟大复兴终将在广大青年的接力奋斗中变为现实。"②"在革命、建设、改革各个历史时期,中国共产党始终高度重视青年、关怀青年、信任青年,对青年一代寄予殷切期望。中国共产党从来都把青年看作是祖国的未来、民族的希望,从来都把青年作为党和人民事业发展的生力军,从来都支持青年在人民的伟大奋斗中实现自己的人生理想。"③

2014年5月4日,他在北京大学师生座谈会上的讲话中指出："我为什么要对青年讲讲社会主义核心价值观这个问题? 是因为青年的价值取向决定了未来整个社会的价值取向,而青年又处在价值观形成和确立的时期,抓好这一时期的价值观养成十分重要。这就像穿衣服扣扣子一样,如果第一粒扣子扣错了,剩余的扣子都会扣错。人生的扣子从一开始就要扣好。"④

2018年9月10日,在全国教育大会上的讲话中,他指出："现在,全社会都关心青少年身体素质,青少年体质健康水平仍是学生素质的短板,'小胖墩'、'小眼镜'越来越多。前不久,我就我国学生近视呈高发、低龄化趋势问题作了批示。这个问题严重影响孩子们的身心健康,学校和全社会要行动起来,共同呵护好孩子们的眼睛,让他们拥有一个光明的未来。在体育锻炼上学校也面临很多现实问题,不敢放手开展活动,长此下去怎么行? 毛泽东同志说,青少年要文明其精神,野蛮其体魄。要树立健康第一的教育理念,开齐开足体育课,帮助学生在体育锻炼中享受乐趣、增强体质、健全人格、锤炼意志。"⑤

在教育大会上的讲话中,他还指出："如果青少年的精神世界没有童话、歌谣和大自然的云彩、花朵、鸟叫虫鸣,如果青少年的心灵世界没有动人的音符和丰富的颜色,如果青少年没有艺术爱好和艺术修养,不可能全面发展。要全面加强和改进学校美育,配齐配好美育教师,坚持以美育人、以文化人,提高学生审美和人文素养。"⑥"现在,一些青少年中出现了不珍惜劳动成果、不想劳动、不会劳动的现象。要在学生中弘扬劳动精神,教育引导学生崇尚劳动、尊重劳动,懂得劳动最光荣、劳动最崇高、劳动最伟大、劳动最美丽的道理,长大后能够辛勤劳动、诚实劳

---

① 习近平.论党的青年工作[M].北京: 中央文献出版社,2022: 17.

② 习近平.论党的青年工作[M].北京: 中央文献出版社,2022: 18.

③ 习近平.论党的青年工作[M].北京: 中央文献出版社,2022: 18.

④ 习近平.论党的青年工作[M].北京: 中央文献出版社,2022: 76.

⑤ 习近平.论党的青年工作[M].北京: 中央文献出版社,2022: 176 - 177.

⑥ 习近平.论党的青年工作[M].北京: 中央文献出版社,2022: 177.

动、创造性劳动。要采取适应当前环境和条件的有效措施,加强劳动教育,组织好形式多样的劳动实践,让学生在实践中养成劳动习惯,学会劳动、学会勤俭。"①

2019 年,在纪念五四运动 100 周年大会上的讲话中,他寄语新时代青年:"一代人有一代人的长征,一代人有一代人的担当。建成社会主义现代化强国,实现中华民族伟大复兴,是一场接力跑。"②"期待现在的青年一代将来跑出更好的成绩。衷心希望新时代中国青年积极拥抱新时代、奋进新时代,让青春在为祖国、为人民、为民族、为人类的奉献中焕发出更加绚丽的光彩!"③

2020 年 3 月,他在给北京大学援鄂医疗队全体"90 后"党员的回信中充分肯定、高度赞扬了青年在抗疫中的表现:"广大青年用行动证明,新时代的中国青年是好样的,是堪当大任的!"④希望广大青年"努力在为人民服务中茁壮成长、在艰苦奋斗中砥砺意志品质、在实践中增长工作本领"⑤,"让青春在党和人民最需要的地方绽放绚丽之花。"⑥

2020 年的五四青年节,他寄语新时代青年说:"新时代中国青年要继承和发扬五四精神,坚定理想信念,站稳人民立场,练就过硬本领,投身强国伟业,始终保持艰苦奋斗的前进姿态,同亿万人民一道,在实现中华民族伟大复兴的中国梦的新长征路上奋勇搏击。"⑦同年七一前夕,他在给复旦大学青年师生党员回信中说:"心有所信,方能行远。面向未来,走好新时代的长征路,我们更需要坚定理想信念、矢志拼搏奋斗。"⑧

2022 年 4 月 25 日,他在中国人民大学考察时的讲话中指出:"希望你们做社会主义核心价值观的坚定信仰者、积极传播者、模范践行者,向英雄学习、向前辈学习、向榜样学习,从我做起,从现在做起,从一点一滴做起,用实际行动告诉全社会什么是真善美、什么是假恶丑,争当大写的青年。"⑨"希望同学们时刻准备着,以咬定青山不放松的执着,在实现中华民族伟大复兴的时代洪流中踔厉奋发、勇毅前进。"⑩并"希望全国广大青年牢记党的教诲,立志民族复兴,不负韶华,不负

①　习近平.论党的青年工作[M].北京:中央文献出版社,2022:177.
②　习近平.论党的青年工作[M].北京:中央文献出版社,2022:218.
③　习近平.论党的青年工作[M].北京:中央文献出版社,2022:218.
④　习近平.论党的青年工作[M].北京:中央文献出版社,2022:225.
⑤　习近平.论党的青年工作[M].北京:中央文献出版社,2022:225.
⑥　习近平.论党的青年工作[M].北京:中央文献出版社,2022:225.
⑦　习近平.论党的青年工作[M].北京:中央文献出版社,2022:227.
⑧　习近平给复旦大学《共产党宣言》展示馆党员志愿服务队全体队员的回信[EB/OL].(2020-06-30).http://www.xinhuanet.com/politics/leaders/2020-06/30/c_1126176482.htm.
⑨　习近平.论党的青年工作[M].北京:中央文献出版社,2022:242-243.
⑩　习近平.论党的青年工作[M].北京:中央文献出版社,2022:242-243.

时代,不负人民,在青春的赛道上奋力奔跑,争取跑出当代青年的最好成绩!"①

2022年5月10日,他在庆祝中国共产主义青年团成立100周年大会上的讲话中指出:"在五千多年源远流长的文明历史中,中华民族始终有着'自古英雄出少年'的传统,始终有着'长江后浪推前浪'的情怀,始终有着'少年强则国强,少年进步则国进步'的信念,始终有着'希望寄托在你们身上'的期待。千百年来,青春的力量,青春的涌动,青春的创造,始终是推动中华民族勇毅前行、屹立于世界民族之林的磅礴力量!"②

"时代总是把历史责任赋予青年。新时代的中国青年,生逢其时、重任在肩,施展才干的舞台无比广阔,实现梦想的前景无比光明。"③"青年之于党和国家而言,最值得爱护、最值得期待。青年犹如大地上苗壮成长的小树,总有一天会长成参天大树,撑起一片天。青年又如初升的朝阳,不断积聚着能量,总有一刻会把光和热洒满大地。党和国家的希望寄托在青年身上!"④

(二) 对新时代青年提出的要求

习近平总书记在对新时代青年关心和期望的同时,也在多种场合对新时代青年提出要求。他在2013年5月4日同各界优秀青年代表座谈时的讲话中提出,广大青年一定要坚定理想信念、练就过硬本领、勇于创新创造、矢志艰苦奋斗、锤炼高尚品格。在2014年5月4日北京大学师生座谈会上,他要求广大青年在弘扬和践行社会主义核心价值观中勤学、修德、明辨、笃实,扣好人生第一粒扣子。在2018年5月2日北京大学师生座谈会上他提出,新时代青年要爱国、励志、求真、力行。在2018年7月2日同团中央新一届领导班级集体谈话时的讲话中,他再次提出广大青年要坚定理想信念、练就过硬本领、用于创新创造,矢志艰苦奋斗、锤炼高尚品格,要在弘扬和践行社会主义核心价值观中勤学、修德、明辨、笃实,要爱国、励志、求真、力行,同人民一起奋斗,同人民一起前进,同人民一起梦想,用一生来践行跟党走的理想追求。2020年6月27日在给复旦大学师生党员回信中,他提出"心有所信,方能行远。面向未来,走好新时代的长征路,我们更需要坚定理想信念、矢志拼搏奋斗。"2021年4月19日在考察清华大学的讲话中,他提出广大青年要爱国爱民、锤炼品德、勇于创新、实学实干。

在纪念五四运动100周年大会上,习近平总书记对新时代青年健康成长提出了树立远大理想、热爱伟大祖国、担当时代责任、勇于砥砺奋斗、练就过硬本领、锤

---

① 习近平.论党的青年工作[M].北京:中央文献出版社,2022:242-243.
② 习近平.论党的青年工作[M].北京:中央文献出版社,2022:1-2.
③ 习近平.论党的青年工作[M].北京:中央文献出版社,2022:6.
④ 习近平.论党的青年工作[M].北京:中央文献出版社,2022:12.

炼品德修为"六点要求"。2021年,他在福建考察时再次重申了对新时代青年的这六点要求,他说:"实现第二个百年奋斗目标,实现中华民族伟大复兴,青年一代责任在肩。希望同学们树立远大理想、热爱伟大祖国、担当时代责任、勇于砥砺奋斗、练就过硬本领、锤炼品德修为,努力成为对社会有用的人、道德高尚的人,积极投身全面建设社会主义现代化国家的伟大事业。"①

第一,树立远大理想。青年树立什么样的理想信念关乎国家和民族的未来。青年理想远大、信念坚定是一个国家、一个民族无坚不摧的前进动力。青年志存高远,就能激发奋进潜力,青春岁月就不会像无舵之舟漂泊不定。习近平总书记要求"新时代中国青年要树立对马克思主义的信仰、对中国特色社会主义的信念、对中华民族伟大复兴中国梦的信心,到人民群众中去,到新时代新天地中去,让理想信念在创业奋斗中升华,让青春在创新创造中闪光!"②

第二,热爱伟大祖国。热爱祖国是新时代中国青年的立身之本、成才之基。广大青年要把个人的理想追求融入国家和民族的事业中。离开了祖国需要、人民利益,个人发展容易陷入越走越窄的狭小天地。习近平总书记指出:"孙中山先生说,做人最大的事情,'就是要知道怎么样爱国'。一个人不爱国,甚至欺骗祖国、背叛祖国,那在自己的国家、在世界上都是很丢脸的,也是没有立足之地的。……当代中国,爱国主义的本质就是坚持爱国和爱党、爱社会主义高度统一。"③

第三,担当时代责任。习近平总书记要求新时代中国青年"保持初生牛犊不怕虎、越是艰险越向前的刚健勇毅,勇立时代潮头,争做时代先锋。一切视探索尝试为畏途、一切把负重前行当吃亏、一切'躲进小楼成一统'逃避责任的思想和行为,都是要不得的,都是成不了事的,也是难以真正获得人生快乐的。"④

他勉励"新时代中国青年要珍惜这个时代、担负时代使命,在担当中历练,在尽责中成长,让青春在新时代改革开放的广阔天地中绽放,让人生在实现中国梦的奋进追逐中展现出勇敢奔跑的英姿,努力成为德智体美劳全面发展的社会主义建设者和接班人!"⑤

第四,勇于砥砺奋斗。奋斗是青春最亮丽的底色。民族复兴的使命要靠奋斗来实现,人生理想的风帆要靠奋斗来扬起。习近平总书记强调指出:"今天,我们的生

① 在服务和融入新发展格局上展现更大作为 奋力谱写全面建设社会主义现代化国家福建篇章[N].人民日报,2021-03-26(01).
② 习近平.论党的青年工作[M].北京:中央文献出版社,2022:209.
③ 习近平.论党的青年工作[M].北京:中央文献出版社,2022:209-210.
④ 习近平.论党的青年工作[M].北京:中央文献出版社,2022:210-211.
⑤ 习近平.论党的青年工作[M].北京:中央文献出版社,2022:210-211.

活条件好了,但奋斗精神一点都不能少,中国青年永久奋斗的好传统一点都不能丢。"①他说:"党和人民事业发展离不开一代又一代有志青年的拼搏奉献。只有当青春同党和人民事业高度契合时,青春的光谱才会更广阔,青春的能量才能充分迸发。"②

党的十八大以来,习近平总书记在多个场合强调"幸福都是奋斗出来的",深刻指出幸福的来源和真谛。2013 年 5 月 4 日,他同各界优秀青年代表座谈时指出:"人的一生只有一次青春。现在,青春是用来奋斗的;将来,青春是用来回忆的。"③"只有进行了激情奋斗的青春,只有进行了顽强拼搏的青春,只有为人民作出了奉献的青春,才会留下充实、温暖、持久、无悔的青春回忆。"④2018 年 5 月 2 日,他在北京大学师生座谈会上鼓励青年要培养奋斗精神时说:"幸福都是奋斗出来的,奋斗本身就是一种幸福。"⑤

第五,练就过硬本领。习近平总书记指出:"当今时代,知识更新不断加快,社会分工日益细化,新技术新模式新业态层出不穷。这既为青年施展才华、竞展风采提供了广阔舞台,也对青年能力素质提出了新的更高要求。"⑥他要求"新时代中国青年要增强学习紧迫感,如饥似渴、孜孜不倦学习,努力学习马克思主义立场观点方法,努力掌握科学文化知识和专业技能,努力提高人文素养,在学习中增长知识、锤炼品格,在工作中增长才干、练就本领,以真才实学服务人民,以创新创造贡献国家!"⑦

第六,锤炼品德修为。习近平总书记要求"新时代中国青年要自觉树立和践行社会主义核心价值观,善于从中华民族传统美德中汲取道德滋养,从英雄人物和时代楷模的身上感受道德风范,从自身内省中提升道德修为,明大德、守公德、严私德,自觉抵制拜金主义、享乐主义、极端个人主义、历史虚无主义等错误思想,追求更有高度、更有境界、更有品位的人生,让清风正气、蓬勃朝气遍布全社会!"⑧

2022 年 5 月,在庆祝中国共产主义青年团成立 100 周年大会上,习近平总书记对新时代团员青年提出"五点"要求:"要做理想远大、信念坚定的模范,带头学习马克思主义理论,树立共产主义远大理想和中国特色社会主义共同理想,自觉践行社会主义核心价值观,大力弘扬爱国主义精神;要做刻苦学习、锐意创新的模范,带头立足岗位、苦练本领、创先争优,努力成为行业骨干、青年先

① 习近平.论党的青年工作[M].北京：中央文献出版社,2022：211.
② 习近平.论党的青年工作[M].北京：中央文献出版社,2022：8.
③ 习近平.论党的青年工作[M].北京：中央文献出版社,2022：23.
④ 习近平.论党的青年工作[M].北京：中央文献出版社,2022：24.
⑤ 习近平.论党的青年工作[M].北京：中央文献出版社,2022：148.
⑥ 习近平.论党的青年工作[M].北京：中央文献出版社,2022：212.
⑦ 习近平.论党的青年工作[M].北京：中央文献出版社,2022：212.
⑧ 习近平.论党的青年工作[M].北京：中央文献出版社,2022：213.

锋;要做敢于斗争、善于斗争的模范,带头迎难而上、攻坚克难,做到不信邪、不怕鬼、骨头硬;要做艰苦奋斗、无私奉献的模范,带头站稳人民立场,脚踏实地、求真务实,吃苦在前、享受在后,甘于做一颗永不生锈的螺丝钉;要做崇德向善、严守纪律的模范,带头明大德、守公德、严私德,严格遵纪守法,严格履行团员义务。"并要求广大团员青年"要认真接受政治训练、加强政治锻造、追求政治进步,积极向党组织靠拢,以成长为一名合格的共产党员为目标、为光荣。"

1.3.4　党的十九大报告

五、青年工作的路径方法

2013 年,习近平总书记在同团中央新一届领导班子成员集体谈话时强调,"青年在哪里,团组织就建在哪里;青年有什么需求,团组织就要开展有针对性的工作,努力使团组织成为联系和服务青年的坚强堡垒。"新时代共青团以青年为本,竭诚服务青年、发展青年,把广大青年组织团结在党的周围的任务依然十分艰巨。习近平总书记在庆祝中国共产主义青年团成立 100 周年大会上总结回顾了共青团跟党奋斗百年征程的宝贵历史经验,这些宝贵经验也是新时代改革创新青年工作路径方法的重要遵循。

(一)坚持党的领导是共青团的立身之本

2013 年 6 月 20 日,习近平总书记在同团中央新一届领导班子集体谈话时指出,"共青团要紧跟党走在时代前列、走在青年前列,紧紧围绕党和国家工作大局找准工作切入点、结合点、着力点,充分发挥广大青年生力军作用。"2018 年 7 月 2 日,他在同团中央新一届领导班子集体谈话时指出,"新时代的青年工作要毫不动摇坚持党的领导,坚定不移走中国特色社会主义群团发展道路,紧紧围绕、始终贯穿为实现中国梦而奋斗的主题,让广大青年敢于有梦、勇于追梦、勤于圆梦。"2019 年 4 月 30 日,他在纪念五四运动 100 周年大会上的讲话中提出,"新时代中国青年运动的主题,新时代中国青年运动的方向,新时代中国青年的使命,就是坚持中国共产党领导,同人民一道,为实现'两个一百年'奋斗目标、实现中华民族伟大复兴的中国梦而奋斗。"2022 年 5 月 10 日,他在庆祝中国共产主义青年团成立 100 周年大会上的讲话中强调,"听党话、跟党走始终是共青团坚守的政治生命……只有坚持党的领导,共青团才能团结带领青年前进,推动中国青年运动沿着正确政治方向前行。"

(二)坚守理想信念是共青团的政治之魂

2013 年 6 月 20 日,习近平总书记在同团中央新一届领导班子集体谈话时指出,"要提高团的吸引力和凝聚力,关键是要高举理想信念的旗帜。共青团要做好青年思想引导工作、增强吸引力和凝聚力,必须站在理想信念这个制高点上。"2022年5月10日,他在庆祝中国共产主义青年团成立100周年大会上的讲话中指出,"共青团把青年组织起来,是在理想信念感召下坚定信仰的结合、科学主义的结合。团的一大就明确提出了建设共产主义社会的远大理想……这是共青团最根本、最持久的凝聚力。历史充分证明,只有始终高举共产主义、社会主义旗帜,共青团才能形成最为牢固的团结、锻造最有战斗力的组织,始终把青年凝聚在党的理想信念旗帜之下。"

（三）投身民族复兴是共青团的奋进之力

2018年7月2日,习近平总书记在同团中央新一届领导班子集体谈话时指出,"中华民族伟大复兴的中国梦终将在一代代青年的接力奋斗中变为现实。"共青团要"主动配合党和国家重大工作部署,动员广大青年把报国之志转化为实际行动,努力成为担当民族复兴大任的时代新人。"他在庆祝中国共产主义青年团成立100周年大会上的讲话中指出,"共青团紧扣党在不同历史时期的中心任务,团结带领广大团员青年积极投身人民群众的壮阔实践,在民族复兴征程上勇当先锋、倾情奉献,发挥生力军和突击队作用,使实现民族复兴成为中国青年运动一以贯之的恢弘主流。历史充分证明,只有牢牢扭住为中华民族伟大复兴而奋斗这一主题,共青团才能团结起一切可以团结的青春力量,唱响壮丽的青春之歌。"

（四）扎根广大青年是共青团的活力之源

2013年6月20日,习近平总书记在同团中央新一届领导班子集体谈话时指出,"团结广大青年,一要坚持以青年为本,着力增进对青年的感情,做青年友,不做青年'官'……二要了解青年,主动深入基层、走进青年,知道青年想什么、要什么,真心诚意为他们办事,使他们实实在在感受到党的关怀、团的关心、社会的关爱。""团组织要努力做广大青年值得信赖的贴心人……千方百计为青年排忧解难,使团组织成为广大青年遇到困难时想得起、找得到、靠得住的力量。"2018年7月2日,习近平总书记在同团中央新一届领导班子集体谈话时指出,"要更好联系服务青年,扩大团的工作覆盖面,千方百计为青年排忧解难,做广大青年信得过、靠得住、离不开的贴心人,增强团的吸引力和凝聚力。"

在纪念五四运动100周年大会上的讲话中,他提出"各级党委和政府、各级领导干部以及全社会都要充分信任青年、热情关心青年、严格要求青年,关注青年愿望、帮助青年发展、支持青年创业,做青年朋友的知心人、青年工作的热心人、青年群众的引路人。"在庆祝中国共产主义青年团成立100周年大会上的讲话中他指出,"共青团历经百年沧桑而青春焕发,依靠的就是始终扎根广大青年……历史充分证明,只有不断

1.3.5　习近平在庆祝建党100周年大会上的讲话（2021年7月1日）

从广大青年这片沃土中汲取养分、获取力量,共青团才能成为广大青年信得过、靠得住、离不开的贴心人。""团的最大优势在于遍布基层一线、深入青年身边。"

六、共青团改革的目标任务

习近平总书记 2015 年 7 月 6 日在中央党的群团工作会议上的讲话中指出,"事实充分说明,当年党带领人民闹革命、打天下,群团组织不可或缺;现在,党带领人民搞改革、求发展,群团组织依然不可或缺。新形势下,党的群团工作只能加强、不能削弱,只能改进提高、不能停滞不前。"他在 2018 年 7 月 2 日同团中央新一届领导班子成员集体谈话时明了共青团改革的目标任务:"共青团是党联系青年群众的桥梁和纽带,要紧紧围绕这个职责定位来谋划改革,出实招、出真招,不掩饰问题,不讳疾忌医,对症下药,刮骨疗伤,真正从思想上、工作上、制度上把这个问题解决好。要树立大抓基层的鲜明导向,推动改革举措落到基层,使基层真正强起来。"

共青团改革的本质是不忘初心、回归本业,核心是在中国特色社会主义群团发展道路"六个坚持"(坚持党对群团工作的统一领导,坚持发挥桥梁和纽带作用,坚持围绕中心、服务大局,坚持服务群众的工作生命线,坚持与时俱进、改革创新,坚持依法依章独立自主开展工作)和"三个统一"(自觉接受党的领导、团结服务所联系群众、依法依章程开展工作相统一)的大原则下,通过去"四化"、强"三性"实现共青团改革的任务目标。

(一) 保持和增强政治性、先进性、群众性

习近平总书记在多个重要场合强调,共青团要不断保持和增强政治性、先进性、群众性。2013 年 6 月 20 日在同团中央新一届领导班子集体谈话时,他指出:"共青团应该是先进青年的组织,团员应该有先进性,有光荣感。先进性、光荣感从哪里来? 一个很重要的方面就是理想信念先进。如果团员同一般青年一样,是不是团员没有多大差别,那团组织就很难有强大吸引力和凝聚力。吸引力和凝聚力不能单靠组织一些活动、分发一些经费,这些也需要做,但必须明白,只有思想上精神上的吸引力和凝聚力,才是内在的、强大的、持久的。团组织和广大团员能不能走在时代前列、走在青年前列,是决定团的吸引力和凝聚力的关键因素。"

"要切实保持和增强党的群团工作的政治性。政治性是群团组织的灵魂,是第一位的。"他在 2015 年 7 月 6 日中央党的群团工作会议上指出,"群团组织要始终把自己置于党的领导之下,在思想上政治上行动上始终同党中央保持高度一致,自觉维护党中央权威,坚决贯彻党的意志和主张,严守政治纪律和政治规矩,经得住各种风浪考验,承担起引导群众听党话、跟党走的政治任务,把自己联系的群众最广泛最紧密地团结在党的周围。"

2017 年 5 月 3 日，他在中国政法大学考察时强调："共青团是党的助手和后备军，要始终保持先进性，广大团员青年坚定跟党走，就是初心。不忘这个初心，是我国广大青年的政治选择，也是我国广大青年的人生航向。"

2020 年 8 月 17 日，他在致全国青联十三届全委会和全国学联二十七大的贺信中说："青联和学联组织要紧跟时代步伐，把握青年工作特点和规律，深化改革创新，组织动员广大青年和青年学生坚定跟党走、奋进新时代，为党和国家事业发展作出新的更大的贡献。"

2022 年 5 月 10 日，他在庆祝中国共产主义青年团成立 100 周年大会上指出，共青团"要把党的全面领导落实到工作的全过程各领域，走好中国特色社会主义群团发展道路，聚焦不断保持和增强政治性、先进性、群众性的目标方向，推动共青团改革向纵深发展。"

（二）构建"三力一度"新时代共青团工作格局

习近平总书记在 2018 年同团中央新一届领导班子集体谈话时的讲话中指出："共青团认真贯彻新时代中国特色社会主义思想，认真落实党中央关于共青团改革的部署，围绕保持和增强政治性、先进性、群众性，在组织引导青年、推动青年发展、维护青少年权益、深化共青团改革等方面做了大量工作，推动团的精神风貌呈现新气象。"

做好新时代党的青年工作，必须始终高举习近平新时代中国特色社会主义思想伟大旗帜，切实加强各级党委对青年工作的领导，充分发挥共青团作为党的助手和后备军的重要作用，坚持把培养社会主义建设者和接班人作为根本任务，把巩固和扩大党执政的青年群众基础作为政治责任，把围绕中心、服务大局作为工作主线，不折不扣、持之以恒将习近平总书记关于青年工作的重要思想贯彻到青年工作的全过程、各方面。

习近平总书记在庆祝中国共产主义青年团成立 100 周年大会上的重要讲话中指出："共青团要增强引领力、组织力、服务力，团结带领广大团员成长为有理想、敢担当、能吃苦、肯奋斗的新时代好青年"，"要敏于把握青年脉搏，依据青年工作生活方式新变化新特点，探索团的基层组织建设新思路新模式，带动青联、学联组织高扬爱国主义、社会主义旗帜，不断巩固和扩大青年爱国统一战线。"

因此，新时代面向新征程的青年工作要充分认识当代青年成长的新特点、新规律，准确把握做好新时代青年工作面临的新机遇、新挑战。当代青年知识储备更加丰富、视野更加开阔，青年群体的"后喻文化"特征凸显；当代青年城乡间流动、境内外流动十分频繁，社会分布多元，有效组织动员青年面临新的挑战；当代青年个性更加鲜明、网络化生存趋势明显，深入引领凝聚青年面临新的挑战；当代青年利益诉求多样、现实压力较大，广泛联系服务青年面临新的挑战。着力推动党的青年工作在新时代展现新气象、实现新发展,必须突出思想引导,着力提升青年工作的引领力;必须加强组织建设,着力提升青年工作的组织力;必须强化政策服务,着力提升青年工作的服务力;必须紧扣中心大局,着力提升青年工作的大局贡献度。只有这样,才能在全团形成以组织力为支撑、以引领力为牵引、以服务力为推动,全面协同发力,整体提升团的吸引力、凝聚力、战斗力的生动局面。①

(三)落实全面从严治团要求

习近平总书记对共青团政治建设、干部队伍建设、团员队伍建设提出"严"和"实"的重要要求:"政治上要严,坚持以政治建设为统领,加强共青团系统党的建设,增强'四个意识',坚定'四个自信',坚决维护党中央权威和集中统一领导,旗帜鲜明抵制各种歪风邪气,保持清风正气和良好形象。团的干部队伍建设要严,政治上、思想上、能力上、担当上、作风上、自律上要强,做到对党忠诚,敢于挑急难险重的担子,敢于到条件艰苦、环境复杂的岗位锻炼,脚踏实地、一步一个脚印干。团员队伍建设也要严,在团员标准要求上严起来,从把好入团质量关入手,抓好入团以后的教育实践,带动广大青年一起前进。"

在庆祝中国共产主义青年团成立 100 周年大会上,习近平总书记明确提出,共青团要"勇于自我革命,始终成为紧跟党走在时代前列的先进组织。对共青团来说,建设什么样的青年组织、怎样建设青年组织是事关根本的重大问题。……共青团只有勇于自我革命,才能跟上时代前进、青年发展、实践创新的步伐。……要自觉对标全面从严治党经验做法,以改革创新精神和从严从实之风加强自身建设,严于管团治团,在全方位、高标准锻造中焕发出共青团昂扬向上的时代风貌!"

团干部是全面从严治团的"关键少数"。推动共青团事业不断开创新局面,关键在团干部。习近平总书记要求团干部必须做到"坚定理想信念、心系广大青年、提高工作能力、锤炼优良作风"。② 在庆祝中国共青团成立 100 周年大会上,他对新时代团干部进一步强调:"要铸牢对党忠诚的政治品格,高扬理想主义的精神气质,心境澄明,心力茁壮,让人迎面就能感受到年轻干部应有的清澈和纯粹。要自觉践行群众路线、树牢群众观点,同广大青年打成一片,做青年友,不做青年'官',多为青年计,少为自己谋。要培养担当实干的工作作风,不尚虚谈、多务实功,勇于到艰苦环境和基层一线去担苦、担难、担重、担险,老老实实做人,踏踏实实干事。要涵养廉洁自律的道德修为,心有所畏、言有所戒、行有所止,不断锤炼意志力、坚忍力、自制力,做一个一心为公、一身正气、一尘不染的人。"

①　贺军科.如何做好新时代青年工作[J].求是,2020(10).
②　习近平.论党的青年工作[M].北京:中央文献出版社,2022:163.

2019年5月1日,在中央党校(国家行政学院)中青年干部培训班开班式上,他指出:"培养选拔优秀年轻干部是一件大事,关乎党的命运、国家的命运、民族的命运、人民的福祉,是百年大计。"他要求干部上好理想信念课,做到"在常学常新中加强理论修养,在真学真信中坚定理想信念,在学思践悟中牢记初心使命,在细照笃行中不断修炼自我,在知行合一中主动担当作为。"①

2019年7月9日在中央和国家机关党的建设工作会议上的讲话中,他强调"要在青年干部中开展强化政治理论、增强政治定力、提高政治能力、防范政治风险专题培训,创造条件让干部在斗争实践中经风雨、见世面、长才干、壮筋骨。"2019年9月3日在中央党校秋季学期中青年干部培训班的开班式上,他要求年轻干部要上好斗争精神课,"广大干部特别是年轻干部要经受严格的思想淬炼、政治历练、实践锻炼,发扬斗争精神,增强斗争本领。"

2020年10月10日,在中央党校中青年干部培训班开班式上,习近平总书记发表重要讲话时指出:"提高解决实际问题能力是应对当前复杂形势、完成艰巨任务的迫切需要,也是年轻干部成长的必然要求"。他要求干部特别是年轻干部要提高解决实际问题的能力,想干事、能干事、干成事,上好能力提升课,着重提高政治能力、调查研究能力、科学决策能力、改革攻坚能力、应急处突能力、群众工作能力、抓落实能力等7种能力。

2021年3月1日,在中央党校中青年干部培训班开班式上,习近平总书记向年轻干部提出要求:"立志做党光荣传统和优良作风的忠实传人,在新时代新征程中奋勇争先建功立业。"同年9月1日,在中央党校中青年干部培训班开班式上他寄语年轻干部:"年轻干部生逢伟大时代,是党和国家事业发展的生力军,必须练好内功、提升修养,做到信念坚定、对党忠诚,注重实际、实事求是,勇于担当、善于作为,坚持原则、敢于斗争,严守规矩、不逾底线,勤学苦练、增强本领,努力成为可堪大用、能担重任的栋梁之材,不辜负党和人民期望和重托。"

2022年1月24日至25日,共青团十八届六中全会在北京召开。会议要求,共青团要不折不扣落实习近平总书记关于从严治团的重要要求,将习近平总书记关于团组织、团干部、团员的一系列指示要求贯彻至各项工作和建设中。会议审议通过《新时代全面从严治团实施纲要》《中国共产主义青年团纪律处分条例(试行)》,对全面从严治团作专题部署。

1.3.6 在中央党的群团工作会议上的讲话(2015年7月6日)

---

① 2019年7月9日在中央和国家机关党的建设工作会议上的讲话[EB/OL].(2019-11-01).https://www.ccps.gov.cn/xtt/201911/t20191101_135328.shtml.

七、加强党对青年工作的领导

党对青年工作的领导是新时代青年工作的根本政治原则，也是中国特色社会主义最本质特征、最大制度优势在青年工作领域的具体体现。青年工作确保正确方向的根本政治保证就是坚持党的领导。加强和改进党对青年工作的领导，契合青年工作在中国特色社会主义事业发展中的战略地位和作用。

"党管青年"原则是党对青年工作领导的核心原则。这一原则由习近平总书记亲自提议并主持审议颁布的《中长期青年发展规划（2016—2025年）》提出。"党管青年"原则体现了党从青年工作领域进一步推进国家治理体系和治理能力现代化建设的努力。中国青年的进步始终与党的坚强领导相关联，广大青年是新时代党领导人民实现中华民族伟大复兴的中国梦、全面建成社会主义现代化强国的先锋力量，中国共产党的正确领导对于处于人生转折时期的青年成长和发展具有重要意义。青年充满活力，坚持"党管青年"原则是确保我们党始终朝气蓬勃、党的事业后继有人的关键所在。

（一）党的青年工作是一项政治性极强的工作

一些国外学者把青年工作定义为一种通过志愿组织实施的、旨在促进青年个人和社会协调发展的活动，是青年正规职业和学术培训的补充。在他们看来，青年工作只是帮助青年人更好成长和融入社会的活动，属于社会工作的范畴。而在中国语境里，青年工作是指在党的领导下由全社会共同进行的以青年为对象广泛开展的教育、引领和服务等活动，旨在发挥青年主体性作用、实现青年与社会的协同发展与进步。这与西方语境下的青年工作有着本质区别，我们党的青年工作是一项具有极强政治性的工作。

加强和改进党对青年工作的领导，是共青团群团组织政治性的根本保证和体现。2013年6月，习近平总书记在同团中央新一届领导班子集体谈话时指出："各级党委要从巩固和扩大党执政的青年群众基础的战略高度，加强对团的工作的领导。"

2018年7月2日，同团中央新一届领导班子成员集体谈话时，他强调指出："青年工作，抓住的是当下，传承的是根脉，面向的是未来，攸关党和国家前途命运。……各级党委要拿出极大精力抓青年工作、抓共青团工作，切实尽到领导责任。"

2019年，他在纪念五四运动100周年大会上的讲话中指出："中国共产党自成立之日起，就始终把青年工作作为党的一项极为重要的工作。……用极大力量做好青年工作，确保党的事业薪火相传，确保中华民族永续发展。……一切党政机关、企业事业单位、人民解放军和武警部队、各人民团体和社会团体、广大城乡基层自治组织、各新经济组织和新社会组织，都要关心青年成长、支持青年发展，给予青年更多机会，更好发挥青年作用。"

2022 年,他在庆祝中国共产主义青年团成立 100 周年大会上的讲话中指出:"各级党委(党组)要倾注极大热忱研究青年成长规律和时代特点,拿出极大精力抓青年工作。"

(二) 确立"党管青年"原则

"党管青年"原则是以习近平同志为核心的党中央传承党的优良传统和先进经验,着眼于中华民族伟大复兴战略全局提出的重要政治原则,体现了党中央对共青团组织的要求:共青团组织要自觉接受党的领导,主动争取各级党委支持,引领青年思想、协调青年组织、落实党的青年政策,实现引导青年听党话、跟党走,努力成长为社会主义建设者和接班人的目标要求。

从思想来源上看,"党管青年"原则是在总结马克思主义青年观、中国青年运动实践经验的基础上得出的具有统揽性的重大原则,是马克思主义青年观与时俱进丰富和发展的最新成果。

从青年工作发展规律来看,"党管青年"原则发端于我们党在各个历史时期一如既往地担负青年工作和青年群体的引导者、决策者的重要角色。新时代将青年工作放在关乎国家治理体系和治理能力现代化建设战略全局的前提性、奠基性工作这一重要位置考量,充分体现了以习近平同志为核心的党中央从党和国家事业发展全局出发的恢宏视野。

习近平总书记强调:"各级党委和政府要充分信任青年、热情关心青年、严格要求青年,为青年驰骋思想打开更浩瀚的天空,为青年实践创新搭建更广阔的舞台,为青年塑造人生提供更丰富的机会,为青年建功立业创造更有利的条件。各级领导干部要关注青年愿望、帮助青年发展、支持青年创业,做青年朋友的知心人,做青年工作的热心人。"①

2014 年 5 月 4 日,习近平总书记在北京大学师生座谈会上指出:"各级党委和政府要高度重视高校工作,始终关心和爱护学生成长,为他们放飞青春梦想、实现人生出彩搭建舞台。要全面深化改革,营造公平公正的社会环境,促进社会流动,不断激发广大青年的活力和创造力。要强化就业创业服务体系建设,支持帮助学生们迈好走向社会的第一步。各级领导干部要经常到学生们中去,同他们交朋友,听取他们的意见和建议。"

2016 年 4 月 26 日,习近平总书记在知识分子、劳动模范、青年代表座谈会上强调:"各级党委和政府要充分信任青年、热情关心青年、严格要求青年、积极引导

---

① 汪晓东,王洲.让青春在奉献中焕发绚丽光彩——习近平总书记关于青年工作重要论述综述[N].人民日报,2021-05-04(001).

青年,为广大青年成长成才、创新创造、建功立业做好服务保障工作。"

2016 年 7 月 1 日,习近平总书记在庆祝中国共产党成立 95 周年大会上提出:"全党要关注青年、关心青年、关爱青年,倾听青年心声,做青年朋友的知心人、青年工作的热心人、青年群众的引路人。"

2018 年 7 月 2 日,习近平总书记在同团中央新一届领导班子成员集体谈话时强调:"各级党委要关注关心青少年成长,为他们成长成才、施展才华创造良好条件。各级党委要拿出极大精力抓青年工作、抓共青团工作,切实尽到领导责任。"

2019 年 4 月 30 日,在纪念五四运动 100 周年大会上,他要求"各级党委和政府、各级领导干部以及全社会都要充分信任青年、热情关心青年、严格要求青年,关注青年愿望、帮助青年发展、支持青年创业,做青年朋友的知心人、青年工作的热心人、青年群众的引路人。"

1.3.7　关于党的百年奋斗重大成就和历史经验的决议(2021 年 11 月)

2022 年 5 月 10 日,在庆祝中国共产主义青年团成立 100 周年大会上,习近平总书记要求:"各级党组织要落实党建带团建制度机制,经常研究解决共青团工作中的重大问题,热情关心、严格要求团干部,支持共青团按照群团工作特点和规律创造性地开展工作。""各级党组织要高度重视培养和发展青年党员,特别是要注重从优秀共青团员中培养和发展党员,确保红色江山永不变色。"

问题:

1. 习近平总书记关于青年工作的重要思想是如何形成和提出的?

2. 习近平总书记关于青年工作的重要思想的理论价值和实践意义是什么?

3. 习近平总书记关于青年工作的重要思想的理论渊源有哪些?

4. 马克思主义经典作家的青年观主要包括哪些内容?

5. 毛泽东、邓小平、江泽民、胡锦涛的青年观主要有哪些内容?

6. 习近平总书记关于青年工作的重要思想涉及中华优秀传统文化的主要内容有哪些?

7. 习近平总书记关于青年工作的重要思想的科学内涵是什么?

8. 为什么说青年是战略性群体?

9. 如何理解青年工作攸关党和国家的前途命运?

10. 为什么说为实现中华民族伟大复兴的中国梦而奋斗是中国青年运动的时代主题?

11. 怎样才能履行好新时代青年工作的职责使命?

12. 什么是青年一代健康成长的正确道路?

13. 如何才能实现新时代青年工作路径方法的改革创新?

14. 新时代怎样落实全面从严治团要求？

15. 如何理解"党管青年"原则？

主要参考文献：

［1］坚持以新时代中国特色社会主义外交思想为指导 努力开创中国特色大国外交新局面［N］.人民日报,2018-06-24(001).

［2］马克思,恩格斯.马克思恩格斯全集：第2卷［M］.北京：人民出版社,1995：629.

［3］列宁.列宁全集：第14卷［M］.北京：人民出版社,1988：161.

［4］列宁.列宁选集：第4卷［M］.北京：人民出版社,1995：281、285、295.

［5］马克思,恩格斯.马克思恩格斯全集：第21卷［M］.北京：人民出版社,2003：270.

［6］马克思,恩格斯.马克思恩格斯全集：第4卷［M］.北京：人民出版社,1995：532.

［7］马克思,恩格斯.马克思恩格斯全集：第3卷［M］.北京：人民出版社,1995：330.

［8］毛泽东.毛泽东选集：第4卷［M］北京：人民山版社,1991：247.

［9］毛泽东.建国以来毛泽东文稿(第6册)［M］.北京：中央文献出版社,1987：650-651.

［10］团中央青运史研究室、中央档案馆.中共中央青年运动文件选编(1921年7月-1949年9月)［M］北京：中国青年出版社,1988：506.

［11］郑洸、叶学丽.中国共产党与中国共青团关系史略［M］.北京：中共党史出版社,2015：133.

［12］邓小平.邓小平文选：第1卷［M］.北京：人民出版社,1994：276-277.

［13］邓小平.邓小平文选：第3卷［M］.北京：人民出版社,1993：35、110、179.

［14］邓小平.邓小平文选：第2卷［M］.北京：人民出版社,1983．105-106、95.

［15］江泽民同团中央新一届领导成员和团十四大部分代表座谈时的讲话［N］.人民日报,1998-06-25(001).

［16］江泽民.在庆祝北京大学建校100周年大会上的讲话［N］.人民日报,1998-05-05(001).

［17］胡锦涛在全国加强和改进大学生思想政治教育工作会议上发表重要讲话［EB/OL］.(2005-01-19).https://news.sina.com.cn/o/2005-01-19/15454884282s.shtml.

［18］胡锦涛强调充分发挥广大团员青年在现代化建设中的生力军和突击队作用［N］.中国青年报,1999-12-13(001).

［19］习近平.论党的青年工作［M］.北京：中央文献出版社,2022：111.

［20］中共中央文献研究室.十八大以来重要文献选编(上)［M］.北京：中央文献出版社,2014：279、280、

［21］中共中央文献研究室：十八大以来重要文献选编(中)［M］.北京：中央文献出版社,2016：3.

［22］习近平.论党的青年工作［M］.北京：中央文献出版社,2022：27、163.

［23］中共中央关于党的百年奋斗重大成就和历史经验的决议［M］.北京：人民出版社,2021：74.

［24］习近平.在庆祝中国共产主义青年团成立100周年大会上的讲话［J］.中国共青团,2022(10).

［25］贺军科.如何做好新时代青年工作［J］.求是,2020(10).

第二章
青少年思想政治引领

关键词： 政治引领;党团队育人链条相衔接相贯通;党建带团建;全团带队;宣传工作;思想工作;文化工作;引领力;组织力;服务力;青马工程;工程观;分级分类培养体系;管理机制;举荐机制

青少年思想政治引领是一个系统工程。本章将首先介绍青少年思想政治引领规律,并就强化共青团、少先队的政治引领以及党团队育人链条相衔接、相贯通工作探索进行介绍;其次,介绍加强共青团宣传思想文化工作的背景、要求、方法以及规律等内容;最后,就深入实施青年马克思主义者培养工程问题进行介绍和讨论,包括青马工程的背景、意义、目标、要求、实施环节及具体操作等方面内容。

第一节　加强青少年政治引领工作

2015 年 7 月,习近平在中央党的群团工作会议上指出:"政治性是群团组织的灵魂,是第一位的。"由此可见,群团组织更加强调党的领导和组织的政治属性。因而,聚焦青少年政治引领,巩固和扩大党的青年群众基础是共青团肩负的政治责任。

2019 年 4 月 19 日,习近平总书记在中共中央政治局第十四次集体学习时指出:"要阐明中国共产党和中国青年运动的关系,加强对广大青年的政治引领,引导广大青年自觉坚持党的领导,听党话、跟党走。"2019 年 4 月 30 日,习近平总书记在纪念五四运动100 周年大会上的讲话中指出:"把青年一代培养造就成德智体美劳全面发展的社会主义建设者和接班人,是事关党和国家前途命运的重大战略任务,是全党的共同政治责任。"

2022 年 4 月 25 日,习近平总书记在中国人民大学考察时强调,青少年思想政治教育是一个接续的过程,要针对青少年成长的不同阶段,有针对性地开展思想政治教育。习近平总书记鼓励各地高校积极开展与中小学思政课共建,共同推动大中小学思政课一体化建设。总书记的重要讲话揭示了青少年思想政治教育的规律,指明了青少年思想政治教育的方法和路径,为共青团开展青少年政治引领工作提供了根本遵循。

《共青团做好新时代青年人才培养工作的行动计划》中多处提到政治引领。如在工作目标中提出"使共青团加强青年人才政治引领的效果更加显著";在工作原则中提出"突出政治引领。坚持旗帜鲜明讲政治,加强对各类青年人才的政治引领,培育并磨炼各类青年人才的坚定共产主义理想信念,充分彰显共青团的政治属性与组织功能。"在行动计划中,对于青年政治人才培育行动培养目标提出"坚持用习近平新时代中国特色社会主义思想武装青年,立足共青团的根本任务和政治责任,把牢正确方向,突出政治引领,教育引导青年人才主动担负起时代赋予的使命责任。"在谈及青年科技人才支持行动的工作思路时,提出"强化政治引领,深化爱国教育、加强思想政治引领和联系服务,深化爱国报国教育";另外,青年科技人才支持行动的第一个重点项目就是"强化政治引领,加大举荐力度"等等。

共青团要以《新时代加强和改进共青团思想政治引领工作实施纲要》为指引,认真贯彻落实新时代加强和改进共青团思想政治引领工作的总体要求,以习近平新时代中国特色社会主义思想为指导,全面贯彻党的十九大和十九届历次全会精神,深入贯彻习近平总书记关于青年工作的重要思想,深刻领悟"两个确立"的决定性意义,切实增强"四个意识"、坚定"四个自信"、做到"两个维护",牢牢把握为党培养中国特色社会主义事业合格建设者和可靠接班人的根本任务,遵循思想政治工作规律和青少年成长规律,突出理想信念教育,彰显实践育人特色,建强网上引领阵地,落实意识形态工作责任制,全团动手、守正创新,面向基层、面向实际,引导广大青少年坚定听党话,跟党走,努力成长为能够担当民族复兴大任的时代新人,为实现党的第二个百年奋斗目标汇聚强大青春力量。

一、把握青少年政治引领规律

(一)青少年政治引领的重要意义

习近平总书记在同团中央新一届领导班子成员集体谈话时明确指出,要更好地肩负起共青团的职责使命,关键是要抓住三个根本性的问题,"就是必须把培养社会主义建设者和接班人作为根本任务、把巩固和扩大党执政的青年群众基础作为政治责任、把围绕中心服务大局作为工作主线。""要加强对青年政治引领,党旗所指就是团旗所向。"①

由此可见,对青少年开展政治引领,把青少年培养成为社会主义建设者和接

---

① 习近平.党旗所指就是团旗所向.论党的青年工作[M].北京:中央文献出版社,2022.6.

班人,是共青团的主责主业和根本任务。强化政治引领、巩固和扩大中国共产党执政的青年群众基础是共青团育人的首要职责使命,对共青团的政治建设具有重要意义。习近平总书记指出,"加强对青年的政治引领,要从保持红色江山永不变色的战略高度来认识,要有居安思危、知危图安的忧患意识!"①青年的理想信念关乎国家未来。习近平总书记在学校思想政治理论课教师座谈会上强调:青少年阶段是人生的"拔节孕穗期",最需要精心引导和栽培;强调青少年要"扣好人生第一粒扣子"。习近平总书记的这一系列重要论述,深刻揭示了青少年思想政治工作的鲜明政治属性和极端重要意义。

（二）青少年政治引领的目标要求

青少年政治引领强调要引导广大青年紧密围绕在党中央周围,听党话、跟党走,要激励青少年走上正确的政治道路,坚定自己的政治信仰,更要引导青少年树立远大的理想信念,提升自身的政治定力,自觉融入国家建设的伟大事业中。新时代共青团思想政治引领,要聚焦培养中国特色社会主义事业建设者和接班人,巩固和扩大党执政的青年群众基础。

习近平总书记始终将树立远大理想作为对青少年第一位的要求,嘱托新时代中国青年树立对马克思主义的信仰、对中国特色社会主义的信念、对中华民族伟大复兴的中国梦的信心,树立为祖国为人民永久奋斗、赤诚奉献的坚定理想。习近平总书记要求新时代中国青年听党话、跟党走,胸怀忧国忧民之心、爱国爱民之情,以一生的真情投入、一辈子的顽强奋斗来体现爱国主义情怀,让爱国主义的伟大旗帜始终在心中高高飘扬。习近平总书记始终把青少年作为社会主义核心价值观培育践行的重点群体,要求广大青年自觉用中华优秀传统文化、革命文化、社会主义先进文化培根铸魂、启智润心,加强道德修养,明辨是非曲直,增强自我定力,矢志追求更有高度、更有境界、更有品位的人生。

（三）青少年政治引领的本质与规律

习近平总书记指出,加强政治引领,做起来不那么容易。习近平总书记对青年群体的特点进行了分析,并希望共青团"要把握青年特点,善于用青年易于接受的语言和方式阐述党的主张,善于把线上互动和线下沟通结合起来,善于把思想政治工作同解决实际问题结合起来,提高对青年的引导力、说服力、亲和力。"②

青少年政治引领的本质是思想政治教育的过程,必须牢牢把握青年政治观形

---

① 习近平.党旗所指就是团旗所向,论党的青年工作[M].北京:中央文献出版社,2022.6.

② 习近平.党旗所指就是团旗所向,论党的青年工作[M].北京:中央文献出版社,2022.6.

成规律和共青团政治引领的工作规律,将政治引领精准融合到青年教育的范式中去,切实提高青年对政治引领的可接受度,帮助青年树立正确的世界观、人生观、价值观。①

通过对政治引领工作现象的认真分析、对历史与现实中政治引领工作实践经验的总结,我们对政治引领的规律初步归纳为以下三条:第一,做好青年思想引导工作、增强吸引力和凝聚力,必须站在理想信念这个制高点上。习近平总书记强调,只有思想上、精神上的吸引力和凝聚力,才是内在的、强大的、持久的;第二,要善于采取青年喜闻乐见、易于接受的形式,把课堂教学和实践教学有机结合起来。习近平总书记特别强调,要善用"大思政课",将思想政治引领与现实结合起来,不能干巴巴地拿着文件宣读;第三,要通过开展党史学习教育做好青少年的思想政治工作。中共中央办公厅印发的《关于推动党史学习教育常态化长效化的意见》强调:结合年轻干部的成长经历和思想实际,进一步充实党史教育课程,丰富党史教育形式,提高党史教学质量。

二、强化共青团、少先队的思想政治引领

《中共中央关于全面加强新时代少先队工作的意见》(以下简称《意见》)是新中国历史上第一个以党中央名义下发的专门加强少先队工作的文件,是新时代少先队工作的行动纲领。《意见》对于确保党和人民事业薪火相传、后继有人,具有重大而深远的意义,也为广大少先队辅导员和少先队工作者引领少先队员成长为能够担当民族复兴大任的时代新人提供了根本遵循。习近平总书记在庆祝中国共产主义青年团成立100周年大会上的讲话中指出:我们党用"共产主义"为团命名,就是希望党的青年组织永远站在理想信念的高地上,用党的科学理论武装青年,用党的初心使命感召青年,用党的光辉旗帜指引青年,用党的优良作风塑造青年。习近平总书记强调:"共青团作为广大青年在实践中学习中国特色社会主义和共产主义的学校,要从政治上着眼、从思想上入手、从青年特点出发,帮助他们早立志、立大志,从内心深处厚植对党的信赖、对中国特色社会主义的信心、对马克思主义的信仰。要立足党的事业后继有人这一根本大计,牢牢把握培养社会主义建设者和接班人这个根本任务,引导广大青年在思想洗礼、在实践锻造中不断增强做中国人的志气、骨气、底气,让革命薪火代代相传!"

党的十八大以来,共青团认真落实习近平总书记关于"提高团的吸引力和凝聚力""加强对青年政治引领"的重要要求,聚焦为党培养社会主义建设者和接班

① 戴冰.强化政治引领是共青团育人的首要职责[J].党政论坛,2020(9):7.

人这个根本任务,坚持不懈地用习近平新时代中国特色社会主义思想武装青年,深入开展青少年理想信念教育、党史学习教育、国情形势教育和社会主义核心价值观培育,全面进军网络新媒体,积极开展舆论斗争,引领青年的工作旗帜鲜明、成效明显。

共青团思想政治引领工作是党的思想政治工作的重要组成部分,各级团组织要积极融入全党思想政治工作大格局,认真学习、有效落实《新时代加强和改进共青团思想政治引领工作实施纲要》,不断提升青少年思想政治引领的针对性、实效性。

（一）新时代加强和改进共青团思想政治引领工作的项目与方法

《新时代加强和改进共青团思想政治引领工作实施纲要》（以下简称《纲要》）明确要求:新时代共青团思想政治引领工作要聚焦为党育人的主责主业,紧扣新的形势要求,巩固发扬传统品牌优势,优化创新项目载体,努力构建各有侧重、彼此衔接的系统和工作体系。《纲要》提出了十个主要项目:① 开展各类主题教育活动;② 实施新时代思想引领工程;③ 开展爱国主义教育;④ 开展中华民族共同体意识教育;⑤ 开展道德品质教育;⑥ 深化中国青年志愿者行动;⑦ 开展劳动教育;⑧ 开展正面舆论宣传;⑨ 创新网络舆论斗争;⑩ 加强心理健康教育。《纲要》对上述 10 个主要项目的具体要求、重点内容、品牌活动等都作了全面部署。如:对于"实施新时代思想引领工程"明确要求做好以下重要工作:提升团课、队课质量,完善"青年讲师团"和"红领巾巡讲团"计划,深化青年马克思主义者培养工程,持续举办"青社学堂"等。各级共青团组织要认真学习,提升认识,结合各自实际加以有效落实。

《纲要》强调,新时代共青团思想政治引领工作既要坚持行之有效的传统做法,又要适应新形势,推进理念创新、手段创新、技术创新。要突出组织化教育优势,加强党的创新理论"青年化"阐释,深化实践育人工作,用好网络新媒体手段,强化典型引领示范,帮助解决青少年"急难愁盼"突出需求,及时准确把握青年群体思想动态,使思想政治引领工作始终贴近青年、富有成效。《纲要》还提出了新时代加强和改进共青团思想政治引领工作的 7 项基本方法,即:① 突出组织化教育优势;② 加强"青年化"理论阐释;③ 深化实践育人工作;④ 用好网络新媒体手段;⑤ 强化典型引领示范;⑥ 坚持解决思想问题和解决现实问题相统一;⑦ 及时准确把握青年群体思想动态。这些基本方法,对提升各级团组织开展新时代青少年思想政治引领工作具有很强的指导性和操作性。

（二）强化少先队政治引领的工作原则、主要内容与路径

党的十八大以来,以习近平同志为核心的党中央高度重视少年儿童和少先队

工作,全面加强党的领导,全面强化政治引领,全面优化成长环境。

"五个坚持"原则明确了少先队政治引领的方法论:一是少先队要坚持党的领导。少先队作为党的少年儿童群团组织,坚持高举队旗跟党走,这是组织建设的根本所在。党团队组织育人一体化为"情感不间断""认识不下降""政治不动摇"政治引领一体化螺旋上升局面的形成提供了保障。二是少先队要坚持培育共产主义接班人的根本任务。只有少先队扎实做好政治启蒙和价值观塑造,做实做深共产主义接班人的"种子"培育工作,才能确保为党育人、为国育才的观念融入教育全链条的始终。三是少先队要坚持把增强少先队员光荣感作为工作主线。在阶梯式成长激励体系和先锋模范群体的激励与示范作用下,帮助少年儿童成长、进步,实现自我发展,为少先队员"推优入团"创设准备条件。四是少先队要坚持组织教育、自主教育、实践教育相统一。五是少先队要坚持与时俱进、改革创新。少先队要以最新、最先进的科学思想进行思想政治引领,帮助少年儿童补充精神养料,为"种子"的萌发创造良好条件。[1]

《中共中央关于全面加强新时代少先队工作的意见》明确规定了"强化政治引领,旗帜鲜明培养共产主义接班人"的主要内容和途径,对教育引导少先队员牢记习近平总书记的教导、大力培养少先队员对党和社会主义祖国的朴素情感、从小培育少先队员共产主义理想和道德的萌芽、引导少先队员从小培育和践行社会主义核心价值观等方面提出了具体要求。文件强调:"坚持立德树人,把培育和践行社会主义核心价值观贯穿少先队教育之中,帮助少先队员明德修身,扣好人生第一粒扣子。"文件提出了教育引导少先队员"记住要求""心有榜样""从小做起""接受帮助"的16字要求。

(三)提升青少年思想政治引领的针对性、实效性

共青团十八届六中全会提出:2022年,团中央要紧紧围绕迎接党的二十大胜利召开和学习宣传贯彻大会精神这一主题,着力提升青少年思想政治引领的针对性、实效性。2022年适逢中国共产主义青年团成立100周年,全团要聚焦"抓好党的事业后继有人"这个根本大计,履行引领凝聚青年、组织动员青年、联系服务青年的基本职责,全面深化改革,全面从严治团,团结引领广大团员青年永远跟党走、奋进新征程,以实际行动迎接党的二十大胜利召开。

共青团中央书记处第一书记贺军科强调,共青团必须深入贯彻《关于新时代加强和改进思想政治工作的意见》精神,着眼形成强大引领力和塑造力,奋力推动思想政治引领工作守正创新发展。他对共青团做好下一步思想政治工

---

[1] 戴冰.政治启蒙是党赋予少先队的根本任务.中国青年报[N].2021.3.25

作做出重要部署：一是将在青少年思想政治引领中继续充分发挥团的组织优势，开展组织化动员，进行组织化教育，使思想政治引领融入日常、抓在经常；二是将持续推动网络化传播与组织化动员深度结合，在思想政治引领中进一步建好、用好网络新媒体；三是将把实践育人贯穿共青团工作各领域，不断深化"希望工程""青年志愿者""青年文明号"等实践品牌，推动形成线上线下一体、内涵形式丰富的实践育人格局；四是团干部理所应当要承担起"解经人"和"布道者"的职责，更好发挥团结引导青少年的作用；五是要不断深化全团抓思想政治引领工作格局。全团将持续深化这一工作导向，坚持把思想政治引领效果作为评价共青团的一切工作成效的基本标准，引导全团进一步聚焦主责主业，将全部工作成效最终转化为为党育人的政治成果；进一步完善左右协调、上下协同的工作机制，打通条块壁垒，避免工作"内卷"，形成层层抓引领、层层抓落实的工作合力，让共青团的每一级机关、每一个部门、每一个基层支部都真正担负起教育引导团员青少年的职责。

三、推动党、团、队育人链条相衔接、相贯通

2022 年 5 月 10 日，习近平总书记在庆祝中国共产主义青年团成立 100 周年大会上的讲话强调："在实现中华民族伟大复兴的征程上，中国共产党是先锋队，共青团是突击队，少先队是预备队。入队、入团、入党，是青年追求政治进步的'人生三部曲'。中国共产党始终向青年敞开大门，热情欢迎青年源源不断成为党的新鲜血液。共青团要履行好全团带队政治责任，规范和加强少先队推优入团、共青团推优入党工作机制，着力推动党、团、队育人链条相衔接、相贯通。各级党组织要高度重视培养和发展青年党员，特别是要注重从优秀共青团员中培养和发展党员，确保红色江山永不变色。"

这一重要讲话为我们厘清了党、团、队的特殊而紧密的政治关系，为广大青少年指明了追求政治进步的人生之路，党、团、队育人链条相衔接、相贯通是新时代我们党聚焦培育共产主义接班人、聚焦传承红色基因、聚焦政治启蒙和价值观塑造的组织化育人模式。通过党、团、队育人链条相衔接、相贯通，能够为党和国家造就一代又一代拥护中国共产党领导和我国社会主义制度、立志为中国特色社会主义事业奋斗终生的有用人才。共青团组织要深入学习和贯彻这一重要讲话精神，切实履行好全团带队政治责任，不断强化党、团、队育人链条相衔接、相贯通培养的思想政治引领工作的功能，使思想政治引领工作始终贴近青年、充满活力。

（一）培养党、团、队衔接的组织意识

从《党章》《团章》《队章》的相关规定中可以看出，党、团、队组织具有特殊而

紧密的政治关系:《党章》第五十一条规定:"中国共产主义青年团是中国共产党领导的先进青年的群团组织,是广大青年在实践中学习中国特色社会主义和共产主义的学校,是党的助手和后备军。"《团章》的相关表述与《党章》一致。《团章》总则规定:"中国共产主义青年团是中国共产党领导的先进青年的群团组织,是广大青年在实践中学习中国特色社会主义和共产主义的学校,是中国共产党的助手和后备军。"《队章》第二条规定:"我们队的创立者和领导者:中国共产党。党委托中国共产主义青年团直接领导我们队。"由此可见,共青团是在党的直接领导下建立和发展起来的,中国共产党是共青团的组织者和领导者,共青团是党的助手和后备军。共青团受党的委托直接领导少先队。

2.1.1 《党章》《团章》《队章》中有关党、团、队关系的论述

从《党章》《团章》《队章》的相关规定中可以看出,党、团、队组织具有同样的奋斗目标。《党章》表明:"党的最高理想和最终目标是实现共产主义";《团章》明确指出:"为最终实现共产主义而奋斗!"《队章》中指出:"准备着;为共产主义事业而奋斗!"毋庸置疑,实现共产主义就是党、团、队组织的共同理想和远大目标。

通过引导青少年学习《党章》《团章》《队章》,使青少年更加深刻地理解党、团、队的政治关系,更加深刻地理解党的理想和目标、团队组织育人的方式和目标。少先队与工会、共青团、妇联一样,都是党创立和领导的群团组织。《中共中央关于全面加强新时代少先队工作的意见》第一句话就明确指出:"少年儿童是祖国的未来、中华民族的希望,也是党的未来。"这在党的文件中尚属第一次。《意见》强调将坚持培育共产主义接班人作为少先队的根本任务,要求"坚定不移强化少先队工作的政治属性,以培养少年儿童共产主义远大理想和中国特色社会主义共同理想为目标,持续加强政治启蒙,从小培养对党和社会主义祖国的朴素情感,确保红色基因代代相传。"

(二)坚持党建带团建、队建

党中央高度重视共青团工作,始终把共青团建设纳入党的建设总体规划之中。近年来,各级党委及组织部门从思想、组织、作风和制度等方面积极探索基层党建带团建的有效途径,取得了明显的成效。实践证明,加强基层党建带团建工作是充分发挥共青团生力军和突击队作用、完成党的中心任务的重要保证;是活跃基层、打牢基础、扩大党的工作覆盖面和影响力的迫切需要;是为党的队伍源源不断注入新鲜血液,保证党的事业薪火相传、后继有人的战略任务。

深入开展党建带团建工作是新时代进一步提升党的执政水平的必然需求。新时代深入开展党建带团建工作,要树立抓党建必须抓团建的意识,形成并优化党建带团建工作的长效机制。做到党委每年听取两次共青团工作汇报,基层党支部委员会每月听取一次共青团工作汇报,及时帮助青年团员解决存在的困难和问题;建立例会工作制度,定期召开专题会议,研究解决基层党建带团建工作中存在的突出问题;加强考核督查,党委要把党建带团建工作纳入年度党建、党风廉政建设工作责任制,对基层党支部党建带团建工作进行定期或不定期检查。新时代党建带团建工作要做出特色,把握新时代青年特征,抓思想引导,把青年凝聚在党旗下,更好地引导青年发展。新时代党建带团建工作要以带团干部队伍建设为关键,以带基层组织建设为基础,以创先争优活动为载体,推动建立广泛覆盖、富有活力的团的基层组织,教育团员带头坚定信念、勤奋学习、争创佳绩、弘扬新风,造就一支忠诚党的事业、热爱团的岗位、竭诚服务青年的团干部队伍,不断增强基层团组织的吸引力、凝聚力和战斗力。

共青团中央、教育部、全国少工委联发的《关于深入贯彻落实党建带团建、队建 加强少先队工作体制机制建设的意见》强调:深入贯彻落实习近平总书记关于少年儿童和少先队工作的重要指示精神,贯彻落实习近平总书记致中国少年先锋队 70 周年贺信精神,贯彻落实《中共中央国务院关于深化教育教学改革全面提高义务教育质量的意见》中"加强学校党的建设,充分发挥党组织领导作用,强化党建带团建、队建"的重要要求;并对深入贯彻党建带团建、队建,加强少先队工作体制机制建设从指导思想、主要任务、工作保障等方面提出意见。其中,主要任务包括:坚持各级团委和教育部门党建带团建、队建;健全完善全国和地方各级少工委运行机制;切实明确中小学具体责任;积极探索校外少先队工作等。工作保障主要有:加强党委领导、深化团协作机制、明确主体责任等。

2.1.2 "党建带团建、队建"的相关文件内容摘录

(三)做好"全团带队"工作

1. "全团带队"的提出

全团带队是共青团的优良传统。1958 年 6 月,时任团中央第一书记胡耀邦同志在共青团三届三中全会上做了《全团带队开展共产主义的儿童运动》的总结发言,首次提出"全团带队"的思想,提出"带领好少先队是党交给共青团的一项崇高的任务。"

2. "全团带队"的思想内涵

《团章》第 43 条指出:共青团要发扬"全团带队"的传统,健全少先队组织的各级工作机构,加强少先队组织建设,支持少先队创造性地开展组织教育、自主教育、实践活动,保护和关心少年儿童的成长,坚持以社会主义思想和共产主义精神教育少年儿童,引导他们听党的话,好好学习,天天向上,从小学习做人、从小学习立志、从小学习创造,爱祖国、爱人民、爱劳动、爱科学、爱社会主义,锻炼身体,培养能力,学习和实践社会主义核心价值观,努力成长为担当民族复兴大任的时代新人,做共产主义事业的接班人。

3. 新时代"全团带队"的目标与要求

习近平总书记在致中国少年先锋队建队 70 周年的贺信中指出:"共青团要履行好全团带队职责,团结带领少先队牢记初心使命,始终听党的话、跟党走,让红领巾更加鲜艳!"习近平总书记的贺信为新时代共青团加强"全团带队"指明了方向,提出了要求。

共青团中央书记处第一书记贺军科在中国少年先锋队第八次全国代表大会致辞中指出:在新时代,共青团要更好担负起党赋予的全团带队光荣职责,必须顺应时代发展,不断改革创新,积极开展工作,举全团之力、聚各方资源带领少先队事业开创新局面。贺军科强调,我们要在政治上带好少先队,始终保持坚定政治方向;我们要在组织上带好少先队,充分发挥独特组织功能;我们要在队伍上带好少先队,不断锤炼过硬工作队伍;我们要在工作上带好少先队,加速构建协同工作格局。

《中共中央关于新时代全面加强少先队工作的意见》强调:"共青团要在政治上、组织上、队伍上、工作上加强对少先队的指导,加大在干部配备、资源分配等方面的力度,切实履行好全团带队的政治责任。"《新时代全面从严治团实施纲要》明确要求:"夯实全团带队职责,健全阶梯式成长激励体系,健全少先队辅导员管理、培养、考核和激励机制,始终增强少先队员光荣感。"

一系列重要文件的出台,为新时代推动"全团带队"工作提供了政策保障。全国各地的团组织也越来越重视"全团带队"工作,充分营造了共青团关心、支持少先队开展工作的良好氛围,取得了良好的效果。

(四) 加强"推优"工作

近年来,团中央陆续出台的《共青团推优入党工作实施办法(试行)》《中国共产主义青年团团员教育管理工作条例(试行)》《新时代共青团员先进性评价指导大纲(试行)》和《新时代共青团激励机制指导大纲(试行)》以及《新时代全面从严治团实施纲要》等一系列文件精神和要求为新时代开展推优入团、推优入党等党、团、队一体化建设工作指明了方向,提供了遵循。

1. 少先队推优入团

1)"推优入团"的意义和原则

《推荐优秀少先队员作团的发展对象实施办法》(2019 年 11 月)指出:"推荐

优秀少先队员作团的发展对象是共青团赋予少先队的光荣任务。中学少先队组织应在团组织的领导下,具体负责组织实施。"推荐优秀少先队员作团的发展对象工作应遵循"坚持政治标准、重在教育培养、过程公正规范"的原则。

各中学少先队组织要坚持面向全体少先队员,采取多种手段开展团前教育,将各级"优秀少先队员"评选和"红领巾奖章"争章、少先队岗位锻炼等情况,作为推荐少先队员成为团的发展对象的重要参考指标。经少先队组织推荐的拟发展对象,经团组织批准,可不经"入团积极分子"阶段,直接成为团的发展对象。

2)"推优入团"的适用对象和工作流程

《推荐优秀少先队员作团的发展对象工作指引(2021年版)》明确要求:推优入团适用对象——年满14周岁、未满15周岁的少先队员。学校工作流程有: ① 制定年度推优入团工作安排。② 进行培养教育。③ 确定推荐对象。④ 确定为团的发展对象。⑤ 按照团组织要求统一履行新团员接收程序等。

3)初中阶段"入团十步法"

《2022年初中阶段学校团员发展工作指引》(共青团上海市委少先队工作部、共青团上海市委组织部)提出了初中阶段"入团十步法",即:政治标准放首位、基本条件要审核、推荐推优来确定、培养联系少不了、教育培养是关键、考察预审不能少、预审合格再发展、指导填写勿出错、集体研究要表决以及存档录入莫遗忘。"入团十步法"适用于全团。

2. 共青团推优入党

1)"推优入党"工作的意义

习近平总书记在庆祝中国共产主义青年团成立100周年大会上的讲话中殷切期望"广大共青团员要认真接受政治训练、加强政治锻造、追求政治进步,积极向党组织靠拢,以成长为一名合格的共产党员为目标、为光荣。"各级团组织要进一步加强政治引领,充分发挥"推优"制度作用,促进广大共青团员在政治上的进步和成长。

2)"推优入党"工作的基本要求

《共青团推优入党工作实施办法(试行)》(中青发〔2019〕9号)规定:团的基层组织应当把"推优"作为一项经常性重要工作。认真落实"28周岁以下青年入党,一般应从团员中发展;发展团员入党一般应经过团组织推荐;使'推优'工作逐步成为党组织发展青年党员的主要渠道,使共青团员成为党组织发展青年党员的主要来源"的要求。

3)"推优入党"工作的程序

《共青团推优入党工作实施办法(试行)》对推优工作程序做出了明确的要

求。主要程序有：基层团组织确定年度"推优"工作计划；团支部提出召开"推优"大会申请，经上级团组织批准同意后，由团支部书记主持召开；召开"推优"大会并进行公示；公示无异议后将有关材料报上级团组织审核；上级团组织审核团支部推荐意见和相关材料，对被推荐对象进行进一步考察。对符合条件的，汇总"推优"情况说明以及考察材料等向党支部推荐；经基层党组织预审合格的发展对象，上级团组织应当在1个月内向基层团支部通报传达。

在推进推优入团、推优入党工作中，各地团队组织积极实践，勇于探索，积累了丰富、有效的经验。在这里为大家推荐两个工作案例——《创新开展推优入团工作》《探索推优入党政治培养模式》，希望有助于大家开展好推优入团和推优入党工作。

2.1.3 创新开展推优入团工作

2.1.4 探索推优入党政治培养模式

第一节 加强共青团宣传思想文化工作

党的十八大以来，习近平总书记高度重视宣传思想工作，强调意识形态工作是党的一项极端重要的工作，作出一系列重大决策，实施一系列重大举措，在实践中不断深化对宣传思想工作的规律性认识，提出了一系列新思想、新观点、新论断，形成了习近平总书记关于宣传思想工作的重要思想，为共青团做好宣传思想文化工作指明了方向。

一、共青团宣传思想文化工作的指导思想和根本遵循

（一）以习近平总书记关于宣传思想工作的重要思想为指导

2018年8月21日，全国宣传思想工作会议在北京召开，习近平总书记出席会议并发表重要讲话，他强调，完成新形势下宣传思想工作的使命任务，必须以新时代中国特色社会主义思想和党的十九大精神为指导，增强"四个意识"、坚定"四个自信"，自觉承担起举旗帜、聚民心、育新人、兴文化、展形象的使命任务，坚持正确政治方向，推动宣传思想工作不断强起来，促进全体人民在理想信念、价值理

念、道德观念上紧紧团结在一起,为服务党和国家事业全局作出更大贡献。

做好党的宣传思想工作就是要做到"九个坚持"。即坚持党对意识形态工作的领导权,坚持思想工作"两个巩固"的根本任务,坚持用习近平新时代中国特色社会主义思想武装全党、教育人民,坚持培育和践行社会主义核心价值观,坚持文化自信是更基础、更广泛、更深厚的自信,是更基本、更深沉、更持久的力量,坚持提高新闻舆论传播力、引导力、影响力、公信力,坚持以人民为中心的创作导向,坚持营造风清气正的网络空间,坚持讲好中国故事、传播好中国声音。这为做好新时期共青团宣传思想文化工作提供了重要的指导作用,我们要深入学习领会,并认真贯彻落实。

(二)以培养新时代社会主义事业的建设者和接班人为使命

2022 年 5 月 10 日,习近平总书记在庆祝中国共产主义青年团成立 100 周年大会上发表的重要讲话指出,共青团作为广大青年在实践中学习中国特色社会主义和共产主义的学校,要从政治上着眼、从思想上入手、从青年特点出发,帮助他们早立志、立大志,从内心深处厚植对党的信赖、对中国特色社会主义的信心、对马克思主义的信仰。共青团要完成党交给的根本任务,就必须大力加强青年的宣传思想文化工作。

2018 年 6 月 29 日,中国共产主义青年团第十八次全国代表大会通过了《中国共产主义青年团章程(修正案)》,《章程》指出,中国共产主义青年团加强思想政治工作,把思想政治工作贯穿所开展的全部工作。组织青年学习马克思列宁主义、毛泽东思想、邓小平理论、"三个代表"重要思想、科学发展观、习近平新时代中国特色社会主义思想,广泛开展党的基本路线教育、爱国主义、集体主义和社会主义思想教育,社会主义核心价值观教育,中华优秀传统文化、革命文化、社会主义先进文化教育,增强青年的民族自尊、自信和自强精神,树立正确的理想、信念和世界观、人生观、价值观,使青年成为担当民族复兴大任的时代新人。① 这为新时代做好共青团宣传思想文化工作指明了方向。

2019 年 9 月 10 日,贺军科同志在共青团十八届三中全会上的讲话指出:"宣传思想文化工作领域是团的工作中极端重要的领域。当代青年是实现第二个百年奋斗目标的骨干和栋梁,志气足不足、骨头硬不硬,直接关系到党的十九大确定的奋斗目标能否如期实现。"②这充分阐明了新时代共青团宣传思想文化工作的背景和重要意义。

---

① 中国共产主义青年团章程(修正案)[EB/OL].(2018.07.11).https://www.gqt.org.cn/tngz/zc/202204/t20220419_787355.htm.

② 贺军科.全团动手,全线统筹,建立具有强大引领力和塑造力的宣传思想文化工作新格局[J].中国共青团,2019(10):11-12.

（三）传承共青团百年来宣传思想文化工作的优良传统

纵观中国共产主义青年团 100 年来的发展历史,宣传思想文化工作领域是共青团"资格最老"的一项工作,团一大通过的文件中就有《关于政治宣传运动的议决案》,共青团工作就是从创办报纸、期刊,开办学习社、研究会起步的。

一百年来,无论是在新民主主义革命时期、社会主义革命和建设时期、改革开放和社会主义现代化建设新时期,还是在中国特色社会主义新时代,共青团都把宣传思想文化工作作为极端重要的工作来抓,保证了共青团始终站在时代前列,始终带领全国各族青年坚定不移跟党走。这也为新时代做好共青团宣传思想文化工作积累了宝贵的经验,我们必须认真的传承,并不断发扬光大。

二、共青团宣传思想文化工作的基本要求

贺军科同志在共青团十八届三中全会上强调,共青团作为为党育人的政治组织,应该全面贯彻落实"全团抓思想政治引领"的要求,着力强化宣传思想文化工作,在为党育人、服务大局中不断开创新局面、做出新贡献。具体工作要求包括以下三个方面。

（一）坚持党的基本路线不动摇

《新时代加强和改进共青团思想政治引领工作实施纲要》指出:"要始终将学习宣传贯彻习近平新时代中国特色社会主义思想作为重中之重,教育引导青少年深刻领悟'两个确立'的决定性意义,不断增强对以习近平同志为核心的党中央的思想认同、政治认同、实践认同和情感认同。"因此,全团要坚持党的基本路线不动摇,坚持用习近平新时代中国特色社会主义思想和党的基本路线统一思想和行动,团的宣传思想文化工作必须使党的基本路线在团的工作中得到全面贯彻。要教育青年牢固树立政治意识、大局意识、核心意识、看齐意识,坚决维护习近平总书记党中央的核心、全党的核心地位,坚决维护以习近平同志为核心的党中央权威和集中统一领导,坚决贯彻党的意志和主张,严守政治纪律和政治规矩。

（二）站在理想信念的高地上用党的科学理论武装青年

习近平总书记在庆祝中国共产主义青年团成立 100 周年大会上发表的重要讲话指出,党的青年组织永远站在理想信念的高地上,用党的科学理论武装青年,用党的初心使命感召青年,用党的光辉旗帜指引青年,用党的优良作风塑造青年。

由于新时代青年面临着各种社会思潮的现实影响,不可避免会在理想和现实、主义和问题、利己和利他、小我和大我、民族和世界等方面遇到思想困惑,因此共青团的宣传思想文化工作必须站在理想信念的制高点上,牢牢把握为实现中华民族伟大复兴的中国梦而奋斗的时代主题,帮助青年牢固树立崇高的革命理想和

坚定的信念,激发他们的历史责任感、使命感和奋斗精神,自力更生,艰苦创业,积极推动社会主义经济建设、政治建设、文化建设、社会建设、生态文明建设,踊跃投身全面建设社会主义现代化国家、全面深化改革、全面依法治国、全面从严治党的伟大实践,为实现中华民族伟大复兴的中国梦贡献智慧和力量。

（三）全面服务共青团的各项工作

习近平总书记在庆祝中国共产主义青年团成立100周年大会上发表的重要讲话指出,共青团要始终成为引领中国青年思想进步的政治学校,始终成为组织中国青年永久奋斗的先锋力量,始终成为党联系青年最为牢固的桥梁纽带,始终成为紧跟党走在时代前列的先进组织。要高质量地完成这些任务,都离不开坚强有力的宣传思想文化工作。

2020年1月10日,贺军科同志在共青团十八届四中全会上的讲话系统地提出新时代共青团工作"三力一度"（组织力、引领力、服务力、大局贡献度）的新格局,共青团的宣传思想文化工作要更好地围绕这"三力一度"来开展。其中,组织力既包括团的队伍建设意义上的组织,也包括动员发动意义上的组织;引领力既包括宣传思想文化领域直接的思想引领,也包括通过支部生活开展的思想引领;服务力既包括通过普遍性社会倡导和政策倡导维护青少年合法权益,也包括帮助青年解决具体困难。同时,共青团工作还要不断提升服务大局的贡献度。这都需要充分发挥共青团的宣传思想文化工作来增强青年思想引导工作的吸引力、凝聚力,并提升团员青年对组织的向心力和归属感来实现。

三、共青团宣传思想文化工作的基本方法

贺军科同志在共青团十八届三中全会上的讲话中强调,要以做强正面宣传和拓宽传播矩阵为主,深化共青团宣传工作;要聚焦学深讲透习近平新时代中国特色社会主义思想,提升共青团思想工作水平;要突出实践体验的教化功能,强化共青团文化工作;要坚持产品化战略,扁平化、精准化落地,项目化实施,推进共青团宣传思想文化工作守正创新。[①] 这为我们深刻把握共青团宣传思想文化工作的路径与方法提供了强有力的指导。

（一）唱响主旋律,弘扬正能量

唱响主旋律、弘扬正能量就是要做强正面宣传。一是要与"四史"学习教育相结合,结合党史、新中国史、改革开放史和社会主义发展史的学习,特别是结合

① 贺军科.全团动手,全线统筹,建立具有强大引领力和塑造力的宣传思想文化工作新格局[J].中国共青团,2019（10）：11－12.

党的十八大以来我们党和国家事业取得的历史性成就的学习,激发广大青年的自信之情、奋斗之情和爱党之情;二是要把握"五四""七一"等重要时间节点和历史契机,集中开展正面教育,引领青少年增进对党的思想认同、政治认同和情感认同;三是要积极宣传青年典型,特别是青年身边的先进典型,以激发青年的进取意识和精神;四是打好主动仗,面对当前网络舆情多发现象,做好激浊扬清的工作,打造捍卫主流思想舆论的青年生力军。

加强理论宣传、政策宣传、成就宣传、典型宣传,把党的创新理论、战略部署、重大举措宣传好,把党带领人民取得的伟大成就宣传好,把广大青年建功新时代的青春风采宣传好,形成强大宣传声势,营造浓厚氛围。

(二)进军主阵地,做强影响力

深入贯彻落实习近平总书记"青年在哪里,团组织就建在哪里"的重要要求,适应青年无人不网、无处不网、无时不网的网络聚集状况,编织传播网络,直达更多青年。将网络新媒体作为主攻方向和基本载体,使互联网这个最大变量变成事业发展的最大增量,不断拓展传播矩阵。其中,一是要巩固好已有的阵地,让好的传统宣传阵地发挥好主渠道作用;二是密切关注新兴新媒体平台,适时进驻青年聚集的新阵地,提升宣传工作的覆盖面;三是加强网络文化建设,实施青少年文化精品工程,不断创作推出有思想内涵、有精良品质、有广泛影响的共青团网络文化产品,充分发挥文学作品、音乐舞蹈、书法绘画、影视戏剧等文艺作品的道德教化作用。

(三)聚焦思想引领,用好工作载体

习近平总书记指出,要让党的创新理论"飞入寻常百姓家"。要将推动习近平新时代中国特色社会主义思想走进广大青年的思想深处、情感深处、心灵深处,作为当前开展思想工作最关键的任务。一是善于把"大道理"转化为"小故事",把理论逻辑转化为生活逻辑,把理论话语转化为青年话语,做到讲起道理来更接地气、更有温度;二是坚持"一把钥匙开一把锁",发动基层组织和团干部、团员与青年进行面对面、心贴心的交流,用先进的思想占领青年思想世界;三是用活用好工作载体,持续打造"青年讲师团""青马工程""青年大学习"三大项目,用项目化的方式推动破解"抽象"的宣传工作。

2.2.1　关于在全国实施"青年大学习"行动的方案

(四)突出实践体验,拓展文化阵地

习近平总书记指出,文化自信是更基础、更广泛、更深厚的自信。做好文化工作,实践体验是重要途径,开展打卡红色地标、缅怀革命先烈、寻访历史足迹等沉浸式、体验式、互动式实践活动和仪式教育,引导青少年在沉浸式亲身体验中加深对中华优秀传统文化、革命文化和社会主义先进文化的理解与认同。同时,推荐文化精品,集中开展文化活动,发现凝聚文化人才,建设拓展文化阵地,不断丰富青少年精神文化生活,充分激发青少年文化创造活力。通过打造青年文化产品的"团字号""青字头"阵地,引导青少年在实践体验中强化深厚而持久的文化自信。

（五）坚持产品化战略,实施项目化策略

产品化战略是指共青团宣传思想文化工作要以产品为载体,积极创造弘扬主旋律、传播正能量以及青年喜闻乐见的文化产品的宣传思想文化工作战略。产品化战略的具体内容主要包括以下几点:一是要做到把准内容方向,弘扬文明新风、宣传真善美、批判假恶丑;二是要创新产品样态,如图文、歌曲、音视频、直播、漫画动漫、微电影、游戏等;三是要打造品牌栏目,如"青年网络公开课""中国好青年""青年100""青春之我""团团说""团团健康小课堂""共青团新闻联播""团团直播间"等;四是要推动产品共创,加强与社会机构、企业、自媒体的合作,形成团组织把方向出策划、专业人做专业事的生产模式,多出导向正、解读准、品质高的产品。

项目化实施是指将重点工作通过具体有形的方案设计、科学合理的执行步骤、可量化的评价办法进行系统推进实施的方法。如以"我为青年办实事"为主题,依托青年之家、12355服务台等渠道,推出爱心暑托班、"四点半课堂"等一大批广受青少年和社会欢迎的服务项目等。

四、共青团宣传思想文化工作的基本规律

贺军科同志在共青团十八届三中全会上的讲话中强调,宣传工作侧重于把党领导人民开创的实践经验和成就全面而有效地展示出来;思想工作侧重于揭示党的创新理论的真理性;文化工作侧重于引导青少年在实践体验中涵养社会主义核心价值观。① 认识和把握共青团宣传思想文化工作的规律就是要把握"四个全",即全领域发展、全流程参与、全战线统筹和全形态展现。

（一）坚持全领域发展

全领域发展是指在宣传、思想、文化这三个版块的工作中,不断强化思想工作,补齐文化工作的短板,实现齐头并进,三者相辅相成,相互促进,共为一体。思想工作是基础,即做好青年的思想工作,只有坚持用习近平新时代中国特色社会主义思想武装青年头脑,才能保证宣传工作和文化工作达到最好的效果。宣传工

---

① 贺军科.全团动手,全线统筹,建立具有强大引领力和塑造力的宣传思想文化工作新格局[J].中国共青团,2019（10）：11-12.

作是媒介,即通过对青年开展卓有成效的宣传教育工作,既能确保思想工作入脑入心,也能促进青年文化工作的顺利开展。文化工作是目标,即用中华优秀传统文化、革命文化和社会主义先进文化引导青年、教育青年、涵养青年,才能保证新时代青年健康成长,完成造就一代堪当大任的社会主义事业的建设者和接班人的任务。

(二) 坚持全流程参与

全流程参与是指在共青团的各项工作中,从策划到推进、总结,再到推广的各个环节中都体现思想政治引领,都有宣传思想文化工作的跟进。共青团的任何工作都离不开思想政治引领,宣传思想文化在共青团的各项工作中应该全流程体现。以团支部的某次团日活动为例,在活动的策划阶段,从活动目的、活动意义、活动要求和活动效果,都要体现对青年的政治引领、思想熏陶和文化映射;在活动的动员阶段,要注重运用宣传工作的手段和方法激发青年的参与热情;在活动的推进阶段,活动的思想内涵和文化价值应始终体现正确的政治标准和价值导向,确保团日活动目标和效果更好地实现;在活动的总结和推广阶段,思想工作和文化工作既有助于对活动价值的提升和引领,也促进了活动设计的进一步完善。活动的推广更需要宣传、思想和文化工作的强有力支撑与支持。

(三) 坚持全战线统筹

全战线统筹是指各层级、各战线团组织和团属媒体都各有侧重地协力承担思想政治引领工作任务,真正实现思想共振、活动共办、平台共通、产品共创、队伍共建、人才共用、资源共享。全团抓思想政治引领,就是要形成全战线统筹的新格局,让共青团宣传思想文化工作形成合力,做到同频共振。全战线统筹要求团组织做好以下几点:一是共青团的每一个块面、每一个岗位上的青年工作者都要牢固树立"全团抓思想政治引领"的大局意识和全局观念,并努力落实到共青团的各项工作之中;二是共青团的各项工作和活动开展都要注重调动多领域、多平台、多方队伍和各类人才的力量,发挥各自优势,形成合力,实现思想同频共振、优势互补;三是以"全团抓思想政治引领"指导各自工作开展时,要注意各有侧重,突出重点,发挥优势,强化特色,同时还要做到分工明确,责任明晰。

(四) 坚持全形态展现

全形态展现是指既要守住并不断拓展线上线下各类媒体阵地,还要将思想政治引领元素融入仪式教育、实践活动、评选表彰等团的各类工作形态,形成全方位育人的良好局面。共青团工作形态多样,工作方式有线上与线下、集中与个别等,工作内容有教育引导、社会服务、帮扶解困等,组织形式有学习活动、实践活动等,这是由青年和青年工作的特点所决定的。全形态展现要求共青团无论在哪种工作形态中,都要始终贯穿思想政治引领这条主线,把思想政治引领作为工作设计的出发点、工作实施的着力点和工作评价的立足点,并以不同的方式展现出来,做到立场坚定,态度坚决,旗帜鲜明。

共青团宣传思想文化工作"四个全"规律是对共青团宣传思想文化工作长期经验的总结,既符合共青团的工作特点,也是新时期做好共青团宣传思想文化工作的法宝。每一位共青团和青年工作者都必须始终牢牢坚持,一以贯之地坚决执行。

2.2.2　上海共青团宣传思想文化工作情况介绍

第三节　深入实施青年马克思主义者培养工程

党的十八大以来,习近平总书记高度重视在青年群体中开展马克思主义教育,提出要加强对青年的政治引领,在广大青年中加强和改进理论武装工作,引导广大青年运用马克思主义立场、观点、方法观察分析问题。2007 年启动的青年马克思主义者培养工程(以下简称"青马工程"),旨在为党培养信仰坚定、能力突出、素质优良、作风过硬的青年政治骨干。2013 年纳入中央马克思主义理论研究和建设工程。2017 年列入《中长期青年发展规划(2016—2025)》十大重点项目。2020 年共青团中央联合教育部、民政部、农业农村部、国务院国资委印发《关于深入实施青年马克思主义者培养工程的意见》(以下简称《意见》)。2022 年《共青团做好新时代青年人才培养工作的行动计划》(以下简称《行动计划》)指出,深化推进"青马工程",持续为党培养坚定可靠、堪当重任的青年政治骨干,强化人才政治赋能。本节重点介绍"青马工程"的发展历程,《意见》总体要求,贯彻实施"青马工程"的相关要求、经验做法及特色亮点。

一、新时代深入实施"青马工程"的重要性和紧迫性

中国特色社会主义进入新时代,对培养青年马克思主义者提出了更重要更紧迫的要求。中国共产党是用马克思主义武装起来的政党。党的十九大报告明确指出:"要牢牢掌握意识形态工作领导权。"中国特色社会主义事业的发展,需要一代又一代青年马克思主义者走在时代前列,不断接续奋斗。党的十九届六中全会决议鲜明提出"必须抓好后继有人这个根本大计",强调要"源源不断把各方面先进分子特别是优秀青年吸收到党内来"。可以说,培养大批的青年马克思主义

者是党的理论创新发展的需要,是巩固党执政的青年群众基础的需要,是确保中国特色社会主义事业后继有人的需要,事关中国特色社会主义事业前途命运。共青团是党的助手和后备军,鲜明的政治属性要求共青团必须把为党培养青年政治人才放在首位,这是组织功能彰显和组织价值体现的最重要依托。全团必须深刻理解、自觉肩负党赋予的这项光荣职责,始终牢记共青团的主责主业,高质量履行为党育人的政治功能。

二、深入实施"青马工程"的目标及要求

(一)"工程观"视域下的青年马克思主义者培养机制建设

"工程观"的理念强调多主体间的多维度协调实施。青年马克思主义者培养使用了"工程"这一说法,表明这是一项需要党政、共青团组织和社会各方协同施策,明确"青年政治骨干"这一目标导向,建立健全科学化、规范化培养方案的系统性培养工作。

在机制建设方面,各领域、各层级组织实施单位可在同级党组织的领导下,成立"青马工程"工作领导小组或组建联席会议,加强统筹协调,形成分工协作、定期沟通、督促落实等齐抓共管的工作机制,实现选拔、培育、举荐全链条实施,形成统一培养方案。

(二)深入实施青年马克思主义者培养工程的主要目标

《意见》提出"通过持续深化改革和提质增效,'青马工程'的培养体系更加完备,培养模式更为规范,加强青年政治引领的功能效应愈发凸显,在各行业各领域切实为党培养和输送一批具有忠诚的政治品格,浓厚的家国情怀,扎实的理论功底,突出的能力素质,忠恕任事、人品服众的青年政治骨干"的主要目标。

《行动计划》提出,深化推进新时代"青马工程",以为党培养青年政治骨干为目标,围绕修心、修性、修能、修德等进行全面培养,着力推进提质扩面,以理论学习、红色教育、实践锻炼为主要内容,在青年中培养造就一大批用马克思主义中国化最新成果武装的马克思主义者,引导青年成长为社会主义的合格建设者和可靠接班人。

贯彻实施《意见》精神和相关工作要求,围绕"青马工程"为党培养和输送青年政治骨干的根本任务,遵循政治引领规律,强化以"青马工程"为核心的青年人才培养观,围绕"为谁培养青年政治骨干、培养什么样的青年政治骨干、怎样培养青年政治骨干"这三个命题,对照培养目标,把强化

2.3.1 关于深入实施青年马克思主义者培养工程的意见

政治引领深度融入不同领域、不同层次的培养体系中,在青年中着力培养造就一大批用马克思主义中国化最新成果武装的马克思主义者,引导青年成长为社会主义的合格建设者和可靠接班人。

(三)深入实施青年马克思主义者培养工程的分级分类培养体系

《意见》指出:"着力构建分层分类的培养体系。逐步构建覆盖高校、国企、农村、社会组织等各领域优秀青年,不断为党培养和输送青年政治骨干的培养体系。"

改革开放以来,随着经济的发展和社会生活出现的巨大变化,原先高度集中的资源配置方式逐渐被市场经济的资源配置方式所取代,各种新经济组织、新社会组织层出不穷,青年的分层分化状况也日益突出。党的十九大报告中指出我国社会主要矛盾发生了新变化,具体到青年工作领域,最直接、最现实的表现就是青年群体的职业分布、思想观念、行为方式、利益诉求等日趋多元多变。因此,如何适应青年分层分化的现状,促进马克思主义与青年的结合尤为重要。

《新时代的中国青年》指出:目前,"青马工程"逐步构建起涵盖全国省(自治区、直辖市)、市(地、州、盟)、县(区、旗)和高校、国有企业、农村、社会组织、少先队工作者各领域的工作体系。《行动计划》强调深化推进新时代"青马工程",就是要着力推进提质扩面,以全国班为示范,积极推动各级各领域"青马工程"协同发展、规范化建设,细化培养标准,形成规范的课程体系、学习教材、文化标识等,加大导师、阵地等资源开发,使得"432"培养体系建设成果更加突出。

高校班突出对大学生骨干的政治训练和思想引领;国企班强化对国有企业青年骨干的政治锻造;农村班聚焦乡村振兴战略,培养更多"懂农业、爱农村、爱农民"的有志青年成长为乡村治理骨干力量;社会组织班突出对青年社会组织骨干的政治引领和价值引领;少先队工作者班切实增强少先队辅导员队伍政治素养。

2.3.2 上海"青马工程":深化思想引领,突出为党育人

2.3.3 中国商飞公司"青马工程"实施情况

2.3.4 执政之基的力量之源——宝武"青马工程"乡村振兴培训班方案(针对中国宝武挂职援派干部、定点帮扶和对口支援地区基层干部、乡村振兴带头人等干部人才的培训班)

三、深入实施"青马工程"的环节及规范

（一）新时代青年马克思主义者培养工程的学员选拔

《意见》要求"规范学员选拔标准和程序"，对青年马克思主义者的培养，要着眼于使其"努力成长为具有坚定的马克思主义信仰、德才兼备、全面发展的社会主义合格建设者和可靠接班人"。

从根本上说，我国的主流意识形态要求新时代青年都要做中国特色社会主义的"合格建设者和可靠接班人"，但对青年马克思主义者无疑有着更高的要求。"青马工程"要"聚焦培养青年政治骨干的定位，学员必须从坚决拥护党的领导，对习近平新时代中国特色社会主义思想有强烈的理论认同、实践认同和情感认同，学习工作实绩突出的优秀青年中选拔"，"在各行业各领域切实为党培养和输送一批具有忠诚的政治品格，浓厚的家国情怀，扎实的理论功底，突出的能力素质，忠恕任事、人品服众的青年政治骨干"。

"青马工程"每一期集中培养周期原则上为 1 年。遵循"少而精"的原则合理安排规模。学员应为 18 至 35 周岁的青年党员或团员中的入党积极分子。学员选拔应坚持标准逐级提高的原则，上一级班次学员必须满足下一级班次的基本要求，并经过下级组织推荐和差额选拔产生。过程中校准各系列青年政治骨干选拔培养的方向，重点聚焦关键少数的方向。

高校班要突出选拔有志于投身国家治理与公共管理的青年大学生骨干；国企班要强化选拔深刻理解公有制经济运行规律、熟练掌握国有企业治理方式方法的青年政治骨干；农村班要聚焦培养更多"懂农业、爱农村、爱农民"的乡村振兴"领头人"与具有较强乡村治理能力的青年政治骨干；社会组织班要着眼于聚焦参与社会治理的社会组织领袖的政治吸纳与政治引领。

2.3.5 上海市嘉定区梯度办班模式

（二）新时代青年马克思主义者培养工程的标准化培养内容

《意见》要求"完善标准化培养内容。突出学员综合素质特别是政治素质的锤炼提升，规范完善各培养版块的目标任务和路径载体，逐步形成统一标准的科学培养方案。"标准化培养内容分为理论学习、红色教育、实践锻炼。

根据《意见》所明确的分层分类培养体系和具体维度，在设计培养方案时，既要有标准化的培养内容，也要充分考虑不同领域、不同层次学员的实际需求，凸显层次化、分类化的属性。横向形成整体培养框架，纵向形成分级培养体系，在坚持培养模块、课程体系一以贯之的原则下，充分体现分层分类的要求，为递进式选拔与举荐做好准备。

表 2.1　标准化培养内容

	理论学习	红色教育	实践锻炼
目标任务	加深对党的科学理论的理解和掌握，学深悟透习近平新时代中国特色社会主义思想，掌握马克思主义的立场、观点和方法，进一步坚定跟党走中国特色社会主义道路的信心和决心。每年集中理论学习不少于 2 周或总学时不少于 80 学时。	弘扬民族精神和时代精神，加强党史、新中国史、改革开放史、社会主义发展史等学习。增强对革命传统精神的理解，实现爱国主义精神的升华。	深入了解我国国家制度和国家治理体系，加深社会观察，在基层一线、困难艰苦地方磨砺意志、锤炼品格、增长才干，不断增进与人民群众的感情，树立群众观点，坚持群众路线。
路径载体	读原著、学原文、悟原理，专题辅导，调查研究，"青马学员说"等。	党史学习教育、实地学习、仪式教育、专题展览等。	集中实践、日常实践、网络锻炼、国际交流等。
主要模块	习近平新时代中国特色社会主义思想、马克思主义基本原理、党的创新理论、重大政策、社会热点。	党史学习教育、爱国主义教育、革命精神教育。	集中实践、跟岗见习、志愿服务、网络锻炼、国际交流。

　　新时代"青马工程"标准化培养内容应坚持以马克思主义的意识形态为统领，以政治性、思想性、实践性为根本原则，可以集中理论学习阶段培养方案的制定和实施为抓手。

2.3.6　上海青年马克思主义者培养工程集中理论学习阶段培养方案

2.3.7　上海："爱心云托班"运行！大学生志愿者温暖"云陪伴"（主流媒体报道的省级"青马工程"典型经验做法）

　　理论学习强调政治引领功能，要以透彻的学理分析回应学员、以彻底的思想理论说服学员、用真理的强大力量引导学员，以达到政治认同、思想认同、情感认同，强化青年政治骨干听党话、跟党走的意识与能力。课程体系对照"忠诚的政治品格、浓厚的家国情怀、扎实的理论功底、突出的能力素养"的培养目标,开设"政治素养""精神素养""理论素养""能力素养"四大课程模块,采取理论自学、课堂讲授、现场教学、研究研讨的形式,进一步提升学员的政治意识和政治能力。

（三）新时代青年马克思主义者培养工程的学员培养管理

《意见》要求"建立健全从严管理机制。把从严从实的要求贯穿学员培养全过程,不断提升培养管理的质量水平。"

一时的先进并不能代表永远先进。对青年马克思主义者的培养,必须以长期的、动态的观点来看待和评判,保证队伍的纯洁性,在普遍培养中重点选拔,在骨干示范中不断影响更多的青年进步,从中培养一批批坚定的马克思主义者。

因此,必须深入青年马克思主义者培养的全过程,进行必要的监督、考核、监控、评价、反馈、调适等工作;通过跟踪观察,对青年马克思主义者成长的表现情况做出科学的鉴定,作为今后使用的参考;建立信息库,把他们的培养情况以及综合表现纳入信息化范畴,便于及时跟踪掌握;延伸对青年马克思主义者的培养,保证足够的培养期限,直至其完全符合目标要求。

新时代青马工程的管理机制包括:

（1）日常管理。制定各环节学员管理规定,建立日常督导检查机制,定期了解学员日常言行,建立"青马工程"联络员制度,掌握学员表现情况,将日常表现作为学员评价的重要指标。

（2）考核评价。在考核标准上,把学员政治表现作为第一位的要求;在考核方式上,突出过程评价与结果评价相结合,通过多环节整体赋分,按比例设定优秀、合格、不合格等级,合格以上准予结业,并将考核结果抄送学员推荐单位。

2.3.8　上海仪电青年"双计划"日常管理

（3）淘汰退出机制。坚持动态淘汰,每期班淘汰率一般不低于10%。

（4）跟踪培养。设定学员结业后5至10年的跟踪培养期,建立并实时更新学员信息数据库。

（四）新时代青年马克思主义者培养工程的人才举荐

《意见》要求"大力加强人才举荐。争取各级党委组织部门和行业主管部门支持,不断强化'青马工程'为党培养青年政治骨干的品牌效应,努力为党的事业和队伍输送新鲜血液。"

坚持党管人才、党管青年原则,基于跟踪培养机制,随时关注学员后续成长,依托组织力量为学员后续发展提供力所能及的帮助，为学员提供更多平台和机会，把育人成果切实转化为贡献党的事业的政治成果、组织成果。

"青马工程"人才举荐机制及各领域人才举荐通道包括：

持续做好学员推优入党，以及推荐符合条件的高校班优秀学员参加选调生考录、国企班优秀学员进入企业优秀人才队伍、农村班优秀学员进入村"两委"班子、社会组织班优秀学员成为城乡治理的重要力量、少先队工作者班优秀学员成为党的少年儿童思想政治工作骨干等工作。同时，加强团内激励，结合不同班次学员的特点，对表现特别优秀的学员，可吸纳其为各级团的领导机关挂职、兼职干部，推荐其为团的各级委员会成员、团代表、青联委员等人选。

2.3.9　上海师范大学"青马工程"重点培养对象接续培养方案

问题：

1. 习近平总书记提出的共青团履行职责使命的关键是什么？
2. 共青团的根本任务是什么？
3. 新时代加强和改进共青团思想政治引领工作的总体要求是什么？
4. 如何做好青年思想引导工作、增强吸引力和凝聚力？
5. 强化少先队政治引领的根本遵循是什么？
6. 习近平总书记关于宣传思想工作的重要思想的主要内容是什么？
7. 共青团宣传思想文化工作的基本规律是什么？
8. 如何做好深化共青团宣传工作？
9. 如何提升共青团思想工作水平？
10. 如何强化共青团文化工作？
11. 什么是"青年马克思主义者"？
12. 新时代"青马工程"分级分类实施的要求是什么？
13. 各领域"青马工程"学员选拔要求是什么？
14. 新时代"青马工程"的培养内容和其他团内培训有什么区别？
15. "青马工程"跟踪培养的意义和价值是什么？
16. 各领域如何实现"青马工程"的人才举荐？

主要参考文献：

［1］中国共产党章程［M］.北京：中国法制出版社,2018：59.

［2］中国共产主义青年团章程［M］.北京：中国青年出版社，2018.

［3］中国少年先锋队全国工作委员会.中国少年先锋队章程［M］.北京：中国少年儿童出版社，2020.

［4］共青团上海市委员会.团务通：基础团务实用手册［M］.上海：上海交通大学出版社，2013：299.

［5］戴冰.青年思想政治工作学引论［M］.上海：上海交通大学出版社，2019.

［6］《共青团十八大报告辅导读本》编写组.共青团十八大报告辅导读本［M］.北京：中国青年出版社，2018.

［7］戴冰.共青团加强政治引领的目标与路径［N］.中国青年报，2019.8.6.

［8］中共中央、国务院.关于新时代加强和改进思想政治工作的意见［EB/OL］.（2021－07－12）. http://www.gov.cn/xinwen/2021－07/12.

［9］贺军科.培养社会主义合格建设者和可靠接班人［N］.经济日报2021.11.2.

［10］中国共产主义青年团发展团员工作细则［EB/OL］.（2016－11－17）.https://www.gqt.org.cn/documents/zqbf/201611.

［11］共青团推优入党工作实施法［EB/OL］.（2019－09－05）.https://www.gqt.org.cn/documents/zqf/201909.

［12］新时代全面从严治团实施纲要［ED/OL］.（2022　01　30）.http://news.youth.cn/gn/202201.

［13］中共中央宣传部干部局.新时代宣传思想工作［M］.学习出版社，2020.

［14］贺军科.全团动手，全线统筹，建立具有强大引领力和塑造力的宣传思想文化工作新格局［J］.中国共青团，2019（10）：11－12.

［15］倪邦文.新时代青年马克思主义者培养论纲［M］.北京：中国青年出版社，2020.

［16］李延冤.青年马克思主义者培养工程机制建设研究［M］.芜湖：安徽师范大学出版社，2015.

［17］兰亚明.青年马克思主义者培养理论与实践［M］.南京：南京大学出版社，2012.

［18］王向阳.青年马克思主义者培养探索与实践［M］.合肥：合肥工业大学出版社，2012.

第三章
组织动员青年

关键词： 组织力；学校共青团；机关事业单位；国企共青团；区域化团建；农村共青团；非公有制经济领域共青团；青年岗位建功行动；中国青年志愿者行动；青年中心；网络动员；青联；学联；从严治会；青年社会组织；团属青年社会组织；伙伴计划；新兴青年群体；筑梦计划

　　"对共青团来说，建设什么样的青年组织、怎样建设青年组织是事关根本的重大问题。"①回顾百年历史，共青团在组织动员青年方面积累了宝贵经验。在新的征程上，如何更好地把青年组织动员起来，为实现中华民族伟大复兴的中国梦而奋斗，是新时代共青团面临的重大课题。在当代中国，社会变迁加速，青年社会流动频繁，价值观念多元，仅靠传统的组织动员机制难以达到引领青年的理想效果。面对新形势、新挑战、新任务，共青团必须勇于自我革命，锐意改革创新，不断发展共青团的组织体系和动员方式。本章结合相关文件要求和改革实践，介绍新形势下共青团的组织体系建设和创新，呈现共青团组织动员的方法和举措，分析青联、学联的改革要求与发展路径，归纳联系、服务和引导青年社会组织的经验，探讨新兴青年群体的工作方法和策略，从多维度展现新时代共青团提升组织力的要求、方法和经验。

第一节　建立健全的组织体系

　　共青团的组织体系包括团的全国领导机关、团的地方各级领导机关和团的基层组织。团的全国领导机关是团的全国代表大会和它产生的中央委员会；团的地方各级领导机关是同级团的代表大会和它产生的团的委员会；团的基层组织包括在学校、机关事业单位、科研院所、企业、街道乡镇、军队等基层单位建立的团的基层委员会、总支部委员会或支部委员会。

　　团中央直属机关是团中央委员会的执行机构。2016 年 8 月，中共中央办公厅

---

① 习近平.论党的青年工作［M］.北京：中央文献出版社，2022：9.

印发了《共青团中央改革方案》,确定改革后的团中央机关设 11 个部门,即办公厅、组织部(机关党委)、宣传部、青年发展部、基层组织建设部、学校部、少年部、统战部、维护青少年权益部、社会联络部、国际联络部。在团中央之下,有省级、市级、县级、乡镇(街道)等不同层级的团组织,以及机关事业单位、学校、企业等基层单位团组织,构成"纵向到底、横向到边"的组织体系,如图 3.1 所示。截至 2021 年 12 月,全国有约 367.7 万个共青团组织,18.4 万个基层团(工)委,349 万个团(总)支部。①

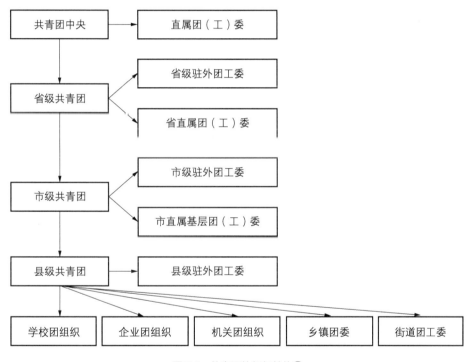

图 3.1　共青团的组织结构②

"基层组织是共青团全部工作和战斗力的基础。"③2018 年 7 月,习近平总书记在同团中央新一届领导班子成员集体谈话时强调,要树立大抓基层的鲜明导向,推

---

①　共青团中央.新时代中国青年运动和青年工作的重大课题——三论学习习近平总书记在庆祝中国共产主义青年团成立 100 周年大会上的重要讲话[EB/OL].(2022 - 05 - 13).http://news.youth.cn/sz/202205/t20220513_13688933.htm.

②　谭毅,杨波.再造基层:共青团基层组织改革创新的理论审视[J].中国青年研究,2018(6).

③　共青团中央.关于加强新时代团的基层建设 着力提升团的组织力的意见:中青发[2019]2 号[EB/OL].(2019 - 02 - 02).https://www.gqt.org.cn/documents/zqf/201902/P020190203539594686509.pdf.

3.1.1　共青团中央印发《关于加强新时代团的基层建设 着力提升团的组织力的意见》的通知

动改革举措落到基层,使基层真正强起来。2019年1月,共青团十八届二中全会通过的《关于加强新时代团的基层建设 着力提升团的组织力的意见》围绕扩大组织覆盖、夯实基层基础提出了一系列要求和举措。2021年5月,在前期探索的基础上,团中央印发了《关于扩大县域共青团基层组织改革试点的指导意见》。上述文件表明,改革进程中的共青团"坚持问题导向,坚持大抓基层,敢于冲破一切思维定式、克服一切顽瘴痼疾,不断提升组织的现代化程度"。[①]

一、学校共青团组织建设

（一）学校共青团组织建设的背景

学校是青少年最集中的领域,学校共青团在全团具有基础性、战略性、源头性的地位和作用。为贯彻落实中共中央办公厅印发的《共青团中央改革方案》,2016年,团中央、教育部研究制定了《中学共青团改革实施方案》《高校共青团改革实施方案》;2017年,团中央办公厅印发了关于普通中学、普通高校和职业院校共青团基层组织工作条例(试行);2020年,团中央、中共教育部党组制定了《深化学校共青团改革的若干措施》。落实上述改革方案与工作条例,规范和加强学校共青团工作,是深化共青团改革的重要举措,对于巩固共青团在学校的基本阵地、发挥学校共青团在"为党育人"中的战略性地位具有重要意义。

（二）学校共青团组织建设的要求

牢牢把准政治方向,紧紧把握立德树人的根本任务,引领广大青年坚定跟党走;尊重学生主体地位,坚持直接联系、服务、引导学生,深化以学生为中心的改革;坚持围绕中心,服务教育大局,加强团教协同;突出重点、聚焦问题,着力提升学校共青团对学生的吸引力、凝聚力,破解相关思维定式、重点难点、体制机制问题;从严治团与发展创新相结合,在强基固本的同时创新学校共青团组织方式。

（三）学校共青团组织建设的路径与方法

1. 强基固本,健全学校共青团基层组织

进一步健全团组织,消除学校团组织建设中的薄弱环节。中学重点抓"强基固本",以民办学校、中等职业学校、技工学校、农村学校为重点,全面消除学校领域组织空白。[②] 高校要加强民办学校和独立学院团的建设,强化研究生团组织建

①　贺军科.续写党的青年运动新的历史荣光——写在中国共青团成立100周年之际[J].中国共青团,2022(9).

②　共青团中央基层建设部.2020年团的基层建设工作安排:团组字〔2020〕5号〔Z〕.2020-03-06.

设,加强组织覆盖和工作覆盖。[①]

在工作方法上,普通高等学校、职业院校可探索社团建团、宿舍建团、实验室建团、网络建团、实习单位建团等建团模式,构建"多种模式、多重覆盖"的团建创新机制。普通中等学校也可根据实际情况探索新型团建模式。

在建设环节上,促进学校基层团组织规范化发展,普遍激活班级团支部。加强班级团支部与班委一体化运行机制建设,鼓励团支部书记兼任班长。强化"一切工作到支部"的理念,促进以团支部为核心的班集体建设。

2. 强化领导,完善团学组织工作架构

在学校党委领导下,加强对学生组织的指导和管理。推进学生会组织深化改革,依法依章程开展工作。实施《高校学生社团建设管理办法》,开展高校学生社团规范化建设管理。学校党委统一领导学校学生社团的建设管理,成立以校党委领导为负责人,学生工作部门、校团委、教务处等多部门参与的学生社团建设管理委员会。严格学生社团注册登记制度,实施年度评测,建立退出机制,实现对高校学生社团的动态管理。校团委配合学生工作等部门,配强学生社团指导教师,遴选与管理学生社团骨干,加强对社团(尤其是理论性社团和公益类社团)的具体指导,将学生社团打造为学校思想政治工作的重要阵地。

3. 创新方式,促进学校共青团组织力提升

把团的组织生活与学业进步、实践锻炼、社会参与相结合,打破时间和空间限制,探索组织生活新模式,提升组织生活的时代性。打造一批有影响力的品牌项目,以丰富多彩的团学活动组织和引领学生。如开展18岁成人仪式教育活动、大学生辩论赛、创新创业比赛、社会实践项目大赛、志愿服务活动、社团文化活动,组织"活力团支部"评选大赛、五四红旗团组织创建、学校团干部培训与论坛等,促进学校共青团的组织力提升。

(四)学校共青团组织建设的经验与规律

1. "为党育人",完善一体化育人组织机制

将"为党育人"原则贯穿到学校共青团组织建设的各方面、全过程,做好"团队衔接"、团员发展管理、推优入党和"学社衔接"等工作,完善一体化育人组织机制。履行"全团带队"职责,指导初中少先队抓好少先队员推优入团工作。突出入团政治标准,强调团员发展先进性要求,控制团学比例。加强团员培养,提高团员质量。将推优入党作为学校共青团的重要组织职责,实现高中、高校学生推优

[①]　共青团中央,教育部.高校共青团改革实施方案:中青联发[2016]18号[EB/OL].(2016 - 11 - 14).https://www.gqt.org.cn/documents/zqlf/201611/P020161115391495551784.pdf.

一体化。做好学社衔接，提高学校毕业学生团员组织关系社会转接率，探索学生团员骨干进入社会后的接续培养机制。

2. 团教协同，建设"人才共育"平台

加强团教协同，优化学校共青团工作的组织合作机制。根据《高校共青团改革实施方案》与《中学共青团改革实施方案》，全国和省级共青团组织与教育部门共同成立高校共青团工作指导委员会，建立健全联席会议制度，加强工作统筹指导和督导；市（地）级、县级团委和教育部门成立教育团（工）委，形成常态化团教沟通协作机制。在探索建立分类型、分区域组织合作机制的同时，加强系统间协作、区域化协同。

创新学校基层共青团组织动员方式，主动融入学校育人整体格局。将社会实践纳入综合素质评价，将"第二课堂成绩单"纳入高校人才培养和学科建设考核评估体系。充分发挥共青团组织网络优势，服务学校人才培养中心工作。扩大校际合作，深化实施"高校对口中学团建促进行动"。拓展学社协同组织网络，为学生社会实践、实习实训搭建广阔平台。

3.1.2　加强"区校共建"，推动"人才共育"为基层团组织注入创新活力

3. 青年为本，引导学生发挥主体作用

以青年为本，注重对学生的直接联系、服务和引导。尊重学生主体地位，通过平等的沟通交流、问卷调查、校园网络舆情研究等方式，问需、问策、问效于学生。采用灵活多样、富有亲和力的方式，有效落实共青团领导干部"驻校蹲班"工作，力戒形式主义。切实加强对学生社团的管理、服务和引导，在严格落实共青团对学生会的政治责任的同时，着力培养学生能力和主体意识，让学生在团学工作和活动中担任主角。

二、机关事业单位和国企共青团组织建设

（一）机关事业单位和国企共青团组织建设的背景

党和国家机关、事业单位、国有企业是广大职业青年围绕中心、服务大局，发挥生力军和突击队作用的关键领域。2019 年，共青团十八届二中全会报告及《新时代团的组织力提升三年行动计划（2019—2022）》提出了探索机关企事业单位团建新路径的具体要求。2020 年 10 月，团中央印发了关于党和国家机关、国有企业基层团组织工作的条例（试行），明确了机关国企基层团组织的设置方式、主要职责、团员管理等规定。2022 年 1 月，共青团十八届六中全会通过的《新时代全面从严治团实施纲要》对机关事业单位、国有企业共青团组织建设提出了更高要求。

（二）机关事业单位和国企共青团组织建设的要求

机关事业单位和国企共青团在组织建设过程中,必须把政治标准摆在首位,严明政治纪律和政治规矩;坚持围绕中心、服务大局,推动团组织建设与业务工作深度融合;深入基层,密切联系青年,发挥机关团员团干部在全团的示范引领作用;优化组织机制,更好地团结带领团员青年在经济社会发展中发挥生力军和突击队作用。坚持继承和创新相结合,在保持机关事业单位和国企团组织优势的同时,着力解决工作思维僵化、手段陈旧等突出问题,大胆打破制约组织现代化转型的桎梏,创新组织方式,增强组织活力,提升组织效能。

（三）机关事业单位和国企共青团组织建设的路径与方法

1. 巩固组织阵地

机关事业单位和国企是共青团工作的传统领域,这一领域的团组织构成了共青团组织体系的基本盘。要大力巩固传统领域共青团的组织阵地,壮大组织力量,提高组织力度。加强基层团组织规范化建设,加强对下属团组织的分类指导和督促考核,整顿软弱涣散团支部,消除部分基层团组织存在的弱化、虚化、边缘化问题。配齐配强团干部,打造专职、挂职、兼职相结合的团干部队伍。加强团员日常管理,严格执行团的组织生活制度。

2. 优化组织设置

理顺团组织隶属关系和管理路径。规范国有企业分支机构团的组织建设,联系带动产业链、合作方、劳动派遣等单位团的建设。在企业兼并转让或产业园区层级结构发生变化后,及时调整相应团组织的关系和设置。

创新发展行业团组织。依托具有行业管理职能的机关单位,创建行业型团工委或团指委,面向所管理和服务的行业单位推动团的组织覆盖。联合行业重点单位,建立行业团建联盟,开展具有行业特点的青年工作。

适应组织改革要求和青年流动分布情况,灵活设置团组织。机关事业单位和国有企业的共青团组织可以不完全与党组织和行政建制对应,可以根据地域相邻、规模适当、有利于生产和业务、便于管理的原则成立联合团组织。

3. 创新组织形态

根据机关党员多、团员少的特点,可以建立团主导的青年志愿服务队、青年读书会、青年学习小组等青年社团,构建联系服务机关青年的新载体,不断扩大机关团的工作有效覆盖面。国有企业共青团要积极探索工程项目建团、产业链建团、生产线建团、公寓建团、网络建团等模式。为期 6 个月以上的工程项目、研发团队,具备条件的应当成立团组织。为执行某项任务临时组建的机构,团组织关系不转接的,经上级团组织批准,可以成立临时团组织。

（四）机关事业单位和国企共青团组织建设的经验与规律

1. 强化政治引领，有效落实"党建带团建"机制

机关事业单位和国企基层团组织必须强化政治引领，突出团的政治属性和政治功能。机关事业单位和国企基层团组织受同级党组织和上级团组织领导。要积极落实党建带团建机制，团建与党建同规划、同部署，党组织对本单位同级团组织工作形成有力支持。

2. 服务主责主业，推动团建与业务深度融合

机关事业单位和国有企业在国家治理和经济社会发展中占有重要地位。共青团要立足团的使命与职责，坚持围绕中心、服务大局，将团组织的建设与所在单位的业务工作深度融合，引领青年建功立业、创先争优。在机关企事业单位，围绕职业能力提升、职业文明养成、行风建设等要求创新活动载体，不断提升基层团的组织活力。在国有企业，团结带领团员青年在企业改革和生产经营中发挥生力军和突击队作用，为增强国有企业竞争力、创新力做贡献。

3. 把握青年特征，促进基层团组织活力提升

机关事业单位和国企团组织的组织刚性强，要主动回应青年需求，适应青年流动分布态势。如重视青年的职业发展需求，将团组织工作与青年成长成才相结合。在制定和推行涉及青年利益的重大改革措施时，保证职代会的青年职工比例。在国有企业，要根据进城务工团员、劳务派遣制员工团员、兼并重组和破产企业职工团员、出国（境）团员的情况，灵活建立团组织，增强团组织的适应力和活力。

三、区域性共青团组织建设

共青团整体组织架构的一大特点是"条块"结合。从纵向角度看，学校、机关和部分企事业单位中有共青团"条"的组织系统；从横向角度看，在一定区域内建立的共青团组织构成了"块"的组织结构。本节所讨论的区域性共青团组织，是指以一定的行政或非行政区域为工作覆盖面而建立的团组织，在基层主要包括街道、乡镇、居村团组织，以及其他新兴区域性团组织。

（一）区域性共青团组织建设的背景

街镇基层团组织在共青团整体工作格局中占据承上启下的重要枢纽地位，居村团组织则是共青团服务和联系青年的"最后一公里"。当代青年跨地域流动成为常态，对以行政区划为单位的共青团组织建设带来了挑战。2019 年，团中央《关于加强新时代团的基层建设 着力提升团的组织力的意见》（中青发〔2019〕2号）指出，要推进街道社区团的建设，创新农村团组织建设方式。上述意见及随后发布的一系列文件对街镇居村等共青团组织建设提出了明确要求,也为超越组织、行业的新兴区域性功能性团组织的创建提供了指引。

（二）区域性共青团组织建设的要求

针对青年聚集方式与区域分布的变化,创新区域性共青团组织形态与组织载体,灵活设置城镇与农村团的基层组织。整合区域内资源,优化组织方式,激发街镇居村团组织活力。落实全面从严治团,定期开展基层团组织规范化建设,"抓强带弱治差",一个组织、一个组织梳理,一个支部、一个支部整治,一个阵地、一个阵地巩固,提升街镇居村团组织的建设质量。通过创新发展和巩固整治,扭转城乡基层共青团组织的薄弱状况,扩大区域内团组织的有效覆盖,发挥共青团在基层的政治功能和社会功能,切实履行引领凝聚青年、组织动员青年、联系服务青年的职责,巩固和扩大党执政的城乡青年群众基础。

（三）区域性共青团组织建设的路径与方法

1. 街道共青团组织建设

1）街道团（工）委人员配备与队伍建设

街道设立党的工作委员会的,一般应设立街道团（工）委作为上级团委的派出代表机构。街道团（工）委书记、副书记、委员采取委任制。街道设立党的基层委员会的,一般应设立团的基层委员会,由团员大会或者团员代表大会选举产生,每届任期 3~5 年。街道团（工）委书记应确保专人专职专岗,按同级党委（或行政）职能部门的条件,选好配好街道团（工）委书记。完善街道团（工）委组织机制,深化团（工）委例会、委员述职反馈和激励、委员班子定期培训等制度。

2）摸清辖区内团员青年与组织情况

街道团（工）委每年指导基层团组织至少开展一次团员青年底数排摸工作,掌握辖区内团员青年（青年的年龄范围是 14~35 周岁）的人数、年龄、分布、特点、需求等基本情况。街道团（工）委要对辖区内团组织进行逐一梳理,摸清组织底数,分类建立信息台账,加强管理服务。开展下级团组织的团员档案核查,做好年统、团籍注册、组织关系接转、离团、脱团、退团以及奖励处分等基础性管理工作。督促下级团组织按照隶属关系,将有关组织信息录入"智慧团建"系统。

3）扩大街道团组织有效覆盖

在持续开展从严治团、促进基层团组织规范化建设的基础上,根据本区域实际,着力推动落实区域化团建、非公企业团建、互联网行业和社会组织团建等重点工作,指导和支持基层社区团组织建设。不断探索共青团基层组织创新路径,根据团员青年流动、分布、聚集的特点灵活建立基层团组织,可以不完全与党组织和行政编制对应。也可以在跨社区、跨街道的经济组织、社会组织中成立团组织或联合团组织,或依托网格建立团组织。通过组织创新与规范化建设,扩大共青团的有效覆盖面。

2. 城市居民区共青团组织建设

统计数据显示,2020 年青年常住人口城镇化率达 71.1%,比十年前增加 15.3%。[①]城市居民区已成为当代青年社会生活最重要的聚集地,也势必成为共青团基层组织建设与创新的重要场域。

1) 增强社区团建工作力量

用好干部、人才、资源下沉社区等政策,发挥组织力量主导作用。[②] 探索实施社区团建"三员"制度:团建联络员,主要是街镇团(工)委委员,分片联系指导社区团建工作;团建指导员,主要是社区党组织负责人;团建工作员,是社区主要负责开展团建工作的团支部书记或青年干事。通过"三员"协同,增强社区团建工作力度。

2) 组建居民区团组织

有条件的社区都要建立团组织,鼓励联合建团、活动建团。建立和发展社区居民微信、QQ 群,楼栋微信、QQ 群,广泛覆盖和联系社区中的青年。前期可通过兴趣活动吸引青年,通过兴趣社团组织青年。在广泛宣传的基础上,通过"公推直选"方式,把社区中的青年领袖吸纳进入团(总)支部。对于已经建成的社区团(总)支部,按照支部班子建设、团员管理、组织生活、制度落实、作用发挥 5 个方面,建立社区团组织规范运行、对标定级的常态化机制。

3) 发展社区青年骨干队伍

联系各类社区青年骨干,壮大社区团组织力量。如在近年来社区疫情防控涌现出来的优秀青年志愿者,可推荐为团(总)支部、居委会委员候选人。对于不符合团干部条件的青年,可邀请加入社区青年议事会。整合社区专业社工力量,大力发展青年志愿者团队,打造"团干部+社工+志愿者"的社区青年工作队伍。紧密联系业委会青年委员、社区青年社群骨干,发展社区青年议事会、社区青年骨干联谊会,在打

3.1.3 青春守"沪"|打造"青春社区"样板间,静安的青年业委会真给力

---

① 国务院新闻办公室.新时代的中国青年[EB/OL].(2022 - 04 - 21).http://www.gov.cn/zhengce/2022 - 04/21/content_5686435.htm.

② 共青团中央办公厅.社区青春行动方案:中青办发[2021]2 号[EB/OL].(2021 - 04 - 30).https://www.gqt.org.cn/documents/zqbf/202105/P020210513582363047429.pdf.

造常态化管理人才队伍的同时,形成社区应急管理人才储备。

4）提高对社区青年的覆盖率

社区团组织须定期排摸本社区青年(含外来常住青少年)的人数、特点、类型等情况,通过微信群、QQ 群等建立与常住青年的日常联系。对居住在本社区的在职、在校团员青年进行双重团籍管理。建立团员向社区常态化报到机制,完善实践教育机制。做好辖区内流动团员和外来务工青年中团员的吸纳、管理和服务工作。实施"社区青春行动",在共青团参与社区治理的过程中,进一步提高对社区青年的覆盖率和影响力,引领青年为基层社区治理贡献力量。

3. 农村共青团组织建设

共青团要加强新时代农村团的基层组织建设,在乡村全面振兴进程中充分发挥党的助手和后备军作用。

1）乡镇团委的设立

乡镇应当设立团的基层委员会,由乡镇党的委员会和县级团的委员会领导。乡镇团委由团员大会或团员代表大会选举产生,每届任期 3~5 年,一般与同级党的委员会任期保持一致。根据实际需要,乡镇团委可以由相对年轻的乡镇党政班子成员中的党员干部兼任书记,注重面向机关企事业单位工作人员、大学生村官、社会组织负责人、农村致富带头人等群体选拔乡镇团委委员。根据农村青年群体特征,建立专挂职相结合、体制内外相结合的乡镇团干部队伍。

2）深化乡镇实体化大团委建设

乡镇实体化大团委是指在乡镇团组织格局创新后,以乡镇团的委员会为主要推动力量,由乡镇政府驻地实际建成区内多个直属团组织构成的实体化乡镇团委。建设乡镇实体化大团委的首要任务,是在农村青年聚集较多的区域或功能性组织建设直属团组织,在此基础上明确组织规则,灵活开展团的工作和活动,务实推进乡镇实体化大团委建设。

3）创新农村团的基层组织形态

根据青年的聚集区域,可选择在商业街区、工业园区、集贸市场、农业产业化基地、居住社区等建团;根据青年聚集的组织类型,可在乡镇企业、农村专业合作组织、农村社会组织、大学生村官组织建团。要大力推动农村专业合作社建立团组织,探索依托产业链、行业组织等建立团组织。可灵活建立形式多样的团小组,如依托农村已经比较成熟的蔬菜、水果、养殖等协会成立团小组,由在青年中具有较高威信的致富带头人担任协会团小组组长。

4）巩固和发展村团组织

通过基层团组织规范化建设和全面从严治团,治理整顿农村团组织。村团支部应用微信或 QQ 群建立团支部达 100%。[①] 留村青年较多的村,要创新活动方式,继续巩固村团支部建设。外出青年较多的村,要依托 QQ 和微信等网络手段,加强日常联系服务。在村改社区、农村社区、移民搬迁安置区、易地扶贫搬迁安置区,应当同步调整或及时建立团组织。

积极探索有效的村团组织联建方式。发挥学校团组织的作用,探索"村校联建";把团组织建在产业链上,探索"村企联建";推动地域相邻的村成立联合团组织,探索"村村联建";推动村团组织与青年社会组织联合开展工作,探索"村社联建"等。

4. 深入推进区域化团建

区域化团建是指以区域化党建为依托,以有效影响非公有制企业和新社会组织、居民区(村委会)和行政事业单位团的组织为重点,以区域团的组织为枢纽,打破地域、行业、层级、所有制限制,构建起开放、融合、共赢的团组织形态。区域化团建的基本原则是党团联动、资源共享、整体协同、共同发展。在操作层面,可制订区域化团建的具体目标与工作指引,供基层团组织参考。

3.1.4 【团务小助手】上海街镇区域化团建工作目标

1)区域化团建的共建机构建设

每个街道均要成立区域青年工作共建委员会,也可视实际情况成立青年工作联席会议等共建机构,完善区域单位联建共建机制。通过摸清底数、实地走访,了解区域内单位的需求与资源,争取让更多组织加入区域青年工作共建委员会。对辖区内员工人数在 100 人以上的企业等单位要努力扩大覆盖,直至完全覆盖。在优化区域青年工作共建委员会的基础上,要探索将其设置为县级团委的派出机构,更好地发挥"社区功能型团组织"的作用。[②]

2)区域化团建的运作机制创新

区域化共建机构可以建立轮值主席制,由区域范围内青年人数较多、团的工作力量较充实、工作基础较好的团组织负责人担任轮值主席。每位轮值主席在任期内至少牵头开展一次面向全体成员单位的活动。

区域化团建要定期梳理共建单位的工作资源,公布"资源清单",促进整合共

---

① 共青团中央办公厅.新时代团的组织力提升三年行动计划(2019—2022):中青办发[2019]8 号[EB/OL].(2019-08-01).https://www.gqt.org.cn/documents/zqbf/201908/P020190813625097125576.pdf.

② 共青团中央办公厅.新时代团的组织力提升三年行动计划(2019—2022):中青办发[2019]8 号[EB/OL].(2019-08-01).https://www.gqt.org.cn/documents/zqbf/201908/P020190813625097125576.pdf.

享。根据区域单位特点和资源状况开发特色项目,以项目为载体开展区域合作。在广泛协商的基础上,制订年度计划,建立工作通报、评选表彰、奖惩激励等机制。

3) 区域化团建的组织合作网络拓展

以"青年之家"为合作平台,以团建联盟为组织形态,创新发展区域化团建组织合作网络。要主动借助党政既有阵地、公共服务场所、市场资源和互联网平台,扩大"青年之家"有效覆盖范围,培育、联系、引导青年社会组织积极发挥作用。以"青年之家"为平台,引导区域内各单位团组织进行有效对接。对于体量较大的共建机构,应根据实际情况建立楼宇分会、片区分会等形式的团建联盟,以提高活跃度和联动能力。根据工作需要,也可以形成跨社区、跨街道的联合团组织或团建联盟。

(四) 区域性共青团组织建设的经验与规律

1) 融入党建工作大格局

积极将团建工作融入党建工作大格局,团建纳入党建工作总体部署,列入党建工作统一考核。以区域化党建带动区域化团建,街镇共青团共享街镇党建阵地资源,参与街镇党建阵地共建。通过组织共建、党团员联管、活动互助等方式,增强党建带团建、团建促党建实效。

2) 根据区域青年聚集与分布状况建团

在当代社会,青年跨地域流动已成为常态,体制外离散青年数量众多。共青团要改变以行政区划为基础的传统组织形态,根据青年流动、聚集、分布的状况设置团组织,做到"团员在哪里,青年在哪里,团组织就在哪里"。要消除重点领域、重点群体的团组织空白,在新兴领域灵活创建团组织,有效扭转城乡基层团组织薄弱状况。

3) 适应区域经济社会发展变化

"围绕中心,服务大局"是共青团的工作主线。区域性共青团的组织创新要适应区域经济社会结构变化,融入区域经济社会发展格局,融入城乡新兴生产方式之中。要根据区域经济社会发展的重点领域、新兴领域,以共青团工作的薄弱区域为组织创新的重点,将团的力量拓展与充实到这些领域中去。要找准各类经济社会组织根本功能与共青团组织根本任务相融合的工作切入点,实现互惠共赢、协同发展。

4) 推动区域组织联动与资源整合

地理区域是人口、组织、社区的承载空间,拥有不同类型的丰富资源,有待共青团进一步整合。区域性团组织建设要采用区域化思维和属地化原则,打破原有的行业、层级、所有

3.1.5　共青团环张江科创联盟

制界限,在组织共建的基础上,依托青年阵地和青年工作项目,推动区域组织联动和资源共享,形成基层青年工作的合力机制。

四、非公有制经济领域共青团组织建设

(一)非公有制经济领域共青团组织建设的背景

随着改革开放的深入,我国非公有制经济组织快速发展。截至 2016 年,全国登记注册的非公经济组织中,仅私营企业就有 2 309.2 万户,从业人员达 1.8 亿人。[①] 2019 年第四次全国经济普查统计数据显示,科研和技术服务类企业的从业人员共 1 029 万人,绝大部分在非公经济组织中就业,其中内资私营企业从业人员达 614.6 万人,占 59.7%。[②] 大量高学历、高技能的青年人才汇聚在非公经济组织中。扩大非公经济组织共青团的有效覆盖,对于加强非公有制领域青年的联系、服务和引领,巩固和扩大党执政的青年群众基础具有重要意义。

(二)非公有制经济领域共青团组织建设的要求

紧跟党建工作步伐,建立健全非公经济组织团的组织体系。重点聚焦规模以上非公企业、各类产业园区等,着力推动非公企业团建工作。加强电商、互联网、新媒体等新兴领域非公企业建团,持续扩大有效覆盖。对已建立的非公企业团组织加强指导和管理,提升其运行规范化程度。积极探索适应非公经济组织的团建新方法,提高非公经济领域团组织活力。

(三)非公有制经济领域共青团组织建设的路径与方法

1. 非公有制经济组织建团

根据非公经济组织的实际情况,可以依靠党政与群团组织影响力,依托各类经济组织力量,动员团属社团和青年力量,采用独立建团、联合建团、园区建团等不同方式建团。

1)依托党政力量建团

用好党建带团建制度性安排,在已经建立党组织的非公企业普遍建团;积极争取相关行政部门支持,以行政部门主管领域为突破口,依托行政链条和管理模式,建立团的工作委员会,联合下发建团文件,推进非公经济组织建团。

2)借助群团组织网络建团

借助各级工会的组织网络和工作力量,推动非公企业建团。积极与工会组织

---

① 王海兵,杨惠馨.中国民营经济改革与发展 40 年:回顾与展望[J].经济与管理研究,2018(4):8.
② 国家统计局.第四次全国经济普查公报(第五号)——第三产业基本情况之二[EB/OL].(2019 - 11 - 20).http://www.stats.gov.cn/tjsj/zxfb/201911/t20191119_1710338.html.

沟通联系,争取支持,对照建会企业名单梳理建团目标企业,有针对性地开展建团工作。

3）品牌工作延伸建团

充分借助共青团的工作品牌,如青年文明号、青年岗位能手、青年志愿者、希望工程等品牌的影响力,把品牌工作延伸到相关非公经济组织中,在增进彼此合作关系的过程中,逐步建立起团的组织。

4）产业园区建团

依托开发区、高新区等企业聚集区域,争取各类产业园区、专业市场管理委员会和党组织支持,强化产业园区团（工）委建设,积极与园区内企业建立工作联系,注入工作品牌和资源,推动非公企业建团。

5）行业协会建团

主动联系各类行业协会,特别是与地区产业特点结合度高、凝聚了大量职业青年的行业协会,通过联合下发文件、共同组织行业青年活动、成立行业共青团或青年组织等方式,推动行业内非公企业建团工作。

6）企业联动建团

根据集团型、连锁型企业的管理特点,把建团工作与其分支机构管理有效结合起来,依托企业总部团组织推进其分支机构建团。也可通过加强龙头企业团建,并借助龙头企业团组织的示范带动作用,大力在关联企业开展团建工作。

7）团属社团推动建团

充分依托青联、青企协、青科协、青商会、青年创业者协会、外企青年联谊会、农村青年致富带头人协会等各级各类团属社团,推动具备建团条件的会员企业普遍建立团组织。

8）引导青年建团

发挥体制外精英和创业青年等群体作用推动建团。如联系青年企业家在其经营管理的企业中建团;将农村创业青年、致富带头人、大学生村官等群体组织起来建团。根据青年沟通、联系和聚集的特点,超越传统的组织关系和行政格局,在楼宇、公寓、市场中通过联合建团、依托建团、兴趣建团等方式开展团建工作。

对暂不符合建团条件或建团难度较大的大型非公企业,探索通过先建立兴趣组织或公益组织,再适时建立团组织的方式实现工作突破。

2. 非公有制经济组织团的发展

1）确立组织隶属关系

非公经济组织中已建立党组织的,团组织的隶属关系一般应该和党组织的隶属关系相一致;新建立的团组织一般实行属地管理;已按行业确定隶属关系的,可以不变更隶属关系,也可以根据需要实行双重管理;连锁企业、跨地区生产经营的非公企业团组织一般实行双重管理;对暂时难以确定隶属关系的,可以由上级团组织和有关方面协商后确定。

2)激发非公团组织活力

为避免陷入"建了散,散了建"的低效循环,非公经济组织建团之后,需积极采取措施激发团组织活力:

第一,交流联动促活力。深化区域化团建机制,发挥街镇团(工)委的枢纽牵动作用,设计品牌活动,推动区域组织联动和区域资源共享,吸引非公团组织加入。鼓励各大口隶属团组织以及工作基础较好的"号、队、岗"集体与非公团组织结对共建,送资源、送项目,带动非公团组织活力。

第二,工作契合增活力。市、区(县)、街道三级团组织分别重点联系一定数量的较大规模非公企业,找准共青团的职责任务与企业经营管理的契合之处,引导其开展团建。如助力企业人力资源开发,协助打造企业文化,丰富青年员工业余生活,拓展青年成长空间,为企业留住青年人才等等。

3.1.6 江苏昆山:找到非公团建活力的源头

第三,培育项目有活力。区县、街镇团组织指导非公经济组织围绕思想引领、服务企业、服务青年、社区公益等工作,提出基层非公团建项目立项申请。团市委、团省委组织项目评审,择优立项,并给予工作指导、人才培训、经费支持及资源对接。通过培育和发展非公团建项目,提升和保持非公经济组织团的活力。

3)提升非公团组织的规范化程度

非公经济组织团组织的建设首先要做到"四有",即有班子、有活动、有阵地、有档案;其次,鼓励非公团组织争创"四好",即组织建设好、活动开展好、推动发展好、青年反映好。在此基础上,对照团中央基层团组织规范化建设和从严治团要求,促进非公团组织规范运行。

(四)非公有制经济领域共青团组织建设的经验与规律

1. 紧跟党建,积极对接

区县与街道团组织获取与核对本区域已经建立党组织的较大规模非公企业基础信息,紧跟党建步伐,主动对接,排摸建团空白点,做到成熟一家建立一家。在企业建团与团建过程中,在团干部人员选择、资源经费、工作开展等方面,积极争取企业党组织的支持。

2. 摸清底数,管好存量

针对非公企业的组织稳定性不够高、青年流动率较高的实际情况,区县团组织要定期对本地区现有非公团组织数、覆盖的团员青年数、非公团干部数等基本信息进行梳理,摸清底数。对工作较为薄弱的非公团组织,尤其是存在明显问题的非公团组织,要加强指导帮助,必要时进行整顿。

3. 聚焦重点,条块联动

聚焦电商、互联网、新媒体等新兴领域,重点推动从业青年较多、社会影响力较大、行业渗透力较强的非公经济组织普遍建立团组织。大力推动重点园区普遍建立区域型团组织,推动商务楼宇、企业孵化器、产业化基地等聚集区团建,探索建立园区综合团委,着力提升园区和园区企业团组织覆盖率。充分发挥各大口团(工)委积极作用,结合其优势联系未建团的非公企业,明确其建团意向,协助地区团组织跟进落实建团工作。

4. 跨域合作,提升活力

非公经济组织建团是政治性青年组织与市场化经济组织的对接与融合。共青团要用好自身的政治资源、组织资源以及区域化团建带来的多样化区域资源,激发非公经济组织合作意愿,创新活动项目与活动方式,扎实推进非公领域团组织建设,保持和提升其组织活力。

第二节　建立高效的动员机制

组织动员青年是共青团的重要职责。为适应进入新时代后的新形势、新任务、新要求,共青团组织在继续保持和发挥传统政治优势、活动优势的同时,立足于共青团的组织化动员优势、社会化动员经验和网络化动员特色,创新动员方式,激发青年参与热情,提高社会倡导能力,为做好新时代党的青年群众工作提供坚强组织保证,在经济社会发展重大战略实施过程中汇聚青年智慧、凝聚青年力量、发挥青年作用。

一、新时代青年岗位建功行动

(一)背景意义

青年岗位建功行动是共青团组织动员青年围绕中心、服务大局,引导青年成长成才的品牌项目。共青团中央 2021 年发布的《共青团深入学习贯彻党的十九届五中全会精神 在全面建设社会主义现代化国家新征程中组织动员广大团员青年建功立业的行动纲要》中强调:“以青春建功‘十四五’行动为统揽,组织动员青年在全面建设社会主义现代化国家新征程中发挥生力军和突击队作用。”文件进一步指出,要“深化‘青’字号品牌项目时代内涵,立足共青团的组织化动员优势、社会化动员经验和网络化动员特色,在经济社会发展重大战略实施中汇聚青年智慧、凝聚青年力量、发挥青年作用"。

（二）工作要求

实施新时代青年岗位建功行动,要动员青年投身经济建设主战场,努力为经济高质量发展贡献智慧力量。焕发"青年突击队"的时代光彩,以基层团组织为组建主体,以团员为工作骨干,带动广大青年在国家重大工程建设中、"急难险重新"任务前挺身而出、攻坚克难。发挥"青年文明号"的示范作用,加强过程管理,规范创建标准,引领青年加强行风建设、展示服务水平、促进职业文明。广泛选树"青年岗位能手",完善培养链条,通过岗位练兵、导师带徒、技能比武等方式,带动更多青年立足岗位成长成才、创新创效创优。改进提升"振兴杯"等青年技能竞赛工作,引导青年职工和职教院校学生树立成才信心、弘扬工匠精神,努力为建设制造强国、质量强国培养更多青年高技能人才。在此基础上,进一步创新发展新时代青年岗位建功载体。

（三）路径方法

本节以上海为例,呈现新时代青年岗位建功行动的路径方法。共青团上海市委结合新时代要求和地方实践,优化"青"字号品牌工作,将传统的评比表彰活动切实转化为引导青年建功新时代的仪式教育、典型选树、人才培养和服务载体。充分发挥"青年文明号"的引领作用,焕发"青年突击队"的战斗力,推进"青年安全生产岗"安全生产实践,广泛开展"青年岗位能手"立功竞赛和"奋斗杯"青年技能大赛,提升"青年建功联盟"协同效应,增强"青春助企服务团"服务效能,探索形成"号、队、岗、手、赛、盟、团"七位一体的职业青年培养体系。①

1. 青年文明号

注重面向职业青年和基层一线,以"窗口"岗位、"端口"行业为重点,开展青年文明号互学互访活动。推行"星级认定制",引导青年在生产、经营、管理和服务上体现高度职业文明,创造一流工作成绩。积极向"两新"组织延伸,提升青年文明号工作在非公领域中的存在感、认可度,以"敬业、协作、创优、奉献"为共同精神理念,落实于集体成员的思想行动和示范效应中。

3.2.1　青年文明号②

---

① 共青团上海市委员会. 新时代上海青年岗位建功行动方案(试行)[Z].2021–08–27.

② 国务院新闻办公室.新时代的中国青年[EB/OL].(2022–04–21).http://www.gov.cn/zhengce/2022–04/21/content_5686435.htm.

2. 青年突击队

在落实国家战略任务、完成重点实事项目、实施重大项目攻坚中,各级团组织可以广泛组建青年突击队集体,在"急、难、险、重、新"等任务面前挺身而出、攻坚克难,展示新时代职业青年的集体风貌。可根据任务的性质、时效、目标,组建临时型、固定型、志愿型、专业型、常备型等不同类别或相互结合的青年突击队。

3.2.2　青年突击队[①]

3. 青年安全生产岗立功竞赛

各级团组织和应急管理部门科学制定示范标准,通过安全竞赛、岗位练兵、技能比武等活动,着力提升青年职工安全生产技能水平。聚焦重点领域、重点地区、重点行业、重点人群,组织开展深入细致的安全生产隐患排查、应急救援演练、安全知识竞赛、安全生产合理化建议征集等工作,树牢青年职工的安全意识。

4. 青年岗位能手立功竞赛

面向基层、面向一线岗位、面向各行业的职业青年开展立功竞赛,鼓励向"两新"组织等领域延伸。鼓励在本地区、本系统、市属(管)单位以及更高等级的竞赛中获胜或在与国家职业资格衔接的各类技能竞赛中表现突出的青年优先参赛。

5. "奋斗杯"青年技能大赛

积极对接"振兴杯"全国职业技能竞赛,面向本区域青少年升展技能大赛。根据实际情况设立具有青年特色、新兴行业的比赛项目,挖掘更多技能水平高超、工作本领高强的新型青年技术能手,展现新时代上海青年的奋斗品格,助力构建"近悦远来"的人才生态环境。

6. 青年建功联盟

围绕重大任务、重点区域、重要项目和各区重要发展空间、产业集群和新兴领域,由各级团组织、青创企业、青年集体、青年社会组织、青年中心等组织和活动阵地联合搭建共建平台,构建基层大团建的工作格局。

3.2.3　新时代上海青年岗位建功行动方案(试行)

7. 青春助企服务团

围绕产业发展、科技创新、转型升级、创业支持、人才政策、融资扶持、市场拓展、税收政策、发展环境等方面,招募

---

① 国务院新闻办公室.新时代的中国青年[EB/OL].(2022-04-21).http://www.gov.cn/zhengce/2022-04/21/content_5686435.htm.

优秀青年骨干,打造多层级、多部门联动的共青团服务在线新经济企业"伙伴行动"青春助企服务团,助力公共管理部门青年业务骨干同非公企业从业青年群体共同成长。

（四）经验规律

1. 促进青年在岗位建功中成长成才

注重人才培养,加强典型引领,将青年岗位建功行动有机融入团员青年职业发展的入门期、成长期、成熟期、贡献期等各个阶段,完善选苗赛马、育才选优、宣传引领等工作链条。把青年岗位建功行动作为发现、培养和举荐青年人才的重要平台。岗位建功行动中涌现的优秀青年在推优入党、评选表彰、选任专挂兼职团干部、参加青马工程、参加有关学习培训等方面给予优先考虑和重点举荐。

2. 坚持纵向管理和横向联动并举

团的领导机关负责统筹本区域、本行业（系统）的新时代青年岗位建功行动,做好政策争取、指导协调和资源调配等工作。注重条块联动、区域共建,着力发挥青年社会组织、青年中心、青年群体的作用,进一步提高社会化动员、项目化组织和专业化服务能力。坚持基层导向,构建阶梯式、全过程、自下而上的组织动员机制,推动工作向基层团支部延伸。

3. 加强经验提炼和宣传推广

将新时代青年岗位建功行动作为组织动员青年建功立业的主要工作载体、联系服务团员青年的重要平台和培养青年人才的重要工作阵地,在实践探索的基础上,不断发现优秀案例,提炼有效做法,强化典型示范,形成新时代青年岗位建功行动的新模式、新机制、新经验。

二、新时代中国青年志愿者行动

（一）背景意义

3.2.4　中国青年志愿者行动①

"志愿者事业要同'两个一百年'奋斗目标、同建设社会主义现代化国家同行",这是习近平总书记对志愿者事业的谆谆嘱托。青年志愿者事业是我们党领导的共青团在新的历史条件下创新工作领域、服务社会需求的一大创举,是亿万青年共同创造、集体参与、奋力推进的,洋溢着青春激情的

---

① 国务院新闻办公室.新时代的中国青年［EB/OL］.（2022－04－21）.http://www.gov.cn/zhengce/2022－04/21/content_5686435.htm.

文明实践。[①]

在新时代,中国青年志愿者行动不断发展完善,有力拓宽了青年社会参与的渠道,有效推动了良好社会风尚的形成,切实丰富了青年动员的方式,已经成为共青团的"品牌工程"和当代中国青年运动的重要内容之一,为共青团和青年运动事业的发展做出了重要贡献。[②]

（二）工作要求

2018 年 3 月,共青团中央印发《关于推进青年志愿服务工作改革发展的意见》,提出要围绕"五位一体"总体布局,把握共青团全面深化改革大势,抓住落实《中长期青年发展规划（2016—2025 年）》契机,发挥育人功能,注重基层导向,强化互联网思维、深化组织化动员,加强政策规划、聚焦关键环节,实现组织动员与团的组织建设互相促进,确保青年志愿服务工作始终充满活力,凝聚起更多的青春正能量,为实现中华民族伟大复兴的中国梦、实现人民美好生活的向往而努力奋斗。具体工作原则包括：着力构建事业化推进青年志愿服务的工作格局;把培育、发展青年志愿服务组织作为基础性工作;充分借助互联网、社区等平台实现青年就近就便参与志愿服务;推动青年志愿服务法治化、规范化。

3.2.5　共青团中央关于印发《关于推进青年志愿服务工作改革发展的意见》的通知

（三）路径方法

1. 加强青年志愿服务组织建设,夯实青年志愿服务发展基础

具体包括推动各级青年志愿者协会做大做强、推动青年志愿服务组织向基层延伸、巩固和增强团属志愿服务组织的枢纽功能等。

推动基层单位建设来源广泛、管理规范、凝聚力强的青年志愿者队伍,使基层青年志愿者、青年志愿者协会、青年志愿者组织成为基层团的新型组织形态和开展工作的重要力量,使志愿服务成为基层团组织引领凝聚青年、组织动员青年、联系服务青年的重要工作载体和新时代团员在实践中彰显先进性的重要标志。

联系凝聚广大社会领域青年志愿服务组织,探索通过项目合作、专业培训、购买服务等方式,将工作对象转化为工作力量,扩大团的组织和工作的有效覆盖。发挥青年志愿者协会的枢纽作用,将符合条件的社会领域青年志愿服务组织吸纳为团体会员,强化价值引领,推动共同发展。

---

① 张朝晖.中国特色志愿服务的青春底色[EB/OL].(2021 - 12 - 01).https://mp.weixin.qq.com/s/90pii3uY_U-QgwCW-hQlJA.

② 郭梓阳.中国青年志愿者行动的发展历程与方向[J].新生代,2021(2)：13.

2. 加强青年志愿者队伍建设，不断壮大青年志愿服务力量

具体包括大力宣传普及志愿服务文化理念，吸引更多青少年参与志愿服务；积极构建便捷高效的青年志愿服务平台，可借助互联网优势，加强大数据开发应用，推动青年志愿者队伍管理、项目实施、资源整合、信息分析等工作，推动更多青少年方便参与志愿服务；加强青年志愿者的培育管理，吸纳更多志愿者骨干成为基层团的工作力量等。

3. 以参与志愿服务为载体，加强对广大青少年的思想引领和价值引领

具体包括推动全体团员成为注册志愿者，强化团员先进性建设；树立实践育人导向，在开展志愿服务过程中加强对青少年的思想引导；发挥典型的示范作用，引领社会风尚、营造良好氛围等。

4. 巩固创新志愿服务项目体系，提升服务党政工作大局能力

具体包括聚焦主要领域，进行项目规划；注重统分结合，鼓励地方创新；搭建工作平台，促进广泛交流等。比如，上海建立以区青年志愿者协会为主体的志愿服务项目实施机制，各类青年志愿者协会（总队）及志愿服务队都要主动开发具有本地区、本单位特点的服务项目，引导广大青年通过志愿服务投身城市治理与社会发展。将"爱心暑托班"、为老"金晖行动"、扶贫接力等市级志愿服务品牌项目和青年志愿者服务社区专项行动逐级下沉，帮助基层团组织构建具有服务本地区工作大局、有地方特色、常态化开展的青年志愿服务项目，形成稳定的社会功能，打造青年志愿服务品牌。

5. 完善体制机制，促进青年志愿服务法治化、规范化发展

具体包括健全对外沟通联络机制，完善团内统筹协调机制，强化政策资源保障机制等。比如，上海在完善工作机制方面，建立健全宣传动员、注册登记、管理培训、考核评价、激励表彰、权益维护、信息安全等制度机制。按照《志愿服务条例》《上海市志愿服务条例》等有关规定，为志愿者参与志愿服务提供必要条件，解决志愿者在志愿服务过程中遇到的困难，有效维护志愿者的合法权益。

（四）经验规律

1. 青年志愿者行动将服务与育人充分结合

青年志愿者行动始终坚持把服务和育人有机结合起来，引导青年在身体力行中感悟"奉献、友爱、互助、进步"的志愿精神，形成践行社会主义核心价值观的思想自觉和行动自觉。

2. 通过典型选树等方式发扬青年志愿者的示范引领作用

充分发挥榜样的示范引领功能，大力选树优秀青年志愿者典型，以榜样的精神激励和行动引领，持续增强对青年志愿者的有效动员能力，推动志愿服务成为当代青年的生活方式和青春时尚。

3. 不断完善青年志愿服务工作体系

通过促进青年志愿者协会的制度落地和实质发展、组织架构中各环节要素的合理配置和功能的最大化发挥,来全面提升青年志愿者行动的动员力;通过青年志愿服务项目的品牌建设和属地化需求回应来提升青年志愿者行动的服务力;通过志愿者数据库的建立、线上系统的使用规范化和普及化来提升青年志愿者行动的时代性;通过志愿者能力建设的规范化和系统化来提升青年志愿者行动的人才可持续性。以人性化理念为核心,不断完善新时代青年志愿服务组织管理体系的建设。

三、青年之家建设

(一)背景意义

"青年之家"是共青团创新组织形式和工作方式,是建设团员青年身边共青团组织的重要载体,是共青团的线下"实体门店"。从 2015 年起,全团开展示范性"青年之家"创建活动,采取广泛参与、逐级创建、择优认定的方式,每年建设 100个左右全国示范性"青年之家"、1 000 个左右省级示范性"青年之家"和一大批地市级示范性"青年之家",力争通过三轮创建活动,使每个区县都有省级以上示范性"青年之家",以此带动"青年之家"蓬勃发展、规范发展。①

2019 年共青团中央发布的《深化"青年之家"建设三年行动方案(2020—2022)》进一步明确了"青年之家"的基本定位。"青年之家"是共青团主动适应新时代团员青年分布聚集特点和青年工作组织形态多样化的需要;是推进团的建设创新的一种平台型、枢纽型的组织形态;是共青团直接领导或主导的,依托各类实体空间和"青年之家"云平台,线上线下联系服务团员青年的公益性、专业化工作平台。"青年之家"的基本职责是引领凝聚青年、组织动员青年、联系服务青年。

(二)工作要求

团中央基层建设部于 2019 年 8 月印发的《深化"青年之家"建设三年行动方案(2020—2022)》明确了"青年之家"建设的工作目标:坚持创新组织、聚合资源、有效保障、形成功能的原则,通过构建基本体系、规范平台运行、组织集成发展三个阶段,按照"有阵地依托、有项目支持、有运营力量、有

3.2.6　深化"青年之家"建设三年行动方案(2020—2022)

---

① 团中央命名第二批全国示范性"青年之家"[EB/OL].(2017 - 12 - 11).http://qnzz.youth.cn/gzdt/201712/t20171211_11132091.htm.

制度规范、有资源保障"的要求,推动"青年之家"组织功能更加凸显、建设布局更加合理、服务功能更加完善、对团员青年覆盖更加有效。

（三）路径方法

根据建设地点的不同,青年之家可分为城市社区型青年之家、产业园区型青年之家、商区型青年之家、乡村型青年之家等。在共青团发展青年之家的工作实践中,创新性地形成了如下统一的管理运作标准。

1.“标准化”运作

“青年之家”须在醒目位置悬挂使用统一的标识,通过多元化的载体展现统一形象。具体可依据设计开发视觉形象识别、行为识别和理念识别三大系统,确定青年之家的统一形象风格（口号、外景、工作服等）,融入共青团元素,寓思想引领于活动项目中,增强青年对共青团的认同感、归属感。

2.“产品化”运作

根据青年的需求和区域的实际情况,对资源进行广泛整合,逐步推出一系列青年喜欢、党政满意、各方受益的服务产品,拿出一份服务项目菜单。首先,研发“基本+特色”的服务产品。根据青年之家的类型和特点,确定基本服务内容,同时鼓励青年之家自主开发特色项目,形成“基本+特色”相结合的项目菜单。其次,在菜单清晰、产品齐全的基础上,配送标准化的产品套餐。整合各方资源,设计成标准化的服务产品套餐,提供给青年之家选择,帮助青年之家做大做强。

3.“信息化”运作

（1）实现前台活动开展信息化。依托“青年之家云平台”或属地化云平台（如:“青春上海 ACT+平台”）来发布、管理和评价青年之家的活动,做到形象在线展示、活动在线发布、会员在线发展、工作在线评价。

（2）实现后台资源配置信息化。开通微信企业号,上线“共青团资源配送平台”,将各类服务资源第一时间推送到青年之家负责人手机端,通过“秒杀”申请的形式快速实现资源配对,实现了资源的精准投放。

4.“社会化”运作

（1）选址布点社会化。按照“青年在哪里,青年之家就建在哪里”的原则,不受体制、形态、规模所限,依托社区、园区、商区等各类场所广泛建立青年之家。

（2）议事决策社会化。组建“青年之家议事会”,通过社会招募和组织推荐两种渠道产生,汇集社会各方智慧和力量,推动青年之家的工作决策科学化。

（3）工作评价社会化。坚持听取社会评价、一线评价,以此发现问题、改进工作。各级团组织对服务产品和青年之家自身建设进行定期、不间断的评估、分析和改进。

（4）资源整合社会化。搭建"青年之家云平台"，通过各级团组织的多层级项目扶持、培育和孵化，将一批青年满意、有较大影响力的青年之家服务项目引入社区，服务社会。

（四）经验规律

（1）立足"青年之家"的线下实体化平台的阵地优势，不断完善机制，提升品牌对参建单位的持续吸引力。随着各地青年之家数量快速增加，青年之家建设的工作重点实现从"建成"一个门店，逐渐转向"建活"一个网络，从资源、品牌、平台、协同机制等各方面发力，增强内生动力，提升品牌对参建单位的持续吸引力。

（2）持续转变工作方式，不断创新内容与形式，增强其对青年群体的吸引力。比如推动落实错时工作制，推动基层青年之家和基层服务站逐步建立符合青年生物钟特点的服务时间机制，探索建立错时工作和互联网、热线服务机制，让共青团工作方式更加符合青年特点，让基层站点真正成为"青年之家"。

（3）创新制度，保障运行，不断迭代更新，及时优化青年之家建设。"青年之家"的建设及其相关制度要基于新时代团员青年分布聚集特点的变化进行持续的迭代创新。青年之家的"产品"和"服务方式"也要根据青年的兴趣和特点进行持续的调整和更新。积极探索将共青团的各项服务和各类资源在社区进行实现和整合，引导青年成为基层社会创新治理的生力军。

（4）打造服务型团组织整合资源、凝聚青年的枢纽型平台。青年之家以阵地资源整合区域内的党政、群团和企业等团内外资源，广泛联系青年社会组织，成为构建服务型团组织的重要抓手和多元化服务的载体。可将青年之家纳入区域化团建整体格局，推动项目、资源和队伍在青年之家落地，成为各个条线共青团动员青年、服务青年、凝聚青年的枢纽性平台。

四、新时代网络动员方式

（一）背景意义

网络动员是指人们以互联网为工具，有目的地进行信息传播，说服网民群体参与现实活动，把线上的互动汇聚融合于线下集体活动的一种宣传教育方式、新型社会动员方式。[①]

青年的聚集方式随着社会结构的变迁、利益格局的调整、"国家—社会"关系的演变而变动。在此情况下，共青团工作的战略与策略也必须改革以适应工

---

① 赵麕.基于社交媒体的网络动员在高校共青团工作中的应用研究——以微信为例［J］.山西青年职业学院学报，2016（3）：20.

作对象的新特征。共青团动员青年的具体方式必须随着青年聚集方式的变动而调整。① 随着现代社会的发展,互联网已经成为对城市青年最快捷、时效性最强的传播和动员平台。互联网这一信息时代的利器为"原子化"青年个体的再组织提供了新的可能,也为团建提供了新平台、寻找青年提供了新方式、动员青年提供了新阵地。近年来,共青团积极利用互联网直接面向青年开展动员。新时代网络动员方式呈现出动员效率高、动员受众广等鲜明特点,成为共青团传统组织动员方式基础上的重要补充。

（二）工作要求

2016 年中共中央办公厅印发的《共青团中央改革方案》中提出要大力实施"网上共青团"工程。以"智慧团建"和"青年之声"为重点,建设工作网、联系网、服务网"三网合一"的"网上共青团",建立直接联系服务青年、有效动员基层团组织的网上工作体系,形成"互联网+共青团"格局。全面推开"智慧团建",建设团员管理系统,实现基础团务、团员管理和团的信息统计网络化。把"青年之声"等网络互动社交平台建设作为共青团深化改革、落实工作格局的着力点,及时倾听、反映和回应青年诉求,推动"青年之声"线上平台与线下服务阵地深度对接,把团的各类工作和活动逐步纳入"青年之声"工作链条。创新团的管理模式和运行机制,实现团网深度融合、团青充分互动、线上线下一体运行。

（三）路径模式

新媒体时代,共青团的组织动员方式与传统媒体时代相比发生了很大变化。"传统工作上网,线上活动落地",各地团组织积极探索促进线上线下工作融合方式,形成以下几类有代表性的模式。②

（1）"网络+网格"的叠加模式。通过"双网互动"网格划分、"网上网下"互动,改变组织资源的层级化概念,实现网格内资源共享共用,同时改变团干部工作方式。通过"网络+网格",在原有纵向到底的体制性组织网络基础上,建立以"网格"为单位的横向无缝覆盖青年的新的组织载体,通过纵向和横向的组织互动,实现团组织对青年"纵向到底、横向到边"的一重或多重覆盖。在原有现实组织中,运用新媒体手段,"网上+网下"创新组织动员方式,向网上虚拟组织渗透团的工作和影响力,实现虚实融合、贴近需求的团组织影响。

（2）"网上发动+网下跟进"的衔接模式。利用网络新媒体平台的信息传播优势,

① 谭毅.从组织到社会网络:论共青团动员青年功能的变革与调适[J].青年探索.2017(1):42.
② 共青团中央办公厅.全团要讯:2015 年第 3 期[EB/OL].(2015－03－31).https://www.gqt.org.cn/bulletin/bgt_qtyx/201508/t20150826_745835.htm.

增强工作信息传导的及时性和有效性,再以线下活动配合跟进,提高活动影响力。

(3)"网上出题+网下作答"的"点菜"模式。利用网络新媒体广泛收集青年热点诉求,让青年在网上"点菜",共青团在网下提供针对性服务。

(4)"线下行动+线上造势"的议题设置模式。主动设置网上议题,通过网络手段为网下活动助威造势,形成良好导向。

(四)经验规律

(1)在网络动员中贯穿共青团组织化思维。整合组织化思维、社会思维和网络化思维,用网络动员的方式拓宽活动的覆盖面,优化青年参与渠道。针对青年在现实生活空间分散、在网络虚拟空间集中的特点,运用微博、微信等新媒体工具,将互联网作为联系、动员青年的重要渠道,搭建交流平台,畅通联系渠道,创新动员方式,提高共青团网上组织动员能力。

(2)精准定位青年兴趣和需求,选准青年动员路径。针对青年通过网络新媒体表达诉求、反映问题的习惯,各地团组织利用大数据、云计算等技术手段,探索发挥网络新媒体作为青年民情"听诊器"的作用,精准定位青年的需求和兴趣点,为选准动员路径奠定基础。

(3)运用青年话语体系和表达方式,丰富共青团网络新媒体文化产品供应。发挥网络宣传传播速度快、辐射范围广、形式易被青年接受等优势,团组织运用青年喜爱的话语体系、表达方式、时尚元素,不断丰富网络新媒体文化产品供应,努力让有意义的事情变得更有意思。通过网络新媒体等先进技术手段,把共青团的信息服务、品牌活动、资源支持等有机整合起来,为青年提供"O2O"贴身服务,提高服务青年的针对性、实效性和及时性,增强共青团的组织影响力。

(4)推进"智慧团建"工程,提高团组织自身建设水平。通过"智慧团建"平台进行团员、团干部数据录入和团务管理。在此平台上,团员可以发起活动、提出建议;团组织可对团员的活动进行评价,设置积分制度,实现持续激励,运用信息化技术推进团组织的扁平化、精细化管理。

第三节 发挥青联、学联的政治吸纳和组织动员功能

青联和学联工作是党的青年工作的重要组成部分。在庆祝中国共产主义青年团成立100周年大会上,习近平总书记指出:"青联、学联要在共青团的带动下,高扬爱国主义、社会主义旗帜,不断巩固和扩大青年爱国统一战线。"

"人心向背、力量对比,是决定党和人民事业成败的关键。"准确把握和及时回

应青年利益诉求,充分发挥青联、学联的政治吸纳和组织动员功能,不断建构青年对政治体制的政治认同与内在自信,是巩固执政基础和实现长期执政的题中应有之义。

一、青联、学联持续推进深化改革

　　青年联合会是中国共产党领导下的我国基本的人民团体之一,是以中国共产主义青年团为核心力量的各青年团体的联合组织,是我国各族各界青年广泛的爱国统一战线组织。① 学生联合会是中国共产党领导下的中国高等学校学生会、研究生会和中等学校学生会的联合组织。② 共青团是青联组织的中坚力量,对学联负有指导责任。③

　　党的十八大以来,以习近平同志为核心的党中央十分重视青联、学联学生会的改革工作。习近平总书记多次做出重要批示指示,强调青联和学联组织一定要不断保持和增强政治性、先进性、群众性,不断推进自身改革,认真履行自身职能,更好组织动员广大青年坚定不移地听党话,跟党走。

　　2017 年 3 月,经党中央批准,《全国青联改革方案》《学联学生会组织改革方案》正式印发,明确了青联、学联学生会等组织改革的指导思想、基本原则、主要目标和重要举措。《全国青联改革方案》从严明委员标准、优化委员结构、加强思想政治引领、加强团体会员和委员管理、提高青联组织贡献度、改进工作作风与创新工作方式6 个方面提出了 25 项改革措施。《学联学生会组织改革方案》从改革学联组织、改革学校学生会组织和强化工作支持保障 3 个方面提出了 14 项改革举措。

二、打造始终跟党走在时代前列的青联、学联组织

　　2020 年 8 月,在全国青联十三届全委会和全国学联二十七大召开之际,习近平总书记在贺信中指出:"青联和学联组织要紧跟时代步伐,把握青年工作特点和规律,深化改革创新,组织动员广大青年和青年学生坚定跟党走、奋进新时代,为党和国家事业发展作出新的更大的贡献。"为学习贯彻上述精神,《中国青年报》特约评论员文章《推进青联学联改革再出发》明确提出了青联、学联的发展方向和要求。

---

① 中华全国青年联合会章程(中华全国青年联合会第十三届委员会全体会议部分修改,2020 年 8 月 18 日通过)[EB/OL].(2020－08－18).http://acyf.cyol.com/gb/channels/eryjavDQ/index.html.

② 中华全国学生联合会章程(中华全国学生联合会第二十七次代表大会部分修改,2020 年 8 月 18 日通过)[EB/OL].(2020－08－18).http://qgxl.youth.cn/xljj/xlzc/202008/t20200828_12470751.htm.

③ 贺军科.携手书写新时代壮丽青春篇章——在全国青联第十三届委员会全体会议和全国学联第二十七次代表大会上的致词[EB/OL].(2020－08－18).http://qnzz.youth.cn/kszt/zsymb/2020xsddqlxl/zttt/202008/t20200818_12455170.htm.

（一）建设富有理想、更有朝气的青联、学联组织

新时代青联、学联组织要始终把党的领导贯穿到青联、学联改革的全过程、各方面，旗帜鲜明地加强政治建设。要高扬理想主义，厚植家国情怀，打造信念坚定、朝气蓬勃、崇德向上、勤勉务实的组织文化。要善于发现、培养、举荐各个方面的青年人才，加强政治吸纳和组织吸纳，结交"新面孔"、吸收"新生代"、扩大"朋友圈"，进一步激发新时代青联、学联组织的生机活力。

（二）建设覆盖广泛、更具人气的青联、学联组织

青年是青联、学联的主要工作对象，也是青联、学联组织的生命力之源。新时代青联、学联组织要充分发挥党联系青年的桥梁纽带作用，积极顺应青年群体的变化，主动作为，积极联系、有效覆盖，更广泛地把青年和青年学生团结凝聚在党的周围。要强化基层导向，推动各项改革举措和工作要求在基层落地生根，组织活动向基层延伸，服务资源向基层倾斜，吸引青年参与青联、学联工作全过程，让青年当主角、有获得感。

（三）建设运转高效、更接地气的青联、学联组织

新时代青联、学联组织要建立健全一整套适应时代发展要求、科学合理、切实有效的组织和工作运行机制。要强化社会化组织动员模式，提高组织动员效能。要探索项目化运作方式，构建科学的项目体系，重点打造一批党政所需，青年所求，青联、学联能为的具有持久社会功能、运行机制相对完善的工作项目。要建构基于网络的去科层化、反应迅捷、直达青年的工作运行模式。

（四）建设作风严实、形象清新的青联、学联组织

新时代青联、学联组织要将从严治会的各项要求贯穿青联、学联建设各个方面。要建立规范、管用、易行的制度体系，不断强化制度的有效执行，推动从严治会制度化、规范化。要从严管好各级青联委员和青联、学联学生会工作人员，引导其不断锤炼政治素养和综合素质，严守制度和规矩。[①]

三、青联工作的路径方法与经验规律

党的十八大以来，习近平总书记亲自指导制定青联改革方案，多次对青联建设提出重要要求。各级青联组织牢记习近平总书记教导，紧紧围绕党和国家工作大局，牢牢把握时代脉搏和青年期待，持续深化改革创新，形成了新形势下青联工作的路径方法与经验规律。

---

① 特约评论员.推进青联学联改革再出发——三论学习贯彻习近平总书记致全国青联十三届全委会和全国学联二十七大贺信精神［N］.中国青年报,2020－08－20(001).

（一）强化政治引领，巩固青年共同思想基础

1. 强化青联精神引领，促进青年思想认同

"最根本的团结是思想上的认同，最持久的凝聚是真理上的感召"。① 青联组织要始终把坚持党的领导作为根本政治原则，始终把爱党爱国爱社会主义相统一作为共同思想基础，把巩固青年的共同思想基础作为核心任务。用科学理论筑牢青年精神支柱，用崇高理想激发青年责任担当，用爱国主义厚植青年家国情怀，用核心价值涵养青年道德品行，用网上主旋律激扬青春正能量。

2. 丰富青联政治宣讲活动，创新青联思想引领形式

深入开展政治培训和宣讲、教育活动。持续加强青联委员政治培训，广泛开展"青联读书社"等理论学习活动。深化青联大讲堂、青年讲师团、青社学堂等活动，把党的科学理论讲清、讲实、讲活。教育引导青联委员在培育和践行社会主义核心价值观中作表率。青联组织要积极加入青年志愿者、青年文明号等群众性精神文明创建活动，引导各界别的青年在实践中提升道德素养。要入驻和用好青年聚集的互联网平台，开展网络青年思想引领。

3.3.1　上海各级青联关于深入学习宣传贯彻习近平总书记在庆祝中国共产主义青年团成立100周年大会上重要讲话精神的工作指引

（二）加强联系服务，团结凝聚各界青年发挥合力

1. 有效落实青联委员直接联系青年制度

有效落实《全国青联委员直接联系青年工作制度》，深入了解青年的利益诉求、意见建议。② 青联委员可按照就近就便原则，直接联系所在地区、所在领域的青年，重点联系基层和一线青年、新的社会阶层和新兴领域青年、党外青年知识分子、大中学生等群体。具体形式包括面对面交流、走访、共同参与活动等，或通过微信（群）等网络社交工具进行交流互动。各青联会员团体可以结合"委员走基层"等工作项目、"青年之家"等各类青少年综合服务平台，建立青联委员直接联系青年的渠道，有计划、有组织地开展集中联系青年活动。

2. 精准服务凝聚各领域青年群体

青联要适应青年群体分布变化，不断拓展壮大青年爱国统一战线。根据不同青年群体的特征开展精准服务，是团结凝聚青年的重要方式。如上海市青联紧跟

① 以习近平新时代中国特色社会主义思想为指导 高扬理想主义 厚植家国情怀 坚定推进改革 汇聚实现中华民族伟大复兴中国梦的磅礴青春力量——在中华全国青年联合会第十三届委员会全体会议上的工作报告（摘要）[N].中国青年报,2020-08-20(003).
② 共青团中央、全国青联.全国青联委员直接联系青年工作制度:中青联发[2018]8号[EB/OL].(2018-12-26).https://www.gqt.org.cn/documents/zqlf/201812/P020181226608016786759.pdf.

党的民营经济统战工作重点,持续推进"千帆行动"上海市青年企业家培养计划,推出服务在线新经济企业的"伙伴行动";围绕创新创业人才、青年科技人才等领域,推进"海聚英才""青科讲坛"等重点项目,为城市发展团结青年人才。依托青年企业家协会、青年创业人才协会,加强新的社会阶层人士团结联络。深化对新兴领域青年的认识和把握,搭建新兴领域内优秀青年交流对话的平台,不断拓展针对新兴领域青年统战工作的辐射圈。

3.3.2　引导自媒体从业者创造社会主流价值——全国青联第十四期"青联思享汇"在京举办

3.3.3　化身"配药侠",串起"送药链",上海的这群青年人是值得信赖的

3. 竭诚服务广大青年与人民群众

青联委员要发挥本职优势和专业特长,竭诚为广大青年服务。在日常生活中,为青年提供心理咨询、法律援助、创新创业、实践实习、交流交友、社会融入等各方面服务;关心关爱贫困青少年、农村留守儿童、进城务工人员随迁子女等特殊困难青少年群体,帮助解决具体困难。在应急管理期间,青联要在党的领导和共青团的指导下,积极回应人民群众最迫切的需求。如2022年上海全域静态管理期间,共青团上海市委、上海市青联开展上海青联社区代配药品专项志愿行动,为市民筑起一道温暖"防疫线"。

（三）维护青年发展权益,代表青年表达合理诉求

1. 关注青年发展,倾听青年声音

各级青联组织和青联委员可围绕《中长期青年发展规划（2016—2025年）》、各省市青少年发展"十四五"规划所确定的重点工作,以及全国政协、团中央、地方共青团的年度重点工作安排,关注青年成长发展的热点问题。加强对青年群体的调研交流,倾听青年声音,发现青年群体的现实困难与需求。发挥青联委员中人大代表、政协委员的作用,通过"共青团与人大代表、政协委员面对面"活动,倾听和传达青年诉求。

2. 提交提案建议,代表青年发声

青联委员应以书面形式向各级人大、政协以及共青团、青联提出意见和建议,努力促进青年政策的制定与完善。提案和建议应一事一案（议），坚持严肃性、科学性、可行性。各级青联应成立提案和建议工作委员会，定期确定本级青联提案和建议工作的重点议题，供会员团体、界别工作委员会和委员参考。青联委员个人和联名提出的提案与建议，应先提交所在会员团体或界别工作委员会研究。会员团体和界别工作委员会以集体名义提出提案与建议前，应事先开展较为深入的集中调研。成文后，可直接报本级青联的提案和建议工作委员会，由工作委员会酌情处理各项提案建议。

（四）优化青联组织结构，提升青联组织活力

1. 优化青联成员结构，完善青联运行机制

落实青联改革要求，优化青联委员结构。大幅提升一线劳动者代表、基层青年代表、新兴领域青年代表、非公有制经济组织和社会组织青年代表等在各级青联委员会和常务委员会中的比例。持续扩大联系覆盖半径，加强对各类青年群体的有效联系和充分覆盖，打造覆盖面更广、参与度更高、结构更合理的青联组织。

完善青联运行机制。要加强界别建设、活跃界别工作，更好地发挥界别应有功能。要健全对区县青联、行业青联、会员团体的联络、指导机制，建立工作例会、线上交流、年终评比等工作机制，引导会员团体实现有序"自转"的基础上，推动不同团体有效"公转"，更好形成组织合力。

2. 用组织团结组织，提升青联影响力与活力

"团体会员制是青联的基本组织形式"。[①] 要着力落实《关于在全国开展健全地方青联组织社团基础工作的通知》，培育和吸纳青年社团，持续扩大地方青联组织社团基础，不断完善以共青团为核心、以青联为枢纽、以团属社团为紧密层的青年组织体系。市、县两级青联要建设覆盖本地区主要新兴领域青年群体的青年社团。对发展较为成熟、价值追求正面、对青年群体带动力强的青年社团，市、县两级青联组织按程序积极吸纳为会员团体。[②]

3.3.4　用组织团结组织纵深推进青联改革健全地方青联组织社团基础工作全面推开

充分发挥原有的青企协、青创协、青科协等社团优势，大力培育发展新兴青年群体社团，形成有覆盖面、有层次感、有联动性的组织结构。有序推进各级各类青联会员团体建设，加强调研指导和经验交流，持续提高组织的内涵式发展与组

---

①　共青团中央、全国青联.关于在全国开展健全地方青联组织社团基础工作的通知：中青联发〔2021〕5号〔Z〕.2021-06-25.

②　共青团中央、全国青联.关于在全国开展健全地方青联组织社团基础工作的通知：中青联发〔2021〕5号〔Z〕.2021-06-25.

织活力。

（五）持续推进从严治会，提高青联组织效能

2017 年 11 月，全国青联十二届三次常委会议通过《关于新形势下推进从严治会的规定》，充分发挥青联职能作用，更好动员广大青年坚定地听党话、跟党走。

1. 始终坚持正确的政治方向

新时代青联组织要始终不渝地坚持党管青年原则，把坚持党的领导贯穿在从严治会的各个环节。坚决服从以习近平同志为核心的党中央的集中统一领导，自觉用习近平新时代中国特色社会主义思想武装头脑，积极传播党的声音。

2. 从严管好青联委员队伍

切实把好委员的"入口关""履职关""考核关"三道关口。严格委员遴选，突出委员人选的政治标准、社会形象、奉献精神。强化青联委员作风建设和言行约束，加强对委员的思想引领。① 明确青联委员履职内容，优化履职方式。加强委员履职能力建设，做好委员履职保障。严格委员履职考核与履职评价制度，完善委员动态调整、监督惩戒和退出机制。② 对于履职不合格的委员，按照《青年联合会组织办法》有关规定，取消或撤销委员资格。③

3. 从严管好各级青联组织

切实发挥共青团在青联中的主导作用，强化上级青联对下级青联的工作指导，加强会员团体建设，加强委员会建设。严格执行《青年联合会组织办法》④，严格落实重大事项请示、报告机制。各级青联组织涉及全委会及常委会等会议相关事宜、人事安排、工作报告等重要事项时，应按程序向上一级青联组织报告报备，征得同意后执行。各级青联组织对下一级青联组织的请示、报告、报备事项应及时批复，同时加强工作指导和监督，坚决制止损害组织公共形象的行为，树立青联良好形象。

四、学联工作的路径方法与经验规律

党的十八大以来，以习近平同志为核心的党中央站在党和国家事业薪火相

---

① 关于新形势下推进从严治会的规定(2017 年 11 月 24 日全国青联十二届三次常委会议通过)[EB/OL].(2017 - 11 - 24).http://acyf.cyol.com/gb/channels/V1Q0M6kE/index.html.

② 以习近平新时代中国特色社会主义思想为指导 高扬理想主义 厚植家国情怀 坚定推进改革 汇聚实现中华民族伟大复兴中国梦的磅礴青春力量——在中华全国青年联合会第十三届委员会全体会议上的工作报告[Z].2020 - 08 - 17.

③ 全国青联委员履职规范(试行)[EB/OL].(2017 - 12 - 12).http://acyf.cyol.com/gb/channels/3DjVOaD0/index.html.

④ 共青团中央、全国青联.青年联合会组织办法：中青联发[2021]7 号[EB/OL].(2021 - 08 - 19).https://www.gqt.org.cn/documents/zqlf/202109/P020210906629530936545.pdf.

传、后继有人的战略高度,高度重视青年学生工作,多次到学校考察,与学生座谈交流,给学生回信勉励,为青年学生成长成才指明了方向,为学联学生会工作提供了根本遵循。2021 年 1 月,全国学联秘书处制订的《加强和改进新时代学联学生会工作实施方案》[①]经团中央书记处批准印发,全面落实全国学联二十七大确定的各项工作部署,加强和改进新时代学联学生会工作。

(一)坚持践行服务宗旨,实施"知行工程",提高同学满意度

牢记总书记"知行合一、做实干家"的要求,大力开展知行工程。践行服务宗旨,推动实践育人,在社会大课堂的学思践悟中受教育、长才干、做贡献。注重实践锻炼,强化使命担当;弘扬奉献精神,激发向善能量;帮助困难同学,维护正当权益。

1. 促进学生思想成长

坚持理论学习与实践锻炼相结合,发挥贴近同学、覆盖广泛的组织优势,持续深化专题学习,开展主题教育活动,选树青年学生典型,协同开展"青年大学习"行动,帮助学生接受政治教育和价值观熏陶,促进学生思想成长。比如,上海市学联深入开展"四史"在校园主题活动,推出"四史"在校园红色地图,提供校园微视频展播、沉浸式校史情景剧开发等丰富生动的内容供给、平台供给。

2. 广泛组织实践活动

聚焦青年学生成长的根本需求,坚持学校和社会相衔接,丰富拓展实践载体,组织学生积极参加社会实践、志愿服务、社区报到等活动,引导学生有序政治参与,使学生在实践中形成正确的社会认知和价值追求,帮助广大学生增强社会化能力。比如,上海市学联动员青年学子参与志愿服务,在进博会等重大赛会与活动中展示上海青年学子的风采。在新冠肺炎疫情防控工作中,一大批同学主动参与到志愿服务、社区防控、关爱行动等"战疫"一线,赢得社会广泛好评。

3. 主动帮扶困难同学

发挥植根学生优势,聚焦广大学生在不同学段升学、就业等成长发展的具体需求,争取各方支持,推动资源共享,开展学业就业帮扶、身心健康维护、生活困难援助,帮助学生解决具体困难。

4. 维护学生正当权益

把服务学生发展和助力学校建设高度统一起来,增强维护学生权益的主动性,注重日常意见收集,推行校园提案制

3.3.5 "我们不为同学服务就是失职"

① 共青团中央办公厅、全国学联秘书处.加强和改进新时代学联学生会工作实施方案:中青办联发〔2021〕1 号 [EB/OL].(2021-01-18).https://www.gqt.org.cn/documents/zqblf/202102/P020210219620475446350.pdf.

度,聚焦与同学密切相关的校园治理短板和普遍性诉求,服务同学校园学习生活权益。

（二）坚持勇担时代责任,实施"聚力工程",提升大局贡献度

牢记总书记"立鸿鹄志,做奋斗者"的要求,大力开展聚力工程。要凝聚青春力量,共享美好未来,用中国梦凝聚民族复兴的青春力量。以青春活力助力经济社会发展,以青春对话推动交流交往,以青春文化塑造崭新形象。

1. 加强联系服务,助力国际交流交往交融

加强对海外中国留学生、港澳台学生、国际学生的联系和服务,通过实施海外留学生联系服务计划、海峡两岸暨港澳学生交流交融计划、国际学生交流交往计划等,讲好中国故事,传播中国声音,服务党的统一战线工作和国家民间外交大局,为构建人类命运共同体凝聚青年学生力量。

2. 组织社会实践,助力经济社会发展

把握新发展阶段、新发展理念、新发展格局对青年发挥作用的迫切需求,组织动员青年学生围绕"五位一体"总体布局,提升创新创业能力,丰富校园文化生活,参与社会基层建设,投身生态文明实践,为"十四五"经济社会发展做贡献。

3. 有效联系社团,促进和谐校园建设

加强对学生社团的联系服务,促进学生社团在共青团主导的青年组织体系中协同发挥作用。有效联系服务学生社团,发现和化解校园矛盾,营造校园和谐氛围,共育校园学习生活良好秩序。

3.3.6 吉林大学学生会：做校园里"潮"且专业的"服务团"

4. 强化文化育人,以多彩活动弘扬主流价值

文化对人格培育起到重要作用,学联学生会组织需要用健康向上的主流文化引领青年学生。上海市学联举办"梦想杯"上海市大学生辩论赛,让青年学生在辩论中认知国情、增长才干,赛事思辨性逐年增强。加强"团在校园 上海学联"新媒体建设,构建以微信公众号为核心,B站、抖音、微博多点开花的全媒体平台,凝聚各级学联学生会组织合力,打造"爆款"新媒体文化产品,牢牢把握在青年学子群体中的话语权。

（三）坚持持续深化改革,实施"强基工程",提升社会认可度

牢记总书记"对症下药,刮骨疗伤"的要求,大力开展强基工程。坚持刀刃向内、从严治会,健全组织运行机制,优化同学参与机制,完善选人用人机制,坚持媒体融合机制,充分发挥学联学生会组织的桥梁纽带作用,驰而不息地夯实各级学联学生会组织的基层基础。

1. 压实共青团和学联对学生会组织指导管理责任

严格执行《关于落实共青团和学联对高校学生会（研究生会）指导管理责任的若干规定（试行）》[①]，压实地方团委、地方学联、学校团委的工作职责，强化对团组织、学联组织和团干部、学联日常工作机构干部的责任追究。

2. 规范组织建设机制

深刻领会学联学生会组织的政治定位，切实聚焦主责主业，突出服务职能，坚持精干高效原则，依章依规从严教育管理，高质量落实《关于推动高校学生会（研究生会）深化改革的若干意见》，推动改革"形神兼备"。根据实际情况完善制度机制。如，上海市学联针对高校出台了《关于健全上海高等学校学生代表大会制度的若干规定》；针对高中阶段学校层面，出台《关于进一步健全本市高中阶段学校团学组织格局的若干规定》，规范高中学生会有序运行。

3. 健全同学参与机制

严格落实学生代表大会制度，完善项目志愿者招募激励机制和工作人员述职评议制度，深化网上工作机制，保障广大同学作为学生会会员的权利义务，服务项目请同学一起设计，开展活动请同学一起参与，工作成效请同学一起评议。

3.3.7 学联学生会改革在路上——党的十八大以来学联学生会改革和工作纪实

4. 完善组织协同机制

加强学联学生会组织与团组织、上下级学联组织、学联与学生会组织、校级与院系学生会组织的协同，完善党领导下共青团主导的青年组织体系，促进学生会组织力量下沉，形成团学组织工作合力。

第四节　对青年社会组织的联系、服务和引导

青年社会组织是青年参与社会建设的重要平台和载体。党的十八大以来，青年社会组织蓬勃发展，已成为党推进国家治理体系和治理能力现代化的重要内容、党的青年工作的重要阵地和团的基层组织的重要形态。共青团作为党联系青年群众的桥梁和纽带，要大力加强对青年社会组织的联系、服务、引导，创新团的基层组织形态，从而提高团的吸引力和凝聚力，扩大团的工作覆盖面，推动青年社

---

① 共青团中央、全国学联.关于落实共青团和学联对高校学生会（研究生会）指导管理责任的若干规定（试行）：中青联发［2020］4号［EB/OL］.（2020－04－29）.https://www.gqt.org.cn/documents/zqlf/202004/P020200430428215117508.pdf.

会组织共青团工作在新时代实现高质量发展。

一、关于青年社会组织的工作背景

（一）青年社会组织的概念与特征

2008 年 1 月，全国城市共青团工作会议首次提出"青年自组织"的概念，主要指暂未登记注册的以青年为主体的草根社会组织。2013 年 6 月，团的十七大正式使用"青年社会组织"一词，指的是以青年（年龄为 18~40 岁）为主体，自发成立、自主运作、自我管理，促进社会公益、引领主流健康文化、维护青少年合法权益为目的的非营利组织。在《共青团中央关于全面加强新时代青年社会组织共青团工作的意见》中明确"青年社会组织主要包括以青年为主体和以青少年为主要服务对象的社会团体、基金会、社会服务机构，以及由青年发起成立、活跃在城乡社区但未正式注册的青年社团、小组、社群等。"[①]青年社会组织一般应符合下列条件之一：领袖和主要骨干的年龄在 40 岁以下，参与主体 50% 以上为青年，服务对象和开展活动主要面向青少年。[②]

青年社会组织具备社会组织非营利性、组织性的一般特征。同时，由于其构成主体为青年，又呈现出青年人群的开放性、自治性以及扁平化的特点。开放性主要体现在人员的开放性、活动的开放性和资源的开放性；自治性主要体现在青年社会组织的基本组织形态具有全员参与、自我管理的特征，组织成员对组织有较强的归属感和使命感；扁平化主要体现在青年社会组织主要通过 QQ、微信、微博或者论坛等网络媒介进行信息传递、资源整合，不需要中间层次，直接动员、快速高效。

（二）共青团联系、服务、引导青年社会组织的重要意义

全面加强新时代青年社会组织共青团工作，是贯彻落实习近平总书记关于青年工作的重要思想的重大任务，是巩固和扩大党执政的阶级基础和青年群众基础的必然要求，是健全党领导下的以共青团为主导的青年组织体系的重要举措，是促进青年社会组织在社会治理中更好发挥作用的重要载体。

（1）体现加强共青团基层建设的工作导向。习近平总书记在同团中央新一届领导班子成员集体谈话时指出，要树立大抓基层的鲜明导向。青年社会组织按照团的工作、部署，着力将服务青年的各项具体举措落实到基层，有助于共青团实

---

① 共青团中央.共青团中央关于全面加强新时代青年社会组织共青团工作的意见:中青发［2022］15 号［EB/OL］.（2022 - 7 - 11）.https://www.gqt.org.cn/documents/zqf/202207/P020220712548198669727.pdf.

② 黄婷婷.我国青年社会组织发展趋向探析［J］.中国青年社会科学,2016(1)：87 - 92.

现"使基层强起来"的工作目标。

（2）拓展服务青年群体的服务方式与渠道。共青团作为党领导的先进青年组织，是以政治性为第一属性的群众组织，而青年社会组织是青年结社的重要形式，具有显著的社会性特征。共青团构建了党政与青年群体、青年社会组织之间的桥梁枢纽，有助于增进党政机关和青年社会组织之间的了解与合作，拓展对青年群体的服务方式和渠道。

（3）提升青年社会组织参与社区治理的意识和能力。共青团以"构建基层青年组织体系"为目标，紧密联系、服务、引导青年社会组织，能够提高青年社会组织参与社区治理的主动性，增强青年社会组织服务基层的工作能力，使青年社会组织成为基层团组织有力的工作伙伴，切实协助团组织做好动员、凝聚广大青年群体的工作。

二、关于青年社会组织的工作要求

（一）加强和改进对青年社会组织的联系服务引导

2016年8月，中共中央办公厅印发的《共青团中央改革方案》提出，要"加强联系服务引导，把青年社会组织紧密团结起来"。2017年4月，中共中央、国务院印发的《中长期青年发展规划（2016—2025年）》提出"引导青年社会组织健康有序发展"。围绕上述要求，团的十八大报告明确提出要深入开展青年社会组织"伙伴计划"，实施青年社会组织社区发展计划，面向社区青少年开展常态化、针对性强的服务。

具体实施方面的要求包括：培训骨干力量、建设孵化平台、实施示范项目，重点培育和联系社区服务类、公益慈善类、生态环保类青年社会组织。大力培养青少年事务社工，开发专门岗位，提高服务青少年的专业化水平。探索购买服务、公益创投等方式，引导支持青年社会组织投身社会公益、参与社会治理。

（二）构建以共青团为主导的基层青年组织体系

2019年2月，共青团中央印发《关于加强新时代团的基层建设 着力提升团的组织力的意见》的通知，明确提出要"构建基层青年组织体系"，树立大组织理念，强化共青团主导地位和枢纽作用，扩大对各类青年组织的联系、服务和引导，将更多团员青年团结凝聚在党的周围。

具体的实施要求包括：各级共青团要建立"为我所有、为我所用"的青年社会组织工作体系。要"丰富创新团的基层组织形态"，以县域团属青年社会组织建设为重点，主动培育孵化一批共青团直接管理或发挥主导作用的青年社团。

（三）着力推进县级团属青年社会组织建设，创新团的基层组织形态

2020 年 5 月，团中央办公厅印发的《县级团属青年社会组织建设工作方案》，明确了"县级团属青年社会组织"是新时代创新团的基层组织形态，要求通过县级团属青年社会组织建设，逐步构建县域团属青年社会组织与团的基层组织有效互动的基层组织格局。在团中央 2022 年 1 月发布的《新时代全面从严治团实施纲要》中进一步提出，要创新团的基层组织形态、组织载体和活动方式，灵活设置团的组织，努力扩大有效覆盖的要求。

上述文件发布后，团属青年社会组织获得了大发展。2022 年 4 月，国务院新闻办公室发表的《新时代的中国青年》白皮书表明，目前全国已有 7 600 多个共青团指导的县级志愿服务、文艺体育类青年社会组织，带动成立青年活动团体 15 万余个，基本实现县域全覆盖。① 在 2022 年 7 月 11 日发布的《共青团中央关于全面加强新时代青年社会组织共青团工作的意见》里，进一步提出"到 2025 年，县域团属青年社会组织覆盖面、活跃度、协同性明显增强，在关键领域和重要群体中引领、凝聚、服务青年的能力大幅提升"。② 可见，培育和发展县级团属青年社会组织，是当前及未来一段时间共青团关于青年社会组织的工作重点。

3.4.1 共青团中央办公厅关于印发《县级团属青年社会组织建设工作方案》的通知

三、关于青年社会组织的工作路径与方法

（一）广泛联系各类青年社会组织

（1）加强常态化联系。共青团做好青年社会组织工作的第一步就是"找得到，联系上"所在地的青年社会组织。据不完全统计，截至 2018 年 5 月，全国共注册社会组织 80.01 万个。其中，以青少年为主体和以服务青少年为主业的青年社会组织占据相当一部分。团组织如何实现对青年社会组织的联系？首先，可采用排摸基础信息，建立青年社会组织信息库的做法。③ 其次，可在基层社区开展青年社会组织集中展示活动，加强团组织、青年社会组织和基层工作体系的了解和合作。

（2）成立团属青少年社会组织枢纽平台。共青团可以通过在内部的体系中

---

① 国务院新闻办公室.新时代的中国青年［EB/OL］.（2022 - 04 - 21）.http://www.gov.cn/zhengce/2022 - 04/21/content_5686435.htm.

② 共青团中央.共青团中央关于全面加强新时代青年社会组织共青团工作的意见：中青发［2022］15 号［EB/OL］.（2022 - 7 - 11）.https://www.gqt.org.cn/documents/zqf/202207/P020220712548198669727.pdf.

③ 共青团的伙伴们 ——五年来共青团新兴领域青年工作综述［EB/OL］.（2018 - 06 - 18）.http://news.youth.cn/gn/201806/t20180618_11646258.htm.

设立专门开展青年社会组织工作的部门,以空间共享、业务指导、资源分享、资金供给等方式,直接对青年社会组织开展联系和服务。各级团组织也可以推动有条件的地区成立青年社会组织枢纽平台,引导、支持平台承担整合资源的功能,联系基层社区和各青年社会组织,对接服务项目,增进社会组织间的联系。

(二)建立健全项目化运作机制

1. 持续推进青年社会组织"伙伴计划"

共青团中央于2014年启动实施青年社会组织"伙伴计划",建立与青年社会组织协同合作的工作体系,把青年社会组织凝聚为共青团服务青年的工作伙伴。自2015年春节以来,全团在每年冬季和夏季分别开展"春暖同心——青年社会组织陪你过年公益行动"和"缤纷夏日·快乐童年——青年社会组织为留守儿童暑期送欢乐行动"。[①]

3.4.2 "伙伴计划"在行动系列故事(一):孩子们的"希望小课堂"

各级团组织可引领众多青年社会组织,结合当地现实情况,有针对性地服务青少年现实需求;规范服务程序和方法,推广具有示范性、可复制的服务项目;结合时代特点,设计新颖时尚、具有吸引力的项目活动,在持续推进"伙伴计划"的各项服务中,充分发挥青年社会组织服务多元、专业性强的优势。

2. 建立、健全政府购买青少年社会工作服务机制

2014年,团中央联合相关部委印发意见,提出到2020年初步建立20万人的青少年事务社会工作专业人才队伍。各地团组织根据《关于做好政府购买青少年社会工作服务的意见》,联合民政、财政部门制定政府购买青少年社会工作服务的地方性政策。部分团组织推动将政府购买服务写入地方的共青团改革方案;也有团组织联合当地财政部门,出台政府购买青少年社会工作服务指导性目录;还有团组织探索建立规范的政府购买社会工作服务绩效评估机制。[②]

2017年,团上海市委、上海市青少年服务和权益保护办公室与上海市阳光社区青少年事务中心签订委托服务合同,将团组织承接的部分青少年事务管理职能交给社会组织承担。[③] 团辽宁省委成立青少年事务社工管理服务中心,建立

3.4.3 关于印发《关于做好政府购买青少年社会工作服务的意见》的通知

① 团中央社会联络部.全国青年社会组织"伙伴计划"项目风采[N].中国青年报,2016-12-02(05).
② 青少年事务专业人才队伍建设2020计划稳步推进[J].中国共青团,2018(4):32.
③ 张恽.生动实践催生理论体系建构——基于对上海市青少年社会工作发展历史脉络的梳理[J].中国社会工作,2021(25):35-38.

公、检、法协调联动机制,在未成年人刑事检察工作中引入青少年事务社工,协助开展相关支持、服务工作。①

3. 创新青年社会组织项目化运作方式

1) 打造青年社会组织招投标平台

依托团属青少年社会组织枢纽平台的整合资源功能,建立青年工作服务项目招投标机制,制定招投标规范管理流程和评估标准,通过"线下+线上"相结合的方式,促进青年社会组织与各级政府对接服务项目。

2) 举办公益创投大赛、推动网络众筹

通过举办"益青春"青年社会组织公益创投大赛,推动和培育青年社会组织项目化运作。通过与各类基金会合作,在线上公益平台上推出优秀的公益项目,开展在线筹资活动。

3) 对接项目与基层社区的资源

3.4.4　上海共青团"往社区走"集中行动月启动,让更多青年走进社区服务群众

建立直接针对基层社区的资源对接平台和工作机制,推动在社区的团青骨干以各种方式参与基层社会治理。如团上海市委组建青年社会组织"往社区走"重点项目组,大力推进"团青骨干参与业委会建设"。截至 2019 年 4 月底,全市团组织联系 40 周岁以下的青年业委会委员 1 491 名,覆盖929 个住宅小区,动员超过 2 000 名青年以服务代表、志愿者等形式参与业委会日常工作,引领青年在"美丽家园"建设和社区治理中贡献智慧力量。②

4) 引导青年社会组织参与社会事务

近年来,一批以自愿成立、自主管理、自我服务为特征的青年社会组织,充分利用社会参与的重要渠道,在依法承接政府职能转移、开展行业自律、满足社会公众多样化服务需求、倡导文明健康生活方式、促进政府与社会沟通等方面发挥建设性作用,特别是在各类重大社会建设工作及各类急难险重任务中,青年社会组织冲锋在前、勇担重任,展现了强烈的参与意识和社会责任感。③ 以 2022 年上海新冠疫情防控工作为例,在团上海市委的指导下,沪上 10 多家青年社会组织成立"小青菜联盟",制定召集人制度,建立从货源、运输、配送全链条模式,带领居民

---

① 青少年事务专业人才队伍建设 2020 计划稳步推进[J].中国共青团,2018(4):32.

② 顾金华.上海共青团"往社区走"集中行动月启动 让更多青年走进社区服务群众[EB/OL].(2019-05-27).http://www.why.com.cn/wx/article/2019/05/27/15589275321358294149.html.

③ 国务院新闻办公室.新时代的中国青年[EB/OL].(2022-04-21).http://www.gov.cn/zhengce/2022-04/21/content_5686435.htm.

积极参与志愿服务,为邻里提供买菜服务的同时,关心社区里的独居老人、残障人士,助力社区建设,为解决居民买菜难的"最后一公里"问题贡献青年人的力量和智慧。①

（三）示范、引领和吸纳、举荐相结合

1. 培养青年社会组织骨干

团中央和各级团组织通过举办青年社会组织骨干培训班、青年论坛、青年大讲堂、讲座沙龙、拓展培训等方式,以政治过硬、业务过关为基本要求,大力开展青年社会组织骨干培训。团中央开展的"伙伴计划"专题示范培训班,组织各地参与"伙伴计划"的青年社会组织骨干进行集中学习。②

各级团组织可开展工作坊、模拟沙龙、社区实践等各种形式新颖的培训,结合国情教育课程和各地区的发展现状,强化青年社会组织骨干的政治意识培养和学以致用能力的提升。

2. 吸纳和举荐青年社会组织人才

2020 年 5 月,团中央办公厅印发《县级团属青年社会组织建设工作方案》,明确提出"做好组织吸纳举荐"的要求。2022 年 7 月发布《共青团中央关于全面加强新时代青年社会组织共青团工作的意见》进一步明确"省、市级团的领导机关至少选配 1 名青年社会组织骨干作为挂职或兼职团干部,各县级团委要从县级团属青年社会组织中重点遴选培养 3 名以上青年骨干,条件成熟的吸收为基层团干部。市、县级青联组织要积极吸纳发展成熟的团属青年社会组织为团体会员,积极吸纳优秀青年骨干成为青联委员。"③

（四）加强品牌建设,扩大组织的影响力

1. 举办青年社会组织优秀项目评选活动

自 2014 年起,团中央通过"伙伴计划",每年向各级团组织征集优秀项目,组织专家评审,选择示范项目和优秀项目,纳入"伙伴计划优秀项目库",向全国宣传和推广。各级团组织要鼓励当地青年社会组织申报服务项目,探索服务青少年新模式,组织评选青年工作优秀项目,传播共青团的工

3.4.5 "伙伴计划"打捞温暖小事 团组织引导青年社会组织在扶贫攻坚中彰显作为

① 上海青年家园民间组织服务中心.青春守"沪""小青菜联盟"为"最后 100 米"配送助跑[EB/OL].（2022 - 4 - 10）.https://mp.weixin.qq.com/s/sb46uT4jWSmc0VYY9HqEYQ.

② 张群,尹光毅.2017 年全国青年社会组织骨干培训班（示范班）在井冈山举办[EB/OL].（2017 - 07 - 01）.http://news.youth.cn/gn/201707/t20170701_10204387.htm.

③ 共青团中央.共青团中央关于全面加强新时代青年社会组织共青团工作的意见:中青发[2022]15 号[EB/OL].（2022 - 7 - 11）.https://www.gqt.org.cn/documents/zqf/202207/P020220712548186689727.pdf.

作理念和青年工作品牌项目的影响力。

2. 打造青年社会组织线上宣传平台

依托互联网平台,通过建立青年社会组织的介绍专栏、开设以青年社会组织的日常服务工作为主题的在线公益讲堂,将相关的服务品牌信息、服务热点话题、服务工作所需要的专业知识等呈现在网络上,起到示范效应和宣传效果。

3. 综合运用新媒体技术,创新宣传形式

通过网络、网站、微信公众号等推出团属青年社会组织的热门栏目,积极为青年社会组织发声。并在网络平台上进行直播平台建设,录制视频,开展直播,对青年社会组织工作的特色品牌进行广泛的宣传和推广。

四、关于青年社会组织的工作经验与规律

（一）丰富青年覆盖形式,拓展联系、服务、引导载体

青年社会组织是当下青年群体在工作之余的重要聚集载体。共青团通过青年社会组织开展针对青年群体的联系与服务工作,在潜移默化的交往过程中实现共青团对青年社会组织的联系、服务、引导,实现以点带面的效果,将青年社会组织覆盖的青年吸引到共青团的周围,扩大了共青团的有效覆盖范围。

（二）把握政治引领的方向,畅通有序参政议政的渠道

各地各级团组织在工作中严格把握团组织主导、功能定位明确、组织运行活跃的原则开展工作,坚持把握政治引领的正确方向。各地青年社会组织,特别是团属青年社会组织通过举办社会建设领域青年主题沙龙、座谈会等,邀请青年代表表达诉求、反馈民意,扩大有序政治参与,带领青年群体成为构建共建、共治、共享社会治理格局中的重要力量。

（三）完善资源供给,助力青年社会组织可持续发展

一是优化政策环境,积极争取各级党委、政府部门的指导和支持,推动出台提升青年社会组织能力、促进青年社会组织发展的政策;将青少年社会工作服务纳入政府购买服务支持范围,推动共青团参与青年社会组织登记、评估等制度化的渠道建设过程中,优化青年社会组织发展的政策环境。二是主动对接社会资源。一方面可主动对接各类基金会,通过公益创投、社会募集等方式加强资源供给;另一方面可鼓励各类企业以社会影响力投资的形式支持青年社会组织创新服务。三是建设便捷、有效的资源对接平台。以线下招投标平台和线上"项目商城"相结合的形式,提供全面的项目需求对接服务。

（四）培育青年骨干，聚焦青年社会组织人才培养工程

团中央直接联系掌握 300 名左右在全国层面或一定区域范围内有较大影响力和引领作用的青年社会组织杰出人才、领军人才。会同各省级团委联系掌握 4 000 名左右具有较强引领作用的青年社会组织骨干人才和枢纽人才，示范带动地市级、县级团委密切联系掌握区域内有一定影响力的青年社会组织骨干人才。分级分类建立全国青年社会组织人才库，常态化开展青年社会组织骨干及青少年事务社会工作者培训工作，围绕协助共青团培养政治过硬、业务过关的青年公益群体目标，一方面设计有针对性、符合青年群体特征的课程体系；另一方面拓宽渠道，加强对青年社会组织骨干的政治吸纳、组织吸纳和荣誉激励。

第五节　对新兴青年群体的关注、联系和覆盖

2019 年 2 月 1 日，习近平总书记走进位于前门石头胡同的快递服务点、小吃店，看望仍在工作的快递员等劳动者，了解他们的工作和生活情况。[①] 快递员等新业态新兴青年群体进一步引发社会的广泛关注。2020 年 5 月，共青团中央书记处第一书记贺军科五次在北京专题调研新兴青年群体工作。对新兴青年群体的主动关注、积极联系、有效覆盖，已成为共青团工作的重要内容。[②]

一、关于新兴青年群体的工作背景
（一）群体类型与特征

新兴青年群体是指活跃在新经济组织、新社会组织、新媒体领域，以灵活多样的方式从事新型职业的青年群体，其中相当一部分是自由职业者。团中央 2022 年发布的《"千联万聚常引"项目实施方案》中，界定了 14 类新兴青年，包括：网络作家、编剧，自由撰稿人、自媒体写手，独立演员，影视导演、制片人，独立音乐人，自由美术工作者，文化创意产业工作者，街舞青年，非遗传承人，网络主播等 10 类新文艺青年，以及电竞青年，快递小哥，社会组织负责人，青少年事务社工和志愿者等。近年来，我国新产业、新业态快速兴起，新兴青年群体规模持续扩大。统计显示，2020 年我国依托于互联网平台的新就业形态劳动者约有 8 400 万人，其中 80 后和 90 后已成为新业态从业者的主要人群。[③]

---

① 杜尚泽.习近平看望"快递小哥"[EB/OL].（2019 - 02 - 01）.http://politics.people.com.cn/GB/n1/2019/0201/c1024 - 30606140.html.

② 贺军科在京调研新兴青年群体工作[N].中国青年报，2020 - 05 - 29（01）.

③ 郭元凯.新形势下我国新兴青年群体的特征变化、风险挑战及对策思考[J].中国青年研究，2022（1）.

新兴青年群体是"城市高质量发展的重要新力量",是"城市文化和生活领域的创新先锋"[①],在经济发展、科技创新、文化艺术和社会民生等各个领域的作用日益凸显。与此同时,新兴青年群体存在职业不稳定、侵权和资本裹挟、社会融入难等风险。[②] 其中相当一部分人以松散的"圈子"、独立工作室、小微企业甚至个人作为开展业务活动的单元,和主流社会组织体系处于游离状态,群体思想和发展状况追踪较为困难,个体合法权益受损时也难以获得正式社会支持。

（二）工作方针与政策

以习近平同志为核心的党中央高度重视新兴青年群体工作。早在 2013 年,习近平就指出,在新兴青年群体里有很多有本事的人,有的甚至可以一呼百应。"随着社会发展,这类青年人群将会越来越多,团组织必须适应这个发展趋势,努力去做他们的工作,深入他们、帮助他们、引导他们,而不要排斥他们、拒绝他们、疏远他们,不要让他们游离于社会组织之外。"[③]2017 年,中共中央、国务院印发了《中长期青年发展规划（2016—2025 年）》,提出要更多更广地覆盖新兴领域青年和流动青年。

为更好地服务新兴青年群体的成长发展需求,2017 年 4 月,团中央办公厅印发了《关于实施新兴青年群体"筑梦计划"的通知》,要求整合社会各方资源,帮助一大批新兴青年群体激发创造活力、实现个人梦想,并通过积极引导使之成为推动国家发展、社会进步的骨十力量。为进一步引领凝聚、组织动员、联系服务新兴领域青年,2019 年 9 月,团中央印发了《关于切实做好新兴青年群体工作的意见》。上述通知、意见为新时代新兴青年群体工作提供了指南。

3.5.1　团中央启动实施新兴青年群体"筑梦计划"

2022 年,团中央出台《"千联万聚常引"项目实施方案》,拟通过建设一个重点人员库、联系一批"关键少数",进一步加强对新兴青年群体的联系、凝聚、服务、引领。

二、关于新兴青年群体的工作要求

（一）工作重点

以习近平总书记关于青年工作的重要思想为指导,以深化改革为动力,以扩

① 李春玲.新兴青年群体激发城市创新活力[N].中国社会科学报,2022 - 02 - 23(005).
② 郭元凯.新形势下我国新兴青年群体的特征变化、风险挑战及对策思考[J].中国青年研究,2022(1).
③ 习近平论青年工作(习近平 2013 年 6 月 20 日在同团中央新一届领导班子成员集体谈话时的讲话摘录)[EB/OL]."学习强国"学习平台,2018 - 11 - 16.

大联系覆盖、加强思想引领、服务成长发展、促进建功立业为重点工作内容,抓实重点人才,着力做好群体数量多、社会影响大、工作相对薄弱的群体的工作。

（二）工作目标

完善共青团关于新兴青年群体的引领凝聚、联系服务、组织动员的工作机制和载体;扩大对新兴青年群体的覆盖,与其中的骨干建立稳定联系;构建了解掌握新兴青年群体思想动态的机制,总结提炼新兴青年群体思想政治引领的有效载体、方法和重点项目;团结带领新兴青年群体立足岗位积极建功,服务地方经济社会文化发展;以做好新兴青年群体的工作为抓手,深化共青团改革,提升共青团广泛社会动员的能力。

三、关于新兴青年群体的工作路径与方法

做好新兴青年群体工作要立足实际、分类施策、务求实效,持之以恒地把广泛联系、积极引领、有效服务、深入动员的各项工作落实落细。①

（一）关注和联系新兴青年群体

"找得到、联系上"是共青团做好新兴青年群体工作的前提。共青团要通过灵活多样的方式,主动关注和联系新兴青年群体,为服务引领工作打基础。要建设重点人员库,联系一批"关键少数",精准掌握一支信得过、靠得住、用得上,常态化发挥作用的新兴青年队伍,并在此基础上逐步扩大共青团对新兴青年群体的覆盖面。

1. 建立直接联系

在日常工作中,团干部要与身边的新兴青年群体交朋友,运用微信、QQ、微博等网络社交媒体与他们建立日常联系,注意倾听和发现他们在工作生活中的困惑,积极给予回应,做他们的知心人、贴心人。在落实团代表联系团员青年工作机制过程中,除了联系体制内团员青年外,要高度重视与体制外新兴青年之间的直接联系。

2. 拓展组织联系

联合网信、建交、快递物流企业联系网约车司机、快递员等新兴青年群体;联合互联网企业,与在线新经济企业青年、网络大 V 建立联系;联合文联、作协、音协、美协等团体组织、行业协会,与网络作家、独立撰稿人、独立演员歌手等建立关系。积极推动成立团属新兴青年群体社会组织,加强与新兴青年群体自组织的联

① 共青团中央.关于切实做好新兴青年群体工作的意见:中青发［2019］10 号［EB/OL］.（2019 - 09 - 06）.https://www.gqt.org.cn/documents/zqf/201910/P020191021363413858291.pdf.

系,在有条件的群体中建立团组织。

3. 强化阵地联系

积极利用青年之家、筑梦空间等团属社会化阵地,尤其要发挥文创类青年之家对新兴青年群体的吸引力,为新兴青年群体提供活动、交流、创业等空间和条件。以采纳活动参与者信息等形式,留下新兴青年群体的联系方式;邀请其关注青年之家新媒体平台,分类推送和组织与之相关的各类活动,逐步形成稳定的联系。

4. 加强聚集区联系

在创意产业园、影视城、网络作家村、小剧场、文化出口基地和新兴青年群体较为集中的企业、商务区、开发区、商圈楼宇等,通过建设"青年之家",或通过区域化团建机制、通过与相关主管机构的合作,找到、联系新兴青年群体。如北京市从艺青年群体生活主要分布在798艺术区、宋庄在内的30多个聚集区,青年在追求自我实现的同时有很强的"漂泊感"。① 团北京市委深入开展调研和联系,为后续服务引领打下扎实基础。

5. 深化服务联系

针对新兴青年群体各类人群的不同需求和专长,搭建交流平台、开展培训、组织才艺展示和竞赛。在开展服务的过程中,吸引凝聚一批新兴青年,建立花名册、微信群组,定期开展线上线下的联系交流。

(二)服务新兴青年群体

新兴青年群体类别多,特征差异大。共青团要把握不同亚群体的特点和需求,从服务切入开展工作,提高对新兴青年群体的凝聚力。

1. 搭建展示交流平台

深入实施"筑梦计划",聚焦签约作家、自由撰稿人、独立演员歌手、自由美术工作者等新兴青年群体,在组织专门培训、开展职业导航的基础上,进行梦想孵化、提供展示平台、激发创造活力,引导其在实现个人梦想的同时,投身国家发展和社会事业。探索开展全国性、区域性青年网络作品、书画、音乐、非遗、舞蹈作品的征集、比赛和巡演巡展,为更多优秀青年提供脱颖而出的机会。

2. 开展就业创业服务

大力拓展"筑梦空间""梦创工坊"建设,为新兴青年群体的就业创业提供广泛、精准的专业培训、职业导航、创业投资、项目扶持等支持和服务。对处于事业

---

① 刘炳全.新时代共青团引领凝聚新兴青年群体路径研究——以北京新兴艺术从业青年群体为例[J].北京联合大学学报(人文社会科学版),2021(4):10-15.

起步期的创业青年,选配优秀"梦想导师",举办创业实训营。对取得一定创业成效的青年,遴选产生年度青年创业英才,助力其成长为各自行业领域内的领头羊、佼佼者。持续做好创新创业大赛,提升大赛与新经济形态的契合度,以赛事为基础延伸政策服务、金融服务,延长工作链条。

3. 组织公益关爱行动

快递小哥是互联网经济中保障物资供应的重要群体,在近几年来的疫情防控中贡献尤为突出,但是其城市融入度低,社会支持相对缺乏,被称为城市中"最熟悉的陌生人"。共青团联合工会、街道、居民区,以及各类公共服务场地、商铺,根据其实际需要,适时提供公益关爱服务。在北京,不少党群活动中心、社区青年汇为快递员提供歇脚、喝水之处;在济南,团市委推出快递员阅读驿站、"摩托车驾考绿色通道"等服务。在春节为就地过年的快递员送"大礼包",在酷暑为快递员送清凉,也是常见的关爱服务。

4. 切实维护合法权益

新兴青年遭遇的一个突出问题是社会保障缺失。新兴领域去雇主化、平台化的就业模式以及高自主性、个体化、灵活性、兼职兼业的劳动用工特点,导致新兴青年经济状况不稳定、缺乏社会保障。[①] 统计显示,加盟模式快递人员没有社会保障的占 35.2%;外卖快递人员没有社会保障的占 47.8%;[②]2021 年,七部委联合印发了《关于做好快递员群体合法权益保障工作的意见》。[③] 共青团要切实发挥群团组织作用,推动建立健全行业规范机制,落实快递等行业从业人员基本社会保障。在文化艺术领域,盗版侵权现象较为普遍。共青团要与有关部门联合打击盗版侵权现象,保护文艺青年的知识产权。

5. 拓展社会参与路径

3.5.2　为新兴青年群体筑一个温暖的巢

新兴青年群体活跃于互联网空间,在现实生活中的人际交往和社会参与相对欠缺,有的甚至面临社会边缘化情形。要引导新兴青年群体加强与他人的线下交往,在现实社会中扩大"朋友圈"。鼓励同一类型的新兴青年群体成立兴趣团体、行业协会,如网络文学协会、街舞组织、青年文化协会等,培育团属青年社团。指导新兴青年群体社团或协会开展联谊交友、文化沙龙,组织技能培训、专业创作交流等活动。

① 李春玲,刘保中,李闯.新兴青年群体:新的社会阶层中的新力量[J].中央社会主义学院学报,2021(5):68.
② 孙洁.快递配送青年权益保障现状、瓶颈与对策建议[J].中国青年研究,2022(1):31.
③ 七部门联合印发关于做好快递员群体合法权益保障工作的意见[EB/OL].(2021-07-10).http://www.gov.cn/xinwen/2021-07/10/content_5624071.htm.

（三）引领新兴青年群体

新兴青年群体中有活跃的青年潮流引领者和青年文化生产者。共青团要注重柔性引领,并从中遴选青年人才,将其打造为社会主义核心价值观的青春践行者。

1. 组织国情考察实践

采用国情考察团、社会采风活动等组织形式,组织新兴青年群体深入生产一线、重大工程现场、科技创新园区、红色教育实践基地、乡村振兴示范区和深度贫困地区等,了解国家现代化建设的巨大成就,正确看待发展中的问题,认清自己的历史使命。

2. 开展青年红色文化系列活动

用红色文化感召青年。注重分众化引导,让新兴青年群体中的优秀分子参与领学党史;开发红色文创产品,通过"朋辈"效应,感召更多新青年。承制"青年大学习"等主题团课,邀请 B 站头部 UP 主等青年担任领学人。推出青少年党建团建网络大展播,策划青年红色文创微展。采用丰富多彩的形式,增进新兴青年群体与党和团的情感联系。

3. 组织新兴青年群体志愿服务

新兴青年群体富有激情和活力,要组织新兴青年群体开展公益志愿活动,把他们的激情和能力引向奉献社会和服务他人。在日常生活中,引导新兴青年群体发挥专业特长开展社区文化服务;疫情期间,组织新兴青年群体开展公益活动与志愿服务。例如,共青团上海市委社会工作部和"电竞"青年群体合作,以公益赛等形式开展疫情防控宣传。2022年春上海全域静态管理期间,许多快递员积极参与社区"最后 100 米"物资配送志愿服务;有的快递小哥变身千人"团长",为居民物资保供贡献力量。

3.5.3　快递小哥变身千人"团长",为居民物资保供数夜未睡

4. 培育新兴青年群体服务项目

新兴青年群体的"非遗""街舞""文创"等文化活动项目可以丰富青少年服务资源供给。要引导和优化新兴青年群体自发的线上、线下文化类公益活动,用心发现和悉心培育其中的优秀项目,将其纳入爱心暑托班、青年之家、专业社会服务机构以及基层社区的项目采购中。

5. 培养新兴青年群体优秀人才

加强新兴领域青年群体的典型推荐、人才选拔、评选表彰。遴选有政治潜力的骨干,纳入"青马工程"重点培养。将新兴青年群体骨干纳入党政、群团等人才培养体系,着力于为党培育一批政治坚定、能力优秀、行业领先、群众认可的新兴领域青年群体骨干。充分依托青联等组织体系,吸纳其中的优秀代表,凸显标杆作用。

6. 开展共青团组织化引领

深化"青年大学习",打造"青社学堂"品牌,以灵活多样、时尚新颖的方式在新兴青年中普遍开展学习活动。结合重要时间节点,发挥新兴青年群体的才艺特长,组织具有较高参与度的主题教育活动。依托青联和团属社团,适度推动建立一批紧密团结在共青团周围的新兴青年群体自组织。在行业聚集度较高的街舞青年、网络作家等群体中推动团建试点。

总之,在有效开展思想引领的基础上,要充分发挥新兴青年群体专业技能优势,激发其奉献社会的热情,围绕党和国家工作中心大局,引导新兴青年群体建功立业。

四、关于新兴青年群体的工作经验与规律

(一) 坚持党管青年原则

党管青年原则包括对青年工作、青年成长、青年组织的全面领导,新兴青年群体工作要贯彻党管青年原则。首先,要把为党做好新兴青年群体工作作为出发点和落脚点;第二,要争取各级党组织和政府部门对新兴青年群体的工作支持,为青年成长发展整合社会资源。第三,要加强对新兴青年组织的联系和引导,将大多数新兴青年群体凝聚在党的周围。

(二) 注重分类分层服务

新兴青年群体中亚群体类型多,如快递员、电商青年、网络大V、街舞青年等。其思想观念、生存状况、成长需求、聚集形式存在很大差异。要针对不同亚群体确定不同的工作目标、优先内容、适当方式、有效载体,以及开展工作的重点组织层级等,分类施策、精准发力。

(三) 落实青年为本理念

在新兴青年群体的工作中落实"以人民为中心"、以青年为本的工作理念,了解青年需求,注重人文关怀,关注青年民生问题,助力青年发展。尊重新兴青年群体的意愿,将开展思想工作与解决实际困难相结合,灵活开展引导工作。

(四) 注重积极赋能

在新兴青年群体工作中,要充分注重发挥新兴青年的积极性、主动性,激发其内在活力。通过发现和支持其富有特色的原创性项目,培养和提升其专业能力与水平,帮助其实现项目的社会价值。通过推荐新兴领域青年人才参加创新创业论

坛、各类培训以及大赛大展,实现积极赋能,提升其干事创业的能力与精气神。

（五）加强政治吸纳

积极吸纳新兴青年群体优秀青年代表加入市青联及青企协、IT 协会、青创协等会员团体,进一步增强其政治认同感;创建共青团引领下的新兴青年群体行业联盟、专业联盟,增强政治吸纳功能。加强新兴青年群体中事迹突出的青年的形象宣传,发挥其示范引领作用;将团的引领功能内化于日常服务中,增强对广大新兴青年群体的政治向心力。

问题:

1. 当代青年的流动与分布特征,给传统的以行政区划和单位为基础的建团模式带来了怎样的挑战? 应如何积极开展组织变革来应对上述问题?

2. "党领导下的以共青团为主导的青年组织体系"包括哪些组织? 这些组织与共青团的关系是怎样的?

3. 当前共青团基层组织建设面临怎样的问题? 如何理解基层建设对于提升共青团组织力的意义?

4. 共青团动员青年的方式主要有哪些类型? 不同类型的动员方式与共青团的组织动员传统、时代发展潮流及当代青年群体的特征有何内在联系?

5. 青联、学联深化改革的背景如何?

6. 新兴青年群体主要包括哪些青年? 这些群体有何特征?

7. 为完善一体化育人机制,学校共青团组织建设要做好哪些关键环节?

8. 怎样开展区域化团建?

9. 怎样提高非公企业团组织活力?

10. 新时代青年岗位建功行动有哪些内容? 如何理解新时代青年岗位建功行动的意义?

11. 上海青年中心建设有哪些特色做法可供借鉴?

12. 新媒体时代的网络动员方式有哪些特点? 如何善用这些特点进行青少年的组织动员?

13. 青联工作的主要路径方法和经验有哪些?

14. 学联工作的主要路径方法和经验有哪些?

15. 共青团联系青年社会组织的方式有哪些? 对青年社会组织的引领主要包括哪些具体内容和做法?

16. 对新兴青年群体如何做好分类分层服务?

主要参考文献:

[1] 习近平.论党的青年工作[M].北京:中央文献出版社,2022.

[2] 共青团中央改革方案(摘要)[J].中国共青团,2016(8).

[3] 共青团中央.关于加强新时代团的基层建设 着力提升团的组织力的意见:中青发[2019]2 号

[EB/OL].(2019 - 02 - 02).https://www.gqt.org.cn/documents/zqf/201902/P020190203539594 686509.pdf.

[4] 共青团中央办公厅.新时代团的组织力提升三年行动计划(2019—2022):中青办发[2019]8号 [EB/OL].(2019 - 08 - 01).https://www.gqt.org.cn/documents/zqbf/201908/P02019081362509 7125576.pdf .

[5] 新时代全面从严治团实施纲要[N].中国青年报,2022 - 01 - 28(001).

[6] 共青团中央,教育部.中学共青团改革实施方案:中青联发[2016]17号[EB/OL].(2016 - 11 - 10).https://www.gqt.org.cn/documents/zqlf/201611/P020161111540351598256.pdf.

[7] 共青团中央,教育部.高校共青团改革实施方案:中青联发[2016]18号[EB/OL].(2016 - 11 - 14).https://www.gqt.org.cn/documents/zqlf/201611/P020161115391495551784.pdf.

[8] 共青团中央办公厅.中国共产主义青年团普通中等学校基层组织工作条例(试行):中青办发 [2017]9号[EB/OL].(2017 - 06 - 09).https://www.gqt.org.cn/documents/zqbf/201706/ P020170615572177743749.pdf.

[9] 共青团中央办公厅.中国共产主义青年团普通高等学校基层组织工作条例(试行):中青办发 [2017]12号[EB/OL].(2017 - 08 - 29).https://www.gqt.org.cn/documents/zqbf/201709/ P020170904620611153359.pdf.

[10] 共青团中央办公厅.中国共产主义青年团职业院校基层组织工作条例(试行):中青办发[2017] 13号[EB/OL].(2017 - 08 - 29).https://www.gqt.org.cn/documents/zqbf/201709/P0201709046 22110747009.pdf.

[11] 共青团中央,中共教育部党组.深化学校共青团改革的若干措施:中青联发[2020]7号[EB/ OL].(2020 - 06 - 12).https://www.gqt.org.cn/documents/zqlf/202006/P0202006176575892 19516.pdf.

[12] 共青团中央办公厅.基层团组织规范化建设工作的实施方案:中青办发[2019]6号[EB/OL]. (2019 - 04 - 08).https://www.gqt.org.cn/documents/zqbf/201904/P020190410638606535155. pdf.

[13] 共青团中央.中国共产主义青年团党和国家机关基层组织工作条例(试行):中青发[2020]12号 [EB/OL].(2020 - 10 - 23).https://www.gqt.org.cn/documents/zqf/202011/P02020110351490 1934579.pdf.

[14] 共青团中央.中国共产主义青年团国有企业基层组织工作条例(试行):中青发[2020]12号[EB/ OL].(2020 - 10 - 23).https://www.gqt.org.cn/documents/zqf/202011/P0202011035149019 34579.pdf.

[15] 共青团中央.中国共产主义青年团农村基层组织工作暂行规定:中青发[2020]12号[EB/OL]. (2020 - 10 - 23).https://www.gqt.org.cn/documents/zqf/202011/P020201103514901934579.pdf.

[16] 共青团中央.中国共产主义青年团城市基层组织工作规定(试行):中青发[2021]12号[EB/ OL].(2021 - 12 - 31).https://www.gqt.org.cn/documents/zqf/202201/P02022012533425956

0142.pdf.

［17］共青团中央基层建设部.2020 年团的基层建设工作安排：团组字［2020］5 号［Z］.（2020－03－06）.

［18］共青团中央办公厅：贺军科同志在全国共青团基层组织改革综合试点工作电视电话会议上的讲话：共青团中央办公厅情况通报［2020］3 号［EB/OL］.（2020－07－06）.https://www.gqt.org.cn/documents/bgtqk/202008/P020200803316272357109.pdf.

［19］共青团中央：关于扩大县域共青团基层组织改革试点的指导意见：中青发［2021］5 号［EB/OL］.（2021－05－28）.https://www.gqt.org.cn/documents/zqf/202106/P02021060348944184001 7.pdf.

［20］共青团中央办公厅.社区青春行动方案：中青办发［2021］2 号［EB/OL］.（2021－04－30）. https://www.gqt.org.cn/documents/zqbf/202105/P020210513582363047429.pdf.

［21］共青团中央.乡镇实体化"大团委"建设工作实施方案：中青发［2012］10 号［EB/OL］.（2012－10－10）.https://www.gqt.org.cn/documents/zqf/201210/t20121011_597391.htm.

［22］共青团中央.共青团中央关于加强非公有制经济组织团的建设的意见：中青发［2001］19 号［EB/OL］.（2001－07）.https://www.gqt.org.cn/search/zuzhi/documents/2001/zqf/tf19.htm.

［23］共青团上海市委员会.关于深入推进 2018 年上海市非公有制企业和社会组织团建工作的通知：沪团委发［2018］26 号［Z］.（2018－02）.

［24］共青团上海市委委员会.关于开展上海市非公有制经济组织团建专项攻坚行动的工作指引［Z］.（2021－04）.

［25］共青团上海市委员会.上海街镇共青团工作指导手册（2019 年修订版）［Z］.2019.

［26］共青团上海市委员会.关于开展"青春合伙 陪伴成长"上海共青团创新服务在线新经济企业"伙伴行动"的通知：沪团委发［2020］140 号［Z］.（2020－10）.

［27］贺军科.如何做好新时代青年工作［J］.求是,2020（10）.

［28］李立红.团中央启动实施新兴青年群体"筑梦计划"［N］.中国青年报,2017－05－17（001）.

［29］郭梓阳.中国青年志愿者行动的发展历程与方向［J］.新生代,2021（2）：13.

［30］赵魔.基于社交媒体的网络动员在高校共青团工作中的应用研究——以微信为例［J］.山西青年职业学院学报,2016（3）：20.

［31］谭毅.从组织到社会网络：论共青团动员青年功能的变革与调适［J］.青年探索.2017（1）：42.

［32］谭毅.共青团运用新媒体动员青年：必要性、模式与改进［J］.青年探索.2016（1）：37.

［33］共青团中央.共青团中央办公厅编.全团要讯：2015 年第 3 期［EB/OL］.（2015－03－31）.https://www.gqt.org.cn/bulletin/bgt_qtyx/201508/t20150826_745835.htm.

［34］习近平.习近平致全国青联十三届全委会和全国学联二十七大的贺信［EB/OL］.（2020－08－17）.http://www.xinhuanet.com/politics/2020－08/17/c_1126377637.htm2020.

［35］特约评论员.推进青联学联改革再出发——三论学习贯彻习近平总书记致全国青联十三届全委会和全国学联二十七大贺信精神［N］.中国青年报,2020－08－20（001）.

［36］以习近平新时代中国特色社会主义思想为指导 高扬理想主义 厚植家国情怀 坚定推进改革 汇聚实现中华民族伟大复兴中国梦的磅礴青春力量——在中华全国青年联合会第十三届委员会全体会议上的工作报告［Z］.2020－08－17.

［37］全国青联.中华全国青年联合会章程［EB/OL］.（2020－08－24）.https：//www.xuexi.cn/lgpage/detail/index.html? id=7838086876128251095&amp；item_id=7838086876128251095.

［38］共青团中央、全国青联.全国青联委员履职规范（试行）：中青联发［2017］25 号［EB/OL］.（2017－12－12）.https：//www.gqt.org.cn/documents/zqlf/201712/P020171212602885182733.pdf.

［39］共青团中央、全国青联.关于新形势下推进从严治团的规定：中青联发［2017］3 号［EB/OL］.（2017－01－24）.http：//cpc.people.com.cn/gqt/n1/2017/0207/c363174－29063701.html.

［40］共青团中央、全国青联.全国青联委员直接联系青年工作制度：中青联发［2018］8 号［EB/OL］.（2018－12－26）.https：//www.gqt.org.cn/documents/zqlf/201812/P020181226608016786759.pdf.

［41］共青团中央、全国青联.青年联合会提案和建议工作制度：中青联发［2018］9 号［EB/OL］.（2018－12－26）.https：//www.gqt.org.cn/documents/zqlf/201812/P020181226610039574043.pdf.

［42］全国青联.全国青联界别工作委员会工作制度（修订稿）［EB/OL］.（2019－06－10）.http：//acyf.cyol.com/gb/channels/K18Law1M/index.html.

［43］全国学联.中华全国学生联合会章程［EB/OL］.（2020－08－18）.https：//tw.bzpt.edu.cn/2020/1208/c1107a31014/page.htm.

［44］共青团中央办公厅、全国学联秘书处.加强和改进新时代学联学生会工作实施方案：中青办联发［2021］1 号［EB/OL］.（2021－01－18）.http：//youth.njupt.edu.cn/2021/0224/c7514a182174/page.htm.

［45］共青团中央、全国学联.关于落实共青团和学联对高校学生会（研究生会）指导管理责任的若干规定（试行）：中青办联发［2020］4 号［EB/OL］.（2020－04－29）.https：//m.thepaper.cn/baijiahao_9059796.

［46］共青团中央、全国青联.关于在全国开展健全地方青联组织社团基础工作的通知：中青联发［2021］5 号［Z］.2021－06－25.

［47］关于新形势下推进从严治会的规定（2017 年 11 月 24 日全国青联十二届三次常委会议通过）［EB/OL］.（2017－11－24）.http：//acyf.cyol.com/gb/channels/V1Q0M6kE/index.html.

［48］全国青联委员履职规范（试行）［EB/OL］.（2017－12－12）.http：//acyf.cyol.com/gb/channels/3DjVOaD0/index.html.

［49］国务院新闻办公室.新时代的中国青年［EB/OL］.（2022－04－21）.http：//www.gov.cn/zhengce/2022－04/21/content_5686435.htm.

［50］贺军科.续写党的青年运动新的历史荣光——写在中国共青团成立 100 周年之际［J］.中国青年，2022（8）.

［51］共青团中央.共青团中央关于全面加强新时代青年社会组织共青团工作的意见：中青发［2022］15 号［EB/OL］.（2022－07－11）.https：//www.gqt.org.cn/documents/zqf/202207/P020220712548198669727.pdf.

［52］张恽.生动实践催生理论体系建构——基于对上海市青少年社会工作发展历史脉络的梳理［J］.中国社会工作,2021(25):35－38.

［53］黄婷婷.我国青年社会组织发展趋向探析［J］.中国青年社会科学,2016(1):87－92.

［54］青少年事务专业人才队伍建设 2020 计划稳步推进［J］.中国共青团,2018(4):32.

第四章
联系服务青少年

关键词： 党管青年;青年发展规划;规划编制;规划实施;青年优先发展;重大青年议题;重点案例;维护青少年合法权益;预防犯罪;未成年人保护;有序政治参与;12355青少年服务台;青少年维权岗

促进青年高质量发展,维护青年合法权益,不仅是社会议题,更是政治命题。共青团要紧扣服务青年的工作生命线,履行巩固和扩大党执政的青年群众基础这一政治责任,深刻把握青年发展的政治价值,充分发挥青年发展工作的政治功能,立足中国国情、立足中国特色社会主义制度,以纵深推动《中长期青年发展规划(2016—2025年)》落实为统揽,努力回应现实关切,加强政策倡导和社会倡导,帮助青年解决实际问题,不断激发青年创新创造活力,切实维护青少年合法权益,完善具有中国特色的青年发展政策体系和工作机制,着力提升各级团组织的服务意识、服务能力、服务效果,使共青团始终成为广大青年信得过、靠得住、离不开的贴心人,始终成为党联系青年最为牢固的桥梁纽带。

第一节　联系服务青年的职责使命和实践要求

共青团要始终心系广大青年,深刻领会联系服务青年基本职责的战略意义和使命要求,认真践行青年优先发展理念,以服务凝心,用发展聚力,把青年人的心紧紧同党贴在一起。

一、把青年发展工作作为重要战略任务抓紧抓实

（一）深刻领会联系服务青年的职责要求

习近平总书记在庆祝中国共产主义青年团成立100周年大会上发表重要讲话时要求共青团"紧扣服务青年的工作生命线,履行巩固和扩大党执政的青年群众基础这一政治责任,既把青年的温度如实告诉党,也把党的温暖充分传递给青年"。

1. 联系服务青年是共青团政治使命之所在，是发挥最大优势的基础前提

共青团是党领导的群团组织，也是青年人自己的组织。团的最大优势在于遍布基层一线、深入青年身边。作为政党的青年组织，共青团的根基在青年、血脉在青年，政治责任的实现有赖于青年的认同和支持。作为青年的政治组织，要关注最广大的工农青年和普通青年的切身利益，千方百计为青年办实事、解难事。要想充分发挥群团组织的群众性特点，并将其转化为组织优势和现实力量，就要把心同青年紧紧联在一起，密切联系青年，促进青年在国家发展进步中实现自身进步发展，增强团的吸引力和凝聚力。

2. 共青团始终在党的领导下为维护青年利益、促进青年发展而不懈奋斗

共青团从诞生之日起，就把党的宗旨写在自己的旗帜上，将实现青年利益落在自己的行动上。

新民主主义革命时期，共青团积极发动青年反抗剥削压迫反侵略、争取自身利益，广大青年在民族独立和人民解放伟大胜利中，为自身发展奠定了根本条件。社会主义革命和建设时期，共青团在维护人民整体利益基础上充分照顾青年人的特殊利益，广大青年在社会主义大家庭的关怀和温暖中，实现了破旧立新的发展和进步。改革开放和社会主义现代化建设新时期，共青团在法治轨道上积极主动地代表和维护广大青年的合法权益，广大青年在国家综合实力不断增长和物质条件不断丰富中，更多维度地实现了自身发展诉求。

中国特色社会主义新时代，在以习近平同志为核心的党中央坚强领导下，新中国历史上第一个国家级青年发展规划——《中长期青年发展规划（2016—2025年）》（下称《规划》）发布，确立党管青年原则，提出青年优先发展理念，将青年发展工作全面纳入党治国理政的各项工作之中。共青团以落实《规划》为统揽，积极推动初步形成具有中国特色的青年发展政策体系，在科教兴国、人才强国、健康中国等国家战略中，青年发展得到越来越多顶层设计支持；积极推动涉及青年普遍性利益问题的解决，在教育、健康、婚恋、就业创业、文化等各个领域，青年发展都有长足进步。

百年历史充分证明，共青团只有扎根青年，才能永葆青春活力；只有全心全意服务青年、促进青年发展，才能真正扎根青年。

3. 共青团做好青年发展工作的原则遵循

坚持党的领导，把准促进青年发展的政治方向。党的全面领导是百年来中国青年发展取得历史性成就的决定力量和根本保障，是青年发展的最大资源和依靠。

胸怀"国之大者"，将青年发展统一于国家发展之中。使青年发展工作始终在社会主义现代化建设大局下行动，为大局作贡献。

坚持青年为本,充分尊重青年自身发展诉求。注重倾听青年声音、了解青年诉求、畅通表达渠道,真正想青年之所想、急青年之所急。

发挥群团优势,充分依托党赋予的资源和渠道。发挥政治资源优势,在党确定的各种制度框架中积极为青年利益代言;发挥组织体系优势,推动形成各领域、各层级支持青年发展的合力;发挥群众工作优势,努力化工作对象为工作力量,组织动员青年促进自身发展、创造自己的美好未来。

树立法治思维。在科学立法、公正司法、监督执法、全民守法等依法治国各环节中,充分代表和反映青年普遍性利益诉求,有效维护青年发展权益,协助推动党和国家青年事务治理体系和治理能力现代化,以法治思维和法治方式实现青年高质量发展。

(二)深刻认识青年优先发展的战略意义

1. 青年优先发展的概念内涵

4.1.1 《青年优先发展国际倡议》

《规划》首次提出"党和国家事业要发展,青年首先要发展"的理念。2022年首届世界青年发展论坛发布《青年优先发展国际倡议》,呼吁各方大力倡导青年优先发展理念,将青年工作纳入国家和国际发展战略。

青年优先发展理念以高质量发展为价值目标,以党管青年原则为根本保证,把青年发展摆在党和国家工作全局中更加重要的战略位置,将促进青年更好成长、更快发展放在国家或区域层面统筹公共资源配置的优先位置,作为经济社会发展的基础性、战略性工程,整体思考、科学规划、全面推进。

青年优先发展理念,是对以人民为中心发展思想的贯彻落实,是实现"发展为了青年"与"发展依靠青年"辩证统一的必然要求,有利于推动各级党委(组)和政府及职能部门提高对青年发展战略意义的认识,营造全社会关注、关心青年发展的良好氛围。践行青年优先发展要建立与新时代青年群体特征相适应、与经济社会发展要求相匹配的青年发展工作体系,确立并谋划那些利于推动青年和经济社会协同发展、共同成长的目标和举措,完善公共资源支持青年优先积极均衡发展、青年发展助力国家及区域建设的双向赋能机制。强调青年优先发展并非忽视其他社会群体,更不意味着让青年"坐享其成",而是将青年看作一种重要的潜能和资源来培育,通过资源供给和机会创设,激发青年的主体性、内发性、可塑性和能动性。

2. 青年优先发展的意义价值

2022年4月,国务院新闻办公室举行新闻发布会,发布新中国历史上第一部专门关于青年的白皮书——《新时代的中国青年》。该书以翔实的数据和生动的事实表明,在党的领导下,在包括共青团在内的各方共同努力下,当代中国青年拥有更充分的发展条件、更多人生出彩的机会、更全面的保障支持、更广阔的成长空间,总体发展水平已经跃居世界前列,成为新时代中国发展进步的靓丽名片。

4.1.2　《新时代的中国青年》白皮书

　　然而,在现实生活中,青年群体所处的社会化阶段和角色地位,使他们在就业、消费、安全、婚恋、育儿、赡养、社会保障等领域容易成为脆弱的一环,承受较高的社会风险和发展性压力。未来人口结构快速老龄化、劳动适龄人口比重减少、少年儿童比重持续降低等一系列的结构性矛盾将让青年发展面临更加突出的挑战。要有效应对这些挑战,单纯依靠青年个体或家庭力量的"自发"解决是不够的,需要社会特别地呵护和关爱,需要特殊的公共照顾和支持。近年来的国际经验充分表明,青年问题社会化、社会问题青年化愈加凸显,青年问题如果未能得及时回应、有效解决和正确引导,很可能给经济社会发展带来连锁影响,甚至威胁国家安全稳定。

　　习近平总书记站在党和国家事业后继有人的战略高度,着眼维护国家政治安全,亲自关心、亲自指导制定的《中长期青年发展规划(2016—2025年)》,是新时代促进青年发展、维护青年利益的顶层设计。共青团要切实担当起确保《规划》落地见效、推动《规划》纵深实施的政治任务和主体责任,努力取得更多标志性、普惠性政策成果。着力解决青年发展"急难愁盼"问题,认真研究青年成长趋势特点,充分发挥组织化动员和社会化倡导的优势,加强政策倡导推动,凝聚专业力量、运用科学方法,提升服务质量、扩大有效覆盖,精准回应青年发展需求,把党的温暖充分传递给青年。着力组织动员青年自我奋斗,引导青年在实现中华民族伟大复兴的中国梦的生动实践中成长成才成功,引导激励青年在平凡岗位上扎实工作,在急难险重任务中冲锋在前,在基层一线接受锻炼,在创新创业中走在前列,在社会文明建设中引风气之先,让青春在为国家、为人民永久奋斗中绽放绚丽光彩。

二、精准服务青年发展需求

(一)青年发展工作值得关注的若干问题

　　随着我国社会主要矛盾的深刻变化,青年日益增长的美好生活需要和不平衡不充分的发展之间的矛盾也在凸显。不同地域、领域和年龄的青年在毕业求职、创新创业、社会融入、婚恋交友、老人赡养、子女教育等方面有许多操心事、烦心事。

1. 青年就业的结构性矛盾长期存在

从总量上看,虽然青年人口数量曲线呈下行趋势,但是城市青年和困难群体、农村富余劳动力等仍然居多,同时受经济下行、延迟退休等因素影响,就业总量压力并未减轻;从结构上看,我国经济结构的调整带来需求的变化,造成新兴行业所需求的中高级人才供不应求,而传统行业中初级技能劳动者的就业难度大大增加;从质量上看,随着受教育水平提高,青年就业选择从生存导向转向发展导向,青年需求与劳动力市场所能提供的岗位之间存在不匹配问题;从类型上看,灵活用工、平台用工等新就业形态青年群体的劳动保护存在法律法规不健全、保障制度不完善等问题。

2. 青年创新创业面临挑战

《中国青年创业发展报告(2021)》的数据显示,八成以上青年创业者对解决创业资金、社会资源和知识储备方面的问题较为迫切。① 青年"双创"主要面临的困难有:资金方面,由于创业启动资金获取困难、创投机构对种子期创业项目投资意愿及比例较低,初创者对融资支持和财税优惠有较高需求;业务方面,因为青年创业者资源缺乏、行业竞争激烈、对于创新创业的社会氛围不够宽松便利等问题,缺资源、缺技术、缺人才的情况仍然存在;能力方面,由于针对性培训不足、青年创业者经验不够、创新不足,存在重创业而轻创新的问题。② 另外,受近几年的疫情影响,初创企业、中小微企业困难较多。

3. 青年社会融入和政治参与度亟待提升

青年社会参与情况总体呈积极向好趋势,《新时代的中国青年》白皮书数据显示,目前全国有7 600多个共青团指导的县级志愿服务、文艺体育类青年社会组织,带动成立青年活动团体15万余个,基本实现县域全覆盖。但是,青年有效表达诉求的渠道还不够多,多元化社会参与的平台空间还不够广,青年的融入感和获得感还不够强。

4. 青年婚恋观呈现多元化发展趋势

当代青年面临社会转型和多元价值的冲击和影响,婚恋观呈现出多元特征,择偶条件随时代而变化。从客观角度讲,人口性别失衡这个社会大背景是"脱单"难、婚恋难的重要人口学原因。此外,婚恋成本上升、工作压力大、生活节奏快、闲暇时间少、社交圈窄小等原因,使越来越多的青年人的婚恋变成"老大难"

---

① 课题组.中国青年创业发展报告(2021)[J].中国青年研究,2022(2):16.
② 熊柴,任泽平,裴桓等.中国青年创业发展报告(2020)[J].中国青年研究,2021(2):58-67.

问题。从主观角度来讲,青年更重视婚姻质量,择偶时更看重健康和能力,宁缺毋滥已成为共识。

5. 青年赡养压力不断加重

人口老龄化趋势不断加速,人口负担系数不断上升,家庭结构规模小型化日益普遍,年轻人养老压力凸显。另外,家庭流动化和分离化趋势加强,年轻一代与年老一代异地而居,加大老人赡养难度。

6. 子女教育引发青年父母集体焦虑

央视财经频道发布的《中国美好生活大调查(2020—2021)》显示,认为"子女教育"问题是家庭面临的最困难的问题的受访者占比36.19%,名列第三,达到了过去5年来的最高点。当今社会日益激烈的竞争和对优质教育资源的渴求,引发了青年父母对子女教育的集体焦虑。同时,子女教育支出和资源投入问题也给青年父母带来了较大的压力。

7. 住房问题成为青年发展痛点

国际上认为合理的房价与收入之比在3至6之间,而我国中小城市多在6以上,北上广深等一线城市高达20以上。这使得中国青年,尤其是生活在大城市的青年人,普遍承受着高房价掏空家庭积蓄、房贷限制消费预期、房租抬高生活成本、婚房加大婚恋压力、通勤影响生活质量等一系列巨大压力。

(二) 提升服务青年发展能力水平

共青团要深入青年之中,把青年安危冷暖挂在心上,不断提升服务能力水平,千方百计为青年排忧解难,始终成为广大青年信得过、靠得住、离不开的贴心人。

1. 加强统筹协调能力

建立机制。建立青年工作联席会议机制,制定青年发展规划或实施方案等。

抓牢研究。深入调研包括进城务工青年、快递和外卖从业青年、网络主播等原子化青年在内的群体发展现状、问题和趋势,精准总结不同类型青年群体的多元化特征。建立发展监测指标和数据统计体系,分领域开展青年发展政策第三方评估。

选定方向。推动青年发展纳入政府事务,纳入国民经济和社会发展五年规划,深化青年发展规划实施县(区)试点工作,鼓励建设青年发展型城市,强化政策和资源保障。

善于协商。搭建平台,提高各个政府职能部门的协商效率,合力推动针对青年发展的相关政策制定和落实。

扎根青年。自觉践行群众路线、树牢群众观点,同广大青年打成一片,做青年友,不做青年"官",多为青年计,少为自己谋,继续扎根青年。

2. 提高政策倡导能力

政策项目是治理现代化背景下联系服务青少年的重要抓手。共青团需要广泛进行政策倡导和社会倡导,不断提升政策实践能力。

主动设置议程。将青年群体中普遍存在的共性诉求转化为具体的政策问题,行使共青团对政府青年事务议程设置的建议权。在深刻研读、领悟吸收与青年发展有关的各类政策项目的基础上,主动、富有创造性地寻找共青团工作、青年事务和党政工作的结合点、着力点。主动采取多种方式、通过多条渠道,推动青年政策问题进入相关部门的政策议程。

积极建议政策。兼顾政策目标、社会收益、执行可能等多项因素,公开征询含青年在内的各方意见,科学、合理地提出政策建议。要给出高质量的政策建议,需要熟悉关于教育、就业、婚姻家庭、社会保障、社会参与等各方面的既有青年政策,掌握落实中央与地方、长期与短期、综合与专项等政策的一系列程序规定,使用"法言法语"和党政部门沟通,"不说外行话",提高政策建议的采纳率。

参与方案选择。在相关部门进行政策决定时,共青团组织要有效参与方案选择。要善于分析和预测青年政策与项目出台可能面临的问题和机遇,把握达成理想目标所依靠的途径和方法,明晰阻碍青年政策与项目目标实现的制约因素,做好多个备选方案竞争择"优"的思想和能力准备。

推动协同执行。共青团要贯彻落实协同治理的理念,敢于协调,善于协调,提高工作站位,避免"就团论团"。要主动学习协调政策和调动资源的知识、方法、策略,熟悉跨部门的横向协同治理和跨层级的纵向协同治理。运用青年工作联席会议制度平台,建立健全综合性、常态化的青年事务协调机制,充分发挥各个政策执行主体的功能作用。以上海为例,联席会议的青年政策和工作项目主要有两个来源:其一,联席会议办公室在编制青少年发展规划初期向联席会议成员单位征集青年政策和工作项目,商议论证后纳入规划文本,成为任务举措的一部分。其中,关乎未来一个时期青少年发展的重点领域和问题、较为成熟的工作内容将被列为重要事项。其二,成员单位自主推出、或部分成员单位之间联合发文推出的政策和项目,借助联席会议的平台进一步扩大影响力,让更多青少年受惠受益。

创新宣传推广。要善于向全社会宣传推广青年政策与项目,特别要针对青年群体特点,充分发挥"互联网+"作用,以青年群众喜闻乐见的方式开展政策和项目的宣传与推广。

三、以实施青年发展规划为统揽,做好青年发展工作

（一）编制实施青年发展规划的重要意义

2015年4月,习近平总书记专门就制定青年发展规划作出重要指示。党中央决定,《规划》交团中央牵头起草、相关部委共同参与。历时两年,历经中央书记处办公会议、国务院常务会议、中央政治局常委会审议,《规划》于2017年4月,由中共中央、国务院颁布。这是党的青年工作领域一件具有里程碑意义的大事,标志着青年发展事业进入历史新阶段。

4.1.3 《中长期青年发展规划（2016—2025年）》

（1）《规划》是加强党对青年工作绝对领导的重要体现。中国共产党自成立之日起,就始终把青年工作作为党的一项极为重要的工作。《规划》的起草颁布和实施推进,凝结着以习近平总书记为核心的党中央对青年发展事业的高度重视和亲切关怀。党的领导是青年发展的根本保证,是青年发展事业沿着正确方向前进的根本保证。《规划》明确要坚持党管青年原则,要构建并完善"党委领导,政府、群团组织、社会等各方面协同施策"的青年工作格局。这表明,把青年一代培养造就成德智体美劳全面发展的社会主义建设者和接班人,是事关党和国家前途命运的重大战略任务,是事关党的事业薪火相传、事关政治安全和政权安全的重大工作;这为营造有利于青年发展的良好环境,为促进青年发展事业取得更大成效提供了强有力的政治保障和制度红利。

（2）《规划》是促进青年健康成长和高质量发展的重要制度。作为党中央、国务院出台的国家规划,作为国民经济和社会发展五年规划的子规划,《规划》在深入分析青年发展需求、深刻把握经济社会发展要求的基础上,通过系统推动制定青年政策、重点项目等,精准回应青年所思、所忧、所盼,"千方百计为青年排忧解难",帮助青年解决好他们在毕业求职、创新创业、社会融入、婚恋交友、老人赡养、子女教育等方面的操心事、烦心事,优先解决制约青年发展和经济社会发展的阶段性问题和主要矛盾,促进青年优先、积极、均衡发展,提升青年的竞争力和担当力,确保国家在中华民族伟大复兴战略全局和世界百年未有之大变局中赢得主动。

（3）《规划》是推动青年工作科学化、专业化、现代化的重要机制。《规划》进一步强化了青年工作的全局性、互补性、协调性。通过跨部门的横向协同治理和跨层级的纵向协同治理,建立健全综合性、常态化的青年事务协调机制,切实把青年工作摆在党治国理政的战略全局中去谋划和推进。同时,为广大青年理解党的主张、感受党的温暖提供平台载体,为提升青年向心力创设政策路径。团中央第一书记贺军科同志撰文指出:"在改革开放再出发的崭新征程上,在青年发展规划

的有力支撑下,中国青年发展必将迎来新的春天。"

（二）青年发展规划的主要内容

《规划》的政策对象为14—35周岁青年,涉及婚姻、就业、未成年人保护及其他特定领域时,年龄界限依据有关法律法规。

可从以下六方面把握《规划》主要内容:

（1）一套总体目标。《规划》提出,到2020年,具有中国特色的青年发展政策体系和工作机制初步形成,广大青年在决胜全面建成小康社会伟大实践中的生力军和突击队作用得到充分发挥;到2025年,具有中国特色的青年发展政策体系和工作机制更加完善,广大青年不断成长为堪当实现中华民族伟大复兴的中国梦历史重任的有生力量。

（2）一个重大原则。即坚持党管青年原则。该原则是在对历史、实践科学总结基础上第一次提出的,但不是新的原则,体现的是党一贯对青年群体的极端重视和青年群体在党的事业中的重要地位。青年工作在政府序列中没有设立工作机构,完全属于党的工作序列。党管青年原则的确立,表明青年工作成为各级党组织自身工作的有机组成部分,与党的其他工作同安排、同实施、同考核。这为全党齐心协力抓好青年工作提供了重要遵循。

（3）一个重要理念。即青年优先发展理念。《规划》首次提出"党和国家事业要发展,青年首先要发展"的理念。青年优先发展理念以党管青年原则为根本保证,把青年发展摆在党和国家工作全局中更加重要的战略位置,将促进青年更好成长、更快发展放在国家或区域层面统筹公共资源配置的优先位置,作为经济社会发展的基础性、战略性工程,整体思考、科学规划、全面推进。

（4）一套青年发展政策体系。《规划》聚焦思想道德、教育、健康、婚恋、就业创业、文化、社会融入与社会参与、维护合法权益、预防违法犯罪、社会保障等10个领域,提出了具体发展目标和44项有针对性的发展措施,充分回应了当代青年的普遍关切,构建形成了覆盖青年需求主要领域、照顾不同青年群体发展特点的青年发展政策体系。

（5）一批青年发展重点项目。从对国家发展、青年发展具有重要支撑作用的角度,提出落实规划的十个重点项目,即青年马克思主义者培养工程、青年社会主义核心价值观培养工程、青年体质健康提升工程、青年就业见习计划、青年文化精品工程、青年网络文明发展工程、中国青年志愿者行动、青年民族团结进步促进工程、港澳台青少年交流工程、青少年事务社会工作专业人才队伍建设工程。

（6）一套规划实施机制。研究编制规划是凝聚共识的过程，推进实施《规划》是组织动员的过程。《规划》的制定不是简单的五年或十年一个周期的文字工作，难点是建章立制，搭建顺畅的部门协调机制，重点是不断丰富政策成果，产生具体的标志性政策。因此，《规划》不仅对2025年前的青年发展目标任务举措进行了系统谋划，还就《规划》落实保障机制分别在"组织实施"部分和附件"实施机制"中进行了详细部署，包括：建立健全青年工作联席会议机制，建立并完善具有中国特色的青年发展政策体系和工作机制，建立规划统计监测指标体系，强化青年研究和政策发声等。

4.1.4 《关于"十四五"时期纵深推进〈中长期青年发展规划（2016—2025年）〉的实施意见》

（三）开展青年发展型城市建设试点

2022年4月，中央宣传部、国家发展改革委、共青团中央等17部门联合印发《关于开展青年发展型城市建设试点的意见》，提出青年发展型城市是指扎实推进以人为核心的新型城镇化战略，积极践行青年优先发展理念，更好满足青年多样化、多层次发展需求的政策环境和社会环境不断优化，青年创新创造活力与城市创新创造活力相互激荡、青年高质量发展和城市高质量发展相互促进的城市发展方式。2022年6月，中长期青年发展规划实施工作部际联席会议办公室对外公布全国青年发展型城市建设试点和青年发展型县域试点名单。

4.1.5 《关于开展青年发展型城市建设试点的意见》

（1）建设青年发展型城市是城市发展立足新发展阶段、贯彻新发展理念、构建新发展格局的内在要求。2020年，我国青年常住人口城镇化率达71.1%，已高于中等偏上收入国家平均水平，越来越多青年因城市而聚。在青年人口规模、结构已经发生历史性变化的背景下，青年对于增强城市发展活力、积蓄城市发展后劲的现实意义和长远价值，日趋凸显，"城市因青年而兴"成为普遍共识。建设青年发展型城市，推动城市与青年协调发展、共同成长，是城市在新时代转变发展方式、贯彻以人为核心的新型城镇化战略、实现高质量发展的基础性工程，有利于为城市赢得战略主动、享有持续活力、保持长期优势。

（2）建设青年发展型城市是"十四五"时期纵深实施《规划》的重要抓手。中国共产党始终重视维护青年利益、促进青年发展。党的十八大以来，习近平总书记从党和国家事业后继有人的战略高度关注和重视青年发展，亲自指导制定新中国历史上第一部国家级青年发展规划，将青年发展工作摆在党治国理政的全局中谋划推进。目前，《规划》实施的"四梁八柱"基本建成，进入纵深实施、政策落地的关键期。青年在就业、教育、住房、婚恋、育幼等方面的操心事、烦心事,在城市更为集中、显性。开展青年发展型城市建设,推动城市出台含金量更高、普惠性更强的政策成果,优先解决青年发展的"急难愁盼",将有利于进一步健全《规划》实施机制,推动《规划》各项具体任务落地落实,把党的青年工作的制度优势转化为实实在在的政策效能,把党的温暖充分传递给青年。

（3）建设青年发展型城市贯彻"人民城市人民建,人民城市为人民"重要理念。习近平总书记在 2019 年 11 月考察上海期间首次提出"人民城市"重要理念。青年发展型城市建设以服务青年高质量发展为出发点,倡导"城市对青年更友好",在促进青年优先、积极、均衡发展中,不断增强青年在城市中的获得感、幸福感、安全感,帮助青年更好成长为党和人民事业发展的生力军。青年发展型城市建设以助力城市高质量发展为落脚点,倡导"青年在城市更有为",组织动员广大青年投身经济实践、履行社会责任、肩负历史使命,在推动城市发展的同时获得出彩机会、实现人生价值。

（4）建设青年发展型城市以聚焦城市促进青年高质量发展、青年建功城市高质量发展为主要任务。青年发展型城市建设,根本在青年、关键在发展。从青年视角完善城市管理和区域规划,让城市发展的青年气息更浓、标识更强,通过提供丰富的工作机会、完善多样的社会服务、塑造有趣的人文环境等,来吸引和凝聚世界各地青年人才和创意人群,这是美国旧金山湾区、日本东京湾区等全球城市群建设的普遍经验。贯彻新发展理念、借鉴国际经验,我国青年发展型城市建设的主要任务是着力优化规划、教育、就业、居住、（婚育）生活、健康、安全等七大环境,组织动员青年引领城市文明风尚、投身创新创业热潮、立足岗位建功立业、有序参与社会治理、助推生活品质提升。

（5）建设青年发展型城市以党管青年为原则,倡导积极优先发展,为世界城市发展提供中国方案。我国青年发展型城市建设的最大优势在于坚持党管青年原则。党的领导是青年发展的最大资源和依靠,贯穿青年发展型城市建设和《规划》实施全过程,确保青年发展工作的正确政治方向,有力防范化解青年发展领域的重大风险。我国青年发展型城市建设的重要原则是尊重青年主体地位、倡导积极优先发展理念。注重站在青年立场考虑问题,让青年成为城市发展的主体、主人,在更充分保障受教育权、生命权、生存权、劳动权、居住权等发展性权益同时,激发青年担当作为、努力奋斗。我国青年发展型城市建设的主要特色是政策牵引、各方协同。构建并完善"党委领导,政府、群团组织、社会等各方面协同施策"的青年工作格局,推动建立城市资源支持青年优先发展、青年发展助力城市建设的双向赋能机制,补齐政策短板、完善政策体系,实现青年发展的整体性、协同性、衔接性和连贯性。

（四）青年发展型城市建设试点和县域试点的实践探索

2022年6月,45个城市成为青年发展型城市建设试点,其中,既有沿海发达地区又有中西部省份,覆盖了副省级城市、省会城市、地级市和直辖市的市辖区,另有99个县域成为县域试点。上海、成都、深圳、宁波等在落实《规划》过程中已因地制宜地开展了青年友好型城市、青年发展型城市、青年创新型城市、青年成长型城市等探索。每个城市都有不同的资源禀赋和发展特点,青年发展型城市建设既需要顶层设计,也需要从实际出发,鼓励地方创新。推动不同城市开展差别化探索,努力形成百花齐放、百舸争流的工作局面,从而不断丰富促进青年发展的普惠政策和实事项目,最大程度发挥青年发展型城市的内在优势和持久潜能,让这一城市发展方式充满生机。

1. 上海市金山区

工作概况。上海市金山区以促进青年高质量发展、建功城市高质量发展为主线,依托金山作为"上海制造"品牌的重要承载区、实施乡村振兴战略的先行区和长三角高质量一体化发展桥头堡的门户作用,打造"上海湾区·青历青为"工作品牌,推动金山成为虹桥国际开放枢纽南向拓展带重要节点和上海南部经济发展新的增长极,建设活力、美丽、幸福的上海湾区"青年创新之城"。

实施过程。积极构建"1+5+5"青年工作格局。"1"是依托一个青年工作联席会议机制,坚持党管青年,将试点工作纳入2021年区委区政府重点工作任务、区委督查任务,编制并发布《金山区青少年发展"十四五"规划(2021—2025)》。"5"是指大力推动"上海湾区·青历青为"金山区五类青年发展政策(2021版)文件出台,针对试航、启航、引航、巡航、护航五项计划,出台、深化涉及青年发展的政策文件24个,构建人才"全链条"发展模式。另一个"5"是指重点推进"上海湾区·青历青为"服务青年发展五大工程,围绕成长赋能工程、思想领航工程、健康提升工程、参与引领工程、维权保障工程,形成项目清单,推进15个项目落实落地。在运行机制方面,打造104家青年之家"1+11+X"布局的平台阵地,探索青少年发展数据和服务事项接入"一网统管""一网通办"的数字化转型机制。

方法规律。上海市金山区持续深化青年工作联席会议制度,不断完善党委领导、政府主责、共青团协调、各方齐抓共管青年事务的机制安排,区委副书记、区政府副区长担任联席会议主任,联席会议成员单位扩充至45家单位,进一步整合资源,凝聚各方力量,努力实现"金山对青年更友好,青年在金山更有为"。

2. 四川省成都市

工作概况。成都市委高度重视青年发展,将青年发展规划写入《成都市国民经济和社会发展第十四个五年规划和二〇三五年远景目标纲要》,将"建设青年友好城市"纳入"爱成都·迎大运"共建共治共享七大行动,推动青年创新创业就业筑梦工程成为幸福美好生活十大工程的重要内容,提升对海内外优秀青年的吸附力、感召力,实现"成都对青年发展更友好、青年对成都建设更有为"目标。

实施过程。共青团成都市委创新拟定实施细化方案,构建6大板块,55个工作项目,从2020年至2021年集中实施,分阶段分步骤有序推进,旨在推动成都青年城市认同度、城市宜业性、青年互联度、城市创造性、城市公益性、城市国际性等的进一步提升。具体包括着力凝聚青年共识、丰富青年社交场景、加强青年就业服务、加大青年创业帮扶、加强青年志愿服务、塑造青年友好城市国际形象6项主要内容。

方法规律。成都在"建设青年友好型城市"过程中坚持党的全面领导,融入城市发展大局,注重激活建设青年发展型城市的原生动力,夯实团的基层基础,鼓励各级团组织结合各自的区域、行业与青年特点制定落实方案,因地制宜创造性地推进工作、抓实项目、开展活动,动员和引领广大青年建功城市建设,为建设青年发展型城市提供可靠支撑。注重把握举办"世界大学生运动会"这一契机,把重大社会公共活动与青年发展有机结合,既为青年发展创造更多的发展机遇和发展空间,又在促进青年发展中拓展青年群体的社会舞台、提升青年群体的社会价值。

4.1.6　四川成都青年友好城市

3. 广东省深圳市

工作概况。深圳市委市政府高度重视青年发展工作,将推动青年发展型城市建设工作写入深圳市"十四五"规划纲要,出台《深圳青年发展规划(2020—2025)》《深圳市青年发展型城市建设试点实施方案》,以"深圳对青年更友好,青年在深圳更有为"为发展愿景,通过制度支撑、试点先行、健全青年民生保障体系、打造城市名片等方法,促进青年与城市融合发展、共同进步。

实施过程。深圳为落实落细《规划》,青少年工作党政联席会议成员单位和相关职能部门制定具体实施方案。团深圳市委积极研究"建设青年发展型城市评价体系",充分发挥南山区和宝安区试点作用,将"青年人才"和"青年交流与合作"单独列出,突出粤港澳大湾区、深圳先行示范区"双区"建设中的青年力量,建立常态化深港澳青年组织合作机制,探索建设大湾区青年社会组织总部基地,加强青年社会融入,推出"前海20条""青春战疫"行动,升级"志愿者之城4.0",进一步夯实志愿服务。

方法规律。"青年发展型城市"的三条经验是:整体谋划,通过政策重视、制度保障和试点先行,强化青年发展顶层设计;聚焦民生,构建青年民生保障体系,主动化解青年民生痛点,在青年教育、住房、就业、就业、创新创业、权益保障等方面出台有针对性的保障服务;打造名片,深圳将继续围绕青年梦想之城、青年首善之城、青年首选之城、青年友好之城、青年幸福之城等五大战略定位,结合城市特色实际,持续推进青年发展城市建设,打造独有的城市名片。

4.1.7　深圳青年发展型城市

4. 浙江省宁波市北仑区

工作概况。"青年北仑"是浙江省宁波市北仑区于2019年作为全国中长期青年发展规划实施试点区提出的计划。北仑区聚焦青年需求保障,"让青年与城市共成长",制定出台青年发展10大工程,包括青年安居房、青年广场、青年体育公园、青年智创园、青年艺术馆、青年发展智库、青年红色基因传承基地、青年励志拓展基地、青年影视体验基地、青年综合服务平台工程。

实施过程。"青年北仑"在制定和实施的过程以"让青年获利"为主题,同时降低准入门槛,不断加大服务力度。随后又推出2.0版本,出台制定《北仑区促进青年与产业协同发展的实施意见》,支持青年创新创业就业。2021年8月2日,北仑区又推出《北仑区促进自贸区青年集聚发展的若干意见》。该政策给浙江自贸试验区宁波片区工作的海内外青年提供安居支持、医疗保障等十方面的内容,为广大海外青年提供了住房、医疗、就业、创业等方面的全方位保障,被称为3.0版政策。同时,北仑区还推出了促进青年工作生活一体化便利化的"青年卡",让当地团组织有了通过互联网直接接触三十多万青年的可能。

方法规律。北仑区不断构建齐抓共管的工作格局,优化数字赋能的信息生态,狠抓就业创业的发展之本,打造青年安居的亮点特色,让青年工作更加精准、科学、有温度。在相关政策考量上,也充分注重当下与长远的有机对接和融合,同时非常强调政策的引领性、吸引力和可操作性。在"青年北仑"的建设过程中,当地将各种政策拧成一股绳,集中力量为青年谋福利。"使青年获利,城市也得到发展",真正实现青年与城市同向发力,共同发展。

4.1.8　浙江宁波北仑区青年北仑

第二节　推动青年发展规划纵深实施

《中长期青年发展规划(2016—2025年)》(下称《规划》)是新时代促进和维护青年发展权益的战略安排。共青团要以纵深推动《规划》落实为统揽,熟练掌握文本编制、联席会议、统计监测、青年参与和重点项目等部署要求和实务工具,强化服务意识、提升服务能力、加强服务效果,更好满足最广大的工农青年和普通青年群体的发展需求,让广大青年真切感受到党的关爱就在身边、关怀就在眼前。

一、青年发展规划文本编制

（一）制定编制方案

规划作为公共政策,其编制过程应遵守政策制定规范流程,其文本应符合政策文本的标准化要求和相应的格式规范。制定编制方案包括:

1. 规划编制周期

规划既可以和国家规划、省级规划保持一致,以10年为期编制中长期规划;也可以与地方经济社会发展五年规划保持一致,以5年为期编制"十四五"规划。

2. 编制方案的主要内容

以上海为例,内容包括:规划名称,规划期限,编制依据(政策依据、制度依据、理论依据),编制的必要性(意义),规划主要内容及框架、牵头和参与部门、进度安排、联系人及联系方式、建议审定发布方式等。

3. 规划编制一般流程

包括:研究论证、制定编制方案、编制规划草案、征求各方意见并修改文本、报送相关政府部门、审定印发等流程。

（二）规划文本框架

规划文本通常包括以下六个部分:青年发展的背景和趋势、指导思想和总体目标(含核心指标)、任务与举措、重点项目、保障措施和附件。

1. 青年发展的背景和趋势

一是对青年的年龄范围进行界定,如:本规划所称"XX市青年",为本市14—35周岁常住人口。再根据统计局的最新数据,对当地青年的人口学特征进行描述。二是对前一轮规划期间当地青年发展的主要成就进行梳理。三是从国内外环境、当地环境等角度对青年发展背景进

4.2.1　上海市青少年发展规划编制流程图;上海市区级青少年发展规划编制流程图

行分析。四是对当地青年发展中面临的瓶颈性问题进行分析。

2. 指导思想和总体目标

指导思想以习近平新时代中国特色社会主义思想、党和国家重要会议文件精神为指导,以"党管青年"为原则,围绕当地经济社会发展和青年发展的主题进行梳理。总体目标以规划期末对当地青年发展的目标要求进行撰写。为评估总体目标的落实情况,设立核心指标予以跟踪监测。核心指标通常在结合当地青年发展实际情况和发展趋势基础上,聚焦核心领域,遵循科学性、合理性原则提炼而成。

3. 任务与举措

根据指导思想和总体目标,围绕不同领域的发展目标和核心指标,依据问题导向、需求导向、效果导向原则,结合当地经济社会发展实际状况和当地青年发展阶段特征,针对青年发展的突出问题和瓶颈困难,按一定发展逻辑归纳、提炼若干项主要任务举措。编制中要注重软硬结合、实用管用,强化各项任务的可操作性。尤其要围绕各主要任务,明确一批具有示范带动意义的相关举措和项目等。

任务举措要与上一级规划的任务举措相衔接、相对应,也要注重自身特色。例如,国家规划将青年就业创业列为十大发展领域,浙江省规划则结合当地实际情况,重点关注了青年创业。另外,任务举措要比上一级规划更具体明晰。例如,《滦州市青年发展规划(2020—2025年)》与国家、省级规划一脉相承,内容方面结合滦州实际进行了简化、细化、具体化,着力体现县域规划与国家、省级规划的区别,更有针对性和操作性,彰显地方特色。

4. 重点项目

重点项目是落实规划目标和指标实现的抓手,往往是作用重要、论证充分、条件成熟、青年感受度较高的工作项目。重点项目应兼顾战略性和实操性,具有明确的目标、载体和路径,聚焦特定的群体,并具备资金保障,且可以评估和考察。

重点事项的来源主要有三个渠道:一是向联席会议成员单位征集而得,成员单位会提供部分重点工作事项,希望借助联席会议之力共同推进落实;二是优质工作项目的延续,例如上海的小学生爱心暑托班连续两轮规划均列入重点事项;三是共青团自身服务青少年工作的突出体现。从内容上看,重点事项原则上应当覆盖任务举措的主要方面,解决青少年发展的核心问题,关注青少年生活中的"急难愁盼",牵头单位和参与单位都能切实负起责任。

5. 保障措施

一般包括组织保障、资源保障、实施保障等内容。

组织保障：加强顶层设计，以青年发展规划统领相关青年工作；充分发挥青年工作联席会议优势作用，加强青年发展规划实施的组织领导；建立健全共青团协助政府管理青年事务的工作制度等。

资源保障：加强青年工作队伍建设；加强青年相关数据的收集、统计、分析和共享；加强青年发展问题、青年工作理论研究等。

实施保障：加强青年发展规划的宣传力度；加强支持青年发展的财政保障；加强青年发展规划的实施评估和动态管理等。

6. 附件

通常包括除核心指标外的其他指标，以及对规划文本涉及的专业名词的解释。

二、建立健全青年工作联席会议

《规划》明确规定：在党中央统一领导下，设立推动《规划》落实的部际联席会议机制，由中央领导同志担任召集人，共青团中央具体承担协调、督促职责；县级以上党委和政府建立青年工作联席会议机制，负责推动《规划》在当地的落实。青年工作联席会议在各级党委领导下，通过一套组织体系、四项工作机制，积极推动《规划》落地见效。

（一）组织体系

青年工作联席会议制度主要功能包括三方面：一是构建共青团承接政府青年事务宏观管理职能平台；二是整合青年工作资源，统筹落实青年社会政策与服务项目；三是促进构建科学化、专业化、系统化的青年工作体系。青年工作联席会议制度首创于2002年的上海，以上海为例（组织架构详见图4.1）：上海市青年工作联席会议受市委、市政府直接领导，主任由分管青年工作的市委领导、市政府联系青年工作的副市长兼任，副主任由市委、市政府联系青年工作的副秘书长兼任。市级联席会议办公室设在团上海市委（区级联席会议办公室设在团各区委），主要负责落实主任、副主任交办的各项任务并负责联系联席会议的日常事务，办公室主任由团上海市委书记兼任。联席会议各成员单位分管或联系青年工作的领导同志为联席会议成员，各单位相关部门的负责同志为联络员。2016年，上海为进一步推动全市青少年发展状况的指标监测专业研究，成立上海市青年工作联席会议监测统计专门工作小组。

（二）工作机制

为了进一步丰富、优化联席会议制度建设和机制运行，在实践中逐渐形成了会议、监测、简报、督查四项较为成熟的制度。

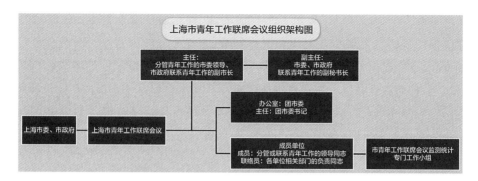

图 4.1　上海市青年工作联席会议组织架构图

图片来源：《青年发展规划工作指导手册（2021 年）》

4.2.2　青年工作联席会议办公室、成员单位、成员及联络员的工作职责及工作要求

4.2.3　关于协助做好XXX青年工作联席会议全体成员单位名称及基本职责确认的函

1. 会议制度

旨在进一步加强青年工作，促进青年发展，加强部门之间的协调与配合，整合各方力量，切实解决青年重点问题，提高青年工作的能力与水平。一般以党办和政府办名义印发联席会议制度，或直接作为党委和政府印发规划的附件。青年工作联席会议由全体会议、专题会议、联络员会议组成，遵循特定的议事协调程序。

4.2.4　青年工作联席会议全体会议、专题会议、联络员会议议题、出席范围及议事协调程序

4.2.5　《中长期青年发展规划（2016—2025 年）》统计监测工作方案文件

2. 监测制度

旨在反映青少年生存发展的状况和趋势。监测主体为各级青年工作联席会

议办公室。监测要求：① 准确。数据能准确、真实地反映本系统（地区）青少年发展的状况。② 科学。科学分析能科学、客观地反映本市青少年发展状况的变化，并能提出干预措施和有效对策。③ 及时。要按规定做好各项指标统计监测，按时报送数据。监测成果应用有：① 联席会议办公室根据年度指标监测情况和年度重点指标调研情况，适时召开专题会议商议对策。② 将指标调研报告集中汇编成册，并以内参、论文、新闻报道或工作建议等形式予以上报、推荐或使用。

3. 简报制度

为进一步做好联席会议的日常宣传信息工作，大力推动各成员单位形成合力，积极参与和支持青少年工作，制定并执行简报制度。简报内容为：① 与青年发展有关的重大事项，如领导讲话、重要会议、精神等；② 联席会议各项制度的建

4.2.6 部际联席会议
简报第 8 期

设情况；③ 各成员单位落实规划所开展的青年工作，勿以本单位机关团委工作替代落实规划的任务分工；④ 青年发展规划中的实事项目、指标数据落实情况；⑤ 青年问题研究中具有前沿性、典型性的科研成果；⑥ 其他与青年发展规划有关的各项工作。报送范围为联席会议召集人、副召集人，成员单位成员、联络员，上级团委相关领导和部门（可抄送下一级相关部门）。编写周期一般每季度至少 1 期，必要时可以酌情加期。

4. 督促制度

旨在确保联席会议各项决策和青年发展规划的贯彻落实，设立相应制度督促成员单位明确职责范围与目标责任，提高办事效率，保证目标任务完成。督促内容包括：① 联席会议要求落实的重要事项；② 联席会议要求贯彻实施或落实回复的事项；③ 会议重要发文、重大决定事项的贯彻执行情况；④ 上级主管部门及其他有关部门要求贯彻执行或回复的事项；⑤ 联席会议召集人指示、交办的其他事项。督促方式含：① 专项督促。对会议的重大决策、重要工作部署或领导批示、交办的事项，进行专项督促检查。② 跟踪督促。对会议的具体决策或工作，从初始就要进行连续督促、检查、监督、反馈，随时为领导提供动态的督查信息，直至全过程办结。③ 联合督导。对涉及面广、涉及部门多、情况复杂的事项，应发挥综合协调作用，组织相关部门共同督导检查。④ 现场督导。对一些重要事项，进行现场督导。

（三）共青团协调督促的经验做法

以上海共青团为例，梳理总结在推进青年发展规划纵深实施过程中，共青团承担协调督促职责的典型经验。

1. 信息共享

背景要求。在规划编制过程中,青年工作联席会议各成员单位之间需要充分沟通、共享信息,从而更好地掌握青年发展状况和青年工作情况,研究提出有系统性、针对性、科学性的青年发展规划,确定青年政策项目的基本思路和工作安排,协调组织和督查各成员单位落实工作。

特色做法。开展青年发展状况指标监测体系意见征求工作。一方面,以发函形式征求成员单位和规划专家咨询委员会的意见和建议。在规划编制过程中,可以进行多轮意见征询。联席会议各成员单位和专委会各位专家要有在各自领域丰富、专业的青年工作经验。在这一范围内进行意见征询符合联席会议"联结各方力量和资源,共同关心和支持青少年发展"的工作方针。另一方面,推动青年参与,增强青年参与感、提升规划友好度。

开展青年发展实事项目工作。为把规划中的任务与举措落到实处,更好地对青年开展教育引导和服务工作,在规划编制过程中,向青年工作联席会议各成员单位征集以青年为对象或与青年有关的实事项目。各成员单位可以申报已初步列入或计划列入本系统的规划,或者通过联席会议协调形成青年工作项目。

2. 专题会商

背景要求。联席会议成员单位均为平行关系,无层级区分。各成员单位虽都积极关心、大力支持青年工作和青少年发展事业,但是"术业有专攻",不同成员单位所处条线和具体职能都不尽相同。对于一些专业性、指向性较明显的青少年发展重大问题,联席会议在解决时容易导致资源聚合针对性不够强的情况。同时,青少年需求日趋多元,青少年问题纷繁复杂,难以靠一家之力加以解决。形成专门工作小组来推进相关工作很有必要。

特色做法。在青年工作联席会议制度框架内成立专门工作小组,抓住青少年发展的核心议题,联合职能分工领域相近的成员单位共同协作、系统施策。专门工作小组一般由联席会议办公室牵头发起成立。前期需要通过口头沟通或书面征求意见的方式,提请专门工作小组的成员单位充分交换意见。专门工作小组的成立方案中一般需列明本小组的组织架构(区分召集人和成员)、职责任务和工作机制。若相关成员单位无异议,待联席会议办公室以文件形式将此专门工作小组确定后,即需按照方案内容开展工作。专门工作小组成员单位职能相近,可以实现同类资源的叠加,因此,专题讨论和议事协商能极大提高问题解决的效率、精准度和专业水平。

3. 联合调研

背景要求。第一,课题调研有助于各有关方面深入了解青少年的新变化、新特点和新需求,对青少年发展趋势进行研判,找准下一步工作的发力点。第二,加强数据应用、做深青年研究不仅有助于改善工作效果、强化对青少年发展问题和发展趋势的研判,更有助于提升青年工作的水平。

特色做法。研究选题的来源主要有以下渠道:一是从青少年发展状况指标监测结果所反映的突出问题里发掘选题;二是成员单位自主申报;三是承接上级要求的研究课题。课题开题时,联席会议办公室下发通知;结题时,各课题牵头单位向联席会议办公室报送课题成果,由联席会议办公室总结存档,加强青年政策动态谋划。开展课题研究已成为上海青年工作联席会议的优良传统,多年课题研究过程中涌现了青年人才、住房保障、早餐工程等工作研究优秀成果,为市委、市政府了解青少年发展状况、作出决策提供了重要参考。

三、青年发展统计监测及评估

监测评估是监督规划执行、促进规划完善、提升规划效果的有效工具。《规划》明确提出要建立规划实施情况监测评估机制。通过开展定期监测评估,运用量化的指标数据、评价结果等反馈信息,全面、客观、及时了解和把握青年发展的总体状况、发展趋势,找准存在问题与发展差距,提出改进规划实施的建议与措施,为推动规划落实奠定坚实基础,为实现青年高质量发展提供决策依据。

(一)青年发展统计监测

1. 构建监测指标体系

国家《规划》依据总体目标,统计监测指标体系包括 6 项核心指标和 20 项重要指标。指标体系反映了青年在思想道德、教育、健康、婚恋、就业创业、文化、社会融入与社会参与、维权、预防犯罪、社会保障等十大领域的发展状况。各地区可参照国家、本省(市)青年发展指标体系,结合本地社会经济发展实际和青年发展阶段特征,形成本地区青年发展指标体系。例如,上海青少年发展状况指标体系会根据青少年发展和青年工作的具体实际不断更新,"十四五"时期的指标体系包括人口与基础信息、价值体系、核心能力、社会环境等 4 个维度、十大领域,共有15 个核心指标、78 个一级指标和 92 个二级指标。

2. 规范统计监测制度

(1)设立统计监测组。依托青年工作联席会议制度,成立规划统计监测工作组。工作组一般由各级团委和统计局牵头,指标涉及的相关部门共同组成,亦可吸收地方高校或研究机构专家加入统计监测工作组。工作组一般实行双组长制:组长由各级团委和统计局相关部门主要负责同志担

4.2.7　统计监测组工作职责及工作制度

任,副组长由分管负责同志担任。成员由统计监测指标涉及的各相应部门负责同志担任,也可根据实际情况进行调整。

（2）实施统计监测。各相关部门和成员单位根据统计监测工作方案相关要求,在规定时间前,将规划统计监测指标体系中设定的各地区青年发展各领域年度数据和历史数据报送至青年工作联席会议办公室。具体包括:① 有关成员单位按照实际监测情况,每年度由联络员定期向联席会议办公室上报数据。对照《XXX 青少年发展状况指标监测体系》(含指标名称、计算公式、计量单位、数据来源等),提供相应年度的指标监测数据。② 有关成员单位在规划中期、期末上报有关监测数据,形成《XXX 青少年发展状况指标监测报告》。③ 联席会议办公室按照年度工作重点,每年选取若干监测指标设计相应调研课题,由相关成员单位牵头进行动态监测和深入研究,形成调研报告。

3. 促进统计监测数字化转型

近年来,经济社会发展"数字化转型"步伐加快,指标监测工作数字化进程随之加速。例如,上海市青年工作联席会议办公室与市场化机构对接合作,建立上海市青少年发展状况指标监测平台,通过跨部门、跨领域地共享青少年发展大数据,来破除指标获取壁垒,推动指标监测科学化、规范化、标准化,提升青年工作中青少年各项数据指标的实时更新、共建共享、精确分析能力,加强监测成果向政策、项目的转化,通过数据分析发挥"现状描述""趋势预判""功能预警"等功能。

（二）青年发展规划项目评估

1. 内容方法

针对规划中青年发展各领域所提出的任务举措、重点项目、保障措施,以及工作实施等情况进行综合评估,掌握规划实施的进度与成效,分析存在的问题与原因,并结合地方青年发展状况和青年工作开展实际情况等,为后续工作的开展提供有效指导与改进建议。方法上遵循定性评估与定量评估相结合的原则,在有效获取各项主客观数据的基础上,做到价值分析与事实分析并重。定量分析的具体方法包括统计报表、问卷调查、量表施测等;定性分析的方法,包括价值分析、专家咨询、深度访谈、案例分析等。一般包括中期评估和终期评估,也可根据实际情况开展年度评估。中期评估一般于五年期(十年期)规划实施的第三年(第五年)开展,主要强化年度监测结果的反馈应用。终期评估一般于规划实施的最后一年开展,结果作为下一个规划期规划编制工作的参考。

2. 评估主体

评估主体必须确保公正性、独立性和专业性。评估工作以自评与他评相结合的方式开展,在自评基础上,鼓励采用以第三方评估为主导、多元主体共同参与的评估模式。评估机构可选择立场中立的第三方专业机构或智库等为主体来执行。同时,从提高规划的科学化和专业化出发,过程中还应由多元主体共同参与。规划制订与执行方对规划制订的背景、瓶颈问题、发展举措设定缘由、实施过程等相关信息更为熟悉。规划的目标群体、相关方对规划的实施成效等有更深切的体会。相关社会组织、机构、专业领域专家、工作者能从各自的工作和专业背景出发,对规划中的问题提出更深刻的见解,为评估工作提供专业性、建设性意见。

3. 评估实施

按照评估工作相关要求,依托青年工作联席会议,组织开展规划的各项评估工作。评估过程中,各有关部门应加强对所属各级条线部门的指导和协调,联动开展各项评估工作,具体包括:一是各成员单位对照《〈XXX青少年发展"XXX"规划〉任务分解表》明确的任务分工,围绕各自主要目标和任务,提交规划中期自评估报告,梳理并提供规划实施至今本部门、本地区开展的以青少年为对象或与青少年有关的主要工作情况。如有在指标体系之外有可以支持工作成效的分析数据和评估结果,也可一并提供。二是各成员单位对本部门、本地区在《〈XXX青少年发展"XXX"规划〉任务分解表》中的目标和任务分工的期末完成情况作出预判。如不能完成要进行说明。三是各成员单位按照要求认真填写《〈XXX青少年发展"XXX"规划〉中期评估信息反馈表》,并于指定日期之前报送至联席会议办公室。

4.2.8 关于开展《〈XXX 青少年发展"XXX"规划〉中期/期末监测评估工作的通知、《XXX 青少年发展"XXX"规划》中期评估信息反馈表、《XXX 青年发展"XXX"规划》任务分解表

(三) 青年发展监测评估报告撰写

评估报告主要结合规划实施期间内外部环境的变化与要求,分析规划的实施进展情况及存在问题,及时总结经验,深入剖析原因,进一步制定和调整促进青年发展政策措施,推动规划最终实现。中期/终期评估报告主要包括规划实施情况、主要措施、主要成效和经验、存在困难与瓶颈问题,以及完成规划既定目标(或对下一规划期编制工作)的考虑和安排。具体包括:① 青少年发展"XXX"规划相关工作实施情况。包括工作的进度执行、指标完成情况和各项目任务进展情况等。② 主要措施。包括规划实施过程中已经采取的各项举措情况。对于示范性、代表性的重大举措、重大改革、重要政策可进一步说明。③ 主要成效和经验。包括总结梳理规划实施至今所取得的阶段性成效和主要经验。如有在指标体系之外可以支持工作成效的分析数据和评估结果,也可一并提供。④ 存在困难和

瓶颈问题。对照既定目标和任务,发现短板和瓶颈问题,可以考虑通过问卷调查、第三方数据研究、兄弟省市对标等方式来反映。⑤ 完成"XXX"规划既定目标/对下一规划期编制工作的考虑和安排。针对性地提出下一步工作举措,进行下阶段工作安排,如不能完成要进行说明。

四、动员青年参与发展规划

动员引导青少年积极参与发展规划,是制定和实施规划的重要方式,有助于倾听和反映青年利益表达的声音和诉求。以上海为例,为贯彻"开门编规划""青年规划青年编"的工作理念,上海从 2015 年启动编制《上海市青少年发展"十三五"规划》起,成立上海青年汇智团,广泛听取和收集青少年对规划的建议和想法,吸引了一批对公共事务有极高参与热情,愿意为青少年自身发展和城市美好未来建言献策的青少年加入其中。

(一)提高青年参与发展规划的意识和能力

1. 激发青年积极参与的热情

为鼓励青年积极参与到规划编制实施的全过程中,增强广大青年的参与意识和主体感受,上海青年汇智团项目通过各类新媒体平台,面向社会发布招募公告,接受公开报名,以社会化招募方式激发青年参与发展规划的主人翁意识。

青年汇智团学员产生办法如下:

初审:根据报名表提交的相关情况,综合学习学历背景、职业生活、社会参与意愿等各方面的情况,产生面谈人选,分批组织参加见面会。

见面会:利用工作日晚上和双休日举办多场汇智团见面会,设定主题,报名者每人用 3—5 分钟进行观点表述和畅想。

综合评定:结合初审、见面会情况,经综合考评确定青年汇智团成员名单。

4.2.9　青年汇智团面试评分表

2. 提高青年参与发展规划的能力

参与式培训提升建言能力。通过组织青年开展调研培训、项目考察、社会实践等活动,使学员们在了解掌握社情民意的基础上,围绕青年发展过程中面临的痛点、难点问题进行深入分析。在与党政工作者、专家学者、青年代表面对面对话、交流和研讨过程中,获得对现实政治的真实感受,并通过这种内心体验形成参与认识,进而转化为建言行为。

项目化报告提高研判能力。从实际出发,坚持问题导向,在发现问题、分析问题和解决问题的过程中增强调查研究本领,并通过项目化报告方式呈现。

多元化实践丰富政策体验。引导青年与党政部门、专家、各界青年代表就规划重点工作项目进行协商,进一步论证拟纳入规划的相关重点工作项目的必要性和可行性。同时,组织青年代表深度参与各级团委年度重点项目组活动,赴有代表性的单位、空间、地标如青年服务项目阵地,有代表性的建设项目、民生项目,以及知名企业、青创基地等现场去体验和感悟社会生活和政策生态。

（二）扩大青年参与发展规划的路径与效能

（1）在协商会议中献计献策。各级团组织要利用好各级协商会议,进一步发挥桥梁纽带作用、做好协商代言工作,同青年协商交流、凝聚共识,通过调研、发言、交流等途径鼓励人大代表和团青界别委员进一步了解青年的想法和困难,与年轻人多交流,把青年人的想法和建议更多转化为代表和委员的议案,充分利用话语权提高社会关注度。委托人大代表、政协委员在全国和地方各级两会上提出促进青少年成长发展的议案、建议和提案。通过人大、政协等制度化渠道代表和反映青年利益诉求、维护青年发展性权益,推动相关工作开展,赢得青少年的信任,获得社会各界的认可。

（2）在团青工作中发挥主体作用。青年是团青工作的服务对象,更是工作力量。共青团要主动发现、凝聚一批关心青年事务、乐于议事惠民的民间"青年智库"和青年热心人,倾听、汇集广大青年心声、诉求和想法,为青年发展规划建言献策,为地区发展、青年成长贡献智慧和力量。

（3）在媒体传播中扩大社会影响。通过组织青年代表参与"市民与社会—与党政领导面对面"等广播电视节目等,让青年代表传递青年声音、发挥青年力量,扩大社会影响。

（4）转化青年参与发展规划的效能。让青年的"金点子"通过组织平台得以实践和探索,推动发展规划有效实施。上海在编制青少年发展"十三五"规划同时,组织青年代表围绕规划文本创作"青春众筹版",起到了很好的传播效果,深受青年喜爱。上海共青团面向全市青少年中招募写手及插画师,共同参与创作,以书画结合的形式,用青少年自己的表达方式呈现对青少年发展规划的理解与思考、感悟与期待,凝聚智慧,共同把规划编制好、实施好。

五、服务青年发展重点案例

（一）希望工程

1. 工作概况

"希望工程"是共青团中央、中国青少年发展基金会于 1989 年 10 月发起实施的社会公益事业,旨在改善贫困地区基础教育设施,救助贫困地区失学少年重返校园。截至 2021 年底,全国希望工程已累计接受捐款 194.2 亿元,资助家庭经济困难学生 662.6 万名,援建希望小学 20 878 所。

2. 实施过程

上海希望工程在全国抗洪救灾、抗击非典、抗雪救灾、抗震救灾、新冠疫情发生后第一时间伸出援助之手,特别关注和支持困难青少年。为加强青少年思想引领,上海市青少年发展基金会把希望工程教师上海培训基地建设打造成红色教育基地,举办先进人物展览,帮助青少年了解英模,传承红色基因,树立远大理想。为帮扶困难青少年,上海共青团于 2022 年发起了"春节 3 333 个微心愿"活动,由社会爱心人士在春节前帮助 3 333 位困难青少年实现他们许下的微心愿,让他们感受到来自党和社会的善意和温暖。

3. 方法规律

上海市希望工程始终以"提供上好学新助力,播种育好人新希望"为使命,贯彻全国希望工程工作推进会精神,执行落实好《关于大力推进新时代希望工程事业发展的若干意见》《新时代希望工程项目指引(2020—2035)》,在加强互联网公益建设、助力脱贫攻坚,推进"爱心助学"等老品牌项目基础上再出发,在加强青少年思想引领等方面继续加大马力,充分彰显新时代希望工程助学育人功能。

4.2.10　希望工程实施情况综述

(二)上海市爱心暑托班

1. 工作概况

"爱心暑托班"是上海共青团在市教委、市文明办等单位的支持下,于 2014 年针对上海小学生暑期"看护难"问题,牵头实施的公益性项目。截至 2021 年 7 月,共计 7 次开办暑托班(2020 年因疫情停办),累计办班 2 925 个,服务小学生 28 万人次,连续 8 年被评为上海市为民办实事项目。

2. 实施过程

在团上海市委牵头,各方力量协同下,暑托班已基本形成市级统筹、区级操作、街镇办班、学校支持、社会协同的工作模式,逐步探索出一套较为成熟的工作范式。在各方共同努力下,暑托班服务的覆盖面逐步拓宽,整合的资源日益丰富,惠及的家庭逐年增多,受到社会的肯定和学生家长的热捧。暑托班项目已经成为共青团体现政治功能、提升社会功能的重要助手和"金字招牌"。

3. 方法规律

上海市爱心暑托班项目经过多年的摸索,已经形成较为成熟的工作模式,一是在分层落实主体责任方面,首先由市级、区级、街道(乡镇)明确各自主体责任,然后由各级团组织勇挑重担,分级负责实施,最后由办班人员认真履行责任。二是在团建联建保障办班方面,通过团建联建等工作,盘活各类组织和场地资源,积极发动教育、公安、卫生疾控等方面的专业力量,共同构筑安全防线,广泛联合高校等各方面力量共同开发公益课程,整合多方力量共同参与寻访监督。三是建立统一规范操作模式,具体包括统一建章立制、统一安全防疫要求、统一搭建服务平台等方面。

4.2.11　上海爱心暑托班

（三）上海海外留学生全程服务计划

1. 工作概况

"海外留学生全程服务计划"是上海共青团于2019年针对新时代出国留学生面临的新情况和新问题推出的公益项目。该项目以"出国更爱国,留学要留根"为口号,秉持公益服务理念,由上海青少年国际交流中心协同各方具体实施,为广大留学生开展涵盖留学前、留学中以及留学后的全方位公益服务,旨在培养有中华情怀、国际视野的新一代青年人才。

2. 实施过程

上海共青团在前期深入细致调研的基础上,积极探索以服务为载体的思想政治引领新模式,构建全程服务体系,着力引导和帮助青少年留学生立志勤学、健康身心、学有所成、报效家国,承担起新时代的历史使命。在项目运作过程中,通过建立全方位培训体系,筑牢思想根基,建立海外中国留学生服务机制,实现"留学护航计划"实体化运行,整合各方资源,实施归国人才发展计划三大工作内容,不断增强广大留学生的爱国主义情怀,培育和凝聚优秀青年人才。

3. 方法规律

上海共青团充分发挥团的组织优势,积极整合社会各方资源,构建形成了与上海市委统战部、市教委、市外办,各区教育局和欧美同学会等单位协同合作的机制,与上海市侨联、欧美同学会、市回国留学人员服务中心、市外企青年人才协会等建立了战略合作模式,探索创建留学生界别,积极开辟赛道,为留学生更精准地做好引领和服务。

（四）江苏重点项目政策体系

1. 工作概况

重点项目政策体系是江苏于2019年围绕青年发展重点领域、聚焦重点群体,结合国家规划和地方实际,在认真调研青年需求基础上构建的一套富有地方特色的青年发展政策体系和工作机制。

2. 实施过程

江苏在确定思想道德、教育、健康等 10 个发展领域基础上,面向全省 13 个设区市 3.9 万名各类青年开展抽样分层调研,想青年之所想,急青年之所急,帮青年之所需,提出了包括青少年社会主义核心价值观引领工程等在内的 12 个重点项目。同时,细化"年初一份工作计划""年末一份工作总结""定期一次当面沟通""召开一次工作会议""推动一批政策出台"的工作要求,推进重点项目实施。

3. 方法规律

江苏将重点项目的运行作为推进规划实施的主抓手和突破口,依托青年工作联席会议,实现省市县三级横向协同和纵向联动,为纵深推进重点项目奠定了机制基础。同时,对外积极协调联动,对内压实工作责任,加强政策倡导,推动出台重点项目实施意见或方案,制定重点领域专项政策,针对重点项目实施过程中的关键环节和重要节点,细化设计针对性、特色化服务举措,构建服务青年长效机制,确保规划工作落地见效,初步建成服务青年成长发展的政策体系。

4.2.12 江苏省服务青年发展的重点项目政策体系

（五）广东首批青年民生实事项目

1. 工作概况

首批青年民生实事项目是广东中长期青年发展规划联席会议办公室聚焦中长期青年发展规划的重点领域,在广泛开展网上问卷调研、充分征求相关职能部门意见并深入论证的基础上,于 2020 年 9 月确定并经省级联席会议审议通过的 14 项重点项目。目前,项目实施效果显著。在联席会议办公室的积极倡导下,全省 21 个地市均将青年发展相关内容纳入市党代会报告,其中,12 个地市党代会报告明确提出建设"青年发展型/青年友好型城市"。

2. 实施过程

首批项目围绕青少年权益维护和社会救助服务平台建设、青年创新创业及就业促进、青少年活动和服务阵地建设、青年学子基层服务成长、乡村青少年健康成长服务、高校应届毕业生住房保障服务、新生代产业工人服务等七大领域,推出包括建设广东省 12355 青少年综合服务平台、出台《广东省青年创新创业促进条例》等在内的 14 项重点项目。广东在总结首批青年民生实事项目进展情况的基础上,于 2022 年 1 月接续推出第二批 5 项青年民生实事项目。

3. 方法规律

首批青年民生实事项目注重从政策层面创造更多机会,通过政策扶持解决

4.2.13　广东首批青年民生实事项目

青年成长中的难题,完善普惠性保障、推出导向性政策,让广大青年真正有获得感。这些政策聚焦青年最普遍、最核心的发展需求,坚持问题导向和结果导向原则,有针对性提出切实可行的深化推进措施,确保高质量推进青年民生工作。

第三节　维护青少年合法权益

代表和维护青少年合法权益,是共青团承担的重要职责,也是共青团发挥党和政府联系青年的桥梁和纽带作用的具体体现。共青团在维护青少年合法权益领域的经验做法及主要工作项目有:共青团与人大代表、政协委员面对面活动;12355青少年服务台;青少年维权岗等。新修订的《中华人民共和国预防未成年人犯罪法》和《中华人民共和国未成年人保护法》为预防未成年人犯罪、保护未成年人身心健康、保障未成年人合法权益提供了有力支持和法制保障。

一、维护青少年合法权益的总体要求及法律法规概览

(一)维护青少年合法权益的总体要求

随着全面依法治国深入推进,中国特色社会主义法治体系日益完善,为青少年发展提供了坚实的保障。刑法、未成年人保护法、预防未成年人犯罪法、反家庭暴力法等共同构建了保护青少年合法权益的法律屏障。代表和维护青少年合法权益、促进青少年健康成长,是共青团承担的重要职责,也是共青团发挥党和政府联系青年的桥梁和纽带作用的具体体现。共青团积极落实习近平总书记和党中央重要指示精神,围绕"凝聚青年、服务大局、当好桥梁、从严治团"改革整体部署,权益战线朝着构建"大权益"工作格局的改革方向,把工作对象从未成年人为主扩大到全体青少年,把工作领域从救济式权益保障拓展到促进青少年普遍性发展权益,做好青少年合法权益代言人,把维权建成凝聚青少年的坚强纽带。

预防未成年人违法犯罪是促进未成年人健康成长的底线要求,是平安中国建设的一项源头性、基础性工作,关系到亿万家庭的幸福安宁、社会和谐稳定和国家的长治久安。共青团要不断增强权益工作的政治功能和社会功能,主动在青少年领域法治建设中发挥作用,抓实预防青少年犯罪工作;丰富青少年协商代言工作内涵;提高维护青少年权益工作的专业化、组织化、科学化水平。

(二)相关法律法规概览

根据共青团在维护青少年合法权益和预防青少年犯罪领域的工作实际与实

践需要,对最新颁布的《中华人民共和国预防未成年人犯罪法》《中华人民共和国未成年人保护法》和国际通行的经典《儿童权利公约》进行梳理介绍,为做好相关工作提供参考。

1.《中华人民共和国预防未成年人犯罪法》概览

2020 年 12 月 26 日,第十三届全国人民代表大会常务委员会第二十四次会议通过新修订的《中华人民共和国预防未成年人犯罪法》(以下简称《预防犯罪法》),自 2021 年 6 月 1 日起实施。相较于旧法,新法从原来的八章 57 条扩展到七章 68 条,每一款条文都有不同程度的改动。此次修订充分与相关法律进行衔接,更好地促进了法律体系的完整性,进一步加强了社会主义法治建设,也为预防未成年人犯罪工作提供了有力的法制保障。《预防犯罪法》按照未成年人可能产生犯罪行为的全过程及犯罪后防止再犯的基本思路,分为预防犯罪的教育、不良行为的干预、严重不良行为的矫治和重新犯罪的预防四个递进层面,加之总则、法律责任和附则,共七章内容[①]:

第一章,总则。总则在整部法律中属于统领位置,明确了该法的立法目的、制定准则等关键内容。其中,第二条提出"坚持预防为主、提前干预"的指导思想,强调"对未成年人的不良行为和严重不良行为及时进行分级预防、干预和矫治"。

第二章,预防犯罪的教育。对家庭、教育行政部门、学校以及社会的相关职责明确了较多的刚性内容。具体表现在三个方面:第一,明确父母或其他监护人在预防未成年人犯罪教育中的直接责任;第二,强化教育行政部门及学校的义务与担当;第三,将各级政府及相关部门和更多群团组织纳入预防未成年人犯罪教育体系,同时,吸收社区社会组织的力量加入预防未成年人犯罪工作中。

第三章,对不良行为的干预。从原先的 20 条减少至 10 条。具体内容也多有变动,主要包括:第一,该章标题从对不良行为的"预防"变更为"干预",将预防重点放至罪错未成年人的教育矫治;第二,完善"不良行为"的内涵与外延;第三,以家校合作机制促进家庭与学校的沟通交流;第四,对情节轻微的"学生欺凌"行为可以适用相应的管理教育措施。

第四章,对严重不良行为的矫治。主要有三个方面的新变化,即对"严重不良行为"的定义、公安机关的矫治教育措施,以及专门学校与专门教育。

第五章,对重新犯罪的预防。引入社会调查、社会观护、合适成年人、社区矫正、安置帮教等概念及相应规定。此外,还明确提出人民检察院在未成年人重新

① 姚建龙,柳箫.《预防未成年人犯罪法》的修订及其进步与遗憾[J].少年儿童研究,2021(05):5-13.

4.3.1　《中华人民共和国预防未成年人犯罪法》

犯罪预防工作中要体现责任担当,依法行使检察权进行监督。

第六章,法律责任。对不能依法履行监护职责的实施严重不良行为的未成年人的父母或其他监护人,应当予以训诫,并可令其接受家庭教育指导。对在预防未成年人犯罪工作中滥用职权、玩忽职守、徇私舞弊的相关人员,依法给予处分。

第七章,附则。

2.《中华人民共和国未成年人保护法》概览

2020 年 10 月 17 日,第十三届全国人民代表大会常务委员会第二十二次会议通过新修订的《中华人民共和国未成年人保护法》(以下简称《未保法》),自 2021 年 6 月 1 日起实施。相较旧法,法律条文从 72 条增加到 132 条;将旧法"四大保护"增加为"六大保护"。

《未保法》分为总则、家庭保护、学校保护、社会保护、网络保护、政府保护、司法保护、法律责任和附则,共九章 132 条。

第一章,总则。对各专章起着引领的作用。此次 2020 年的修订中,"最有利于未成年人""国家亲权"等理念在总则均得到体现,重要机制、制度也得到了明确。新法规定了监护人和国家在未成年人监护职责中的法律关系,事实上确立了国家亲权原则。①

第二章,家庭保护。主要进行了三方面的修订:第一,细化了家庭监护职责,具体列举监护"正负清单",即监护人的十类应履之责与十一类禁止行为等;第二,完善委托照护制度;第三,新增离婚抚养权规定。

第三章,学校保护。通过细化和落实学校保护的主体责任,强化了学校在未成年人保护方面的作用。新增规定"学校应当建立未成年学生保护工作制度",在总体上对学校进行未成年人保护的顶层设计提出了要求。

第四章,社会保护。在此次修订中得到较大充实。对居(村)民委员会、新闻媒体、公共场所运营单位、营业性娱乐场所经营者等,均新增了不同程度的主体责任;拓展未成年人社会福利内容;加强公共场所安全保障等。

第五章,网络保护。这是此次修订增设的专章,从保障未成年人发展权的高度,明确了未成年人安全使用网络的权益,以防治网络风险为纲,发展和保护并重,着力建设清朗、洁净的网络环境。

---

① 姚建龙,陈子航.《未成年人保护法》的修订、进步与展望[J].青年探索,2021(05):5-17.

第六章,政府保护。主要通过以下三个方面加强了政府对未成年人保护的责任:第一,细化政府职责;第二,确立国家监护制度,明确了应当由民政部门临时监护的 7 种情形以及长期监护的 5 种情形;第三,增设密切接触未成年人行业从业查询及禁止制度。

第七章,司法保护。修订后在未成年人司法保护上更加全面、专业、细致,主要包括以下三个方面:第一,拓展了司法保护的外延,对司法保护进行了广义化理解,删除了原司法保护范围的一些限制;第二,加强司法机关专门化建设;第三,完善涉未成年人诉讼程序。

4.3.2 《中华人民共和国未成年人保护法》

第八、第九章,法律责任及附则。细化了法律职责以增强法律的刚性等。

3.《儿童权利公约》概览

《儿童权利公约》(以下简称《公约》)是全世界第一部有关保障儿童权利且具有法律约束力的国际性约定,于 1989 年 11 月 20 日第 44 届联合国大会第 25 号决议通过,1990 年 9 月 2 日在世界范围内生效。1991 年 12 月 29 日,第七届全国人民代表大会常务委员会第 23 次会议批准了《公约》。

《公约》包括序言、五十四条正文和三份《任择议定书》。正文包括三个部分,分别是"实体权利条款""实施程序条款"和"规定《公约》的签署、批准、生效、保留等事项的条款"。其中,公约的"实体权利条款"主要包括以下七方面内容:(1)"儿童"的定义。儿童系指 18 岁以下的任何人,除非对其适用之法律规定成年年龄少于 18 岁。(2)《公约》的基本原则。分别是非歧视原则,儿童最大利益原则,保障生命、存活和发展权原则,以及尊重儿童意见原则。(3)从生存权、发展权、受保护权和参与权等四方面规定了儿童享有的基本公民权利和自由。(4)保护儿童免于暴力之害。(5)对通过缔约国的法律或其他措施确保处于家庭环境和替代照料中的儿童权利得到保护等相关问题作出了明确的规定。(6)规定儿童在基本保健和医疗、教育、娱乐和文化等多领域享有广泛的经济、社会、文化权利。(7)规定对处于特别困境下的儿童给予特别保护措施。

4.3.3 《儿童权利公约》

二、青少年维权工作的经验做法

共青团在维护青少年合法权益领域的经验做法及主要工作项目有:共青团与人大代表、政协委员面对面活动,12355 青少年服务台,青少年维权岗等。同时,共青团不断培育社会化工作力量,助力青少年维权工作。

（一）共青团与人大代表、政协委员面对面活动

1. 工作背景

共青团与人大代表、政协委员面对面活动(以下简称"面对面"活动)是共青团践行全过程人民民主的具体体现,是发挥党联系青年的桥梁和纽带作用、参与社会主义协商民主建设的重要载体,是依托人大、政协制度化平台进行政策倡导和社会倡导的主要渠道。"面对面"活动在代表和维护青少年发展权益、引导青年有序政治参与方面取得了积极成效、发挥了重要作用。

2. 目标要求

工作定位进一步清晰,遵循育人规律、依托组织体系有序开展,通过助力青少年成长发展引领广大青少年不断增强政治认同、制度自信。

工作覆盖进一步广泛,省、市级团委做到全覆盖,具备条件的县级团委积极开展。

工作流程进一步规范,形成"倾听调研—凝聚共识—集中呼吁—跟踪落实"的工作闭环,推动活动制度化、常态化开展。

工作载体进一步完善,引导各级团组织结合实际探索创新,细化、丰富具体活动形式,积累一批可推广的经验做法。

工作成果进一步丰富,推动出台促进青年发展的普惠性政策和民生实事项目,引导青年实现有序政治参与。

社会影响进一步扩大,共青团作为青年权益代言人的社会形象更加鲜明。

"面对面"活动的主要工作原则有：强化政治要求、服务青年发展、突出政策导向、坚持系统观念。

3. 经验做法

"面对面"活动是共青团通过人大、政协和政府相关机制,积极组织引导青少年进行有序政治参与和广泛社会参与的有效途径之一。团中央和各级团组织通过"面对面"活动这一重要的沟通桥梁,委托人大代表、政协委员在全国和地方各级两会上提出反映青少年诉求、促进青少年成长发展的议案、建议和提案,推动相关工作开展。

"面对面"活动通过深入青少年群体倾听、调研,"两会"前与代表、委员研究形成建议或提案,会上发出集中呼吁,以及建议、提案的办理,解决实际问题,保障青少年的政治参与,获得了青少年的信任和社会的广泛认可。

4. 方法规律

在"面对面"活动中,要选好活动主题、深化倾听调研、丰富活动形式、提升活

动成效等。

1）选好活动主题

一是聚焦选题重点,紧扣"国之大者",从党和国家工作全局分析思考选题,注重体现党政关心、社会关注、青少年关切的紧密结合;二是拓宽选题渠道,多方面征集选题建议;三是丰富选题层次,团中央研究确定选题方向,省、市级团委结合本地实际细化选题,体现层级差异。

2）深化倾听调研

一是认真倾听青年心声;二是高质量开展主题调研;三是健全协同高效的调研机制。

3）丰富活动形式

一是组织"两会"集中活动;二是注重常态化开展活动,与关心青少年事务的人大代表、政协委员建立稳定联系,及时通报青年发展领域重点情况,创造条件经常性地组织联合调研和集体会商等。

4.3.4 《关于深化"共青团与人大代表、政协委员面对面"活动的意见》

4）提升活动成效

一是推动活动成果转化;二是扩大活动社会影响;三是形成团内协同联动。

（二）12355青少年服务台

1. 工作背景

12355青少年服务台是共青团主办,依托专业力量,协同职能部门,直接面向青少年提供成长咨询和权益服务的工作阵地,是各级团组织参与基层社会治理的有效载体。12355青少年服务台围绕"倾听心声、维护权益,专业服务、关爱成长",落实《中长期青年发展规划(2016—2025年)》工作部署,提升法律、心理核心服务功能,回应青少年亟待解决的成长烦恼和发展难题;坚持省域统筹、地市为主,争取党政支持、整合社会资源实现事业化发展,打造便捷、可靠、青少年信赖的专业服务平台。12355青少年服务台针对侵害未成年人权益的案件,实施"12355青少年维权行动",充分发挥维权律师、志愿心理咨询师、青少年事务社会工作者的作用,为青少年提供法律帮助、心理咨询、矛盾调处和困难救助等服务。

2. 目标要求

12355青少年服务台的主要目标和要求是:

（1）线上线下有效联动,强化核心功能和品牌优势,打造青少年身边便捷可及的服务窗口。

（2）全国范围内合理布局、整体活跃,形成层级分工明确、上下互联畅通的服务体系。

（3）稳定联系专家队伍、志愿者和志愿服务团队、社会组织和社工机构等，建设为共青团维护青少年权益工作提供社会支持的服务枢纽。

平台的主要工作原则有：坚持党领导下的团属阵地性质；坚持公益性、专业化发展模式；坚持依法依规运营和开展服务。

3. 经验做法

12355青少年服务台明确职责功能定位，发挥服务台的窗口功能和转介职能。对一般性法律、心理咨询，简单的直接答复，复杂的可安排面询、商谈。对困难问题的求助，根据工作流程，转介党政职能部门或团内其他部门妥善解决。对权益侵害个案，及时报告司法机关进行处理，必要时联动社工力量开展关爱帮扶。

服务台健全运转有序的工作体系，拓宽咨询接入渠道，规范服务处置流程，注重数据积累使用，树立标识品牌意识，稳妥拓展服务领域，积极参与基层治理。

4.3.5 《关于加强新时代12355青少年服务台建设的意见》《12355青少年服务台工作规范指南》

为了贯彻落实《关于加强新时代12355青少年服务台建设的意见》，切实提升各地12355青少年服务台规范化运作，团中央权益部在全面梳理各地服务台制度的基础上，选取核心内容编发《12355青少年服务台工作规范指南》（以下简称《指南》）。《指南》从咨询应答管理、个案管理、人员管理、职业伦理守则、保密管理、数据管理、应急管理等7个部分为各地服务台规范化运作提供基本指引。

（三）青少年维权岗

1. 工作背景

1998年11月，围绕贯彻落实党的十五大提出的依法治国、建设社会主义法治国家的精神，切实维护青少年的合法权益，预防和减少青少年犯罪，营造青少年健康成长的良好环境，共青团中央、中央社会治安综合治理委员会办公室联合中央有关单位，开始在全国开展创建"优秀青少年维权岗"活动。

"青少年维权岗"是指自觉履行自身职能和社会功能，在维护青少年合法权益、预防青少年违法犯罪、促进青少年健康成长方面发挥了突出作用的相关行业（系统）基层单位。

2. 目标要求

青少年维权岗由共青团和综治部门牵头，法院、检察院、教育、公安、民政、司法行政、劳动和社会保障、工商、新闻出版等部门参与,旨在动员社会各方面力量,共同关注并参与青少年维权工作,营造有利于青少年健康成长的良好社会环境。开展创建优秀"青少年维权岗"活动,是贯彻和实施《中华人民共和国未成年人保护法》与《中华人民共和国预防未成年人犯罪法》,维护青少年合法权益,保障青少年健康成长的重要举措。创建"青少年维权岗"对于预防和减少青少年违法犯罪、化解社会矛盾、促进青少年健康成长发挥了积极作用,得到了社会各界的普遍认可和广大青少年的广泛欢迎。

3. 实施过程

"青少年维权岗"分全国、省(自治区、直辖市)、市(地、州、盟)、县(市、区、旗)四个层级,各级"青少年维权岗"原则上每两年开展一次考核命名。

第一步,申报。"青少年维权岗"采用逐级申报的形式,申报创建全国级"青少年维权岗"的单位必须是省级"青少年维权岗",依此类推。

第二步,创建。申报单位通过审核后,进入两年的创建期。

第三步,审核。在两年创建期满后,由各级创建"青少年维权岗"活动领导小组对创建单位进行审核。

第四步,确定达标单位。根据创建期内对创建单位检查情况和创建期满审核结果,确定符合标准的"青少年维权岗"名单。

第五步,公示。由各级创建"青少年维权岗"活动领导小组对达标拟命名的"青少年维权岗"集中公示,公示时间不少于一周。

第六步,命名。由各级创建"青少年维权岗"活动领导小组授予本级"青少年维权岗"称号和牌匾。

第七步,复核。"青少年维权岗"命名两年期满后,创建"青少年维权岗"活动领导小组要组织复核,复核标准与命名审核标准相同。

第八步,注销。"青少年维权岗"因工作性质或工作内容变更,不再从事涉及青少年权益相关工作,其"青少年维权岗"称号自动取消。

第九步,撤销。"青少年维权岗"或其成员受刑事处罚、发生重大工作失误、弄虚作假等,经检查核实,由原命名单位直接撤销其"青少年维权岗"称号。

4. 方法规律

(1)深化"青少年维权岗在行动"活动。针对危害青少年健康成长的突出问题,动员组织各级"青少年维权岗"及创建单位进行联合治理。发挥"青少年维权岗"贴近青少年的优势,就近就便解决青少年的问题。

(2)建立"青少年维权岗"激励体系。认真落实共青团与法院、检察院、公安、司法行政等部门制定的"青少年维权岗"管理激励办法,其他部门也要把"青

4.3.6 《创建"青少年维权岗"活动指导意见》

少年维权岗"纳入各自系统对基层单位的考核激励内容,推动基层党委政府制定对"青少年维权岗"单位的考核和激励制度,促进"青少年维权岗"单位更好地发挥作用。

（3）增强"青少年维权岗"的社会影响力。着力培育"青少年维权岗"品牌,通过为青少年努力办实事、求实效,培育良好的品牌形象。

三、预防青少年违法犯罪的工作探索

加强预防犯罪工作,建立健全预防青少年违法犯罪的有效机制,是落实习近平总书记"人民城市人民建,人民城市为人民"重要理念,防控守牢城市安全体系的一项重要工作。我国预防青少年犯罪工作经过多年的实践探索,在政府和社会多方推动下,逐步形成了"党委领导、政府负责、社团运作、多方参与"的工作格局。

以上海为例。多年来,在上海市委的领导下,在市委政法委的指导下,上海共青团根据"党委牵头、政府负责、社团承接、社会参与"的总体思路,依托预防青少年违法犯罪工作机制,先后与预防青少年违法犯罪专项组、平安上海建设协调小组重点青少年群体工作组的相关单位团结协作,整合社会各方力量,在推动未成年人违法犯罪预防、建设平安上海和法治上海等方面发挥了积极作用。

团上海市委、上海市青少年服务和权益保护办公室在团中央、上海市委政法委的领导下,深入贯彻落实中央关于依法治国、加强和创新社会治理、深化平安建设的精神,扎实做好预防青少年违法犯罪工作。

（一）上海在预防青少年违法犯罪方面的积极探索

预防和减少犯罪工作体系建设是一个层次多元、因素复杂的系统。上海预防和减少犯罪工作体系建设,是社会管理创新的一项重要实践。近年来,上海在预防青少年违法犯罪的工作理念、制度、实践等方面进行了诸多探索。

上海预防未成年人犯罪的最大创新是从社会治理的视角,遵循社会工作助人自助等价值理念开展专业服务。2004年2月,团上海市委、上海市社区青少年事务办公室(现名为上海市青少年服务和权益保护办公室)推动注册成立民办非企业性质的上海市阳光社区青少年事务中心,通过政府购买服务的方式,建立了一支职业化的青少年事务社工队伍。

2012年,按照中央的部署和工作要求,上海成立了由27家单位组成的市综治委预防青少年违法犯罪专项组,依靠社会治安综合治理机制,由团上海市委作为组长单位发挥牵头统筹作用,初步建成上海预防青少年违法犯罪工作体系。2016

年底,全市16个区、215个街镇成立预防青少年违法犯罪工作协调机构,编织起了一张横向到边、纵向到底的预防青少年违法犯罪的工作网络。按照"政府主导推动、社团自主运作、社会多方参与"的总体思路,在制度、体制、机制方面开展创新建设,取得了明显成效,如坚持每年召开专项组全体会议,对全市预防青少年犯罪工作统一筹划部署,鼓励职能单位齐抓共管,推进重点项目落地实施,建立了政府购买服务制度,组建了专业的社会服务组织和社会工作者队伍,很好地实现了提升社会治理水平和维护社会稳定的目标。

政府、学校、社会各方探索积累了丰富的实践经验,针对闲散青少年、有不良行为或严重不良行为的青少年、服刑在教人员未成年子女、农村留守儿童和流浪未成年人等重点群体,开展了法制宣传教育等各类专业服务。2021年,根据"平安上海"建设相关部署,在平安上海建设协调小组重点人群组下设"重点青少年群体工作组",由团上海市委担任组长单位。

(二) 上海出台相关文件,助力预防青少年犯罪工作

1.《上海市预防未成年人犯罪条例》

近年来,在上海市委和团中央的领导下,在上海市人大的具体指导下,团上海市委深入学习贯彻习近平法治思想,始终将推动《上海市预防未成年人犯罪条例》(以下简称《条例》)立法作为增强上海共青团服务力的重要牵引,不断提升在平安上海、法治上海建设大局中的贡献度。经过二十年的不懈努力,《条例》于2022年2月18日顺利通过上海市人大常委会二审和表决,并于3月1日起正式施行。《条例》是上海首部全面规范和推进预防未成年人犯罪工作的地方性法规,设总则、预防支持体系、预防犯罪的教育、对不良行为的干预、对严重不良行为的矫治、对重新犯罪的预防、法律责任、附则等共8章60条。《条例》着力构建预防未成年人犯罪的责任体系、预防支持体系、教育体系、分级干预体系等四大体系。相较于《预防未成年人犯罪法》,《条例》增设"预防支持体系"专章,将社会服务一条龙服务机制和实践经验固化吸收,充分体现了上海特色。

2.《关于进一步深化上海市预防青少年违法犯罪工作的实施意见》

2017年,团上海市委作为专项组办公室,牵头协调各成员单位共同研究起草了《关于进一步深化上海市预防青少年违法犯罪工作的实施意见》(沪委办发〔2017〕22号)(以下简称《实施意见》)。《实施意见》根据中央文件要求,立足上海工作实际,力争固化特点、突破难点、探索痛点,重点围绕提升青少年法治意识,优化青少年成长的家庭、学校及社会环境,分类做好重点青少年群体工作,构建与少年司法制度相互衔接、相互支持的社会工作体系等方面提出了具体要求。其中,明确要求加强和规范各级综治委预防青少年违法犯罪专项组制度建

设,建立健全重点青少年群体信息常态化共享机制,完善未成年人警务、未成年人检察工作、未成年人审判、未成年人法律援助、未成年人社区矫正等制度和工作衔接,探索专门学校接收学生的法治化路径,探索建立完备的少年司法社会服务体系等。

3.《未成年人司法社会工作服务规范》

《上海市未成年人司法社会工作服务规范》(以下简称《规范》)由上海市青少年服务和权益保护办公室、上海市阳光社区青少年事务中心、上海市公安局、上海市人民检察院、上海市高级人民法院、上海市社会工作者协会、上海市益扬青少年社会工作促进中心联合起草,于2020年正式出台。《规范》提出了个案管理、危机介入、家庭治疗、朋辈辅导、历奇辅导、亲社会行为训练等6大服务方法,为青少年事务社工开展工作提供指南。上海未成年人司法社会工作服务体系已从单纯的涉刑事案件的未成年人社会工作服务,延展至有不良或严重不良行为未成年人的犯罪预防、困境儿童的未成年人社会工作服务,并将服务对象分为9类——有不良行为的未成年人、有严重不良行为的未成年人、涉罪未成年人、未成年社区矫正对象、未成年在押服刑人员、刑罚执行完毕的未成年人、未成年被害人、未成年证人、司法程序中涉及的其他未成年人等。

4.《上海市关于加强青少年事务社会工作专业人才队伍建设的意见》

2014年,团上海市委联合市综治办、市财政局、市人社局、市民政局等单位制定《上海市关于加强青少年事务社会工作专业人才队伍建设的意见》(沪团委联〔2014〕21号)。青少年事务社工扎根社区,通过上门走访等方式,及时发现预防犯罪的重点人群,通过个案、小组、社区等专业工作方法,开展思想引领、行为纠偏、社会融合、育人增能等陪伴式服务,构建起上海特色的社会工作服务体系和工作流程。青少年事务社工抓牢超前预防、临界预防、再犯预防三个环节,构建起分层预防的社会工作服务体系和工作流程,针对服务对象采用个性化的专业手段和教育方式。

上海市的青少年事务社会工作在预防青少年违法犯罪等方面发挥了重要作用。青少年社工机构已经成为承接政府青年事务、参与创新社会治理、开展预防青少年违法犯罪等专业服务的重要工作力量。

问题:

1. 共青团联系服务青年的总体要求是什么?

2. 青年优先发展理念的内涵和意义是什么?

3.《中长期青年发展规划(2016—2025年)》的意义作用是什么?

4.《中长期青年发展规划(2016—2025年)》的主要内容是什么?

5. 编制青年发展规划的要点有哪些?

6. 青年工作联席会议包括哪些基本制度?

7. 青年发展统计监测及评估的要点有哪些?

8. 从共青团服务青年发展重点案例中可以学习到什么?

9.《中华人民共和国预防未成年人犯罪法》有哪些亮点?

10.《中华人民共和国未成年人保护法》有哪些亮点?

11. 如何更好地开展"共青团与人大代表、政协委员面对面"活动?

12. 如何更好地发挥12355青少年服务台在青少年发展和权益维护中的作用?

主要参考文献:

[1] 习近平.论党的青年工作[M].北京:中央文献出版社,2022.

[2] 习近平.论党的青年工作[M].北京:中央文献出版社,2022.

[3] 习近平.在庆祝中国共产党成立100周年大会上的讲话[M].北京:人民出版社,2021.

[4] 贺军科.在改革开放进程中阔步前进的中国青年发展事业[J].中华儿女,2018(23):8-13.

[5] 共青团中央维护青少年权益部.共青团服务青年发展重点领域和重点群体工作指引[EB/OL].
　　　http://news.cyol.com/app/2020-06/30/content_18679565.htm.

[6] 共青团中央.新时代全面从严治团实施纲要[J].中国共青团,2022(1):8.

[7] 中华人民共和国国务院新闻办公室.新时代的中国青年[M].人民出版社,2022.

[8] 国家统计局.中国统计年鉴—2021[M].北京:中国统计出版社,2021.

[9] 郭元凯.新中国成立70年共青团权益工作的积极探索与创新发展[J].中国青年研究,2020(04):
　　　55-61+85.

[10] 姚建龙,柳箫.《预防未成年人犯罪法》的修订及其进步与遗憾[J].少年儿童研究,2021(05):5-13.

[11] 姚建龙,陈子航.《未成年人保护法》的修订、进步与展望[J].青年探索,2021(05):5-17.

[12] 郗杰英,郭开元.与时俱进的《中华人民共和国未成年人保护法》[J].预防青少年犯罪研究,2021
　　　(02):21-33.

[13] 隋燕飞.《儿童权利公约》:保护儿童权利、增进儿童福利的专门人权法律文件[J].人权,2015
　　　(04):126-142.

[14] 共青团中央维护青少年权益部,青年发展规划工作指导手册(2021版)有关内容。

第五章
紧扣中心大局，提升共青团青年工作的大局贡献度

关键词：创新创业;创优创效;高质量发展;岗位建功;整合资源;青年政治参与;有序政治参与;全过程人民民主;民主协商;民主管理;民主监督;社会治理青年人才;社会治理格局;社区骨干;志愿者;青年社会组织;青少年;生态文明建设;生态文明实践;"三减一节";"保护母亲河";青年志愿者绿色营;垃圾分类;碳达峰碳中和;乡村振兴;"三农问题";"三农"青年人才;返乡创业;东西部协作;对口支援;大学生村官;三支一扶;西部计划;乡村治理

共青团坚持以习近平新时代中国特色社会主义思想为指导，全面贯彻落实党中央决策要求。紧扣党的十九大战略部署，围绕统筹推进"五位一体"总体布局、协调推进"四个全面"战略布局，引领青年投身伟大的时代实践，这是历史与现实的必然选择。凝聚青年力量，在党和国家工作大局中进一步提升贡献度;围绕中心，服务大局，共青团和青年大有作为。

第一节　围绕经济高质量发展，组织青年创新创业创优

创新融合新科技革命和新产业革命，具有鲜明的新时代特征和划时代意义。充分释放全社会创新创业创造动能，把创新发展作为新时代发展的首要理念真正树立起来，使创新成为青年融入血液的基因，成为青年自觉的行动。新时代青年思维敏捷，兴趣爱好广泛，易接受新生事物，主体意识、参与意识强，充满活力和激情，具有强烈的实现人生发展愿望，这些特质是青年创新创业创优的要因所在。

在国家创新驱动发展战略的引领和"揭榜挂帅""赛马"等制度的激励下，一批具有国际竞争力的青年科技人才脱颖而出。在工程技术创新一线，每年超过300万名理工科高校毕业生走出校门，为中国工程师队伍提供源源不断的有生力量。2014年以来，在新登记注册的市场主体中，大学生创业者超过500万人。在信息技术服务业、文化体育娱乐业、科技应用服务业等以创新创意为关键竞争力的行业中，青年占比均超过50%，一大批由青年领衔的"独角兽企业""瞪羚企业"

喷涌而出。《中国青年创业发展报告（2021）》调查显示，创业在中国整体蓬勃发展，不仅创业规模大、创投活跃、创业质量、创业生态也逐步向好，19 岁至 23 岁青年成为创业主体。中国青年自觉将人生追求同国家发展进步紧密结合起来，在创新创业中展现才华、服务社会。①

一、组织青年创新创业创优的政策要求

党的十八大以来，习近平总书记站在实现"两个一百年"奋斗目标和中华民族伟大复兴的中国梦的政治与战略高度，把创新摆在新时代中国特色社会主义现代化发展全局的核心位置，对创新发展的理念、战略和路径举措作出系统性的理论阐述，是习近平新时代中国特色社会主义思想的重要组成部分。

（一）创新驱动发展的国家战略

在激烈的国际竞争中，惟创新者进，惟创新者强，惟创新者胜。党的十八大要求要着力把握发展规律、创新发展理念、破解发展难题，并明确提出实施创新驱动发展国家战略，坚持走中国特色自主创新道路，加快建设国家创新体系。党的十八届五中全会首次提出"创新、协调、绿色、开放、共享"新发展理念，确立创新为新发展理念之首，强调创新是引领发展的第一动力，不断推进理论创新、制度创新、科技创新、文化创新等各方面创新。面对中华民族伟大复兴战略全局和百年未有之大变局，党的十九大报告对新时代实施创新发展做出系统阐述，提出到 2035 年我国经济实力、科技实力将大幅提升跃升，跻身创新型国家前列，并将坚持新发展理念确立为新时代坚持和发展中国特色社会主义的基本方略之一。

（二）共青团服务青创的工作要求

2008 年团的十六大报告首次提出要积极创造条件，鼓励和推动青年创新创业，在促进经济又好又快的发展中充分发挥青年的生力军和突击队作用，服务青年创新创业创优成为共青团组织的工作共识。

（1）聚焦经济建设、服务大局，动员广大青年立足岗位创新创业创优。服务青年创新创业，这是共青团对党政关注的重点工作作出的积极响应，体现了全局意识、政治考量和职能定位上的进一步深化。《中长期青年发展规划（2016—2025年）》明确提出推动青年投身创业实践。2018 年团的十八大报告指出共青团带领青年着力创造时代新业绩，青年生力军作用更加彰显。争当质量变革、效率变革、

---

① 国务院新闻办公室.新时代的中国青年［EB/OL］.（2022 - 04 - 21）.http://www.gov.cn/zhengce/2022 - 04/21/content_5686435.htm.

动力变革的有生力量。促进青年创新创业,搭建交流展示和资源汇聚平台,建设青年创业示范园,推出青年创新创业板,一大批青年创客脱颖而出。

(2)贯彻新发展理念、立足新发展阶段,深化青春建功"十四五"行动。2022年1月,共青团中央发布2022年工作要点,要求深化青春建功"十四五"行动,立足新发展阶段,围绕深化供给侧结构性改革,加快科技自立自强、发展现代产业体系,实践乡村振兴战略、推动共同富裕、建设美丽中国、构建人类命运共同体等党和国家重大部署,找准结合点、切入点、着力点。挖掘青年突击队、青年文明号、青年岗位能手和挑战杯、振兴杯、创青春等品牌的新时代内涵,团结引领广大团员青年立足岗位创新创效、建功立业。

二、助力青年创新创业创优的工作实践

创新精神是创业内核,以创新带动创业助力青年在市场竞争中赢得优势。立足新发展阶段,贯彻新发展理念,构建新发展格局,进而推动高质量发展,近年来各级共青团组织认真落实团中央工作部署,积极整合资源,健全完善青年创新创业服务体系,形成融政治引领、教育培训、展示交流、融资支持、平台建设、孵化培育于一体的工作体系,以组织的力量凝聚、引导、扶持、推动服务青年创新创业创优工作,取得一定成效。

(一)强化青年创新创业教育培训

共青团组织面向各青年群体开展普及性创新创业教育培训和青年创业导师"一对一"辅导相结合的创新创业培训活动,帮助青年增强创新创业意识、增进创新创业本领。举办青年创业英才营、青年创业训练营、青年创新创业培训班等,帮助青年提升创新创业技能和水平。建立健全教学与实践相融合的高校创新创业教育体系,显著提升青年创新型人才培养质量。遴选知名企业家、优秀投资人成立青年创新创业导师团,开展各类青年创新创业教育培训项目。实施青年电商培育工程,深入开展农村青年创业致富带头人培育,支持青年返乡创业。

5.1.1   上海共青团"梦创上海"助力青创

团北京市委举办中关村 U30 光合未来专场私董会、青创北京·携手朝阳火花青年科学思想会、创青春·中关村U302021年度优胜者交流会等创新创业教育培训活动。团上海市委自 2015 年起每年开展"上海市青年创业英才开发计划",教育培训、跟踪培养 7 期共 212 名上海市青年创业英才;各区开展区级青年创业英才教育培训和跟踪培养。团广东省委在省级层面举办各类广东青年创新创业训练营,如

"中国青创板"广东青年创新创业训练营、"领头雁"返乡创业青年培训班、"创青春"青创训练营、粤港澳大湾区青年创新创业交流营、"青创"100训练营、"青创大讲堂""青创沙龙"等活动、"青创营"广东大学生能力提升班、"青创营"广东高校创新创业师资培训班。

（二）打造青年创新创业孵化基地

孵化基地是青年创新创业的重要载体和综合服务平台，共青团中央率先建立"青年就业创业见习基地"，各地团组织相应开展与推动青年创业园区的创建工作和高校共青团"青创空间"孵化中心的创建活动，现有青字号、团属阵地等资源。打通赋能青年创新创业的"资金链"，构筑助力青年创新创业的"服务链"，提供聚焦青年创新创业的"资源链"。通过梳理服务青年创新创业的"正面清单"，推动青年创新创业第三方综合服务体系建设，搭建各类青年创业孵化平台，完善政策咨询、融资服务、跟踪扶持、公益场地等孵化功能。

团江苏省委线下打造苏菁创业园，联动288个苏菁C空间，常态化为创业青年提供项目路演、投融资对接、创业培训等"一站式"服务。整合线上线下各类青创资源，建成"苏菁合伙人"线上平台，为创业青年提供政策咨询、赛事发布、培训课程等"一键式"服务。团青海省委建成以青海青年创业园为总园，22个创业分园辅助的青年创业孵化链条，进一步扩大工作覆盖面，形成总园+分园、办公面积达3万平方米的创业辐射区，汇聚以互联网+、电子商务、科技信息技术、文化创意等领域的创新型企业。团新疆区委以青年创业社区为突破，提升创业阵地专业孵化服务能力。2019年新疆青年创业社区5家入驻企业孵化出炉，新入驻19家创业大赛优秀项目企业。聘请28名中国青年创业导师，引进新疆科技生产力促进中心等9家专业创业服务机构为入驻的创业新苗和企业提供各类帮扶。

（三）开展青年创新创业品牌活动

团中央牵头举办系列创新创业竞赛，如面向城市青年举办的"创青春"中国青年创新创业大赛，面向农村青年举办的"邮储杯"创业创富大赛，面向大学生举办的"挑战杯"系列创新创业大赛，面向年满16周岁且项目注册于中国大陆的各类创业群体举办的"中国创翼"创业创新大赛，培养青少年创新意识的"未来杯"创新大赛等。全国范围内评选中国青年创业奖，营造青年创新创业氛围，激发青年创新创业激情。各地团组织还结合本地经济建设大局和青年特色开展各类创新创业大赛、国有企业青年创新创效大赛，组织展交会、博览会、大讲堂、分享季等青年创新创业品牌活动。在国家持续出台创新创业扶持政策的大背景下，青年积极投身大众创业、万众创新热潮，踊跃参加"创青春"中国青年创新创业大赛、"中国国际互联网+"大学生创新创业大赛等创新创业交流展示活动,用智慧才干开创自己的事业。

团安徽省委联合团上海市委、团江苏省委、团浙江省委开展中国长三角青商领袖、十大杰出青商、十大新锐青商推选活动,目前有84名优秀青年企业家获得荣誉。团四川省委采取"主办+联办""主体赛+专项赛"的方式构建多元多级竞赛体系。牵头举办"创青春""创青春·交子杯""挑战杯"赛事;联合举办"天府杯"电子商务青年创新创业大赛、农村乡土人才创新创业大赛等赛事。团广西区委组织区内创新创业青年持续开展创业沙龙、投融资对接、经贸考察交流活动等,积极融入"南向、北联、东融、西会"全方位开放发展新格局中,2021年分别举办全国青年(大学生)乡村振兴白色芒果网络营销创新创业大赛、柳州螺蛳粉青年创新创业大赛,吸引来自全国1 800多个团队及项目参与其中,形成更多有广西特色的青创品牌。

5.1.2 青创赛事奖项激发创新创业创造活力

(四)提供青年创新创业融资支持

团中央牵头搭建各类融资服务平台,加大青年创业金融服务落地力度,优化银行贷款等间接融资方式,支持创业担保贷款发展,拓宽股权投资等直接融资渠道。支持青年创业基金发展,发挥好国家新兴产业创业投资引导基金和中小企业发展基金等政府引导基金的作用,带动社会资本投入,解决青年创业融资难题。由团中央与广东省人民政府于2014年5月共同创建,依托广东股权交易中心建设并由广东中青创投企业管理有限公司负责运营的"中国青创板"综合金融服务平台,为各类竞赛的创新创业项目实现平台融资。各地团组织主动对接金融机构,推出扶持青年创新创业的各类专属金融产品,联合社会创投融资机构设立各类基金项目。

团宁夏区委针对青年创新创业资金不足等问题,加大金融扶持确保青创支撑有力,多渠道拓展青年创新创业融资。主动联合银行、保险等金融机构合作开发"团青贷""如意青创贷""青创贷"等贷款项目,累计发放贷款6.5亿余元扶持创新创业项目1 000余个,为初创企业和小微企业提供有力支撑。团山东省委为进一步强化对创业创业青年的金融支持,与山东省私募股权投资基金业协会联合6家私募基金共同发起成立总规模10亿元的青创齐鲁投资基金。团河南省委深化与国开行河南省分行、河南省农信社、中国建设银行河南省分行等金融机构的合作,近5年为创业青年累计支持发放贷款25.97亿元。

(五) 培育团属社会组织服务青创

共青团向社会借力,着力培育社会组织,建设专业化的青年创新创业服务队伍和服务实体,更好地为青年创新创业者服务。依托青年创业者协会、农村致富带头人协会、青年创业就业基金会、创业青年金融服务中心等社会组织,撬动社会资源,深度挖掘科技创新、乡村振兴等重点领域青年创业主体并为之服务。青年社会组织举办会员之间的各种交流活动,设立公益慈善专项基金,通过创建QQ群、微信平台,为会员提供相应服务,帮助推介产品,展示各自创意。去行政化的社会组织,让创新创业青年自我管理,实现和党政职能部门、群团组织交流合作的愿望,使共青团服务青年创新创业从独自作战到矩阵式发展。

团吉林省委注册成立青年电商协会,市(州)成立9个分会,凝聚青年电商企业562家。团江西省委层级化打造全省青创组织体系,率先在全国省级团委成立江西省青创团工委,进一步完善青企协等社团组织架构,增强协会服务青年创新创业能级。团陕西省委通过青创基金会、青年电商联合会、青年创业导师协会、青年企业家协会、农村致富带头人协会、就业服务指导中心等团属青创组织打造省级青年创业生态链。

(六) 深化职业青年岗位建功行动

共青团组织青年在重大工程、疫情防控等各领域开展了卓有成效的岗位建功行动。通过青年岗位建功行动引领青年创优创效、成长成才,彰显新时代团员青年的责任与担当。共青团中央与人力资源和社会保障部联合举办国家级一类青年职业技能大赛——"振兴杯"全国青年职业技能大赛,各级团组织在本地区以技能成才报祖国、青春奋进新时代为主题举办分行业、分工种等各类青年职业技能类竞赛,以赛事激励青年弘扬劳模精神、劳动精神和工匠精神。加强青年职业技能培训,提升从业能力水平。

团浙江省委实施青工职业技能素质提升计划,与浙江省人力社保厅共同组织实施浙江青年工匠培育工程,每年遴选一次,计划到2025年重点培育1万名左右的浙江青年工匠。2021年共有1 950名青年技能人才入围首批"浙江青年工匠"培养项目,入选人员将接受为期一年的培养,同时获得培养经费的支持。依托"振兴杯"青年职业技能竞赛、"青年马克思主义者培养工程"、"金蓝领"职业技能提升行动等载体激励广大青年走技能成才、技能报国之路。团天津市委连续举办十七届青年职业技能大赛,联合市人社局、市财政局实施《天津市青年技能培训行动实施方案》,推出青年创业培训计划、青年新职业培训计划、青年职业技能竞赛计划,提升青年职业技能,增强岗位建功能力。团西藏区委与自治区人社厅建立联系,长期合作开展"订单式"青年职业技能培训,实施培训 60 余期,培训 3 117 人。

5.1.3 青创系列服务助力青年创新创业

5.1.4 共青团服务青年创新创业成果汇编（北京、天津、河北、山西）

5.1.5 共青团服务青年创新创业成果汇编（内蒙古、辽宁、吉林、黑龙江）

5.1.6 共青团服务青年创新创业成果汇编（上海、江苏、浙江、福建）

5.1.7 共青团服务青年创新创业成果汇编（安徽、江西、山东、河南）

5.1.8 共青团服务青年创新创业成果汇编（湖北、湖南、广东、广西）

5.1.9 共青团服务青年创新创业成果汇编（海南、重庆、四川、贵州）

5.1.10 共青团服务青年创新创业成果汇编（云南、西藏、陕西、甘肃）

5.1.11 共青团服务青年创新创业成果汇编（青海、宁夏、新疆、兵团）

三、推进青年创新创业创优的未来展望

业务来源单一、创新能力不足、融资困难、欠缺创新创业知识技能等是青年创新创业者存在的主要困难。其中,业务的可持续发展及项目竞争力,即生存问题往往是不少青年在创新创业中面临的最大问题。共青团通过调研走访、交流座谈,倾听青年创新创业心声,瞄准青年创新创业的难点痛点,多方位、多角度、深层次服务青年创新创业创优。

(一) 整合资源分群体加大扶持力度

针对大学生、社会青年、农村青年、留学回国创业青年等重点群体,共青团整合多方资源从以下方面加大支持力度:一是完善大学生创新创业优惠措施,深入实施大学生创业引领计划,鼓励和支持更多大学毕业生自主创业和灵活就业;二是强化互联网+创新创业扶持力度,多维并举深入推进实施青年电商培育工程;三是深度培养农村青年致富带头人,大力支持有志青年返乡创新创业;四是帮助留学归国创业青年了解国内信息、熟悉创新创业环境、交流创新创业经验、拓宽创新创业渠道,获得创新创业政策扶持。

(二) 构筑城乡青创一体化学习体系

拓展青年创新创业培训资源,建设全国性或地方性的优秀创新创业课程线上线下相结合的城乡青年一体化学习平台,提升创新创业培训课程的针对性和实效性,不断提升城乡青年创新创业意识和技能水平。充分发挥共青团组织优势,集聚各方优势和资源,联合知名企业、行业协会等社会组织建设城乡青年创新创业学院,开发具有青年特色的创新创业培训课程体系,不断创新青创教育培训品牌活动。

(三) 搭建人力资源与产学研合作平台

人才紧缺、产学研融合不足、信息化程度较低等问题一定程度上抑制了青年创业企业的创新力。共青团联合政府有关部门搭建青年创新创业人才汇聚平台,吸引专业人力资源服务机构入驻,帮助青年创新创业企业实现专业技术人才对接;搭建产学研平台,推动高校、研发机构与青年创新创业企业共享创新资源与成果,实现融通发展。

(四) 健全创新创业发展统计评估机制

全面跟踪青年创新创业发展情况,有助于优质高效地服务青年创新创业。当前缺乏完整的青年创新创业统计监测体系,难以准确及时地掌握全国和各地区青年创新创业发展情况。共青团联合相关部门不断健全青年创新创业活动统计监测评估机制,研究推出全国性和地区性的青年创新创业发展指数,对全国和各地区青年创新创业数据进行挖掘分析,对青年创新创业现状进行精准画像,为制定有关扶持政策和推进相关工作提供决策参考。

新时代中国青年富有想象力和创造力,思想解放、开拓进取,勇于参与日益激烈的国际竞争,成为创新创业的有生力量。受益于党和国家的好政策,在经济、社会、科技、文化等领域,青年以聪明才智贡献国家、服务人民,奋力走在创新创业创优的前列。共青团助力青年创新创业创优,对于推动经济结构调整、打造发展新引擎、增强发展新动力、走创新驱动发展道路具有重大意义。让创新成为青春远航的动力,让创业成为青春搏击的力量,让创优成为青春建功的源泉,为实现中华民族伟大复兴的中国梦贡献青春能量。

第二节   在社会主义民主政治建设中加强青年参与

中国共产党自成立之日起就把实现人民民主作为追求的政治目标,在过去70多年的探索中,走出了一条中国特色的社会主义民主政治建设道路。2019年11月,习近平总书记在上海虹桥街道全国人大常委会法工委基层立法联系点考察时,第一次提出"人民民主是一种全过程的民主"。在2021年7月1日庆祝中国共产党成立100周年大会上的重要讲话中,习近平总书记首次提出:"践行以人民为中心的发展思想,发展全过程人民民主。"全过程人民民主是新时代中国民主政治发展的生动实践,是中国特色社会主义民主政治区别于西方形形色色资产阶级民主的显著特征,彰显了中国式民主的制度优越性。

《中长期青年发展规划(2016—2025年)》指出:"政治生活和社会公共事务的展开需要青年有序参与其中。"在中国特色社会主义民主政治的建设过程中,作为社会中坚力量的青年群体因其自身年龄、思维、视野、技能等方面的优势,在全过程人民民主实践中的参与尤为重要。在共青团引领下的青年有序政治参与是实现青年群体参与全过程人民民主,推进国家治理体系和治理能力现代化建设的重要内容,是实现中国梦的重要因素,是民族复兴的核心要素之一。

一、共青团引领青年有序政治参与的工作优势
(一)青年有序政治参与的现状

青年政治参与是指青年通过法定程序或相关渠道,为满足自身需求和自我发展,通过行使国家赋予的政治权利,参与国家政治生活、表达政治观点,进而达到影响公共政策制定和实施的政治行为。[①] 在共青团的带领下,青年积极参与人大、政府、政协、司法机关、社会等有关方面各类协商,就涉及青年成长发展的重大问题协商探讨、提出意见、凝聚共识,充分发挥政治参与职能,实现有序政治参与。

社会是青年成长发展的重要课堂。新时代中国青年在自身感受和舆论氛围的引导下,爱国意识不断提高,对社会主义核心价值观的认同度也在不断提升,以更加自信的态度、更加主动的精神积极有序参与政治生活。具体表现可总结为以下三点:

---

① 张良驷,郭元凯.青年政治认同与政治参与研究[J].人民论坛,2020(24):76-79.

1. 青年政治参与形式不断丰富

随着社会不断发展，青年群体的利益诉求表现出多元化、差别化的趋势，不同青年群体，如进城务工青年、白领青年、大学生青年、农村青年等所寻求的政治参与途径有所不同。大学生一般以党团组织、学生会为主要政治参与途径，白领青年以工会、行业协会、社会组织为主要政治参与途径。部分优秀青年通过当选人大、政协代表实现更为深度的政治参与，2019 年县级人人、政协中青年代表、委员分别占 10.9%、13.7%。

2. 青年政治参与渠道更加多样

一方面，在当下的互联网时代，网络政治参与成为青年政治参与的重要渠道。青年群体可以随时在互联网上获取最新的政治新闻报道、政治事件评论、政治人物访谈，第一时间通过线上方式表达个人观点。相对于线下政治参与的方式，网络政治参与的对象覆盖面更广、参与方式更直接、参与效率更高。另一方面，在政府的引导下，青年通过自主形式深入参与诸如应对气候变化等国际活动成为当今青年政治参与的新渠道。中国第一个关注气候变化的青年非政府组织——青年应对气候变化行动网络（CYCAN）通过与国内政府部门、国外非政府组织、国际组织等沟通信息、对接业务等，不断推进中国青年主动、深入参与全球治理。

3. 青年政治参与主题不断丰富

青年群体的眼界日益开阔，思想日益多元，作为社会中坚力量的重要性不断凸显，同时生存、生活压力同步上升，面临着许多不得不思考、不得不烦心的问题。在这样的背景下，国家利益相关问题与个人利益相关问题，大到实现中华民族伟大复兴、推动共建“一带一路”、推动构建人类命运共同体、社会公平、政府履职，小到房价波动、孩子教育，都进入了青年政治参与的“主题库”，成为青年群体政治参与的热点话题。青年群体试图在“大”和“小”利益中间寻找一个“交点”，从而能够更全面、更深入地进行政治参与。

（二）共青团引导有序政治参与的优势

中国共产主义青年团是中国共产党领导的先进青年的群团组织，是广大青年在实践中学习中国特色社会主义和共产主义的学校，是中国共产党的助手和后备军。这为共青团引导青年有序政治参与奠定了合法性、合理性基础。共青团代表和维护广大青年的利益，是党和政府联系青年群众的桥梁和纽带，是青年群体参与民主协商、民主管理、民主监督的重要途径。

1. 政治优势

在党的领导下，共青团坚持以马克思主义为指导，以共产主义为奋斗目标，党旗所指，就是团旗所向，这既保证了共青团的政治方向正确，又使共青团在政治参与中具有工会、妇联以及其他社会组织无法比拟的天然政治优势,为共青团领导青年提供了必要的条件。[①]

2. 组织优势

共青团是党领导下的枢纽性组织,起到上传下达、承上启下的作用。"横到底、纵到边",严密的组织架构,可以保证共青团能及时响应党的号召,动员广大青年;完备的组织章程,可以依托思想教育、社会实践、纪律规范等引导青年有效、有序政治参与;明确的组织目标,让共青团在党的领导下,通过自身职能履行和资源整合,更好地代表青年利益,做好党的青年工作,为党扩大执政的青年群众基础,及时把青年的声音传递给党和政府,把党和政府的政策与主张及时有效地传播给广大青年。

3. 渠道优势

共青团因其政治优势、组织优势,可以直接与党政机关、企事业单位开展对话,有效整合社会资源,为青年有序政治参与搭建丰富渠道。在制度保障方面,我国的政治制度设计中,共青团在各级人大常委会拥有固定席位,在各级 34 个政协界别中,共青团和青联是专门界别,优秀青年可通过共青团的举荐进入人大、政协开展建言献策;在政策推动方面,共青团作为青年利益的代表,可以主动发力推动青少年权益相关的法律法规和政策的制定、出台和落地;在项目实施方面,共青团通过设计符合青少年参与特点和方式的社会化项目,鼓励青少年群体以身边问题为切入点,积极参与国家建设,贡献青春智慧;在能力建设方面,共青团主动发掘青年骨干,提供政治参与相关能力的培训课程和实践阵地,提升青年参与的专业性和实践性;在平台搭建方面,共青团为青年社会组织、青年志愿者团队等提供政治背书和社会资源,助力青年组织积极参与基层政治协商;在网络引导方面,共青团通过"青年大学习""青春学习社"等线上载体开展青年政治素养培养,并通过"思政网红"的打造,让更多青年能够学会在网络空间正确发声。

二、共青团引领青年有序政治参与的工作实践

(一)共青团引导青年有序参与民主协商

共青团作为党领导下的群团组织,是民主政治协商制度的重要参与主体,其在代表青年参与民主协商,进行青年利益诉求的维护方面发挥着重要的作用。在引导青年有序参与民主协商的过程中,共青团积极发挥代表举荐功能,推荐有影

---

① 刘东海,汪慧.共青团在青年政治参与中的历史逻辑与现实路径[J].当代青年研究,2016(06):23-30.

响力、有代表性的青年进入人大、政协,设计适合青少年参与的社会化项目,让更多青少年可以近距离了解人大、政协等机构的运作方式,并及时将青少年群体对政治、经济、社会等方面重大事件的声音向上反馈。

团中央自 2008 年开始实施的"团中央与全国人大代表、全国政协委员面对面"活动,探索并形成了一个全新的全团维护青少年权益工作统一活动品牌。"面对面"活动已经成为共青团引导青年有序政治参与的有效方式,成为共青团代表和维护青少年合法权益的重要举措。目前在全国省级、市级团组织基本实现全覆盖,县级覆盖率约 80%,累计青少年参与人数达 13.2 万人次。

5.2.1　2022 年"共青团与人大代表、政协委员面对面"集中活动综述

2022 年"共青团与人大代表、政协委员面对面"集中活动座谈会以"推进青少年党史学习教育常态化长效化""完善鼓励青年生育配套支持政策,促进人口均衡可持续发展"为主题,在北京、吉林、江西、云南四地线上开展,参加会议的人大代表、政协委员、专家学者、青少年代表围绕主题深入研讨、建言献策。十多年连续举办体现出该项目的蓬勃生命力,也显示出青年群体对于这一项目的认可度,为青年政治参与搭建了高效、高质量的互动平台。

（二）共青团引导青年有序参与民主管理

广大人民群众对美好生活的向往和追求,不仅仅是日益增长的物质文化需要,还包括民主、法治、公平、正义、安全、环境等方面[①],这是全过程人民民主理论的逻辑起点。同时,在解决经济社会发展问题的方法中,通过民主的办法解决问题是最"立竿见影",又"后顾无忧"的方法,特别是在基层民主的实践中。

随着经济社会发展,青年群体逐渐呈现原子化的状态,社区成为青年在"8 小时"之外重要的社会参与场所。但事实上,目前社区事务还是老年人"唱主角"。

如何代表和维护好青年群体在社区中的利益,发挥好青年群体特有的优势,引导其积极参与基层民主管理,这是共青团引导青年有序政治参与的基层突破口。共青团依托组织体系"横到底、纵到边"的优势,通过基层团组织与社区相关部门和委办、社区学校、社区企业、社区社会组织等建立联系和协商制度,构建青年工作联席会议机制,为青年在社区中发声搭建平台,依托高校专家学者、行业"大咖"等专业力量为青年开展培训与实践锻炼,引导青年群体发现问题、调研问题、解决问题。

---

① 王芳,吴志刚.数据治理助力政府治理体系和治理能力现代化[J].网络安全和信息化,2020(04):24–26.

自 2015 年启动的上海青年汇智团项目就是整合以上三方面功能的有益尝试，其旨在发现、凝聚一批关心青年事务、乐于议事惠民的青年，倾听、汇集广大青年心声、诉求和想法，为城市建设和青年发展建言献策，是共青团深入探索引领青年有序政治参与、协商代言的创新路径。该项目由上海市青年工作联席会议、团上海市委、上海市青少年服务保护办联合举办，浦东等 8 个区成立区级汇智团，市、区汇智团成员数近 900 人。

为进一步聚焦主题、培育青年人才，先后围绕"编制上海市青少年发展'十三五'规划""聚焦群团改革，了解青年工作""关注'上海·社区·我'、引导青年'到社区去'""加强规划公众参与，助力《上海市青少年发展'十四五'规划》""围绕'活力创城'，畅想家门口的创新空间"等主题，开展五期汇智营，通过汇智讲堂、汇智培训、汇智探访、汇智研究、汇智协商、社会参与等多样化汇智

5.2.2 上海青年汇智团学员行为准则

活动，引导专业青年针对政治参与与社会参与中的存在的问题提出解决对策和设计实践方案，形成青年关于参与民主建设和社会建设的研究报告。截至 2022 年 3 月，五期汇智营共选拔参与学员 467 人，形成专题调研组 39 个，举办营内活动、社会活动总计 153 场，完成调研报告近 20 万字。从青年视角出谋划策，激发青年的潜能和热情，共聚智慧，共商治理，提升青年主体的"参与感"和"获得感"，以凝聚汇集智慧，以汇智凝聚青年。

（三）共青团引导青年参与民主监督

习近平总书记曾创造性地提出以"四个要看、四个更要看"来评判一个国家是否民主的标准，即要看人民有没有投票权，更要看人民有没有广泛参与权；要看人民在选举过程中得到了什么口头许诺，更要看选举后这些承诺实现了多少；要看制度和法律规定了什么样的政治程序和政治规则，更要看这些制度和法律是不是真正得到了执行；要看权力运行规则和程序是否民主，更要看权力是否真正受到人民监督和制约。

如何能够最终实现全局性、全程性、全民性的参与，如何实现人民亲身参与和体验，如何实现结果的管用性，离不开老百姓的"火眼金睛"。共青团组织为青年群体搭建政治参与所需的相关知识架构，依托政治、组织、资源优势，搭建模拟监督的平台，通过能力培养和模拟演练，培育一批共青团引导下的民主监督"能人"，通过对他们的引领，进行相关法律法规的实施成效监测和评估，进一步推动其更新和完善。

在能力培养方面，共青团通过"青年学习社"项目的开展，探索实践出针对新时代青少年政治素养培训的方式方法，形成一批具有代表性的"地方智慧"。团

扬州市委利用辖区内特有的红色教育、非遗文化资源等,打造"青年匠心""红帆之旅""乡村振兴""科创筑梦""运河记忆"5 大主题线路供团员青年学习打卡;团常州市委充分运用老工业区资源,打造"穿越智造之旅——'工业强市'青年学习社线路",并创新性地把课堂设置到了移动的公交车上,由青年导学带领学员边走边学;团无锡市委探索并完善"青年学习社"线路建设"四步工作法",将"青年学习社"串联成线,进一步升级打造成主题鲜明、内涵丰富、活动多样、常态运营的"青年学习社"线路。带领青少年开展网红点"打卡式"学习、小故事"讲述式"学习、微团课"感染式"学习、剧本杀"沉浸式"学习……使学习社线路成为青年开展日常学习打卡的"网红地";团宁波市委举办"绽放战'疫'青春,弘扬四知精神,坚定制度自信"青年情景宣讲活动,邀请外卖小哥张金奇和他的配送团队为大家讲述着疫情期间,他们化身城市运转的摆渡人的故事,用典型力量开展政治教育。

在模拟演练方面,青少年模拟两会提案征集和评选活动,是共青团发挥党政与青年之间的桥梁纽带作用,引导青少年了解并有序参与中国特色社会主义民主政治的生动实践,是结合共青团与人大代表、政协委员面对面活动开展的一项创新探索。活动旨在引导各企事业单位、高校、中学中职学校、农村、社会组织以及新兴领域的青少年,围绕党和政府重大战略部署,关注经济发展、民生保障、文化事业、生态环保、青少年成长发展等领域,选择某一主题开展深入调查研究,最终形成模拟提案参与相关评选。2020—2021 年,全国共有 15.58 万名青少年报名参加全国青少年模拟政协提案征集活动。由各级政协委员、学校教师担任指导老师,2 年共有 3 025 件模拟提案作品参与全国评审。其内容涉及经济发展、社会治理、民生保障、文化事业、生态文明、青少年成长发展等多个领域,标题聚焦长三角一体化、乡村振兴、"双减"、"智慧社区"、加装电梯、夜间新经济等"热词",通过深入调研,系统分析,提出了不少务实管用的对策建议,体现了青少年群体政治参与的热情。

| 5.2.3 关于青少年眼病防治的提案 | 5.2.4 关于改善社区安宁疗护服务的提案 | 5.2.5 关于促进青年参与社会志愿服务的提案 |

共青团引领青年有序政治参与的工作实践,充分体现了我国全过程人民民主的特征,充分展现了新时代青年群体在政治参与中的青春力量。

三、完善共青团开展青年有序政治参与的未来展望

当下共青团开展的青年政治参与工作从持续度和覆盖面上均形成了一定的工作成效,打造了一批受青年群体喜爱、吸引青年参与的品牌项目。下一阶段,共青团将在完善顶层设计、扩大覆盖群体、提升规范引导、借鉴有益经验和文明成果等方面进一步提升引领实效。

(一)完善顶层设计,加强青年参与制度建设

依托现有工作实践基础,助力出台促进青年群体政治参与的相关政策规划,为青年群体发声提供制度性保障,提供程序、渠道、方式的标准范本;加大对不同阶层、职业、年龄段的优秀青年的吸纳和整合力度,提升青年群体在人大、政协等政治机构中的代表数和席位,使青年群体拥有更多的政治资源;建立青年政治参与的监督反馈机制,及时反馈和答复青年群体的建言献策,增强对青年政治利益诉求的回应,提高沟通效率,提升青年群体的参与感和获得感;形成青年政治参与激励机制,给予青年政治参与必要的财力和物力支持,对有序政治参与并取得较好社会效应的青年及青年群体给予先进评选、表彰等,激发青年关注政治的热情。[①]

(二)扩大覆盖群体,加强青年参与队伍建设

现行的青年政治参与项目主要聚焦青年群体中的关键少数,从活动的参与面和群体的多样性来看,还有一定的提升空间。要加大对青少年群体的参与覆盖,提升辅导员的政治素养和讲好"儿童化"政治的能力,打造"红领巾讲师团"和"红领巾学习社",将政治素养培训前置,为开展青年政治参与储备优秀少年力量。同时,对于体制外青年群体,要拓展联系服务方式,在商场、公园、社区公共空间等地建立"流动学习社",采用送课、送活动上门的方式,为快递小哥、网约车司机、自由作家等新兴领域青年群体提供参与途径。

(三)提升规范引导,加强线上引领

面对青年群体选择"线上"等非制度化方式进行政治参与的情况,共青团要做好青年网络政治参与和青年自组织政治参与等的规范引导工作,尽快形成"互联网+共青团"新型工作形态,注重新媒体平台的建设,与B站、小红书、抖音等平台建立合作,结合重要新闻和观点制作短视频,做出正向引导和分析,用年轻人的视角去解读问题,用年轻人喜欢的方式去展示问题,培养一批共青团的网上正能量代言人,做好网上舆情引导工作,教会青年人在网上正确发声。

---

① 张良驯,郭元凯.青年政治认同与政治参与研究[J].人民论坛,2020(24):76-79.

（四）借鉴有益经验和文明成果,加强人才培养途径

在百年未有之大变局下,新时代中国青年要积极学习借鉴各国有益经验和文明成果,始终走在构建人类命运共同体的前列。通过世界青年发展论坛,中国青年要加强与各国青年交往交流、增进了解,学习好国际传播的规则,讲好中国故事,为推动构建人类命运共同体作出新时代青年的贡献。共青团要提高青年参与全球治理的能力,积极向国际组织输送青年人才,提高中国在国际议程和多边机制中的影响力。一方面通过着重在共青团组织、高校等平台加大培训、增设课程等方式,不断完善青年人才培养体系,以输出具有高水平的全球治理能力的青年人才。另一方面,政府对民间组织给予一定资金、技术等方面的支持,使其与民间网络、国际组织等建立联系,以分享前沿的知识与技术经验等。

第三节　在创新社会治理中展现青年力量

党的十八届三中全会通过的《中共中央关于全面深化改革若干重大问题的决定》提出,要"改进社会治理方式、激发社会组织活力"。这是党的正式文件中第一次提出"社会治理"概念,标志着我国社会建设从"社会管理"步入"社会治理"阶段。[①]

中国青年既是国家建设与社会发展的生力军与突击队,也是社会变迁条件下追求社会认同和自我认同的独立性社会群体,在社会治理中发挥着不可或缺的重要作用。《中华人民共和国国民经济和社会发展第十四个五年规划和2035年远景目标纲要》中提到"发挥群团组织和社会组织在社会治理中的作用",作为党领导的先进青年的群团组织,共青团主动参与社会治理,发挥自身在推进国家治理体系和治理能力现代化建设进程中的积极作用是应有之义,也是巩固和扩大党执政的青年群众基础的必然要求。[②]

一、共青团参与社会治理创新的定位和基础

（一）共青团参与社会治理创新的主要方向

2019年11月,党的十九届四中全会提出,"发挥群团组织、社会组织作用,发挥行业协会商会自律功能,实现政府治理和社会调节、居民自治良性互动,夯实基层社会治理基础。"不同于传统的"大政府,小社会"的政府包办管理模式,社会治

---

①　王猛.青年社会组织参与社会治理的实践困境与改进策略[J].广西社会科学,2020(12)：70-77.

②　张荣.努力提升共青团在社会治理中的贡献度[N].中国青年报,2020-11-19(005).

理强调以人为本,以多元主体参与为治理基础,在科学、规范的规章制度的支持下,更好地回应社会问题,促进社会资源合理配置,满足大众合理需求,从而构建新时代共建共治共享的社会治理格局。

新时代社会治理的目标在于推进治理重心下沉,解决基层社会问题,缓解基层社会矛盾冲突,致力于构建共建共治共享的基层社会治理格局,形成"活力"与"秩序"相统一的和谐社会。

依托政治优势、组织优势、资源优势,带领青年积极参与基层社会治理,是共青团发挥社会治理主体地位,投身国家治理体系和治理能力现代化建设的主要方向。

(二)共青团参与社会治理创新的群体基础

青年参与社会治理创新是贯彻党中央关于社会治理顶层设计的必然要求,是进一步夯实"中国之治"社会基础的必要举措,是培养更多堪当民族复兴大任时代新人的必由之路,是共青团参与社会治理创新的重要群体基础。[①]

新时代青年群体拥有鲜明的时代特征和社会性格,引导新时代青年有序参与社区服务,有助于创新基层社会治理方式,提升治理成效。

1. 青年对美好生活的追求可以构成社区参与的基本依托

党的十九大报告指出,新时代人民群众对美好生活的需求不断提升,其中也包括对美好社区生活的需求。在涉及房屋质量、社区规划、物业履职、社区环境等方面的问题发生时,维权群体的主力往往是青年群体。这体现出青年社会参与的意愿是存在的,他们也具备相应的动力和能力。而这样一种实际行动是可以转变为基层社会治理的重要力量来源的。

2. 以青年为主体的自组织是社区自治工作体系的重要组成部分

在社区自治体系中,居民自治组织是非常重要的存在,活跃、积极的居民自组织是社区自治开展的基础和保障。当前,社区内青年为主的自组织数量较少,但在条件成熟的情况下可以转变成为基层社会治理的一种基础。关键在于契合青年的关注点,强化亲子、交友等社区活动主题的设置,吸引更多社区青年参与、加入社区服务。

3. 青年对网络技术的运用可以促进社区服务的方式创新

当今时代,互联网在生活中的应用无处不在。"Z 世代"的青年与互联网之间关系亲密,这可能导致他们缺少对社区的关注,但也可能促使他们通过更加便利

---

① 张利涛.青年参与社区治理:发生逻辑、现实困境及优化路径——基于青海省的调查[J].创新,2021,15(04):
22-34.

的方式及时了解社区事务的变化和事件的发生。同时,青年群体熟练掌握网络技术,也使其能帮助社区服务进一步提升科技含量,丰富智能手段,完善基层社会治理方式,营造品牌与亮点。

(三) 共青团参与社会治理创新的功能定位

1. 做好党的助手和后备军,培养具有社会治理才能的青年人才

共青团是党联系青年的桥梁和纽带,应该积极把握中心工作,深入参与大局工作,投身社会治理这条工作主线,把培养具有高度社会责任感和社会治理才能的青年人才作为一项重要工作,为党的社会治理事业挖掘、培养、选树、输送优秀人才,引导青年承担起维护社会和谐、推进社会发展的时代重任。[1]

2. 始终代表和维护青年群体利益,服务和引导青年参与社会治理

共青团必须从广度和深度兼顾的角度代表、维护青年群体的利益,尤其是要重点关注弱势青年群体的生存发展需求,做好青年诉求的上传下达,推动青年利益相关政策法规的出台和落实,将青年群体的“高需求”变为“高反哺”,服务和引导青年群体积极参与社会治理。

3. 打造枢纽型青年社会组织,助力政府青少年服务供给

共青团要找准青少年事务管理中的着力点,关注青少年在教育、就业、婚恋交友、社会参与、身心健康等各方面的需求。通过大力培育团属枢纽型青年社会组织,承担政府青少年事务管理和服务的职能,联系引导青年社会组织参与服务供给,为青少年解决“急难愁盼”的问题,提升共青团组织对青年群体的吸引力和凝聚力。

4. 发挥思想引领功能,塑造社会治理的价值体系

共青团要积极发挥思想引领功能,引导广大青年增强“四个意识”,坚定“四个自信”,坚决做到“两个维护”;积极宣传社会主义核心价值观,引导青年群体找到“小我”和“大我”的契合点[2],将社会主义核心价值观转化为青年群体的情感认同和行为习惯,帮助青年群体扣好“人生中的第一粒扣子”,提升思想道德水平,树立正确的世界观、人生观、价值观,为社会治理奠定良好的文化基础和社会环境。

(四) 共青团参与社会治理创新的工作路径

共青团充分发挥“横到底、纵到边”的组织优势,形成省(市)、市(区)、区(街镇)、社区四级联动的青年参与社会治理工作路径。在省(市)级层面,打造市级

---

① 周巍,李开.共青团在社会治理中的定位及参与路径分析[J].青年发展论坛,2019,29(06):71-76.

② 周巍,李开.共青团在社会治理中的定位及参与路径分析[J].青年发展论坛,2019,29(06):71-76.

示范平台,选树具有创新性和影响力的工作品牌,组建青年社会治理专委会、宣讲团,在全市范围内进行宣传推广;在市(区)级层面,打造区级实践阵地,依托青年中心建设,为青年人参与社会治理提供家门口的实践空间,以服务为手段,

5.3.1 共青团中央办公厅关于印发《社区青春行动方案》的通知

凝聚青年参与共商共治;在区(街镇)层面,打造属地组织载体,建设县域团属青年社会组织,以项目供给的方式,建立青年社群、亲子俱乐部等组织外延,构建基层社会治理青年参与的广泛群体基础;在社区层面,打造基层治理样本,发现、挖掘、培养社区服务工作中的青年达人,建立联系沟通机制,推动参与业委会、社区自治组织的工作,形成青年基层治理样本,提升团组织在社区中的青年力量。

二、共青团参与社会治理创新的工作实践

为进一步弘扬"党有号召、团有行动"的光荣传统,在主动服务大局中找准切入点和突破口,共青团开展社区青春行动,努力将工作重心下沉到基层,将引导青年群体参与社会治理工作落实落地,发挥共青团实践育人功能,引领广大青少年在社区中提高参与意识、加强实践锻炼、增长本领才干,成为协助党和政府加强和创新社会治理的重要力量。

(一)社区骨干自治模式下的青年进社区工作

当今社区中,有一群年轻人,他们掌握并运用一定的优势资源或特殊才能,深入社区日常生活,对社区的发展和建设起到积极作用,促进社区公共事务高效、便捷的完成,获得社区群体较为一致的认可。他们就是共青团开展社区青春行动的重要力量之一——社区青年骨干。

共青团组织通过为他们搭建展示才能的舞台,并选树优秀典型进行方式方法的推广,较好的形成了青年走进社区的工作品牌,在社区培养了青年骨干力量。

为解决社区业主委员会普遍存在的老龄化、维权难等问题,2018 年,团上海市委提出团的工作"往社区走"战略,在嘉定、静安、闵行、宝山等 4 个区试点开展团青骨干进社区业主委员会项目。在总结、深化试点工作经验的基础上,成立市、区两级青年业委会委员联谊会,团青骨干参与理顺物业管理条块关系、规范社区业主委员会组建和运作、加强对物业服务收费指导、完善公共收益收支制度、缓解小区停车矛盾和优化维修资金续筹以及紧急维修程序等方面的工作,促进了制度的修订,对突出矛盾和热点问题提出了切实有效的解决方案。在上海新冠疫情防控期间,业委会成为社区抗疫重要力量,担负起居委会、物业与居民之间的协调沟

通工作,为社区齐心协力战胜疫情提供助力。团杭州市委择优推荐讲政治、有能力、有担当的优秀青年业委会委员、主任 110 人,成立杭州市青年业委会委员联谊会。开发"西子青春"社区小程序,搭建了法规查询、范本下载、案例分享、智囊团问答等模块,为青年业委会委员打造移动的知识库交流平台。创立业主委员会青年人才培训基地,开展业委会工作重难点培训。团邹城市委以党群服务中心为坐标,打造青春社区"红色管家"。组织辖区派出所、小区物业、业主委员会等区域单位建立联席会议制度,签订党群共建责任书;对社区青年实施网格化管理,将居民楼划分为网格,在每个网格内设立 1 个青年小组,鼓励有志青年参与社区活动和社区服务的策划与组织。

5.3.2　引领青年在
"美丽家园"建设和
社区服务中发挥生力
军作用

5.3.3　"青年影响社
会"第二届上海青年
社区达人赛举办

　　为进一步挖掘植根于基层社区的专业青年力量,充分展示青年群体热爱社区、投身社区、服务社区的青春风采,团上海市委自 2018 年起设立"青年影响社会"上海青年社区达人赛,两年中共有 40 多名青年社区达人脱颖而出。他们中既有科研工作者、设计师、民警、消防员,也有业委会青年、网红主播、非遗传承人等。依托产生的青年社区达人,组建青年社区达人宣讲团,并将达人事迹汇编成册,进行更广泛的宣传和推广。2020 年团杭州市委联合市住保房管局、民政局开展第一届"社区青年达人"评选,经过摸排建成了 124 人的达人库,收集青年进社区参与社会治理典型案例 100 余篇,经过全面评议、审查评选产生睦邻达人、文体达人、环保达人、公益达人、管理达人、平安达人共 39 人。

（二）以社区服务需求为切入点的青年社区参与

　　志愿服务是青年群体关注度最高、参与度最深、获得感最强的实践育人载体,是推动青年群体以实际行动参与社会治理、提升自身参与意识和参与能力的重要路径,在大国外交、地方建设、基层服务中,都有青年志愿者的身影。在社区中,青年志愿者是面对社区需求的第一线,能够及时有效的收集需求、提供反馈,共青团通过建立社区青年志愿服务队的方式,统筹资源、配送服务、结对帮扶,以多形式、多渠道、多内容的方式回应社区需求，为社区融合提供助力。在 2022 年上海战"疫"期间，志愿者队伍充分发挥了人员来源多样、能力多元、青年为主等特点，为社区防疫检测、物资运输、困难帮扶等工作出谋划策，一批 90 后、00 后青年志愿者骨干积极投身一线，以实际行动书写新时代的青年担当。

2019 年 3 月，团上海市委、上海市民政局在全市广泛开展了上海青年为老志愿服务"金晖行动"，主要采用"一对一"或"多对一"的服务模式，以社区为依托，组织青年志愿者与老人结对，签订帮扶协议，为老人提供包户、定期、接力式亲情服务。团聊城市茌平县委积极行动，精准对接，联合茌平县扶贫办和"七彩年轮""绿林协会"等爱心志愿团体，从老年人的实际需求出发，以家政服务、心理抚慰等为主要内容，积极投身到"金晖助老"行动中，依托"爱心结对卡"架起了志愿者和老人间的"连心桥"。团温岭市委探索"基层团建+社会治理+志愿"的"1+X+N"模式，分别在农村、社区和机关等不同区域，对应建立"小村青力帮帮团""社区宅管家""机关跑小青"等三大品牌志愿队伍，有针对性地推出涵盖"候鸟守护计划""微爱益邻""青春帮办"等内容的志愿服务清单。团杭州下城区委开发全国

5.3.4　上海青年社区达人风采展示录

首个针对基层社会治理服务场景的志愿信息交互管理平台——下城区"青小二"数字志愿服务平台，围绕老旧小区改造、智慧小区、平安小区、助老陪伴、垃圾分类等，开设志愿服务项目，志愿者根据实际需求抢单。团杭州江干区委建立全市首支"平安青骑"志愿服务队，发动外卖、快递小哥群体成为平安文明志愿者，有针对性地开展座谈、走访、慰问，每周开展志愿服务时数晾晒，引领新兴领域青年深入社区当好示范员、宣传员、劝导员、督察员和信息员。

（三）以青年社会组织为辅助力量的社区服务供给

青年社会组织作为青年群体参与社会治理创新的重要形式，体现出青年群体特有的创新和活力，是共青团参与基层社会治理工作的重要力量。通过建立团属枢纽型社会组织，共青团凝聚、覆盖了一批具有专业特长的青年社会组织，依托平台搭建、资源支持、培育赋能等方式，引导青年社会组织参与基层社会建设，为社区青年群体解决急难愁盼问题，动员社区青年群体参与基层社会治理和发展。

团上海市委于 2020 年启动了上海青年社会组织"走进社区"系列活动。通过活动开展延伸扩大社区服务类青年社会组织联系覆盖面，发掘培育社区服务能力突出的青年社会组织，征集青年社会组织参与社区服务优秀案例。两年时间内，共开展上海青年社会组织"走进社区"系列沙龙 40 场，开展专项调研 3 次，整理汇

编优秀案例200个。青年社会组织与社区的有效互动为疫情期间解决社区维稳保供打下坚实基础。"小青菜联盟""小青心联盟""消杀天团""天天故事会"等由青年社会组织发起的社区服务项目在战"疫"期间发挥重要作用。团成都市武侯区委遵循党建引领社区发展治理总体思路,联合社治、民政部门和属地街道,孵化专注青少年发展事务的社会组织13家,以购买服务和志愿活动方式深入社区开展青少年综合素质培养项目,常态化开展青少年性教育、禁毒防艾、科普防疫等宣传教育活动。团邹城市委整合社会资源,成立"乐议"青年社会组织孵化基地,培育孵化青年音乐家协会、青年舞蹈家协会、圆梦微公益团队等青年社会组织9家,组织青少年心理咨询师、法律顾问等200余人成立青年社工专业队伍,共同探索青年参与社区共建的美好路径。团济南市市中区委依托青年组织"盒子青年"推出"鲁能Fan社群",开启多元化社群招募,进行特色化、IP化的品质社区活动,先后建立书法、国画等兴趣微社群50余个,活跃青年社群23个,由社区青年开展授课,每周活动20余场。团大连金普新区委培育的马桥子街道松海社区德慧学堂从最初服务于一个社区的社会组织,到目前成长为服务于22个社区的公共服务中心,组织开展了云上亲子财商挑战赛、"一元钱生存挑战营""户外体能拓展活动训练营"等品牌活动200余次,累计参与活动青少年人数超过6 000人,社会反响良好。

5.3.5　2020年度上海青年社会组织"走进社区"系列活动实施计划

三、共青团参与社会治理创新的未来展望

(一)完善青年参与基层社会治理工作顶层设计

要依托共青团的组织体系优势,进一步完善青年参与基层社会治理工作的顶层设计,由团省委牵头成立专项项目组,将涉及社区青年骨干、青年志愿者、青年社会组织等参与群体的工作部门的品牌项目、工作资源和现有阵地进行整合和梳理,出台综合性、普适性、实操性的工作推进指导,将市级资源向基层精准输送,鼓励基层创新性开展青年参与基层社会治理工作,项目组每年对基层开展情况进行考评,选树优秀典型、推广优秀做法,强化共青团在基层社会治理中的定位和作用。

(二)提升青年参与基层社会治理能力的精准培养

要重视青年骨干的发掘和培养,对于在基层社会治理工作中有作为、有力量的社区青年骨干、青年志愿者、青年社会组织及时进行联系和覆盖,并就地吸纳为共青团开展社区青春行动的工作力量。针对三类群体在社区开展治理工作中所需的沟通能力、组织能力、协调能力、调处能力、应急能力等进行专项培训,依托团校的培训、教研优势,开发专题培训班,以理论+研讨+模拟的方式,案例式解决青年参与基层治理中的能力不足问题,提供精准培育支持。

（三）加强青年参与基层社会治理的优势整合

以基层共青团组织为工作枢纽,建立区域化联盟,以街镇为片区,将委办、国有企业、非公企业资源整合到同一个平台,采用轮值主席形式,鼓励多方参与共建,为青年参与基层社会治理提供资源支持;建立青年点单制度,整合各类青年服务项目,形成涵盖青年成长发展全链条的服务清单,采用配送、选送、直送相结合的方式,将优质服务资源下沉社区,提供项目支持;建立青年智库,发挥青年联合会、青年企业家协会等青年组织的智力优势,邀请各领域优秀青年组建社会治理青年智库,集中力量发现问题、寻找对策、评判成效,提供智力支持。

（四）构建青年参与基层社会治理创新的组织架构

加快建设完善共青团基层组织网络,为青年参与基层社会治理提供路径支持。一是依托街镇内青年中心阵地,组建街镇一级的青年共治委员会,邀请区域内委办、企事业单位、团属青年社会组织、青年社区骨干等成员参与委员会的运作,为基层共青团组织开展向下的柔性组织覆盖提供有效渠道和抓手。二是依托青年社区骨干群体,在社区内建立青年自治委员会,将长期开展社区服务的青年社会组织骨干、助力社区秩序维护和服务供给的青年志愿者、代表居民利益的青年能人等青年社区骨干聚集在一起,形成基层共青团在社区一级的柔性组织形态,建成实现上传下达、统筹执行功能的社区团属青年社会组织,让共青团在基层的组织网络织得更密、更实。

（五）建立青年参与基层社会治理创新的应急响应机制

为了进一步加强共青团组织在社会韧性建设过程中的作用发挥,加强危机应对的制度建设与工作创新,要探索建立共青团主导下的应急管理制度机制。除强化日常工作中的组织网络维护和青年人才储备外,要关注培育战时状态中萌发的积极青年社会力量,将这些资源整合到应急响应机制建设中,在面对紧急情况时,能够引导青年群体第一时间组建团队、制定方案、整合资源,有序投入应急处置工作,发挥青年力量。

第四节　共青团组织动员青年投身生态文明建设

生态兴则文明兴,生态衰则文明衰。生态文明建设是功在当代、利在千秋的伟大事业,党和政府历来高度重视生态文明建设。特别是党的十八大以来,以习近平总书记为核心的党中央把生态文明提高到等同人类文明的新高度;把生态文明建设和保护工作提高到关乎民族伟大复兴和永续发展的新高度,推动生态文明建设和生态文明开发与保护工作取得丰硕成果。

一、共青团参与生态文明建设的政策背景

习近平总书记在全国生态环境保护大会上的讲话中强调,生态文明建设是关系中华民族永续发展的根本大计。青年既是生态文明建设的参与者、受益者,也是社会生态文明新风尚最积极最活跃的倡导者、引领者。组织动员青年投身生态文明建设实践,意义重大。

(一) 社会主义生态文明建设的总体目标

党的十八大着眼于全面建成小康社会、实现社会主义现代化和中华民族伟大复兴,对推进中国特色社会主义事业作出经济建设、政治建设、文化建设、社会建设、生态文明建设"五位一体"的总体布局。同时,"美丽中国"首次作为执政理念和执政目标被提出。十九大报告中指出,加快生态文明体制改革,建设美丽中国。牢固树立社会主义生态文明观,推动形成人与自然和谐发展现代化建设新格局。十三届全国人大四次会议表决通过的《关于国民经济和社会发展第十四个五年规划和 2035 年远景目标纲要》明确提到,推动绿色发展,促进人与自然和谐共生。坚持绿水青山就是金山银山理念,实施可持续发展战略,完善生态文明领域统筹协调机制,构建生态文明体系,推动经济社会发展全面绿色转型。

(二) 共青团参与生态文明建设的工作要求

中共中央、国务院印发的《中长期青年发展规划(2016—2025 年)》中指出,鼓励青年积极参与生态环境保护,带头践行绿色生产生活方式,共建生态文明,共创美丽中国。调查[①]显示,青年对"共青团组织在生态文明实践中大有可为"的观点,表示赞同的占比为 72.8%;与其他政治面貌的青年相比,中共党员和共青团员相对民主党派和无党派青年,更加相信和支持共青团组织在生态文明实践中发挥重要作用。[②]

(1) 共青团参与生态文明建设的工作格局。共青团中央印发《"美丽中国·青春行动"实施方案(2019—2023 年)》,以"保护母亲河"、"三减一节"、垃圾分类为主要内容。2020 年 1 月,共青团十八届四中全会指出,在美丽中国建设中积极发挥青年力量,实施"美丽中国·青春行动",以"减霾、减塑、减排、资源节约、垃

---

① 调查问卷面对年龄 14—35 周岁的上海在校学生、在职青年、社区青少年发放 4 500 份调查问卷,有效回收 4 209 份,占比 93.5%。

② 共青团上海市委员会.生态文明与当代青年[M].上海:上海人民出版社,2014:169.

圾分类"为主体,完善促进青少年传播绿色理念、倡导绿色生活、参与环保实践、投身技术开发等机制。

（2）生态文明实践与青年发展的和谐互动。在构建生态文明的实践中,以育人为本的共青团承担着组织动员青年参与生态文明建设的重要责任,起到桥梁、渠道和途径的作用。在组织上覆盖青年、在生活上贴近青年,打造社团活动、社会实践、课外科技、志愿服务等深受青年认可的品牌,为青年锻炼能力、提升素质搭建了宽广平台。共青团作为党的助手和后备军,作为广大青年的代言人和利益维护者,在牢牢把握生态文明建设实践的大局和契机中,不断促进青年生态文明的意识觉醒和素质提高,团结带领青年投身生态文明实践。

5.4.1　共青团中央关于印发《"美丽中国·青春行动"实施方案（2019—2023年）》的通知

（3）青春建功"十四五"行动与建设美丽中国。2021年4月,团中央办公厅印发《社区青春行动方案》指出,推进社区"美丽中国·青春行动",面向社区青少年宣传习近平生态文明思想,鼓励带动居民养成绿色生活习惯。共青团十八届六中全会审议通过的《共青团中央2022年工作要点》中,在深化青春建功"十四五"行动方面明确指出,立足新发展阶段,围绕建设美丽中国等党和国家重大部署,找准结合点、切入点、着力点,挖掘青年突击队、青年文明号等品牌的新时代内涵,团结引领团员青年立足岗位创新创效、建功立业,在贯彻新发展理念、构建新发展格局、推动高质量发展上做贡献。

二、共青团参与生态文明建设的工作实践

自2019年《"美丽中国·青春行动"实施方案（2019—2023年）》发布后,截至当年年底,共青团筹集资金近6亿元,建设总面积达520多万亩的示范工程,吸引了6亿多人次青少年参与各类生态环保宣传实践活动。[①] 按照团中央实施部署,各地共青团结合工作实际,在新冠疫情常态化防控期间适时统筹推进,积极动员广大青年参与环境治理,从队伍建设、品牌项目、主题宣传等方面开展了一系列工作,形成了人人争做建功美丽中国行动者的良好氛围。

（一）重视队伍建设,完善生态文明志愿服务体系

（1）动员整合青年志愿服务队伍。各地团组织联合生态环境部门、文明办、教育部门等单位,在坚持社会化动员和志愿参与的基础上,广泛整合社会各方青

① 杨宝光.以青春之我 点亮美丽中国——共青团参与生态文明建设工作纪实［N］.中国青年报,2019－12－24（1）.

年力量加入生态文明志愿服务行列。团上海市委联合上海市教委共同发起成立上海市青少年生态文明志愿服务总队。首批加入总队的志愿者主要包括参与上海市大学生生态环境联盟等环保社团的在校大学生等5 000余人。据统计,在"青春上海"网注册的志愿者总数达107万人,投身于各类环保公益事业。[①] 团广东省委以"保护母亲河　争当'河小青'"活动为主要抓手,积极整合政府部门、企业、社会组织等社会各界资源,健全省、市、县(区)、镇(街)、村(社区)五级"河小青"护河治水志愿者网格体系。组建以"共青团+青年环保社会组织+青年志愿者队伍+青年突击队"的"河小青"队伍,以"随手拍、随手捡、随手护"等"微行动"协助河长开展工作。

5.4.2　上海市青少年生态文明志愿服务总队正式成立

(2)发展培育青年志愿服务组织。通过政策引导、重点培育、项目资助等方式,建设一批枢纽型、支持型、社会影响力强的生态环境青年志愿服务组织。支持其建立与党政机关、群团组织、企事业单位、其他社会组织和基层群众性自治组织的沟通交流平台。建立健全管理制度,加强业务指导,促进其规范发展。团上海市委联合市绿化市容局、市水务局等单位,组建青年讲师团,依托爱心暑托班等项目,宣讲有关垃圾分类、河长制等内容,每年直接服务小学生逾3万人次。上海20余所高校环保社团联合成立上海市大学生生态环境联盟,分享交流活动经验和创意。各高校成立生态文明志愿服务分支机构,辐射中小学生和其他青年群体。按照年龄段和服务内容不同,对志愿者实行分级管理,并从健全组织、招募注册、激励机制等方面做好制度保障。依托青年家园,加强对环保类青年社会组织的支持力度,发掘优秀项目和人才。团广东省委与环保组织建立环保联盟,搭建护河治水志愿服务站和环保教育实践基地,通过环保科普教育、环保视频宣讲、环保技能培训等开展环保专业知识培训。

(二)打造品牌项目,组织开展各类特色活动

(1)保护母亲河·绿色希望工程。1999年初,共青团中央、全国绿化委员会、水利部、国家林业局、中国青少年发展基金会联合发起"保护母亲河行动"。旨在治理水土流失,保护生态环境,倡导和树立绿色文明与可持续发展意识,以保护哺育中华民族的"母亲河"——黄河、长江及其他主要江河为主题,推动国家生态工程建设,为母亲河更好地造福中华民族和实现全球性生态平衡做

[①] 许晓青.上海成立青少年生态文明志愿服务总队[EB/OL].(2019-8-3)[2022-4-28].https://baijiahao.baidu.com/s?id=1640832067974619271&wfr=spider&for=pc.

贡献。

1999 年 3 月，上海成立"保护母亲河·绿色希望工程"领导小组，由团上海市委、上海市人大环资委、市绿化委、市农林局、市园林局、市水务局、市环保局、市市容环卫局、市苏州河环境综合整治领导小组办公室和上海青基会等单位组成。在参与实施全国保护母亲河行动重点工程的基础上，以保护上海的母亲河——黄浦江、苏州河以及中小河道的生态环境，参与上海绿化建设为重点。团福建省委与福建省河长办、福建省学联联合开展"河小禹"专项行动。邀请专家围绕河流治理，设计、发布研究课题，组建实践队（含博士团队），有效助力河长制工作。形成纵向"省、市、县、乡"与横向"河长办、团委、学联"组成的网状管理运行机制。围绕"保护母亲河"开展了 300 余场特色活动。①

（2）青年志愿者绿色营项目。1999 年 5 月，团中央联合全国政协人口资源环境委员会、水利部、中国青年志愿者协会、中华环境保护基金会等单位，推出青年志愿者绿色行动营计划，是共青团跨世纪发展纲要制定的"中国青年绿色行动"的重要项目。以劳动、交流与学习为主题，组建"中国青年志愿者绿色行动营"，集中组织青年从事植树造林、治理沙漠等生态环境建设领域和大气、水污染的治理与监控、白色垃圾治理等环境保护领域的志愿服务，服务期一般为 2 周至 4 周，并在条件成熟地区建设"中国青年志愿者绿色行动基地"。②

上海青年志愿者绿色营项目始发于 1998 年的上海市大学生绿色营。2017 年正式成为团上海市委主力打造的品牌志愿服务项目，通过训练营、研学营、实践营三大活动，服务全市社会组织、高校社团、绿色行业青年、大学生志愿者等，通过主题宣讲、调查研究、教育实践等形式，将志愿服务与生态文明教育有机结合。作为引领青少年参与生态文明建设的创新阵地和活动载体，旨在持续引领青年环保人士、青年学者共同开展绿色环保活动，为热心环保公益事业的青少年搭建交流实践平台，使"爱水、绿色、节能、低碳"的环保理念深入人心。

5.4.3 上海青年志愿者绿色营项目（附光盘行动 21 天挑战赛宣传视频）

（3）"垃圾分类·青春助力"行动。作为"美丽中国·青春行动"的三大行动之一，在团中央的号召下，各级团组织广泛、系统、全面地开展了"垃圾分类·青春

① 杨宝光.古有大禹治水 今有"小禹"护河——福建共青团参与生态文明纪实[N].中国青年报,2019-12-31(2).
② 历建祝.共青团中央等七单位联合推出青年志愿者绿色行动营计划启动[N].中国绿色时报,1999-5-31(1).

助力"主题实践活动,培养广大青少年良好的生态环保素养,树立保护生态环境的意识,践行绿色低碳、环保健康的生活理念。

团上海市委在青春上海等平台发布《践行新时尚·青春更闪亮——致全市共青团员、少先队员和青少年的倡议书》。召开上海共青团助力生活垃圾分类工作推进会,深入贯彻习近平总书记考察上海时的重要讲话精神,[①]对全市团组织助力垃圾分类和减量工作提出明确要求。发布上海共青团助力生活垃圾分类五大行动计划,成立43家团组织组成的上海共青团生态环境团建联盟和上海市生活垃圾分类青年志愿者服务队。

5.4.4　"拾""分"青春十分上海——上海青少年参与推进城市生活垃圾分类五项行动计划(附干湿垃圾分类广告片)

5.4.5　《社区治理与当代青年2019上海青年发展报告》专题二"上海青年的垃圾分类参与"研究(附低碳宣传动画视频)

北京东城区永外街道团工委建立青年志愿服务队,于垃圾集中投放时间,在垃圾分类示范引导站为居民讲解垃圾分类知识;入户发放"垃圾分类温馨提示卡";创意录制宣传广播,在小区入口、固定桶位等处"小喇叭"流动式劝导。团浙江台州市委依托团组织、青年志愿者和青年社会组织等群体,通过共青团主导和社会化运作相结合的方式,以"全员化、制度化、多样化"三化融合机制,全面推行垃圾分类"十百千"行动(即每个县市区建立十个兑换点、百支公益队伍和千名志愿者)。[②]

（三）开展主题宣传，营造生态环境文明良好氛围

（1）结合重要时间节点,开展集中宣传。在全国母亲河日、世界地球日等重要时间节点,团上海市委推出一批精美公益海报,倡导全市青少年和社会公众有序参与环保志愿服务。于世界环境日、世界海洋日、上海青少年"减塑生活行动日",邀请正能量文艺工作者录制短视频,号召广大青少年践行垃圾分类新时尚。

---

① 2018年11月6日习近平总书记曾到上海市虹口区市民驿站嘉兴路街道第一分站视察垃圾分类工作,并指出,垃圾分类工作就是新时尚。

② 团台州市委."三化"融合推进垃圾分类"十百千"行动[J].中国共青团,2018,5；57.

团广东省委联合省绿委、省林业厅、省水利厅共同主办,团中山市委等部门承办"保护母亲河·美丽中国梦"系列活动暨中山市青少年助力"美丽中山"活动,成立"美丽中山"青年公益联盟,协助河长开展水资源保护、水污染防治、水环境治理、水生态修复等工作。①

(2)依托线上线下渠道,丰富宣传产品。按照团中央"五个一"示范活动的要求,团上海市委在新媒体端对青少年参与生活垃圾分类减量示范项目展示推广;推出"沪水云课堂"系列动画教育片,向青少年讲述"河长制"、排水、节水知识;在哔哩哔哩直播间进行"共话可持续消费——全国低碳日·上海主题宣传活动"。携手 EDG 电子竞技俱乐部推出电竞明星"打 CALL 垃圾分类"VLOG,广受青少年喜爱。团杨浦区委联合区绿化市容局开展"为垃圾分类带货,为无废社区代言"联合行动,直播回收再生无废文创产品,发起社区"一日无废"挑战,以一日产出最少垃圾为目标,通过微信报名,参与者将当日产出的垃圾拍照上传小程序,生成完成挑战专属海报,切身感受垃圾减量。团北京东城区委请青少年演出环保话剧,出品《桃花源》《电池小七》等作品在话剧圈和环保文化界产生一定影响力。② 团福建省委开发创作出手机 App、网络歌曲、吉祥物、表情包等 10 大类"河小禹"主题文化产品 2 000 余件。③

(3)积极挖掘选树典型,发挥引领示范作用。团上海市委将"上海青少年生活垃圾分类社区志愿讲师团"作为最佳志愿服务候选组织推报到团中央,参与全国志愿服务"四个100"先进典型评选。推荐爱芬环保公益机构总干事参加全国青少年生态文明教育及青年环保组织骨干培训班进行主题讨论交流,参加中欧青年政策对话。邀请知名艺人通过短视频号召青少年积极参与垃圾分类减量工作,"青春上海"微博流量突破 3 000 万。联系外企青年志愿者加入垃圾分类社会宣传动员活动,开展形式丰富的垃圾分类主题嘉年华、定向赛等活动,提升社会参与率和知晓率。团江苏省委率先组建机关生活垃圾分类志愿者队伍,建立志愿者活动的长效机制,发挥好示范引领作用。④

三、共青团参与生态文明建设的未来展望

为更好地顺应我国生态环保新形势、新目标、新任务,团中央推出"美丽中

---

① 林洁、张夺.2018 年度广东青少年生态环保系列活动启动[EB/OL].(2018-3-22)[2022-4-28].https://www.gdcyl.org/Article/ShowArticle.asp? ArticleID=237283.
② 姚莉、铁铮、郭一帆、修慧爽、李松.青少年参与生态文明建设成效研究[J].中国生态文明,2021,6:85.
③ 杨宝光.古有大禹治水 今有"小禹"护河——福建共青团参与生态文明纪实[N].中国青年报,2019-12-31(2).
④ 李润文.打造多功能"河小青"——江苏共青团参与生态文明建设工作纪实[N].中国青年报,2019-12-16(1).

国·青春行动",聚焦国家污染防治攻坚战重点领域,全新推出以"三减一节"为主的环保新行动:减霾——动员青少年绿色生活、低碳出行、守卫一片蓝天;减排——组织企业青工绿色生产、节能降耗、守住一池碧水;减塑——引领青少年拒绝白色污染、提升文明素养、守护一方净土。与此同时,广泛发动青少年参与垃圾分类,在践行新时代社会文明中走在前列。

(一)抓好宣传培训,加强实践育人

在机关、企事业单位、学校、社区、场所、村镇设立低碳宣传栏,张贴海报或标语,以报告、征文、演讲、板报等方式,宣传低碳环保知识;在世界环境日、植树节等重要节日,举办主题宣传,推介低碳新知识、新产品,努力形成"青"字号品牌。实施青工技能振兴计划,举办节能低碳发明竞赛,鼓励青年开展生态调研,使广大青工、大学生依托企业、学校、科研机构,为节能低碳献计献策;组织青少年到植物园、生态旅游区等基地参观学习或担任志愿者;联合出版单位和影视公司,加大出版、发行环保书籍和电影的力度;联合文化局、环保局等,组织开展环保图书免费借阅或生态电影公益放映等活动,使青少年潜移默化地接受并养成绿色思维模式和生活方式。

(二)促进队伍联动,强化平台建设

绿色生态青年志愿者总队联合各级支队、高校支队、行业支队等,整合分散的环保志愿力量,规范组织架构,扩大成员覆盖,丰富活动内容,充分发挥志愿者的作用。通过建立总队网站、微博、QQ或微信群,创办总队微信公众号、视频号等方式,加强总队与支队之间的联动,在团员青年中大力宣传生态文明理念和绿色生活方式,形成统一品牌。从而有效组织、广泛动员青年志愿者积极投身生态文明建设,辐射带动公众积极参与,打造集学习、教育、体验、实践于一体的生态文明建设平台。

(三)培育低碳典型,注重榜样力量

榜样的力量是无穷的,联合大众传媒宣传环保感人事迹和先进典型,影响带动青少年参与环境保护行动。注重发现和培育典型,联合相关新闻媒体宣传、挖掘志愿者参与环保的先进经验、优秀典型,树立一批在低碳生活、办公、生产、创新等领域表现突出的青少年榜样人物,营造节约光荣、低碳时尚的社会氛围。此外,加强生态文明教育基地建设,联合有关部门评选一批绿色企业、绿色社区、生态街区等作为青少年生态文化宣传教育基地。通过培育低碳典型,可以引领带动更多的人参与、支持城市生态文明建设事业。

(四)完善工作机制,助力"双碳"之路

习近平总书记在第七十五届联合国大会一般性辩论上宣布:"中国将提高国

5.4.6 《中共中央 国务院关于完整准确全面贯彻新发展理念做好碳达峰碳中和工作的意见（2021 年 9 月 22 日）》

家自主贡献力度,采取更加有力的政策和措施,二氧化碳排放力争 2030 年前达到峰值,努力争取 2060 年前实现碳中和。"中国将为履行碳达峰、碳中和目标承诺付出极其艰巨的努力,为全球应对气候变化做出更大贡献。共青团助力"双碳"之路,是一项服务国家"五位一体"大局建设、提升青年生态文明素养、服务社会良好生态环境构建的系统工程。在整合社会资源的过程中,须不断完善工作机制,构建与社会主义市场经济体制相适应、服务能力更强、社会化水平更高、青年参与面更广的工作运行机制,推动生态文明建设的制度化、常态化、规范化。

在建设美丽中国新征程上,共青团以习近平生态文明思想为指导,充分发挥组织化、社会化动员以及实践育人的作用,继续团结带领广大青少年践行绿色生产生活方式,明确自身在生态文明建设中的责任和担当,从而为"双碳"目标的实现,为建设美丽中国和人类社会的可持续发展贡献青春力量。

第五节　围绕乡村振兴,带领青年奋发作为

党的十八大以来,以习近平同志为核心的党中央始终坚持把解决好"三农"问题作为全党工作的重中之重,把脱贫攻坚作为全面建成小康社会的标志工程,启动实施乡村振兴战略。习近平总书记指出:"全党同志务必深刻认识实施乡村振兴战略的重大意义,把农业农村优先发展作为现代化建设的一项重大原则,把振兴乡村作为实现中华民族伟大复兴的一个重大任务,以更大的决心、更明确的目标、更有力的举措,书写好中华民族伟大复兴的'三农'新篇章。"

一、青年投身乡村振兴的政策背景

乡村振兴是乡村生产生活生态全面发展,是农业农村农民全面振兴,要扎实有序做好乡村发展、乡村建设、乡村治理重点工作,推动乡村振兴取得新进展、农业农村现代化迈出新步伐。[①]

（一）全面推进乡村振兴的决策部署

实施乡村振兴战略是新时代"三农"工作的总抓手,在实现第二个百年奋斗

---

① 张红宇.奋力开创全面推进乡村振兴新局面[EB/OL].(2022 − 04 − 06).https://theory.gmw.cn/2022 − 04/06/content_35638068.htm.

目标的新征程中，"三农"工作重心转向全面推进乡村振兴。中共中央、国务院印发《乡村振兴战略规划（2018—2022 年）》，明确提出要培养造就一支懂农业、爱农村、爱农民的"三农"工作队伍。《中共中央关于制定国民经济和社会发展第十四个五年规划和二〇三五年远景目标的建议》，对新发展阶段优先发展农业农村、全面推进乡村振兴作出总体部署。2021 年 2 月，国家乡村振兴局正式挂牌。2021年 4 月 29 日，全国人大通过《中华人民共和国乡村振兴促进法》。21 世纪以来第19 个指导"三农"工作的中央一号文件《中共中央 国务院关于做好 2022 年全面推进乡村振兴重点工作的意见》发布，同时国务院印发《"十四五"推进农业农村现代化规划》，举全党全社会之力推动乡村振兴，为全面建设社会主义现代化国家开好局、起好步提供强力支撑。

（二）共青团助力乡村振兴工作要求

　　乡村振兴，青年先行。共青团认真落实党中央关于乡村振兴战略的重要部署，探索、找准青年投身乡村振兴的切入点和着力点，引领青年以实际行动助力乡村发展，服务青年在乡村振兴中实现自我。

　　（1）明确共青团在乡村振兴中的角色定位。共青团中央立足为党培育乡村振兴青年人才的根本逻辑，统筹服务乡村振兴和服务青年发展，围绕本土人才兴乡、在外人才返乡、社会人才下乡，进一步聚焦助力乡村青年人才成长、助力乡村社会建设、帮助乡村困难学生学业、帮助乡村青年创业等"两助两帮"重点项目，做乡村振兴青年人才引流培育者、乡村青少年健康成长呵护者、乡村青年发展资源整合者、乡村青年文化风尚引领者、乡村治理助推者，着力将工作成果转化为组织成果和政治成果①。

　　（2）共青团和青年参与乡村振兴的安排部署。共青团中央《关于深入开展乡村振兴青春建功行动的意见》（中青发［2019］5 号），提出根据新时代"三农"工作部署和《国家乡村振兴战略规划（2018—2022 年）》，结合共青团和青年工作实际，聚焦团的主责主业，以服务、凝聚、培养青年人才为切入点，组织动员广大青年投身乡村振兴战略实施。2020 年 7 月，共青团中央又发布了《关于深入贯彻落实习近平总书记重要讲话精神 统筹共青团投身打赢脱贫攻坚战与开展乡村振兴青春建功行动的工作指引》，明确共青团投身脱贫攻坚决战和实施乡村振兴战略的总体要求、主攻方向、重点举措、保障机制等内容。

　　（3）深化实施乡村振兴青春建功行动的工作要求。为贯彻实施《中华人民

---

① 团中央最新提点：共青团要做乡村振兴中的"五者"[EB/OL].（2021 - 10 - 19）. https://new.qq.com/rain/a/20211019A0AWAC00.

共和国乡村振兴促进法》,落实共青团十八届五中全会精神,2021 年 10 月,共青团中央办公厅印发《关于深化实施乡村振兴青春建功行动的工作方案》,就进一步聚焦重点项目进行安排落实。① 要求各级团组织坚持政治引领、价值引导与实践育人相结合,引导广大青年成为乡村振兴战略的宣讲员、农民共同致富的领头雁、乡村振兴的生力军、美丽乡村建设的突击队,为乡村振兴点亮青春华光。

| 5.5.1 《乡村振兴战略规划(2018—2022年)》 | 5.5.2 《中共中央 国务院关于实现巩固拓展脱贫攻坚成果同乡村振兴有效衔接的意见》 | 5.5.3 《中共中央 国务院关于全面推进乡村振兴加快农业农村现代化的意见》 | 5.5.4 共青团中央《关于深化实施乡村振兴青春建功行动的工作方案》 |

二、共青团助力乡村振兴的工作实践

乡村振兴需要青春力量,共青团紧抓"乡村振兴合伙人"——富有开拓性、创新性和成长性的青年群体,依托工作载体,不断加强联系、服务和引导的工作力度,带领青年振兴乡村。在乡村振兴战略实施中,青年领办专业合作社、推广现代农业科技、壮大农村新产业新业态,带头移风易俗、改善农村人居环境、倡导文明乡风,带动农民增收致富,助力农村焕发新貌。②

(一)强化"三农"青年人才全链条培育

坚持以政治引领为主轴,贯彻落实习近平总书记关于乡村人才振兴的重要指示精神,共青团进一步落实党中央、国务院有关部署,多渠道选树培育富有现代意识、开放视野的优秀"三农"青年人才。共青团中央组织评选"全国乡村振兴青年先锋",发挥先进典型示范引领作用;实施乡村青年创业"领头雁"培养计划,培育农村青年致富带头人推动共同富裕;打造美丽乡村建设"设计师",在乡村振兴的"三园建设"(农业大花园、农村大公园、农民大乐园)实践中发挥青年"突击队"作用。开展各类乡村振兴青年技能培训活动,帮助农村青年实现就业创业;实施农

① 周围围.用火热的青春投身乡村振兴伟大事业——共青团实施乡村振兴青春建功行动工作综述[EB/OL].(2021-11-22).http://news.youth.cn/gn/202111/t20211122_13319719.htm.
② 国务院新闻办公室.新时代的中国青年[EB/OL].(2022-04-21).http://www.gov.cn/zhengce/2022-04/21/content_5686435.htm.

村青年电商人才培育计划,扎实开展青年电商线上线下培训,培养乡村振兴的青年人才骨干队伍。组织返乡大学生和创业青年开展乡情调研活动,帮助他们深入感悟家乡变化,深切感受乡村剧变;增进优秀青年人才对乡村的认同感和归属感,明晰重任在肩。

团江苏省委联合 11 家厅局、高校和公司共同实施"新农菁英"培育发展计划,主要针对青年职业农民、返乡创业大学生、农村致富带头人三类群体,重点围绕江苏省乡村振兴目标,以技能提升、创业实训、站点服务、空间孵化、电商助力、金融支持、就业见习为手段,每年在江苏省培育发展 1 000 名返乡创业青年、1 000 名新型青年职业农民、1 000 名农村青年致富带头人。[①] 团四川省委联合农业农村厅实施"乡村伙伴计划"农村青年人才振兴工作,培育农村青年致富带头人梯队;联合商务厅开展农村青年电商培训,培养电商专业人才;联合中国慈善联合会、扶贫基金会开展乡村振兴人才培养,联合网信办实施"乡村振兴青年先锋培育行动"。新疆生产建设兵团团委树立创新创业典型,兵团乡村振兴创业青年 2 人入围"全国乡村振兴青年先锋"标兵候选人评选,3 人入围"全国乡村振兴青年先锋"。

(二) 建立青年投身乡村振兴选派机制

"到西部去、到基层去、到祖国和人民最需要的地方去"是青年人扎根基层、奉献岗位的实际行动。共青团建立青年投身乡村振兴选派机制,如大学生村官、大学生志愿服务西部计划(简称西部计划)、高校毕业生"三支一扶"计划、大学生"返家乡"社会实践活动等。自 2003 年起,共青团中央、教育部、财政部、人力资源和社会保障部共同组织实施西部计划,至今已累计招募派遣 41 万余名高校毕业生及在读研究生,深入基层开展为期 1 至 3 年的志愿服务,推动优秀青年人才从东中部向西部聚集,促进人才跨区域流动和区域协调发展。

新时代高校毕业生"三支一扶"计划围绕基层全面实施乡村振兴战略对人才的需求,选派高校毕业生到基层从事支教、支农、支医和帮扶乡村振兴等服务。共青团中央 2019 年启动大学生"返家乡"社会实践活动,与大中专学生暑期"三下乡"社会实践活动互为补充。以"受教育、长才干、做贡献"为原则,引导大学生进一步了解家乡、服务家乡,投身乡村振兴战略。截至 2021 年,47 万名"三支一扶"人员参加基层支教、支农、支医和帮扶乡村振兴(扶贫),数百万青年学生参与"三

---

① 杨频萍.培育农村青年人才 助力乡村振兴战略 团江苏省委实施"新农菁英"计划[EB/OL].(2019 - 03 - 12). https://baijiahao.baidu.com/s? id = 1627784896784123916&wfr = spider&for = pc.

下乡"社会实践活动,为脱贫攻坚和乡村振兴提供新助力。① 团河南省委统一部署全省各级团组织有序开展"返家乡"沿黄社会实践、"青"心聚力,基层有我——返乡大学生向社区(村)报到等活动,号召广大返乡大学生就地参与黄河流域生态调研、城乡基层疫情防控等。深刻了解家乡的发展变化,大学生们主动表示要用所学知识投身家乡建设,为实现乡村振兴贡献智慧。

5.5.5 《共青团西部计划实施综述》

5.5.6 青春之光——追记西部计划研究生支教团志愿者李莎

5.5.7 大学生志愿服务西部计划工作指引

5.5.8 "第一书记"黄文秀

(三)制定青年乡村创业就业帮扶政策

鼓励和引导有志青年报效家乡、扎根农村,共青团中央开展大学生乡村创业帮扶计划,制定《大学生乡村创业帮扶计划工作指引》。面向毕业2年内的大学生,资助其返乡下乡开展初创型小微项目,配备创业导师,提供创业培训机会、金融服务、加入县域团属青年创业组织、通过各级共青团新媒体矩阵展示宣传创业项目等具体支持。各地团组织实施"优秀青年返乡计划",让青年人在农村创业有平台,发展有前途。

团新疆区委依托驻村工作队制定帮扶政策,实施"十小工程"创业巴扎项目,筹措资金在新疆各地州的乡村以小代购、小超市、小理发店、小澡堂、小修理铺、小刺绣、小餐厅、小养殖、小电商、小建筑队等小项目为主要形式,形成集便民服务、

5.5.9 大学生乡村创业帮扶计划工作指引

就业创业为一体的小市场,方便基层群众,帮助农村青年就业创业。团宁夏区委出台《推动返乡入乡青年投身乡村振兴的实施方案》,为更多青年在乡村创新创业提供服务,明晰路径,释放红利。团安徽省委联合省委组织部进行安徽省大学生返乡创业示范基地(园)评审命名工作,给予资金奖补支持基地发展,共命名示范基地(园)134个,并下拨大学生返乡创业示范基地奖补资金670万元。团浙江省委统一

---

① 国务院新闻办公室.新时代的中国青年[EB/OL].(2022-04-21).http://www.gov.cn/zhengce/2022-04/21/content_5686435.htm.

部署 2022 年青年山海协作行动升级版,按照"一县一团组、一村一小组、一青年一结对"机制要求帮扶,以团组为单位,推动帮扶共体力量再拓展、格局再升级,有效助推山区 26 县跨越式发展,引导青年共建共治共享共同富裕美好社会。

(四) 推出青年乡村创业就业融资项目

启动资金不足、融资困难、还贷能力较差是青年乡村创业的主要难题之一,共青团为解决青年乡村创业遇到的融资困难,联合银行、担保公司等金融机构多渠道推出面向青年的特色融资项目,帮助乡村创业青年得到资金支持和金融服务,走好自主创新创业的成才之路。团干部充当"创业伙伴",主动与乡村创业青年联系,提供帮扶。吸收乡镇(街道)金融网点负责人,充实到各乡镇(街道)团委,担任乡镇(街道)团委兼职副书记,帮助解决包括银行、金融保险在内的各种问题,为乡村青年创业就业提供上门服务。

团四川省委 2021 年 4 月联合省农信社推出"蜀青振兴贷",额度最高 100 万元,利率低至基准利率,已发放贷款 3.7 亿元。团贵州省委在中国青年创业就业基金会支持下,联合贵州省农村合作信用社联合社在全省开展"青扶贷"小额贷款,服务农村青年创业就业工作,促进农村青年创业带动脱贫增收。迄今全省共发放贷款 3 900 笔,总金额 4.782 8 亿元,共带动 13 134 名农村青年就业,为部分贷款项目贴息 30.1 万元。团青海省委与省农担公司合作推出"青海省青年农牧业创业金融扶持专项计划"小额担保贷款项目,累计扶持青年创业企业 185 家,发放贷款 1.269 8 亿元。团吉林省辽源市委为辽源籍大学生返乡创业发放创业扶持资金。2022 年 7 月 27 日上海"共青团+金融机构"助力乡村振兴战略合作协议集中签约,这是上海共青团贯彻落实《关于进一步加强农村青年创业金融服务的通知》和《关于深化实施乡村振兴青春建功行动的工作方案》的重要举措,旨在通过加强"金团"合作,整合双方资源,为乡村振兴领域的创新创业青年提供更快、更好、更优的金融服务,帮助青年解决"怎么借、怎么还、怎么抵、怎么融、怎么保"的实际问题,全力推动乡村振兴青春建功行动提质增效。

(五) 动员青年社会组织赋能乡村振兴

共青团以乡村实际需求为导向、青年社会组织的专业化服务及资源配置能力为基础、以部分财政项目化资金为基石,动员青年社会组织通过丰富的项目设计,在乡村开展送医上门、健康体检、圆梦电脑教室、非遗文化科普传承、农技指导、法治及疫情防控知识宣传等多种服务项目,引导青年切实为群众办实事。公益和志愿性服务组织等农村青年社会组织也初步兴起,通过政府购买服务、项目合作等方式支持其健康发展。以实施青年志愿者助力乡村振兴行动为统揽,以构建青年志愿者助力乡村振兴项目体系、组织队伍、网络平台和政策保障为支撑,形成整体合力。

团山东省邹城市委广泛动员团属青年社会组织参与基层社会治理、农村经济发展、乡风文明建设,聚力实施"1+1+5"乡村振兴赋能行动。打造"1"个阵地,整合16个镇街青年之家和七彩小屋等资源打造"青年服务乡村振兴赋能基地",常态化开展就业培训、帮扶特殊青少年、青年战"疫"等活动,形成乡镇青年"周末到赋能基地去"新风尚;创建"1"个品牌,以"党建带团建""团的工作力量多元化"为抓手,吸引青年社会组织优秀人才参与服务乡村振兴工作,发挥各镇街青年工作委员会作用,凝聚合力创建"一镇一品"特色"青"字品牌;实施"5"项赋能,充分发挥青年企业家协会、青年志愿者协会等团属青年社会组织作用,动员青年在乡村产业振兴、绿色发展、移风易俗、乡村治理、志愿服务等五大领域积极发挥作用。①

(六) 运用新媒体技术助青年振兴乡村

共青团充分发挥团属新媒体矩阵功能,结合特色农事、节庆活动,以县域为单位、青年为主体,组织开展活动,宣传推介农特产品、特色文旅等县域元素。组织动员各级青年创业组织成员开展助农直播活动,为本土企业扩大产品影响力,帮助销售农副产品。针对互联网技术的渗透性、融合性,整合产销链资源,以青年电商为支撑,推动成立青年电商协会、MCN青年人才培养基地等电商青年成长平台,巩固"互联网+驻村第一书记+青年电商协会"模式。

团吉林省委建设"吉质优品·吉青严选"青年电商直播选品中心,优选全省752款农特产品,吸引117名主播直播带货。连续举办6场展示展销会,销售农特产品9 656款。开展"吉青电商好物节"等直播活动,邀请国内知名网红开展吉林专场直播带货,吸引线上客流量超1.14亿人次,实现销售额2.26亿元。团甘肃省委主办"百名网红· 我为家乡代言"活动,引导青年制作以美食吃播、乡村旅游为主题的短视频,充分展示甘肃脱贫攻坚新成效、美丽乡村新风貌和甘味农产品,发布参赛视频4 551个,话题阅读量达7 690.7万次,头条话题阅读量超过1 000万次;通过线上线下相结合的方式举办青年网络主播训练营,全面帮助青年主播提升直播能力,培训课程在新甘肃直播平台的当日在线浏览量超过51万人次;青年主播直播大赛吸引来自全省各地的15组青年主播参赛,通过抖音、快手等直播平台大力推介销售"甘味"特色农产品,线上观看点赞达41万,大赛一等奖获得者县霖宇(甘肃李掌柜)在直播期间创下快手直播榜全国第4名,甘肃区域第1名的好

① 陈华.山东邹城: 实施"1+1+5",为乡村振兴赋能 [EB/OL]. (2022 - 03 - 21). https://k.sina.cn/article_5328858693_13d9fee4500101fofb.html.

成绩。

（七）深化东西部协作与对口地区支援

2020年年底,全国已实现消除绝对贫困的目标。2021年2月25日,习近平总书记在全国脱贫攻坚总结表彰大会上指出,要完善东西部结对帮扶关系,拓展帮扶领域,健全帮扶机制,优化帮扶方式,加强产业合作、资源互补、劳务对接、人才交流,动员全社会参与,形成区域协调发展、协同发展、共同发展的良好局面。共青团落实帮扶责任,发挥组织优势,创新帮扶措施,提高帮扶实效,弘扬脱贫攻坚精神,引领广大青年积极投入东西部协作与对口地区支援活动,有效衔接当地乡村振兴。

团上海市委依托对口支援地区现有资源,建设"青少年国情教育实践基地",引导各类学校组织大、中学生赴对口支援地区参加教育实践活动。开展学校与师生结对帮扶,提升当地教师教学能力,持续改善边远学校的办学条件。发动青联委员们群策群力,在偏远乡村打造121个青联"希望小屋",致力于"希望小屋"的设施改造、捐款捐物、提供软硬件支持、课程活动设计和师资培训等建设工作,为丰富乡村"第二课堂"教育,把"小屋"建在孩子们最需要的心坎上。移植"爱心暑托班"项目,关爱留守儿童。举行"边境线上升国旗"、红色教育乡村振兴行动等活动,为当地中小学提供教育资源和专项助学金。充分发挥优秀青年创业就业潜能,整合资源,在青创方面给予当地人才培养、经验分享、投融资指导等支持。动员社会力量,打造"微心愿"发布平台,为当地需要帮助的青少年圆梦。组织互联网企业青年投入教育、消费、创业等领域的"互联网+"乡村振兴事业,实施特色农产品宣传,帮助当地深度挖掘生态旅游资源,打造县域、乡村原生态旅游品牌和"网红旅行目的地"。

5.5.10　团上海市委乡村振兴定点帮扶工作案例

三、青年群体参与乡村振兴的未来展望

青年参与乡村振兴前景广阔但存在一定的现实问题,如农业经营风险高且保障缺失,市场销售渠道难以拓宽,乡村治理参与程度较低;青年在村庄发展规划、集体经济建设、资产资源分配等问题上缺乏实质性的话语权;多数青年返乡创业还面临信用低、担保难等融资难题。[①] 着眼未来,吸引更多青年参与乡村振兴

---

① 团中央调研报告:乡村振兴中的青年参与和发展[EB/OL].(2020－05－28).https://m.thepaper.cn/baijiahao_7599986.

的关键是大力改善乡村发展环境,为青年提供更多发展空间。

(一)丰富青年乡村振兴的扶持举措

共青团准确把握乡村青年人才储备情况和回乡意愿,增强组织动员的有效性。协调相关政府部门强化新型职业农民意识,进一步健全并落实支持青年在农业发展、产业创新等方面的优惠扶持政策。组织返乡创业青年参加各类展销会、博览会、农贸交易会,打造乡村产业园区和产业集群。利用好农村电商平台,助力青年发展乡村旅游、文化创意等新兴产业。进一步落实人才引进优惠政策,让更多青年人才愿意来、留得住、在乡村振兴中干得好。

(二)创新青年乡村创业投融资支持

共青团切实感受青年投融资困难,联合相关金融机构,为乡村创业青年开设担保贷款"绿色通道",在做好金融风险控制基础之上,创新优化创业担保贷款的办理流程、担保方式、还款期限等;不断拓宽社会投融资渠道,引进社会资本,以合资或入股等方式,帮助青年打破乡村创业发展资金瓶颈;不断完善农业保险制度,结合风险测算实际情况,逐步扩大政策性农业保险的覆盖品种,为创业青年提供差异化的保险服务。

(三)拓宽青年参与乡村治理的路径

共青团积极引导青年增强乡村社会治理共同体的重要成员意识,支持返乡创业大学生、青年致富带头人等优秀青年积极参与村民委员会选举,不断创新协商议事规则,吸纳更多青年参与村民会议、村民议事会、村务监督,成为村民自治的新生力量。广泛听取青年的意见和建议。引导在外青年为家乡发展建言献策;广泛开展精神文明创建、公益志愿服务等活动,激发青年群体全身心投入乡村振兴的内生动力。①

乡村是青年历练才智的广阔舞台,全面推进乡村振兴为青年施展才华提供大好机遇。新时代共青团要学深悟透习近平总书记关于"三农"工作的重要论述,适应党的"三农"工作重心历史转移和中央有关决策部署要求,全面把握共青团服务乡村振兴战略使命所在、责任所在和压力所在,带领广大青年投身乡村振兴伟大实践。高质量深入实施乡村振兴青春建功行动,使青年成为乡村发展的源动力和乡村振兴的领头人。青年,让乡村越来越美好。

5.5.11 《用火热的青春投身乡村振兴伟大事业——共青团实施乡村振兴青春建功行动工作综述》

---

① 常进锋.激活青年群体参与乡村振兴的内生动力[EB/OL].(2021-12-04).https://baijiahao.baidu.com/s? id = 1718180192512216829&wfr = spider&for = pc.

问题:

1. 共青团助力青年创新创业的有效服务有哪些?

2. 青年岗位建功行动的具体内容是什么?

3. 青年创新创业的主要动机是什么?

4. 青年创新创业面临的主要问题有哪些?

5. 青年创新创业存在哪些现实困难?

6. 共青团参与社会治理创新的群体基础是什么?

7. 共青团参与社会治理创新的功能定位是什么?

8. 共青团参与社会治理创新的工作路径是什么?

9. 共青团现有社会治理创新品牌项目有哪些?

10. 如何进一步提升共青团在社会治理创新中的贡献度?

11. 青年有序政治参与的表现是什么?

12. 共青团引导青年有序政治参与的优势是什么?

13. 共青团引导青年有序政治参与有哪些途径?

14. 共青团引导青年有序参与的创新项目有哪些?

15. 可以从哪些方面进一步提升共青团青年政治引领工作成效?

16. 共青团组织动员青少年投身生态文明实践的总体目标和工作要求是什么?

17. 共青团组织动员青少年投身生态文明实践有哪些具体行动?

18. 当代青少年对生态文明实践的认知与态度是怎样的?

19. 共青团怎样进一步调动青少年投身生态文明实践的积极性?

20. 加强"三农"青年人才培育的举措和方法有哪些?

21. 共青团加强东西部协作与对口支援途径有哪些?

22. 如何强化青年积极投身乡村振兴的思想引领?

23. 青年参与乡村振兴的现实困难和问题是什么?

24. 如何帮助青年更好地投身乡村振兴伟大事业?

主要参考文献:

[1]殷俊.关于共青团服务青年创新创业人才的路径探索——以江苏省泰州市为例[J].中国共青团, 2019(03):61-65.

[2]池志雄.试论共青团与青年创新创业[N].中国青年报,2017 06-26(002).

[3]熊柴,任泽平,裴桓,王松山.中国青年创业发展报告(2020)[J].中国青年研究,2021,(02): 58-67.

[4]国务院新闻办公室.新时代的中国青年[EB/OL].(2022-04-21).http://www.gov.cn/zhengce/ 2022-04/21/content_5686435.htm.

[5]张红宇.奋力开创全面推进乡村振兴新局面[EB/OL].(2022-04-06).https://theory.gmw.cn/

2022 - 04/06/content_35638068.htm.

[6] 团中央最新提点:共青团要做乡村振兴中的"五者"[EB/OL].(2021 - 10 - 19).https://new.qq.com/rain/a/20211019A0AWAC00.

[7] 周围围.用火热的青春投身乡村振兴伟大事业——共青团实施乡村振兴青春建功行动工作综述[EB/OL].(2021 - 11 - 22).http://news.youth.cn/gn/202111/t20211122_13319719.htm.

[8] 杨频萍.培育农村青年人才 助力乡村振兴战略 团江苏省委实施"新农菁英"计划.(2019 - 03 - 12).https://baijiahao.baidu.com/s? id = 1627784896784123916&wfr = spider&for = p.

[9] 李春梅.新时代青年有序政治参与能力的发展困境及提升研究——基于多源流理论视角[J].中国青年研究,2019(08):42 - 46.

[10] 刘东海,汪慧.共青团在青年政治参与中的历史逻辑与现实路径[J].当代青年研究,2016(06):23 - 30.

[11] 王芳,吴志刚.数据治理助力政府治理体系和治理能力现代化[J].网络安全和信息化,2020(04):24 - 26.

[12] 张良驯,郭元凯.青年政治认同与政治参与研究[J].人民论坛,2020(24):76 - 79.

[13] 廖金龙.当代青年政治参与的困境与路径选择[J].中学政治教学参考,2017(33):75 - 76.

[14] 李国庆.青年政治参与的喜与忧[J].人民论坛,2018(33):104 - 105.

[15] 杨晓,林兆龙.青年群体网络政治参与的实践及治理[J].莆田学院学报,2021,28(03):1 - 5.

[16] 廖梦雅,倪宪章.共青团引领大学生网络政治参与探析[J].学校党建与思想教育,2021(02):78 - 80.

[17] 陶文昭.为什么说人民民主是一种全过程民主[J].中国党政干部论坛,2021(07):29 - 32.

[18] 陈家刚.推动专门协商机构建设向纵深发展[N].人民政协报,2021 - 03 - 17(008).

[19] 王猛.青年社会组织参与社会治理的实践困境与改进策略[J].广西社会科学,2020(12):70 - 77.

[20] 张荣. 努力提升共青团在社会治理中的贡献度[N].中国青年报,2020 - 11 - 19(005).

[21] 张利涛.青年参与社区治理:发生逻辑、现实困境及优化路径——基于青海省的调查[J].创新,2021,15(04):22 - 34.

[22] 周巍,李开.共青团在社会治理中的定位及参与路径分析[J].青年发展论坛,2019,29(06):71 - 76.

[23] 董旭冉.共青团组织在市域社会治理现代化进程中的定位和参与路径研究[J].广西青年干部学院学报,2021,31(04):45 - 48.

[24] 孙莹.加强共青团组织参与基层社会治理的对策建议[J].求知,2019(11):40 - 42.

[25] 韩升,张瑜.新时代社会治理共同体的价值共识凝聚[J].学习论坛,2021(05):73 - 79.

[26] 宋利,王雯.青年参与社区治理的路径和机制探析——以北京市东城区 B 街道为例[J].北京城市学院学报,2020(06):17 - 21.

[27] 左斌.社会治理视角下青年志愿服务的实践与反思[J].新生代,2021(04):52 - 56+64.

[28] 金桥.青年社区参与:障碍、优势与对策——一种社会学的整体分析[J].青年学报,2019(02):

54－58.

［29］卢学晖.社区精英主导治理:当前城市社区自治的可行模式［J］.宁夏社会科学,2015(04):
99－103.

［30］共青团上海市委员会.生态文明与当代青年［M］.上海:上海人民出版社,2014:169.

［31］杨宝光.以青春之我 点亮美丽中国——共青团参与生态文明建设工作纪实［N］.中国青年报,
2019－12－24(1).

［32］许晓青.上海成立青少年生态文明志愿服务总队［EB/OL］.(2019－8－3)［2022－4－28］.https://
baijiahao.baidu.com/s? id＝1640832067974619271&wfr＝spider&for＝pc.

［33］杨宝光.古有大禹治水 今有"小禹"护河——福建共青团参与生态文明纪实［N］.中国青年报,
2019－12－31(2).

［34］厉建祝.共青团中央等七单位联合推出青年志愿者绿色行动营计划启动［N］.中国绿色时报,1999－
5－31(1).

［35］团台州市委."三化"融合推进垃圾分类"十百千"行动［J］.中国共青团,2018,5:57.

［36］林洁、张夺.2018 年度广东青少年生态环保系列活动启动［EB/OL］.(2018－3－22)［2022－4－
28］.https://www.gdcyl.org/Article/ShowArticle.asp? ArticleID＝237283.

［37］姚莉、铁铮、郭一帆,等.青少年参与生态文明建设成效研究［J］.中国生态文明,2021,6:85.

［38］杨宝光.古有大禹治水 今有"小禹"护河——福建共青团参与生态文明纪实［N］.中国青年报,
2019－12－31(2).

［39］李润文.打造多功能"河小青"——江苏共青团参与生态文明建设工作纪实［N］.中国青年报,
2019－12－16(1)

［40］陈华.山东邹城:实施"1＋1＋5",为乡村振兴赋能.(2022－03－21).https://k.sina.cn/article_
5328858693_13d9fee4500101fofb.html.

［41］彭飞."三支一扶",在基层播撒青春梦想.(2020－07－06).http://www.wenming.cn/zyfw/rd/
202007/t20200706_5698862.shtml.

［42］团中央调研报告:乡村振兴中的青年参与和发展.(2020－05－28).https://m.thepaper.cn/
baijiahao_7599986.

［43］常进锋.激活青年群体参与乡村振兴的内生动力.(2021－12－04).https://baijiahao.baidu.com/s?
id＝1718180192512216829&wfr＝spider&for＝pc.

第六章　全面从严治团

关键词：从严治团;政治建设;党的领导;理想信念;党的建设;团的组织;团的领导机构和领导机关;团的基层组织建设;组织生活;三会两制一课;团干部选拔任用;团干部履职尽责;团干部担当作为;团干部干事创业;发展团员;教育管理;总量调控;推优入党;制度建设;制度体系;制度执行

习近平总书记在庆祝中国共产主义青年团成立 100 周年大会上的讲话中指出,共青团"要自觉对标全面从严治党经验做法,以改革创新精神和从严从实之风加强自身建设,严于管团治团,在全方位、高标准锻造中焕发出共青团昂扬向上的时代风貌!"党的十八大以来,以习近平同志为核心的党中央把全面从严治党纳入"四个全面"战略布局,取得了举世瞩目的伟大成就,产生了前所未有的巨大影响,探索出依靠党的自我革命跳出历史周期率的成功路径,在伟大自我革命引领下开创社会革命新境界、迈入民族复兴新征程。在党的领导下,走过百年历程的中国共产主义青年团要在新时代更好地肩负起党的忠实助手和可靠后备军的职责使命,就必须自觉对标全面从严治党要求,深入推进全面从严治团。

推进全面从严治团,是共青团充分发挥党的助手和后备军作用、巩固和扩大党执政的青年群众基础、引领广大青年紧跟党走在时代前列的必然要求,是共青团去除"机关化、行政化、贵族化、娱乐化"现象,增强"政治性、先进性、群众性"①、构建"三力一度两保障"新时代共青团工作格局的重要保证。

按照全面从严治党的要求,大力推进全面从严治团,切实管好团干部、基层工作骨干、团员,加强各级团组织的革命性锻造,把共青团建设得更加坚强有力、更加充满活力,更好履行《党章》赋予的光荣职责使命,具有十分重要的意义。②

① 共青团中央.共青团中央关于印发《关于新形势下推进从严治团的规定》的通知:中青发[2017]3号[EB/OL].(2017-01-23).https://www.gqt.org.cn/documents/zqf/201701/P020170125556476746454.pdf.
② 共青团中央.共青团中央关于印发《新时代全面从严治团实施纲要》的通知:中青发[2022]1号[EB/OL].(2022-01-28).https://www.gqt.org.cn/documents/zqf/202201/P020220130550347798202.pdf.

6.1.1　关于新形势下推进从严治团的规定

6.1.2　关于深入推进从严治团有关工作的通知

6.1.3　新时代全面从严治团实施纲要

第一节　坚持党的全面领导，铸牢全面从严治团的政治灵魂

　　共青团要把党的全面领导落实到工作的全过程各领域，走好中国特色社会主义群团发展道路，聚焦不断保持和增强政治性、先进性、群众性的目标方向，推动共青团改革向纵深发展。[①] 要始终恪守"党旗所指就是团旗所向"坚持与党同心、跟党奋斗，切实履行党赋予的政治使命。[②] 共青团要坚持把政治建设从严作为全面从严治团的第一要务，坚持学懂弄通习近平新时代中国特色社会主义思想，以党的政治建设为统领，持续强化思想锻造，全面提升政治能力。

一、以政治建设为统领

　　各级团组织严守政治纪律和政治规矩，不断增强"四个意识"、坚定"四个自信"、做到"两个维护"，确保党的集中统一领导贯穿团的各项业务工作。[③] 必须坚持党有号召、团有行动，围绕中心、服务大局，始终坚持党的基本路线，学习弘扬党的优良传统，坚决执行党的决策部署。

（一）背景意义

　　《中国共产主义青年团章程》（以下称《团章》）指出，中国共产党领导是中国特色社会主义最本质的特征，是中国特色社会主义制度的最大优势。中国共产主义青年团坚决拥护中国共产党的纲领，以马克思列宁主义、毛泽东思想、邓小平理论、"三个代表"重要思想、科学发展观、习近平新时代中国特色社会主义思想为行动指南。

---

① 习近平.论党的青年工作［M］.北京：中央文献出版社，2022：9.
② 共青团中央.共青团中央关于印发《新时代全面从严治团实施纲要》的通知：中青发［2022］1 号［EB/OL］.（2022 - 01 - 28）.https：//www.gqt.org.cn/documents/zqf/202201/P020220130550347798202.pdf.
③ 杜沂蒙，胡静.始终恪守"党旗所指就是团旗所向"［N］.中国青年报，2022 - 01 - 17(001).

全团要坚持党的基本路线不动摇,用邓小平理论、"三个代表"重要思想、科学发展观、习近平新时代中国特色社会主义思想和党的基本路线统一思想和行动,团的各项工作都必须服从和服务于经济建设这个中心,必须把坚持改革开放和坚持四项基本原则统一起来,使党的基本路线在团的工作中得到全面贯彻。

全团要牢固树立政治意识、大局意识、核心意识、看齐意识,坚决维护习近平总书记党中央的核心、全党的核心地位,坚决维护以习近平同志为核心的党中央权威和集中统一领导,坚决贯彻党的意志和主张,严守政治纪律和政治规矩。

全团要坚持党建带团建,把党的要求贯彻落实到团的建设之中,使团的建设纳入党的建设总体规划,同部署同检查同总结。①

（二）工作要求

（1）坚决贯彻落实习近平总书记重要指示批示精神和党中央决策部署。始终牢牢把握共青团的根本任务、政治责任和工作主线,增强历史自觉,强化使命担当,为党抓好后继人这个根本大计贡献力量。把不折不扣贯彻落实习近平总书记重要指示批示精神和党中央决策部署作为讲政治的首要标准,持续狠抓落实,推动成效深化,努力使"两个维护"具体化、可检验、落到底。②

（2）扎实推进各级党委对团组织的巡视巡察整改工作。各级团的领导机关和领导班子把配合开展巡视巡察、抓实巡视巡察整改作为一项重大政治任务,坚持立行立改、强化建章立制、注重督促问效,坚决将整改落实到位。推动党建带团建、队建工作纳入党委巡视巡察内容,上级团组织指导帮助下级团组织做好党委巡视巡察发现问题的整改。

6.1.4　中国共产主义青年团重大事项请示报告条例

（3）严格执行重大事项请示报告制度。全团认真落实《中国共产党重大事项请示报告条例》和团内重大事项请示报告制度,就贯彻落实党中央决策部署和团的重要工作及推进过程中发现的问题,及时向党委和上级团组织请示报告,让党的集中统一领导在团内得到更加坚决有效地贯彻。

（三）路径方法

（1）建立健全督查督办评价机制,确保各项要求落到实处。团中央直属机关聚焦习近平总书记对青少年和共青团工作作出的一系列重要指示批示,健全

①　中国共产主义青年团第十八次全国代表大会关于《中国共产主义青年团章程(修正案)》的决议[J].中国共青团,2018,(07)：33-35.
②　《中国共青团》编辑部.始终恪守"党旗所指就是团旗所向"——团十八大以来共青团以政治建设为统领工作纪实[J].中国共青团,2022(1)：57-59.

督查督办机制,加强台账管理和过程督办,建立重要事项办理情况评价机制,针对巡视反馈结果,深入剖析产生的共性问题和普遍规律,着力补齐制度机制短板,确保党中央各项要求落到实处。同时,加强对各省级团委的工作指导,针对近年来各省级团委接受巡视时发现的共性问题,提出明确工作要求,推动加快改进提高。

（2）团上海市委落实团中央贯彻落实习近平总书记重要指示批示和党中央决策部署的督查督办机制,形成传达及时、主责明确、举措清晰、协同顺畅、反馈高效的工作链条,确保党中央各项要求落到实处。落实《中国共产党巡视工作条例》,自觉接受巡视巡察,不折不扣抓好整改落实。严守政治纪律和政治规矩,团市委机关坚持从严示范,持续净化团内政治生态。

（3）完善重要指示批示台账管理,制定重点任务分解表。团贵州省委把学习宣传贯彻习近平总书记视察贵州重要讲话精神作为首要政治任务和长期战略任务,制定重点任务分解表,完善习近平总书记重要指示批示台账,定期调度,闭环管理。团贵州省委下发《关于贵州共青团学习宣传贯彻习近平总书记视察贵州重要讲话精神的通知》,将讲话精神作为贵州团校培训的重要内容,团贵州省委班子成员结合分管领域和工作联系点进行宣讲。

（4）定期调度请示报告事项执行情况,纳入年度考核指标。团重庆市委坚持一张清单管理,梳理汇总需向重庆市委、团中央请示报告事项,明确报送时限,定期调度执行情况,将落实情况作为年度考核、评优评先的参考,对未按要求完成的单位扣分,并对各区县团委的请示报告工作进行了规范。团河南省委结合年度工作重点及重要时间节点,制定下发请示报告事项清单,明确下级团组织向团省委请示报告事项范围,严格报送程序和方式,同时将请示报告制度的执行情况纳入年终考核。

二、持续深化理论武装

习近平总书记指出:"现在我们的干部特别是年轻干部中,最重要也是最需要注意并切实解决好的是理想信念问题和思想作风问题,最需要加强的是理论教育。"[①]党团员信仰的共产主义,是有马克思主义科学理论支撑的科学信仰,形成和加深信仰要从基础做起。要做理想远大、信念坚定的模范,带头学习马克思主义理论,树立共产主义远大理想和中国特色社会主义共同理想。[②] 因此,我们坚

---

① 习近平. 在中央党校 2012 年秋季学期开学典礼上的讲话[N].学习时报,2012－09－10(001).
② 习近平.论党的青年工作[M].北京：中央文献出版社,2022：10.

定共产主义信仰,很重要的一条途径就是认真学习马克思主义科学理论,特别是要自觉学习和运用马克思主义立场观点方法来想问题、作决策。

（一）背景意义

党的十八大以来,以习近平总书记为核心的党中央勇于推进实践基础上的理论创新,全面系统地回答了新时代坚持和发展什么样的中国特色社会主义、怎样坚持和发展中国特色社会主义这个重大时代课题,创立了习近平新时代中国特色社会主义思想。加强政治理论学习首先要深入学习贯彻习近平新时代中国特色社会主义思想。

习近平总书记关于青年工作的重要思想,是习近平新时代中国特色社会主义思想的"青年篇",为做好新时代党的青年工作指明了前进方向,提供了根本遵循。广大团干部要把学习贯彻习近平总书记关于青年工作的重要思想,同学习贯彻习近平总书记在同十八届团中央书记处书记集体谈话时的重要讲话结合起来,充分感受以习近平同志为核心的党中央对青年和共青团工作的关心厚爱,深刻领会"七个明确"的丰富内涵和实践要求,牢记共青团是党的助手和后备军这一政治定位,牢记团的根本任务、政治责任、工作主线这三个根本性问题,牢记引领凝聚青年、组织动员青年、联系服务青年这三项基本职责,真正展现出新时代团干部的绝对忠诚与使命担当。

团干部、团员必须高扬理想信念旗帜,牢固树立共产主义远大理想和中国特色社会主义共同理想。① 必须不断加强政治理论学习,加强对习近平总书记系列重要讲话精神的学习,关键就是要学懂弄通做实习近平新时代中国特色社会主义思想,深刻理解和把握习近平新时代中国特色社会主义思想的科学体系、精神实质、实践要求,做到知之深、行之笃。

（二）工作要求

（1）把学懂弄通做实习近平新时代中国特色社会主义思想作为全团理论武装的首要政治任务。强化"政治理论修养是团干部安身立命的看家本领"的认识,以规范、优化团中央书记处理论学习中心组学习为示范,引导各级团干部,特别是团的领导机关干部原原本本读原著、认认真真悟原理,自觉运用习近平新时代中国特色社会主义思想武装头脑、推动工作。②

（2）扎实开展共青团"学党史、强信念、跟党走"学习教育。在开展党史学习

---

① 共青团中央.共青团中央关于印发《关于新形势下推进从严治团的规定》的通知:中青发[2017]3号[EB/OL].(2017-01-23).https://www.gqt.org.cn/documents/zqf/201701/P020170125556476746454.pdf.

② 《中国共青团》编辑部.始终恪守"党旗所指就是团旗所向"——团十八大以来共青团以政治建设为统领工作纪实[J].中国共青团,2022(1):57-59.

教育过程中,注重教育引导全团从党史中感悟光荣、感受责任,总结规律、得到启发,使广大团干部在思想认识、政治素养、能力作风等方面得到淬炼,全团上下进一步强化坚定不移跟党走的初心;注重将学史和育人有机结合,始终以为党培养社会主义建设者和接班人为根本任务,着力引导团员青年从党史中汲取奋进力量,更加自觉而坚定地向党组织靠拢,源源不断地为党输送新鲜血液。

6.1.5　全团实施"青年大学习"行动的方案

6.1.6　全团开展"学党史、强信念、跟党走"学习教育

6.1.7　全团实施"青年讲师团"计划

（3）深入基层、深入青年开展理论宣讲。各级团干部要带头示范宣讲,推动团干部上讲台制度化、机制化。目前,团干部围绕党史学习教育,学习习近平总书记"七一"重要讲话、学习贯彻党的十九届六中全会精神等深入基层广泛开展宣讲,已成为团的各级机关的"标配","学理论—作宣讲—深入学理论—更好作宣讲"的良性循环正在团内形成。

（二）路径方法

（1）打造特色学习品牌,制定理论学习制度。团上海市委将专题学习习近平新时代中国特色社会主义思想作为书记会议"第一议题",第一时间深入系统学习习近平总书记的重要讲话、重要文章、重要指示、重要要求。深化领学促学作用,带动全市团干部做党的创新理论的坚定信仰者和忠诚实践者。团山东省委严格实行"第一议题"制度,打造"星光论坛"学习品牌,邀请专家学者、基层干部、青年典型走上团省委机关讲台,制定机关青年理论学习制度,设立机关青年学习小组。相关做法成为省直机关典型。

（2）建立团干部上讲台制度,形成定期研讨交流机制。团上海市委要求基层团组织结合自身实际,严格落实"三会两制一课",依托组织生活等基本载体,创新形式、激发活力,增强理论学习实效。落实《团干部上讲台工作实施办法》,推动团干部上讲台、讲党课团课常态化,专挂职团干部每人每年至少2次面向基层团干部、团员青年开展理论宣讲。辽宁、广东、海南等省份就开展团干部上讲台工作出台相应制度文件,明确具体任务要求,将团干部上讲台工作与干部考核激励相结合。

（3）成立"青年讲师团"，建立理论宣讲"轻骑兵"。团上海市委充分发挥"青马工程""青年大学习"、上海青年讲师团等品牌功能，持续打造"青年典型—青年理论工作者—党史专家"三级理论宣讲梯队，做好党的创新理论的青年化阐释。持续加强团校建设，发挥团校团干部培训主渠道作用，打造党在青年工作领域特色鲜明的政治学校。团四川省委将"青年讲师团"纳入四川省委宣讲团序列，带动市县两级普遍成立"青年讲师团"。以团省委班子成员、各级青年讲师团成员和青年讲解员、高校青年讲师、"青马工程"学员、"青年五四奖章"获得者、省青联委员等各领域代表为基础，组建了一支政治素质好、理论水平高、宣讲能力强的理论宣讲"轻骑兵"。

三、深入践行严实标准

团的领导机关要切实加强党的建设，不折不扣落实好全面从严治党的各项要求，不断强化抓领导班子政治建设的意识，切实履行抓党建的主体责任，全团党的领导得到全面加强，管党治党更加有力，党的集中统一领导在全团得到有效落实，为解决党的领导弱化、党的建设缺失、全面从严治党不力等问题奠定了坚实的基础。已入党仍保留团籍的团干部、团员严格遵守党的各项规章制度，同时在团的工作、生活中发挥好骨干、表率作用。

（一）背景意义

在庆祝中国共产党成立 100 周年大会上，习近平总书记强调："继续推进新时代党的建设新的伟大工程""确保党不变质、不变色、不变味，确保党在新时代坚持和发展中国特色社会主义的历史进程中始终成为坚强领导核心"。习近平总书记的重要论述为新时代全面加强党的领导和党的建设指明了方向。

推进新时代党的建设新的伟大工程，各级机关必须走在前、作表率，深入学习贯彻习近平新时代中国特色社会主义思想和党的十九大精神，认真落实新时代党的建设总要求和党的组织路线，推动全面从严治党向纵深发展。

（二）工作要求

（1）切实履行抓党建的主体责任。团的领导机关要带头强化政治机关意识，履行全面从严治党主体责任，常态化开展党建工作检查，持续推进正风肃纪，打造政治忠诚的模范机关，促使全团党的领导得到全面加强，管党治党更加有力。

（2）严格落实意识形态工作责任制。全团深入贯彻总体国家安全观，坚持守土有责、守土尽责，严格落实意识形态工作责任制，常态化开展青年工作领域风险研判和排查，强化正面宣传教育，加强意识形态教育，加强对团属新闻出版单位的指导管理，从严监管团属媒体，建立综合阅评机制，认真做好有关舆情管控，全面查找消除团内存在的意识形态工作风险盲区和制度机制短板。坚持底线思维、防范化解重大风险已成为全团共识。

（3）规范落实对下级团组织的干部协管职能。完善上级团组织与直接领导下级团组织的党组织关于青年工作等重大事项沟通机制。健全按有关规定履行对下级团委领导班子协管职责机制，派员列席省级团委领导班子民主生活会，并推动向市县延伸。

（三）路径方法

（1）探索建立党建责任清单，实现内部巡视全覆盖。团中央直属机关探索建立全面从严治党责任清单，明确党建工作基本要素，切实强化"一岗双责"落实，创新党建联络组机制，强化直属单位党的领导体制，先后5轮累计派出15个巡视组，实现对直属机关内部巡视全覆盖。团上海市委落实双重领导制度，建立健全列席团区委领导班子民主生活会机制，完善各级团组织与直接领导下级团组织的党组织关于青年工作重大事项的沟通机制。推动党建带团建、队建工作纳入党委巡视巡察内容，上级团组织指导帮助下级团组织做好党委巡视巡察发现问题的整改。

（2）创新开展党建责任制检查，压实各级党组织主体责任。团上海市委以问题为导向，牵住责任制"牛鼻子"，深耕党支部"责任田"，创新开展基层党建责任制检查，在发挥机关基层党组织作用、推动机关治理和团的事业发展上积极展开探索。坚持以党的政治建设为统领，以提升组织力为重点，以党支部建设为基础，抓两头带中间，深化党支部达标创先。从组织建设、纪律作风、创先争优三个方面对直属机关各级党组织的标准化、规范化建设情况进行常态化检查和考评，通报考评结果，并对被评定为"不合格"党组织的书记及时开展约谈，压实主体责任。①

（3）健全团干部协管工作机制，不断提升团干部配备率。截至2022年1月，团上海市委健全团干部协管工作机制，积极争取同级党委组织部门支持，确保各级团的领导机关干部配备率、在岗率和班子配备率均不低于编制的85%。团吉林省委实施"七步递进法"，通过开展编制核查、提供政策依据、抓好转岗协商、组织选调招录、建立函商机制、加强党委沟通、纳入党建考评，抓住协管关键步骤，持续推动团干部配备率提升。

618　上海、山东、河南、湖北、广东等地多措并举推进全面从严治团落实落深落细

---

① 《中国共青团》编辑部.始终恪守"党旗所指就是团旗所向"——团十八大以来共青团以政治建设为统领工作纪实[J].中国共青团，2022（1）：57－59.

第二节　坚持以提升组织效能为重点，
抓团组织建设从严

团组织是从严治团的具体载体，要着力加强共青团组织体系建设，优化团内领导体制机制，规范基层团组织建设，持续提升组织政治功能和社会功能，建设党领导下走在时代前列、走在青年前列的马克思主义青年政治组织。各级共青团组织必须坚持和落实好党建带团建的制度安排，以组织体系建设为重点，激活团组织政治功能和社会功能，不断提升共青团的吸引力和凝聚力，把广大团员青年紧密团结在党的周围，更好发挥党的助手和后备军作用，为全面从严治团提供坚强组织保证。

一、加强团的领导机关建设

政治性是共青团的第一属性，团的领导机关以党的政治建设为统领，切实把政治建设摆在首位，坚持把加强新时代团的政治建设作为忠诚拥护"两个确立"、牢固树立"四个意识"、坚定"四个自信"、做到"两个维护"的重大政治检验和政治考量。团中央指导团的各级领导机关坚持党的全面领导，规范开展换届工作，建立"一专一站两联"工作机制，推动团的各级代表大会、委员会发挥政治功能，实现整体活跃，有效履行领导机关职能。

（一）背景意义

《共青团中央改革方案》中指出，改革基本原则之一为坚持问题导向、有效改进作风。为此，紧紧围绕"提高团的吸引力和凝聚力，扩大团的工作有效覆盖面"两大战略性课题，抓住脱离青年问题的实质，扭住作风建设这一关键，以领导机关改革为牵引，立行立改，虚功实做，难事长做，久久为功，着力破解制约共青团发展的思维定式、重点难点和体制机制问题，在提升引领力、组织力、服务力和大局贡献度中筑牢"青春堡垒"。

（二）工作要求

（1）有效履行团的领导机关职能。优化团的代表大会、委员会、常委会人员结构，提高基层一线人员比例，进一步提升代表广泛性和工作参与度。健全团的各级委员会、常委会、专委会工作制度，拓展团的专委会职能，推进县域团代表联络站建设，深化团的委员会成员联系团代表、团代表联系团员青年的工作机制，夯实团的委员和代表履职平台。明确团的各级领导机关具体职责，完善决策机制，强化决策执行，注重基层导向，加强工作协同，加强对直属单位和团属社团的

管理。

（2）把党对各级团组织的全面领导落到实处。团的各级领导机关坚决执行重大事项请示报告制度。依据《中国共产党党组工作条例》，落实各级团组织不设党组的要求，理顺党组撤销后团组织的决策机制。认真落实党建带团建各项制度规定，巩固和深化团的县级及以下委员会书记列席同级党的委员会和常务委员会会议，把党建带团建工作纳入地方党委领导班子党建工作考核内容等工作举措。[①]

（3）持续提升团的领导机关代表的广泛性。团中央制定出台《中国共产主义青年团地方组织选举工作条例》，明确团的地方组织选举的全流程。着力优化团的代表大会和委员会规模结构，特别是落实基层一线比例要求，明确代表大会、委员会、常委会中基层和一线比例分别不低于70%、50%、25%，增强代表委员的广泛性、代表性。细化人选资格条件和产生程序，综合考量人选履职的意愿和能力，突出政治标准，拓宽遴选视野，提高人选质量，充分体现政治性、先进性、群众性要求。

（4）推动各级团的代表和委员更好履职尽责。建立"一专一站两联"工作机制，以市级及以上团的专门委员会、县域团代表联络站建设为重点，以团的委员会成员联系团代表、团代表联系团员青年的"两联"工作机制为牵引，建设横向覆盖各个领域、纵向联通各个层级、普遍联系团员青年的工作格局。

6.2.1　中国共产主义青年团党和国家机关基层组织工作条例（试行）

6.2.2　中国共产主义青年团国有企业基层组织工作条例（试行）

6.2.3　中国共产主义青年团农村基层组织工作暂行规定

（三）路径方法

（1）落实党对各级团组织的全面领导。团上海市委落实双重领导制度，建立健全列席团区委领导班子民主生活会机制；完善各级团组织与直接领导下级团组织的沟通机制，每年至少进行一次当面或书面沟通；推动党建带团建、队建工作纳入党委巡视巡察内容。团广东省委严格执行省委坚决落实"两个维护"十项制度

[①]　中共中央办公厅.中共中央办公厅印发《共青团中央改革方案》[EB/OL].（2016-08-02）.http://www.xinhuanet.com/politics/2016-08/02/c_1119325051.htm.

机制,制定 200 多项具体细化举措,每季度进行督办检查和评价打分,作为年度考核的重要依据。

（2）细化人选资格条件和产生程序。团上海市委优化团的代表大会、委员会、常委会人员结构,提高基层一线人员比例,进一步提升代表广泛性和工作参与度。团四川省委在改革方案中,明确省市县三级团的代表大会代表、委员会委员和常委会委员构成要求,以情况通报的形式对未按期换届的地方团委进行动态督导。

（3）抓实"一专一站两联"工作。截至 2022 年 1 月,全国 31 个省级团委、280个市级团委建立专委会,2 671 个县级团委建立县域团代表联络站,初步构建"委员—代表—团员青年"的扁平化联系路径,进一步提升代表、委员工作参与度。依托各级专委会和各地团代表联络站,在全团范围内开展"我为青年做件事"活动,共开展活动 2.4 万余场,参与团代表、委员达 38.5 万人次。其中,团上海市委"一专一站"建设率、代表委员进站率、履职活动参与率、"两联"机制落实率实现 100%。

二、规范基层组织建设

共青团组织必须在党的坚强领导下,不断巩固完善基层组织体系,向各类青年社会组织延伸,扩大对团员青年的有效覆盖,持续推进软弱涣散团组织整顿工作,把基层团组织建设得更加坚强有力、更加充满活力。

（一）背景意义

6.2.4 关于加强新时代团的基层建设 着力提升团的组织力的意见

基层组织是共青团全部工作和战斗力的基础,加强基层建设是共青团履行自身职责使命的内在要求,是深化共青团改革的重要内容。[1] 长期以来,在党的坚强领导下,共青团把抓基层作为基础性、经常性工作,采取了许多创新举措,取得了一定工作成效。基层组织有效覆盖不足和团的运行机制不畅等问题,仍需进一步解决。

（二）工作要求

（1）持续扩大基层团组织有效覆盖。坚持大抓基层,巩固传统领域基层团组织建设,抓牢学校这一关键领域,拓展

---

[1] 共青团中央.共青团中央印发《关于加强新时代团的基层建设 着力提升团的组织力的意见》的通知: 中青发〔2019〕2 号[EB/OL].(2019 - 02 - 02).https://www.gqt.org.cn/documents/zqf/201902/P020190203539594686509.pdf.

系统行业团建,持续扩大非公有制企业、社会组织、新兴青年群体等领域的团组织覆盖,推动符合建团条件的单位实现应建尽建,构建纵横交织、上下贯通的组织体系。

(2)深入实施基层团组织规范化建设。依托"智慧团建"系统,定期开展基层团(工)委和团(总)支部"对标定级",重点评价支部班子建设、团员管理、组织生活、制度落实、作用发挥等方面,分五个等次进行评星定级。落实"三会两制一课"制度,突出思想政治要求,坚持民主集中制,尊重团员主体地位,坚决防止表面化、形式化、娱乐化、庸俗化。[①] 协同推进青联、学联、少先队管理从严,持续优化青联委员来源和结构,不断增强委员的广泛性、代表性。夯实全团带队职责,健全阶梯式成长激励体系,健全少先队辅导员管理、培养、考核和激励机制,始终增强少先队员光荣感。突出学联学生会的服务职能,从严管理学联学生会工作人员,完善遴选机制,加强日常教育管理,改进工作作风,防范和克服功利化、庸俗化、官僚气等倾向。

6.2.5　中国共产主义青年团基层组织"三会两制一课"实施细则(试行)

(3)大力推动团的基层组织方式创新。深入实施"青年之家"建设三年行动计划,广泛建设覆盖有效、功能稳定的线下线上"青年之家",探索"团组织+青年之家+社会组织"运行机制,推动团的组织、工作、阵地在基层有机融合。针对非公有制经济组织、社会组织等新的社会阶层青年广泛开展城市融入、就业创业、交友联谊、公益服务等活动,组织动员新的社会阶层青年积极参与基层社会治理。

（三）路径方法

(1)消除团组织在各领域覆盖的盲区。团上海市委坚持大抓基层,巩固传统领域基层团组织,抓牢学校这一关键领域基层团组织,持续扩大"两新"组织、新兴青年群体等领域团组织覆盖,拓展快递物流、网约车、物业等系统行业团建,消除团组织覆盖盲区,推动符合建团条件的应建尽建,构建纵横交织、上下贯通的组织体系。截至2021年10月底,团贵州省委加大易地扶贫搬迁安置点团建力度,建立团组织743个,直接联系青年13.3万人,扩大团组织有效覆盖。

(2)基层团组织规范化建设持续推进。为落实团中央工作要求,团上海市委定期开展基层团组织规范化建设"对标定级",对组织设置不规范、换届不及时、班子长期不配备、隶属关系不清晰、工作机制不顺畅等突出问题进行及时整顿。

① 共青团中央.共青团中央关于印发《关于新形势下推进从严治团的规定》的通知:中青发〔2017〕3号〔EB/OL〕.(2017-01-23).https://www.gqt.org.cn/documents/zqf/201701/P020170125556476746454.pdf.

团河南省委制定《全省基层团组织规范化建设工作实施方案》,通过编发指导手册、拟定任务清单、设置关键指标等形式,推进基层团组织标准化、规范化,依托"智慧团建"系统对考核验收排名靠后的20%团支部进行重点整顿。

6.2.6　中国共产主义
青年团支部工作条例
（试行）

6.2.7　新时代团的组
织力提升三年行动计
划（2019—2022）

（3）创新基层组织形态。各级共青团组织结合县域共青团基层组织改革实际,推进"团办青年社团",广泛建立共青团主导的青年志愿服务、创业就业、文艺体育三类青年社会组织。截至2022年1月,县域一级青年组织已达9 800余个,覆盖各领域青年2 000余万人。深入实施"青年之家"建设三年行动计划,广泛建设覆盖有效、功能稳定的线下线上"青年之家",探索"团组织+青年之家+社会组织"运行机制,推动团的组织、工作、阵地在基层有机融合。团江西省委结合"新时代赣鄱乡村好青年"选培计划,2021年在全省20%的行政村建立"团青社",进一步巩固扩大农村共青团阵地。

三、丰富组织运行管理机制

丰富组织运行管理机制是固本强基、深入推进共青团改革的重要基石。近年来,共青团以深化改革为动力,主动跟上时代步伐、走在青年前列,丰富组织运行管理机制,通过实施项目化管理模式,建立扁平化工作机制,构建社会化工作格局,激发了组织工作效能。共青团在全面总结评估改革成效的基础上,坚持目标导向,聚焦薄弱环节,统筹推进各领域改革,团的政治性、先进性、群众性进一步凸显。

（一）背景意义

团十八届二中全会审议通过的《关于加强新时代团的基层建设 着力提升团的组织力的意见》指出,改进团的管理运行机制要注重应用信息化工作手段,采取社会化动员方式,注重建立扁平化运行机制的方法,推动团的建设。团十八届五中全会强调,初步构建"委员—代表—团员青年"的扁平化联系路径,进一步拓展和优化社会资源动员机制,改革机关运行机制,在工作决策、信号传递、项目推进、资源整合等方面探索形成行之有效的扁平化、项目化机制。2022年1月召开的团十八届六中全会再次提出,以深化改革为动力,丰富组织运行管理机制。

（二）工作要求

（1）实施项目化管理模式。研究确定年度重点项目,引导直属机关聚焦主责主业,把有限的资源和力量用在最重要的事情上。机关各部门依据牵头和参与的重点项目任务,研究确定年度关键业绩指标,建立科学、规范、精准的工作导向,确保工作有目标、有标准、可度量。

（2）建立扁平化工作机制。注重建立扁平化运行机制,充分借助交通、通信技术提供的便利,压减组织管理层级,提高工作传导效率,直接面向基层和青年开展工作。推动全团工作信号、资源、方式、力量直达基层,确保各级团组织内部步调一致、协同一体、运转流畅。

（3）构建社会化工作格局。改进组织动员方式,破除行政化思维定式,完善全团联动、面向社会、开放共享的资源配置机制,提升组织整体效能。加强绩效管理和跟踪问效,分级建立重点工作督查督导机制,针对全团重大部署、年度重点工作和重要专项任务,定期开展抽查检查评估,指导推动工作落实。改进会风文风,加强统筹管理,严控发文发函数量,提升办文办会效率,确保工作信号集中有力,切实为基层减负。

（三）路径方法

（1）以品牌项目为抓手,分层分段推进团务工作。团上海市委加强基础团务指导,定期更新发布《团务通》《团务微课堂》等工具书和指导手册。团广东省委以深入推进"命脉工程"项目为统揽,分阶段分层次一体化推进团的各项工作,加强对基层建设工作统一调度指导,进一步夯实"全团抓基层"工作格局。团天津市委制定"村、社区团支部项目化工作清单",印发工作手册,精准描述基层团组织工作目标、任务内容、工作流程以及考核要点,促进基层团务工作系统规范,更好发挥基层团支部战斗堡垒作用。

（2）创新工作理念,提升组织效能。团上海市委依托"智慧团建"系统、上海共青团大数据可视化平台等信息化平台和载体,推动工作信号、资源、方法、力量直达基层。团山东省委实施"省抓县、市抓乡镇"扁平化管理机制,做到工作信号直达、工作压力直达。团河北省委开展集检查、调研、宣讲、访谈于一体的地市级共青团改革、县域共青团改革试点调研指导,打造扁平化的指导推动机制,将工作信号"一传到底"。

（3）广泛社会动员,延伸工作手臂。2020 年,团中央本级主动筹措社会资金近 15 亿元用于开展工作,是全年财政项目经费的 6 倍;各级团属基金会广泛开展社会化募捐,着力激发青年群众的主人翁意识和集体主义精神,募得 5.8 亿元爱

6.2.8　抓团组织建设从严　更好发挥党的助手和后备军作用

心资金,全部透明高效用于支援新冠肺炎疫情防控工作,大幅降低工作的行政化依赖。团北京市委按照"青年汇+"的工作模式,以青年汇站点为中心,引入书店、剧场、商场等青年群体聚集的社会服务单位,作为"青少年实践教育活动点",形成"1个青年汇站点+多个常态化阵地"的服务模式,进一步延伸共青团服务青年工作手臂。

第三节　坚持以强化政治能力和作风建设为重点,抓团干部队伍管理从严

《团章》指出,共青团要贯彻党管干部原则,坚持德才兼备、以德为先,坚持五湖四海、任人唯贤,坚持事业为上、公道正派,在"保留骨干、以资熟手"的同时,注重培养选拔优秀年轻干部,努力实现团干部队伍的革命化、年轻化、知识化、专业化,建设符合群团组织特点、充满生机活力的团干部队伍。

习近平总书记在庆祝中国共产主义青年团成立100周年大会上指出,"团干部要铸牢对党忠诚的政治品格,高扬理想主义的精神气质,心境澄明,心力苦壮,让人迎面就能感受到年轻干部应有的清澈和纯粹。要自觉践行群众路线、树牢群众观点,同广大青年打成一片,做青年友,不做青年'官',多为青年计,少为自己谋。要培养担当实干的工作作风,不尚虚谈、多务实功,勇于到艰苦环境和基层一线去担苦、担难、担重、担险,老老实实做人,踏踏实实干事。要涵养廉洁自律的道德修为,心有所畏、言有所戒、行有所止,不断锤炼意志力、坚忍力、自制力,做一个一心为公、一身正气、一尘不染的人。"

各级共青团深入贯彻落实习近平总书记提出的"好干部"标准和对团干部提出的"坚定理想信念、心系广大青年、提高工作能力、锤炼优良作风"重要要求[1],把从严管好团干部队伍作为推进全面从严治团的重要任务,以探索完善专挂兼相结合的干部工作机制为抓手,着力推动建设有活力、有筋骨、善作为的团干部队伍。[2]

一、加强团干部的选拔培养

共青团的各级领导机关和基层组织的领导机构经选举产生并有任期规定。

①　习近平.论党的青年工作[M].北京:中央文献出版社,2022:163.

②　《中国共青团》编辑部.努力做到忠诚干净担当——团十八大以来共青团严抓团干部队伍管理工作纪实[J].中国共青团,2022(01):62-65.

团的各级领导机构任期届满,其领导班子应当按期换届,需要更多优秀的青年干部充实到团的各级岗位上来。因此,团干部的选拔任用工作在团的干部队伍建设中处于十分重要的位置。

（一）背景意义

《团章》指出,团的各级组织负有协助党管理团干部的责任,要加强对团干部的选拔、培养和管理,拓宽干部来源渠道,注重在经济社会发展最需要的地方、基层一线和困难艰苦的地方锻炼干部。坚持党管干部原则,突出新时代好干部标准,以《党政领导干部选拔任用工作条例》为遵循,突出"知青少年、懂青少年、爱青少年"的重要要求,严把团干部选配"入口关",将敢于负责、勇于担当、善于作为、实绩突出的各领域优秀人才越来越多地吸纳到共青团队伍中来。[①]

（二）工作要求

（1）突出政治标准,树立事业为上的鲜明导向。坚持政治标准,以强化干部事业心和职业精神为导向,坚持把政治素质作为选人用人首要标准,突出政治过硬、对党忠诚,严格干部考察。坚持事业为上、注重实绩,对参与援疆、援藏、扶贫等工作且表现优秀的人选优先提拔使用,形成择优竞争态势。[②]

（2）坚持五湖四海,推动实现干部来源多样化。着力拓宽团干部来源渠道,从严选配团的领导机关干部,严格专职干部选拔任用程序,完善挂兼职干部选配管理机制。挂职干部采用组织化选配、社会化选配、团内基层选配、直属单位选配四种方式,兼职干部选配重点面向党政干部、专家学者、青年典型、团学组织骨干四类群体。[③] 真正把知青年、懂青年、爱青年工作的人才吸纳到共青团工作者队伍中来。

（3）健全协管机制,落实双重领导工作职责。团组织协助党组织管理下一级团组织领导班子及班子成员,是团的双重领导体制在团干部管理工作中的具体体现。团中央建立完善省级团委领导班子分工调整报备、班子成员重要事项日常报告制度,建立派员列席下级团委领导班子民主生活会机制,积极配合省级党委做好省级团委领导班子换届和调整配备考察工作。统筹推动省市县三级团的领导机关干部和领导班子整体配备,建立完善抽样调研、统计通报、台账管理三项常态

---

① 《中国共青团》编辑部.努力做到忠诚干净担当——团十八大以来共青团严抓团干部队伍管理工作纪实[J].中国共青团,2022(01)：62-65.

② 《中国共青团》编辑部.努力做到忠诚干净担当——团十八大以来共青团严抓团干部队伍管理工作纪实[J].中国共青团,2022(01)：62-65.

③ 《中国共青团》编辑部.努力做到忠诚干净担当——团十八大以来共青团严抓团干部队伍管理工作纪实[J].中国共青团,2022(01)：62-65.

化工作机制,构建相关工作的闭环,努力将团的领导机关干部和班子配备率、在岗率保持在较高水平。①

(三)路径方法

(1)专兼挂多措并举,充实团青骨干力量。自2016年改革以来,截至2022年1月,团中央直属机关共选配挂职干部202名,兼职干部89名。全国31个省(自治区、直辖市)、300个市(地、州、盟)、2102个县(市、区、旗)团委机关配备挂兼职干部。在巩固传统选人模式的基础上,通过政府购买服务、聘任青少年事务社工、培养选拔村(社区)青年委员、开发志愿者服务项目、吸纳返(在)乡大学生兼职等方式,多措并举,充实基层共青团工作力量。②

(2)突出对党忠诚,严把选人用人工作关。团上海市委设立"五个坚持"用人导向,把"坚持从对党忠诚的高度看待干部是否担当作为"放在首位,让更多想干事、能干事、干成事的干部脱颖而出。团山西省委争取省委组织部支持,推动县乡村团组织与党组织换届同步完成。在换届考察中建立人选资格联审机制,突出政治标准,会同组织、纪检部门共同做好人选把关工作。③

二、加强团干部的教育培训

团中央研究制定《中国共产主义青年团干部教育培训工作条例(试行)》,明确以习近平新时代中国特色社会主义思想为主干构建培训内容体系。各级共青团组织多措并举,强化团干部的思想淬炼、政治历练、实践锻炼、专业训练,引领广大团干部真正成长为党的青年群众工作的"行家里手",更好地服务党和国家工作大局。

(一)背景意义

《团章》指出,建立正规的培训制度,办好各级团校,突出政治培训,建设党在青年工作领域特色鲜明的政治学校。团干部教育培训是团干部队伍建设的先导性、基础性、战略性工程,必须坚持以马克思主义、毛泽东思想、邓小平理论、"三个代表"重要思想、科学发展观、习近平新时代中国特色社会主义思想为指导,教育引导广大团干部自觉做习近平新时代中国特色社会主义思想的坚定信仰者和忠实实践者,不断增强"四个意识"、坚定"四个自信"、做到"两个维护"。

---

① 《中国共青团》编辑部.努力做到忠诚干净担当——团十八大以来共青团严抓团干部队伍管理工作纪实[J].中国共青团,2022(01):62-65.

② 《中国共青团》编辑部.努力做到忠诚干净担当——团十八大以来共青团严抓团干部队伍管理工作纪实[J].中国共青团,2022(01):62-65.

③ 《中国共青团》编辑部.努力做到忠诚干净担当——团十八大以来共青团严抓团干部队伍管理工作纪实[J].中国共青团,2022(01):62-65.

（二）工作要求

（1）聚焦团干部政治能力提升。《中国共产主义青年团干部教育培训工作条例（试行）》明确 规定，团干部教育培训以习近平新时代中国特色社会主义思想为主干构建培训内容体系，重点开展政治教育、理论教育和能力教育。在各培训班次上始终把学习贯彻习近平新时代中国特色社会主义思想摆在首要位置，将党性教育贯穿培训始终。

6.3.1　贺军科同志在共青团干部教育培训和理论研究工作座谈会上的讲话

6.3.2　2020—2023年全国团干部教育培训规划

6.3.3　中国共产主义青年团干部教育培训工作条例（试行）

（2）构建分级分类的团干部培训体系。团中央印发《2020—2023 年全国团干部教育培训规划》，按照"分级负责、统筹规划"的方式健全团干部教育培训体系，指导各级团的组织部门坚持政治为先，做好团干部教育培训工作。[①]

（3）强化培训阵地建设和师资保障。构建以中央团校、井冈山基地为龙头，各级团校、团干部教育培训基地相互补充、布局合理的培训阵地架构。按照高素质、专业化要求，建设共用共享的团干部教育培训师资库，建立团干部上讲台工作机制，多渠道充实团干部教育培训师资队伍。[②]

（三）路径方法

（1）拓宽科研工作思路，组建课程教研组。团中央召开共青团干部教育培训和理论研究工作座谈会，按照做学术、搞科研的思路，以跨专业、跨岗位的方式组建由团中央机关、中央团校和研究中心等人员组成课程教研组。截至 2022 年1 月，已有 2 批 25 个课程教研组，119 人共同参与课程研发和授课工作。

6.3.4　上海：开门办团校 青年享"知识福利"

---

① 《中国共青团》编辑部.努力做到忠诚干净担当——团十八大以来共青团严抓团干部队伍管理工作纪实[J].中国共青团,2022(01)：62-65.

② 《中国共青团》编辑部.努力做到忠诚干净担当——团十八大以来共青团严抓团干部队伍管理工作纪实[J].中国共青团,2022(01)：62-65.

（2）打造培训精品课程,扩大基层培训有效覆盖面。截至 2022 年 1 月,团江西省委组织开发《苏区干部好作风与团干部的健康成长》等一批有江西特色的团干部培训课程。团四川省委遴选 20 余名省级以上"两红两优"优质师资参与精品课程录制,对乡镇(街道)团干部进行全覆盖培训①。

（3）开展团干部上讲台比赛,提升宣讲能力。团内蒙古区委在全区范围内部署开展了团干部上讲台技能大赛,提升团干部宣讲能力。团河北省委举办"擂台赛",面向市县团委和少先队、高校和企业团委等领域分层分类开展,在切磋交流中提升能力。

三、加强团干部的工作锤炼

团十八大后,团中央出台《关于提高政治站位改进工作作风的六条规定》,宣示自觉向新时代党的建设新要求和全面从严治党高标准看齐的坚定决心。各地共青团贯彻落实中央八项规定及其实施细则精神,严格落实团内"六条规定",祛除团干部"官本位"思想和形式主义、官僚主义倾向,锤炼严实工作作风,建设团内良好政治生态。

（一）背景意义

全面落实从严治团,重点是团的领导机关干部和专职干部,关键是各级团的领导班子,特别是团中央委员会、团中央常委会、团中央书记处的组成人员。团的领导机关干部和专职干部要深刻认识自身肩负的特殊责任,自觉以更高标准要求自己,以身作则、以上率下,把从严治团各项要求推向深入。要带头坚定理想信念,保持对党绝对忠诚,以实际行动让团员青年感受到理想信念的强大力量。要带头密切联系青年,扎扎实实做好相关工作,坚决避免走形式、走过场。要带头遵守《团章》团规,凡是要求团员做到的自己首先做到,凡是要求团员不做的自己首先不做,真正形成一级带着一级干、一级做给一级看的示范效应。要带头严格自律,坚决抵制不正之风,守住纪律底线,珍惜团干部的名节操守,始终保持艰苦奋斗、清正廉洁本色。

6.3.5 关于提高政治站位改进工作作风的六条规定

（二）工作要求

（1）在深入推进改革攻坚中强化信念。在党中央书记处的直接领导下,共青

① 《中国共青团》编辑部.努力做到忠诚干净担当——团十八大以来共青团严抓团干部队伍管理工作纪实[J].中国共青团,2022(01):62-65.

团和青联、学联学生会、少先队围绕强"三性"、去"四化"改革目标，认真推动实施9个改革方案，党的领导和建设得到全面加强，领导体制、运行机制、工作方式、干部结构发生深刻变革，机构设置、工作布局、力量配备、日常运行全方位向主责主业聚焦。各级团干部在推动共青团改革攻坚中进一步坚定理想信念，锤炼过硬本领，有效提升联系服务青年的能力，改出了工作新气象、干部新形象。①

（2）在密切联系青年中转变作风。将密切联系青年机制作为团中央机关干部改进作风的重要抓手，与团干部上讲台、青年大学习、联系高校专项机制、联片挂点工作机制等有机融合、统筹推进。明确要求团中央机关全体专、挂职干部每年深入基层、联系青年的时间不少于45天。

（3）在投身急难险重任务中强筋壮骨。各地团干部弘扬"党有号召，团有行动"的光荣传统，在疫情防控、防汛救灾、脱贫攻坚、乡村振兴等工作中冲在前、作表率。团十八大以来，截至2022年1月，团中央直属机关共选派17名干部参与精准扶贫和乡村振兴工作，选派5名干部参与援疆援藏、支援西部地区和革命老区工作。②

（三）路径方法

（1）切实履行"一把手"第一责任制，确保改革事项责任到人。2021年10月，经中央书记处批准，团中央直属机关针对共青团改革中迫切需要破解的深层机制问题，专题部署深化改革事项，要求直属机关各部门、单位"一把手"履行第一责任，领导班子承担主体责任，确保改革有人管，责任压实、任务钉牢。③

（2）选派团干部下沉到基层一线，锤炼青年群众工作方法。团江苏省委要求各级团干部全部按照"就近就便"原则，到本人居住或工作地的乡镇（街道）团（工）委报到，下沉至村（社区）开展工作。团安徽省委部署开展"走基层、访青年、送理论"活动，机关各部门结合年度重点工作确定多个调研课题，形成书面调研成果。④

（3）持续从严从实，改进团干部工作作风。团上海市委持续开展团干部成长观教育，巩固拓展党史学习教育成果，推进"不忘初心、牢记使命"主题教育常态

① 《中国共青团》编辑部.努力做到忠诚干净担当　　团十八大以来共青团严抓团干部队伍管理工作纪实[J].中国共青团,2022(01)：62-65.

② 《中国共青团》编辑部.努力做到忠诚干净担当——团十八大以来共青团严抓团干部队伍管理工作纪实[J].中国共青团,2022(01)：62-65.

③ 《中国共青团》编辑部.努力做到忠诚干净担当——团十八大以来共青团严抓团干部队伍管理工作纪实[J].中国共青团,2022(01)：62-65.

④ 《中国共青团》编辑部.努力做到忠诚干净担当——团十八大以来共青团严抓团干部队伍管理工作纪实[J].中国共青团,2022(01)：62-65.

化制度化,引导团干部树立正确的政绩观、事业观。严格执行中央八项规定及其实施细则精神,《共青团中央关于提高政治站位改进工作作风的六条规定》《团市委机关贯彻中央八项规定精神的实施办法》等,将作风建设深度融入"工作圈""朋友圈""生活圈"。进一步完善团干部密切联系青年的工作机制,推动市区两级团的领导机关干部通过理论宣讲、交流谈心、调查研究、一线办公等方式加强与一线青年的联系,将联系青年情况作为干部评先奖优的重要条件。

四、加强团干部的考核监督

坚持严管与厚爱结合、激励与约束并重,鲜明树立重实干、重实绩的用人导向,驰而不息正风肃纪,着力锻造为党尽职尽责、为青年尽心尽力,忠诚干净担当的骨干队伍。

(一)背景意义

《团章》要求建立健全团干部的考核、监督和问责制度;主动向有关党委和团委推荐下级或同级团组织负责人人选,对团干部的调动提出建议。激发团干部干事创业的原动力,重在强化干部事业心和职业精神,涵养理想主义情怀;重在强化责任心和岗位意识,增强履职能力;重在去除"官本位"思想,克服形式主义、官僚主义倾向,锤炼严实作风,激发自我奋斗精神。

(二)工作要求

(1)加强考核评价,树立奖优惩劣鲜明导向。突出政治标准,探索建立团的领导机关干部绩效考核机制,建立由关键业绩指标考核、党建要素考核、综合工作考评构成团的领导机关绩效考核体系,将绩效评价结果作为评价领导干部的重要依据,引导干部聚焦主责主业、主动担当作为。对工作有显著成绩的团干部,团组织应当给予表扬和奖励。

(2)亮明纪律底线,强化监督执纪问责。加强日常监督,建立内部巡视制度、纪律检查建议书制度,建立纪律监督员工作机制,切实强化纪律约束。建立团干部问责机制,对履职不力、作风漂浮的干部,采取约谈、提醒、通报或组织处理、纪律处分等方式进行追责。①

(三)路径方法

(1)建立指标要素考核体系,创新探索青年满意的评价体系。团天津市委开展团组织书记向上一级团组织述职评议工作,各级团组织书记普遍接受团员青年

---

① 《中国共青团》编辑部.努力做到忠诚干净担当——团十八大以来共青团严抓团干部队伍管理工作纪实[J].中国共青团,2022(01):62-65.

评议和上级团组织点评,激发团干部干事创业热情。团重庆市委深化团的工作满不满意"团员青年说了算"的评价体系,创新建立"区县团委向团市委述职、基层团委向上级团组织述职、团支部'背靠背'满意度测评"三级述职评议测评工作机制。①

（2）加强日常监督巡视,建立正负面清单制度。团新疆区委从既有制度规范入手,抓基础、抓日常,严肃执纪问责,在网络平台公开通报典型案例,发挥警示教育作用。新疆生产建设兵团团委全面推行师市团委书记正负面清单制度,建立重点工作月调度机制,对工作成效好的公开表扬,对落实不力的坚决通报,推动形成上下贯通、一体推进团内各项重点任务的良好工作态势。②

第四节　坚持以先进性建设为重点,抓团员队伍管理从严

《团章》要求坚持把帮助青年确立正确的理想、坚定的信念作为首要任务。必须站在理想信念这个制高点上,牢牢把握为实现中华民族伟大复兴的中国梦而奋斗的时代主题,激发广大青年的历史责任感和奋斗精神,组织动员广大青年走在时代前列。要围绕保持和增强团员先进性这一时代课题,切实增强团员的光荣感,发挥团员的模范作用。

团员是全面从严治团的主体,当前和今后一个时期团员队伍建设的首要任务,就是坚持"宁可少一点,也要好一点"的鲜明导向③,不断深化团员先进性建设,努力实现从数量控制到质量跃升的这样一个转变,真正让团员青年的先进性为社会感知。在庆祝中国共产主义青年团成立100周年大会上,习近平总书记勉励新时代的广大共青团员,做理想远大、信念坚定的模范,做刻苦学习、锐意创新的模范,做敢于斗争、善于斗争的模范,做艰苦奋斗、无私奉献的模范,做崇德向善、严守纪律的模范。

因此,各级共青团组织紧紧围绕为党育人这一根本任务,坚持以先进性建设为牵动,不断严格团员发展、教育、管理等各项工作,探索建立自下而上、分段分类、阶梯晋级的新时代共青团激励机制,着力规范和加强入团后教育管理,培养有

① 《中国共青团》编辑部.努力做到忠诚干净担当——团十八大以来共青团严抓团干部队伍管理工作纪实[J].中国共青团,2022(01)：62-65.
② 《中国共青团》编辑部.努力做到忠诚干净担当——团十八大以来共青团严抓团干部队伍管理工作纪实[J].中国共青团,2022(01)：62-65.
③ 习近平.论党的青年工作[M].北京：中央文献出版社,2022：164.

信仰、讲政治、重品行、争先锋、守纪律的团员队伍，努力实现源源不断为党输送新鲜血液的政治功能。

一、严格发展团员

发展团员要严格标准、严格培养、严格程序，坚持把政治标准作为入团首要标准，按照"严格标准、提高质量、控制增量、管好存量"的要求，严把团员入口关，提升团员发展质量，从源头上增强团员先进性。团的基层组织应当做好经常性发展团员工作，着力把各方面先进青年吸收进团组织，保持团员队伍朝气蓬勃的青年特点，使共青团真正成为团结教育青年的坚强核心。

（一）背景意义

《团章》指出，发展团员必须把政治标准放在首位，严格履行"申请入团的青年应有两名团员作介绍人""介绍人应负责地向被介绍人说明团章""向团的组织说明被介绍人的思想、表现和经历""要求入团的青年要向支部委员会提出申请，填写入团志愿书，经支部大会讨论通过和上级委员会批准，才能成为团员。被批准入团的青年从支部大会通过之日起取得团籍"等手续。实践证明，唯有把团员发展好，才能更好地发挥共青团作为党的助手和后备军的作用。

6.4.1　关于加强新形势下发展团员和团员管理工作的意见

随着改革开放和社会主义市场经济的深入发展，青年自身和所处的环境都发生了显著变化，发展团员工作存在着一些不适应新形势新任务要求的问题。主要表现有：有的团组织对发展团员工作重视不足、把关不严，新发展的团员的质量需要提高；有的地方发展团员标准不明确、程序不规范，全员入团、突击入团、低龄入团现象较为突出。这些问题从源头上严重影响了团员队伍的生机活力，削弱了共青团的吸引力、凝聚力、战斗力，必须切实加以解决。

（二）工作要求

（1）坚持按照标准发展团员。严格按照团章规定的标准发展团员，始终把政治标准放在首位，着重看发展对象是否具有坚定的理想信念和良好的道德品行，是否在学习、生产、工作和社会活动中发挥模范带头作用。根据不同群体、行业、岗位的特点，紧密联系实际，从思想政治、能力素质、道德品行、现实表现等方面探索制定衡量团员素质的具体标准。坚持成熟一个发展一个，杜绝全员入团、突击发展、不满13周岁入团的现象，同时防止"关门主义"。推荐优秀少先队员作团的发展对象是共青团赋予少先队的光荣任务。

中学少先队组织应在团组织的领导下，具体负责组织实施。年满14周岁、未满 15 周岁的少先队员作为团员发展对象,原则上必须经过少先队组织推荐,一般每学年推荐一次。在学生中发展团员,要始终突出思想政治引领这一灵魂,坚持把理想信念作为首要标准,把综合素质作为重要考察内容,加强对践行社会主义核心价值观实际表现的考察,注重把学生的一贯表现、自我评价和相互评价结合起来,防止只把学习成绩作为发展团员的唯一标准。

6.4.2　新时代共青团员先进性评价指导大纲（试行）

（2）抓好入团积极分子培养教育工作。积极引导和鼓励那些各方面表现好、有进步愿望的青年提出入团申请。对提出入团申请的青年,要及时采取团员推荐、少先队推优等方式确定为入团积极分子。建立对入团积极分子进行集中教育和日常培养考察相结合的培养教育机制,从源头做起,狠抓发展团员的质量。

针对不同群体、不同行业入团积极分子的特点,切实加强理想信念教育,帮助他们提高思想觉悟,端正入团动机,逐步坚定跟党走中国特色社会主义道路的信念。充分利用好团课、团校等形式和载体开展集中培养教育,要坚持入团积极分子确定为发展对象之前必须参加不少于 8 学时团课学习的要求。严格落实培养联系人制度、团支部考察制度,定期了解入团积极分子的思想、工作、学习和生活情况,健全经常性培养考察机制。

（3）严格入团程序和工作纪律。严格按照《团章》程序和有关规定发展团员,把履行入团程序作为对新团员进行团员意识教育的重要内容。对入团积极分子的推荐确定、培养考察,对新团员的大会表决、审批、宣誓、教育等各个环节,都要做到程序严格、手续完备。发展团员工作中要坚持民主,通过团员和青年民主推荐产生发展对象。接收新团员必须经过团支部大会讨论,并采取无记名投票方式进行表决。强化发展团员工作责任追究制,对不坚持标准、不履行程序和培养考察失职、审查把关不严的团组织及其负责人、直接责任人进行批评教育,情节严重的给予纪律处分。对违反《团章》和有关规定发展团员的典型案例要及时进行查处和通报,对违反规定吸收入团的,一律不予承认,切实维护发展团员工作的严肃性。

6.4.3　初中阶段"入团十步法"

（三）路径方法

（1）严格团员发展标准和流程。团上海市委落实团中央要求,坚持"宁可少一点,也要好一点"的鲜明导向,把参加不少于 8 学时的团课学习、年度志愿服务时长不少于 20 小时、经过 3 个月以上培养考察期等作为入团必备条件,严把"入口关"。团江苏省委在初中学校全面实施"双积双评"积分入团,分阶段量化团员发展标准,推动 2 次积分累计和 2 次评议相结合,形成从少先队到共青团的一体化培养链条。团西藏区委通过积累团前积分、开展团员评议、签订入团承诺书,建立对入团积极分子的全过程综合性入团评价机制,常态化开展违规发展团员核查处置。

(2)严格调控团员规模和结构。团新疆区委发展团员分领域精准调控到县级,针对南疆四地州农村领域青年较多的实际,将其社会领域团员发展指标比例提升至 10%,团员发展工作更加科学合理,结构比例不断优化。全团做好经常性团员发展工作,坚持以县域调控为基础、市域调控为补充,调控发展数量、降低团青比例。持续优化结构,分领域制订发展团员计划,提升学校领域调控的精细化水平,加大社会领域发展团员力度。

(3)统筹做好其他领域发展团员工作。近年来,全国各地加强对非公企业青年一线工人、业务骨干、技术能手的培养考察,及时发展他们中符合团员标准的青年入团。注重在思想政治素质好、有文化、有一技之长,特别是能带领群众共同致富的优秀青年农民中发展团员。注重发展优秀青年农民工入团。青年农民工所在单位未建立团组织的,可以向单位所在地团组织提出入团申请。其中,团上海市委优化规模结构,科学制定、严格落实年度团员发展计划,加大社会领域新团员发展力度,进一步优化各领域团青比。

二、改进团员教育管理

广泛开展团员教育实践活动,推动团员集中性教育和经常性教育相结合,保持和增强团员先进性,防止"团、青不分"现象。强化对不同领域、不同行业团员的分类教育管理。落实好团前教育、发展团员、组织生活、教育评议、奖励处分等各项规定,健全流动团员管理机制和做好团组织关系转接工作。运用信息化手段,创新团员管理方式。每个团员都要按规定自觉交纳团费,团费使用和管理要公开透明。按照稳妥、慎重的要求,及时处置不合格团员。

(一)背景意义

严明政治纪律和组织纪律,健全和改进"三会两制一课"制度,特别要把团员教育评议与团员年度团籍注册结合起来,按照有关规定落实各项工作内容,将其作为加强团员队伍思想建设、严肃团的纪律、严格团的管理的重要措施。认真落实团日活动制度。探索打破单位、行业、地域界限,依托区域化团建,试行团员组织关系一方隶属、参加多重组织生活模式,积极开展开放式、体验式、互动式团内活动,注重依托互联网平台开展活动,进一步提高组织生活的效果。团的组织生活要凸显思想政治教育的本质要求,团组织对团员参加组织生活的情况要经常进行督促检查。

（二）工作要求

（1）严肃团的纪律。对理想信念不坚定、不履行团员义务、不符合团员标准的团员,团组织应对其进行教育,要求其限期改正;经教育仍无转变的,应当劝其退团;劝而不退的予以除名。对无正当理由,连续6个月不交纳团费、不过团的组织生活,或连续6个月不做团组织分配工作的团员,按自行脱团处理,并予除名。

（2）完善和加强团员档案管理。团员档案一般包括入团申请书、入团志愿书、推优入团证明、组织鉴定、团内奖励决定、团内处分的调查、本人检查和组织决定。团员的入团志愿书,已建立人事档案的,由档案管理部门统一管理;未建立人事档案的,学生团员的由学校团委管理,其他团员的由街道、乡镇团组织管理。

（3）健全团费收缴管理制度。团组织要指定专职团干部负责团费的收缴工作,暂时没有专职团干部的单位,团费可由财务部门代管,团费应当按月收缴。使用团费应当坚持统筹安排、量入为出、收支平衡、略有结余的原则,使用和下拨团费必须集体讨论决定,不得个人或者少数人决定。

（4）创新团员管理手段。依托全国"智慧团建"系统,建成集基础团务管理、团干部管理和团的工作管理于一体的综合平台,创新团工作的运行机制,提高团员管理和服务工作水平。

（5）改进对流动团员的管理。按照明确责任主体、分类管理服务、多方协同配合的要求,认真做好流动团员管理和团组织关系转接工作。团员外出地点或工作单位相对固定,外出时间6个月以上的,一般应当将其团的组织关系转入外出地或工作单位相应的团组织。

6.4.4 中国共产主义青年团团员教育管理工作条例（试行）

（三）路径方法

（1）严格规范团员日常管理。全团部署犯罪团员系统清查,建立执纪管理闭环,全面完成历史存量犯罪团员团纪处分,较为彻底地解决了"带着团籍蹲监狱"问题。团上海市委规范开展年度团员教育评议、团内仪式教育;强化"团队衔接",完善团、队一体化育人链条;加强"学社衔接",努力实现"应转尽转",提高流动团员管理质量;加强团员档案管理,推动团员纸质档案规范进入学籍档案或人事档案。

（2）常态化开展日常学习教育。2021年,全团紧紧围绕庆祝建党100周年历史性契机,深入学习近平总书记七一重要讲话精神和党的十九届六中全会精神,以组织化学习为基本方式,推动基层以团支部为基本单元开展专题学习会、主题团日、支部团课、仪式教育,规范开展专题组织生活会,全年基本完成基层团组织动态全覆盖,团支部的整体学习率超过了 99.6%。团上海市委严肃团内组织生活,严格落实"三会两制一课"制度,创新组织生活方式和主题团日形式,切实提高组织生活质量。团天津市委围绕传承红色基因、科学普及宣传、文化艺术体验等 10 个主题,授牌首批天津青少年实践教育阵地,设置党团队仪式教育专区,实景展示历史场景,增强青年的体验感和感知力。

(3) 加强线上线下教育平台建设。团河南省委大力加强中学团校建设,开展全省中学团校"一建两评三促"工作,以评促建、评建结合,促进作用发挥。截至 2022 年 1 月,全省共建立中学团校 4 283 所。团安徽省委线上线下推进党史学习教育,开展"扬青年之声 颂百年华诞"宣讲,推出系列广播节目和网络音频专栏,经验成果在党史学习教育官方网站头条展示。团湖南省委开设网络专题专栏,在抖音、快手等短视频平台推出的《"潮"青年》湖南红色革命人物短视频,截至 2022 年 1 月,累计点赞量超 5 000 万;推出《那些 90、00 后红色革命家》《手说党史》等文化产品,吸引青少年主动接受党史学习教育。

三、发挥团员模范作用

以保持和增强团员先进性为重点,强化正向激励和示范引领,引导团员增强向党组织靠拢的政治自觉和担当民族复兴重任的行动自觉,心怀"国之大者",发挥生力军和突击队作用。在具体实践层面,通过团员先锋岗、团员示范岗等形式,开展团员承诺践诺和履职尽责活动,充分发挥团员在青年中的模范作用和对青年的凝聚作用。团员要主动成为注册志愿者、网络文明志愿者,每年参加志愿服务时间不少于 20 个小时。团干部、团员在组织和参加团的活动时必须佩戴团徽,团的领导机关干部在日常工作中应佩戴团徽,亮出团员身份,展现良好形象。

(一) 背景意义

团员是团的肌体细胞和团的活动主体。长期以来,各级团组织认真做好发展团员和团员管理工作,建立了一支规模宏大、能够发挥模范作用的团员队伍。[①]由于团组织自身的特点,每年有数以百万计的团员超龄离团,又有数以百万计的青年入团,做好发展团员和团员管理工作具有更为重要的意义。实践证明,只有把团员发展好、管理好,才能体现团员队伍的先进性,更好发挥共青团作为党的助手和后备军的作用。

---

① 王鹏.群团改革视角下的团员队伍建设研究[J].青年学报,2016(04):25-30.

（二）工作要求

（1）不断完善推优工作机制。推荐优秀团员作党的发展对象，是党赋予共青团组织的一项光荣任务，是团助手和后备军作用发挥的重大制度安排，也是党团血脉联系的组织依托。要改进推荐优秀团员作党的发展对象工作，将其作为基层团组织的重要职责。团的基层组织应把"推优"作为一项经常性重要工作。28 周岁以下青年入党，一般应从团员中发展。发展团员入党，一般应经过团组织推荐，使推优工作逐步成为党组织发展青年党员的主要渠道。

（2）促使育优和推优有效衔接。团组织在推荐优秀团员入党过程中应注意，推荐对象应具有 1 年以上的团龄，推优的比例一般不超过团支部人数的 20%，每次推荐有效期为 2 年。要将推优工作的重点放在对入党积极分子的培养教育上，配合基层党组织做好相关工作。要注重推荐青年工人、农民、学生、知识分子中的优秀团员作为党的发展对象。

（3）建立有效机制和载体。引导团员注册志愿者围绕扶贫济困、助老助残、社区服务、生态建设、大型活动、抢险救灾、网络文明、社会管理、文化建设、西部开发、海外服务等领域开展志愿服务。积极动员广大团员加入网络文明志愿者队伍，争当好网民，发出好声音，传播正能量，把团员的先进性延伸到网络空间。

（三）路径方法

（1）开展团员先进性评价，强化团内正向激励。2021 年基层团组织结合党史学习教育专题组织生活会同步开展团员先进性评价和团员教育评议方面的工作，全团 244.1 万个支部首次开展团员先进性评价，支部覆盖率达 81.4%。团上海市委深化团员先进性评价激励机制，普遍推动团支部每年制度化开展团员先进性评价，构建以入团激励、评议激励、荣誉激励、机会激励、发展激励等为主要方式的分层分类阶梯式成长激励机制。团福建省委构建"星级团员"评定体系，将团员基本义务细化为 1 至 5 颗星级及若干二级指标，把评定结果作为团内评先评优的主要参考依据。

（2）健全党团培养链条，履行推优入党政治责任。团上海市委持续推进完善本市高中高校推优一体化，积极争取党组织制度层面保障，在各领域青年入党流程中主动作为，高标准、高质量向党推荐输送人才。团山西省委结合山西重工业企业多的实际，制定省属企业共青团员推优入党工作实施办法，指导各地各系统优先推荐抗志新冠肺炎疫情一线青年入党，使"推优"成为党组织发展青年党员的主要渠道。团河北省委建立全省团组织"推优"工作流程，探索形成"3+1+1"的工作思路。

6.4.5　新时代共青团员激励机制指导大纲（试行）

（3）围绕中心服务大局，引领团员建功新时代。团浙江省委积极创设载体，强化组织动员，推动团员"平常时候看得出来，关键时刻冲得上去"，自 2020 年以来，截至 2022 年 1 月，推动团员青年深入社区参与志愿服务达 368.2 万人次，9.8万名团员投身新冠肺炎疫情防控和防汛抗洪一线，1 821 名团员火线提交入党申请。团江苏省委结合社区青春行动，开展在苏大学生团员向镇街、村社团组织报到工作，组织动员在苏大学生团员参与基层社会治理、助力乡村振兴。团四川省委推动全体团员成为"志愿四川"注册志愿者，组织广大团员积极参与网络舆论引导，弘扬主旋律、传播正能量，自觉维护国家安全。

第五节　坚持以制度体系构建为抓手，强化全面从严治团的制度保障

制度建设是全面从严治团的保障。制定规章制度建设规划，参照党内法规建设原则和经验，坚持制度治团、依规治团，采取整体推进与急用先行相结合的方式，本着于法周延、于事简便、务实管用的原则，按照统筹"规范主体、规范行为、规范监督"的建设思路，系统构建覆盖团干部、团员、团组织的团内制度体系，为全面从严治团提供有力制度保障。①

一、严格执行《团章》规定

《团章》是团的总章程，集中体现了党的理论指导和中国特色社会主义群团发展道路要求。规定团的基本制度，对明确团的属性、推进团的工作、加强团的建设具有重要的宣示、规范和引领作用。《团章》对团的性质、指导思想和奋斗目标、基本任务和基本要求、组织制度和组织机构、团员义务权利、团干部队伍建设、团的纪律等作出根本规定。要坚持以《党章》《团章》为根本遵循，系统推进团内规章建设，强化制度执行落实。

（一）《团章》修正的发展历程

1921 年 11 月，团的早期组织颁布的《中国社会主义青年团临时章程》是共青团历史上的第一部章程，代行正式《团章》的职能，起到了规范团的活动的作用，标志着团内规章制度建设的开始。1922 年，中国社会主义青年团第一次全国代表大会开幕。同年 5 月 10 日，大会讨论通过了《中国社会主义青年团临时章程》，

---

① 共青团中央.共青团中央关于印发《中国共产主义青年团团内规章制定条例（试行）》的通知：中青发［2021］11号［EB/OL］.（2021－12－30）.https：//www.gqt.org.cn/documents/zqf/202201/P0202 20106331802250297.pdf.

这是青年团历史上第一个统一的正式章程。①

《中国社会主义青年团临时章程》自 1922 年中国社会主义青年团第一次全国代表大会通过至今经历了多次修正。按照党的历史分期,结合《团章》修正的历史沿革,将《团章》发展的历程划分为新民主主义革命时期、社会主义革命和建设时期、改革开放和社会主义现代化建设新时期以及中国特色社会主义新时代等四个阶段。

1. 新民主主义革命时期《团章》制定的奠基初创

1922 年,中国社会主义青年团第一次全国代表大会在广州召开。大会讨论通过了《中国社会主义青年团临时章程》,该章程包括九章和附议决案五则。

1923 年,中国社会主义青年团第二次全国代表大会在南京召开。大会讨论通过的《团章》由过去的九章和附则变为六章,其中第六章为附则,其余五章分别为团员、组织、会议、纪律和经费。

1925 年,中国社会主义青年团第三次全国代表大会在上海召开。大会决定把中国社会主义青年团改名为中国共产主义青年团。同年 1 月 30 日,大会讨论通过的修正章程,进一步完善了团在组织建设上的原则与制度,内容上沿用了团二大章程的六章结构。

1927 年,中国共产主义青年团第四次全国代表大会在武汉召开,会议明确规定了团的性质和使命:"本团是无产阶级青年的革命组织。"

由于国内形势严峻,1928 年,中国共产主义青年团第五次全国代表大会转移到苏联莫斯科召开。大会讨论通过的修正章程在结构上有了巨大变化,共分为十六个部分。其中,第一部分为"中国共产青年团",类似于总则的雏形出现。此外还采用了文中注释的体例形式。

1949 年,中国新民主主义青年团第一次全国代表大会(中国共产主义青年团第六次全国代表大会)在北京召开。大会讨论通过的章程首次设置了第一章总则部分。此外还有团员,组织,支部的日常工作,纪律、奖励与处分,经费,附则六章。

2. 社会主义革命和建设时期《团章》修订的曲折发展

1953 年,中国新民主主义青年团第二次全国代表大会(中国共产主义青年团第七次全国代表大会)在北京召开。大会通过的章程首次将总则单独列出,而不再作为章节,同时增加了"中国少年先锋队组织"一章,并将"中国人民解放军内

---

① 刘俊彦,叶子鹏.团章修正的历史沿革与基本规律[J].中国青年社会科学,2017,36(04):65-72.

的青年团组织"专列为一章。

1957年,中国新民主主义青年团第三次全国代表大会(中国共产主义青年团第八次全国代表大会)在北京召开。大会通过决议,将新民主主义青年团改名为中国共产主义青年团,章程名称也随之发生改变。

1964年,中国共产主义青年团第九次全国代表大会在北京召开。大会讨论通过了章程总则方面的重要修改,特别将共青团"以马克思列宁主义、毛泽东思想作为指导思想"明确写入《团章》。

1978年,中国共产主义青年团第十次全国代表大会在北京召开。大会讨论通过修正章程的总则部分。此外,还新增设了团旗、团徽章节内容。

3. 改革开放和社会主义现代化建设新时期《团章》修订的稳定发展

1982年,中国共产主义青年团第十一次全国代表大会在北京召开。大会讨论通过的章程主要突出"团要管团"思想,消除了团十大通过的章程中"左"的影响,增写了"党和共产主义青年团的关系"一章。

1988年,中国共产主义青年团第十二次全国代表大会在北京召开。大会通过的章程首次确定了中国共产主义青年团代团歌为《光荣啊,中国共青团》,同时确立了团员证制度。

1993年,中国共产主义青年团第十三次全国代表大会在北京召开。新的章程增加了建设有中国特色社会主义理论以及团的经费等章节内容。

1998年,中国共产主义青年团第十四次全国代表大会在北京召开。大会根据党的十五大对《党章》的修改,在章程中明确规定中国共青团以马克思列宁主义、毛泽东思想和邓小平理论作为自己的行动指南。

2003年,中国共产主义青年团第十五次全国代表大会在北京召开。大会一致同意在《团章》中明确将"三个代表"重要思想写入行动指南。同时,新章程增加了共青团协助政府管理青年事务的职能等内容,并将《光荣啊,中国共青团》最终确认为团歌。

2008年,中国共产主义青年团第十六次全国代表大会在北京召开。大会通过了《团章》修正案的决议,将深入贯彻落实科学发展观写入《团章》,并对共青团的奋斗目标和现阶段的基本任务进行充实,特别强调团的建设必须坚持改革创新精神。

4. 中国特色社会主义新时代《团章》修订的科学发展

2013年,中国共产主义青年团第十七次全国代表大会在北京召开。大会对《团章》进行了修改,将科学发展观写入共青团的指导思想,同时丰富了共青团建设的基本要求,以及落实基本任务的工作领域。此外,还充实了共青团思想政治工作和建设的基本内容。

2018 年,中国共产主义青年团第十八次全国代表大会在北京召开。大会审议通过了《中国共产主义青年团章程(修正案)》。大会一致同意把习近平新时代中国特色社会主义思想写入共青团的行动指南。在坚持党的领导,共青团在新时代的组织使命、基本任务、作用发挥,共青团加强思想政治工作,团的建设的总体要求,在团的地方组织、解放军和武警部队中团的组织,以及团的基层组织,团员、团干部队伍建设等方面,都对内容进行了充实。同时,单独增写一章"团的纪律"。①

(二)现行《团章》的基本构架

2018 年 6 月 29 日,中国共产主义青年团第十八次全国代表大会闭幕会上,1500 多名代表、特邀代表表决通过了关于《中国共产主义青年团章程(修正案)》的决议。现行《团章》共 1 万余字,总则约 3 千多字,条文约 7 千字,共 10 章 44条,有 87 处进行了修改。②

表 6.1　中国共产主义青年团章程基本架构
(中国共产主义青年团第十八次全国代表大会部分修改,2018 年 6 月 29 日通过)

章　节	内　　容	范　　围
总　　则		
第一章	团员	第一条至第九条
第二章	团的组织制度	第十条至第十四条
第三章	团的中央组织	第十五条至第十七条
第四章	团的地方组织、解放军和武警部队中团的组织	第十八条至第二十一条
第五章	团的基层组织	第二十二条至第二十六条
第六章	团的干部	第二十七条至第三十条
第七章	团的纪律	第三十一条至第三十六条
第八章	团旗、团徽、团歌	第三十七条至第四十条
第九章	团的经费	第四十一条至第四十二条
第十章	团同少年先锋队的关系	第四十三条至第四十四条

---

① 江西共青团和青年工作理论研究会共青团江西省团校.共青团章程汇编——共青团早期临时章程至共青团十七大章程[M].南昌:江西人民出版社,2015:194.

② 《中国共青团》编辑部.《中国共产主义青年团章程(修正案)》起草工作综述[J].中国共青团,2018(07):35-39.

（三）现行《团章》的重要内容

总则部分将习近平新时代中国特色社会主义思想同马克思列宁主义、毛泽东思想、邓小平理论、"三个代表"重要思想、科学发展观一道确立为团的行动指南；将坚持党的领导，牢固树立政治意识、大局意识、核心意识、看齐意识，坚决维护习近平总书记党中央的核心、全党的核心地位，坚决维护以习近平同志为核心的党中央权威和集中统一领导写入；将共青团保持和增强政治性、先进性、群众性写入；坚持共青团改革的根本遵循，将改革攻坚的重要导向、重大举措和新鲜经验写入；贯彻全面从严治党要求，将推进从严治团的时代要求写入。

条文部分，在团员方面，强调发展团员要把政治标准放在首位，增写团员参加志愿服务、入团仪式等要求；在团的组织方面，将弘扬网上主旋律、落实"三会两制一课"等写入团的基层组织基本任务；在团的干部方面，贯彻习近平总书记关于团干部队伍建设的重要指示精神，写入对团干部"坚定理想信念、心系广大青年、提高工作能力、锤炼优良作风"四点要求等内容；为体现改革新鲜经验和实践成果，写入直接联系青年、团校改革等内容，增写了团同少先队及团和青联、学联的关系，删除"团属经济实体"相关表述；专门增写团的纪律一章，把加强团的纪律建设作为从严治团的重要内容、基本依据和有效载体，明确团的纪律作用范畴和适用对象，增写对维护纪律失职的团组织进行问责的规定。

二、健全团内规章制度体系

团内规章是团的中央组织，省、自治区、直辖市团委和系统团（工）委制定的规范团的职能履行和团的建设活动，依靠团的纪律保障各项团工作实施的专门规章制度。团内规章的名称为团章、准则、条例、规定、办法、规则、细则。[1] 团章是团的总章程，是制定其他团内规章的基础和依据；准则对全团政治生活、组织生活和全体团员、团干部行为等作出基本规定；条例对团的某一领域重要关系或者某一方面重要工作作出全面规定；规定、办法、规则、细则对团的某一方面重要工作的要求和程序等作出具体规定。全面从严治团必须紧扣关键环节，包括政治建设、组织建设、团干部队伍管理、团员队伍管理等，构建涵盖教育、管理、监督、执纪、问责全链条的制度体系。这一制度体系包括基础性制度、主干性制度和程序性制度，整体框架清晰、相对精干紧凑。

---

[1] 共青团中央.共青团中央关于印发《中国共产主义青年团团内规章制定条例（试行）》的通知：中青发［2021］11号［EB/OL］.（2021－12－30）.https://www.gqt.org.cn/documents/zqf/202201/P020220106331802250297.pdf.

（一）健全基础性团内制度

要形成完善的团内制度体系,首先就必须建立健全基础性团内制度。这是基础和前提所在。虽然目前基础性团内制度大多已制定出来,但基础性团内制度体系仍有待于进一步健全,部分制度需纳入团内制度调整的范围;仍有一些重要的基础性团内制度需要研究制定,特别是综合性团内制度尚处于缺位状态。这就需要团组织继续加大团内制度制定的工作力度,进一步健全基础性团内制度,完善团内制度体系的基本框架。

我们应始终坚持以马克思列宁主义、毛泽东思想、邓小平理论、"三个代表"重要思想、科学发展观、习近平新时代中国特色社会主义思想为指南,以习近平总书记关于青年工作的重要思想为遵循,坚持中国共产党的领导,坚持全面从严治团,契合团的实际,强化基础性团内制度体系建设,为提高共青团和青少年工作的规范化、科学化水平提供坚强保障。根据团的建设和青年工作出现的新情况、新问题、新要求,适时开展团内制度的"废改立"工作,确保团内制度适应团的建设和青年工作的切实需要。

具体来说,在系统构建全面从严治团工作体系、明确共青团系统党的政治建设、阐述规范团内政治生活、提高团内规章制度制定质量、严肃团的纪律处分、系统阐明团的组织工作、系统阐明团的宣传工作等方面,要建立起基础性的团内规章制度。此外,还要将散见于团内制度中的一些相关内容进行有效整合调整,避免同一类型团内制度存在冲突,以提高团内制度的集成性和执行性。

（二）完善主干性团内制度

当前,团内制度体系的不完善,除了表现在基础性团内制度不健全外,还体现为主干性团内制度仍需进一步完善。要从坚持党的领导、团的组织建设、团干部队伍管理和团员队伍管理等四个方面对主干性团内制度进行分类梳理。

自群团改革以来,团中央出台了一系列主干性制度。在坚持党的领导方面出台了《共青团中央贯彻落实中央八项规定实施细则精神的办法》《中国共产主义青年团重大事项请示报告条例》等制度;在团的组织建设方面出台了《中国共产主义青年团中央委员会工作条例》《共青团中央书记处工作规则》《共青团中央委员会专门委员会工作规则(试行)》《中国共产主义青年团支部工作条例(试行)》《中国共产主义青年团地方组织选举工作条例》《中国共产主义青年团基层组织选举规则》等制度;在团干部队伍管理方面出台了《中国共产主义青年团干部教育培训工作条例》等制度;在团员队伍管理方面出台了《中国共产主义青年团发展团员工作细则》《新时代共青团员先进性评价指导大纲(试行)》《新时代共青团激励机制指导大纲(试行)》等制度。

　　在此基础上,要进一步在贯彻落实习近平总书记重要指示批示精神和党中央决策部署的责任主体、时限要求、效果评价等方面作出具体规定,促进团组织坚决做到"两个维护",不断提升政治能力和政治水平。要进一步明确团内问责的工作原则、责任主体、问责对象、责任区分、问责情形、问责方式和问责程序等,建立和优化问责机制,确保全团重大工作部署有序推进,保证党的路线方针政策和党中央重大决策得到更好地部署贯彻落实。必须在完善主干性团内制度的基础上制定完备的程序性团内制度,以增强团内制度体系的匹配性、可行性和实用性。

(三)落实程序性团内制度

　　习近平总书记指出:"既要有实体性制度,又要有程序性制度。"①自群团改革以来,推进全面从严治团制度体系建设的重点工作主要紧密围绕基础性制度和主干性制度展开,从制度层面明确规定全面从严治团的主要方面和主要任务及职责划分和相关保障举措。总体来看,主干性制度和基础性制度基本覆盖到了全面从严治团的各个环节。程序性制度在实际执行过程中,部分制度规定未能得到规范有效地执行,存在着制度执行"中梗阻"等问题和弊病。这一现象具体表现在制度执行主体的态度方面,即在主观上不重视制度,忽视制度的重要性。

　　制度体系的构建是一项系统工程。任何制度都不是完美无缺、尽善尽美的,总会存在某些漏洞与短板。这就需要在实践探索中不断丰富和完善。必须充分认识到,全面从严治团制度体系的构建永远在路上。基础性制度和主干性制度在制度体系中处于核心位置。但是,如果配套的程序性制度缺位,基础性制度和主干性制度也难以在全面从严治团制度体系中发挥其应有的效能。缺乏程序性规范及其所规定的实际操作步骤和方法的支持,基础性制度和主干性制度执行起来就很有可能沦为形式主义的"空架子"和"空摆设"。

　　完善相应配套的程序性制度,是提升制度效力和执行力的关键环节和主要通道。新时代加强全面从严治团制度体系构建,要进一步落实相应的程序性制度,为全面从严治团制度的执行和贯彻提供具体规范和制度保障。

三、健全团内制度执行的监督机制

　　各级团组织要落实全面从严治党、全面从严治团各项要求,加强统筹、规范程序,切实抓好团内规章制度的建设和执行工作。团的各级委员会应当带头严格执行团内规章制度,并领导、组织、推进本地区(系统、单位)团内规章制度执行工作,支持和监督本地区(系统、单位)团组织和团干部履行执规义务。广大团干部

---

① 习近平.加强和改进新形势下党的建设的纲领性文献[N].人民日报,2009-10-09(002).

要牢固树立执规是本职、执规不力是失职的理念,敢于担当、勇于负责,以上率下、以身作则,带头学习宣传团内规章制度,带头严格执行团内规章制度。

各级团组织要坚持教育为主、慎重处置的原则,针对出现违纪情形的团员、团干部、团组织,明确团纪处分工作原则、处分种类、处分程序以及适用规则,进一步严肃团的纪律,纯洁团的组织。

（一）健全团内制度执行监督能力提升机制

健全机制,促进团内制度执行监督能力的提升。首先,要强化各级团干部的制度意识,督促团的各级领导机关带头维护制度权威,做制度执行的表率,在全团形成自觉尊崇制度、严格执行制度的良好氛围。其次,要加强各级团干部的监督能力,着力提升团干部对团内制度执行的监督能力。各级团组织要构建提升团内制度的常态化学习机制,运用团干部上讲台制度,鼓励引导各级团干部走上教育培训讲台,积极推动团干部牢固树立终身学习的理念,不断提升团务素质和履职能力,进一步提高团内制度执行力,建设一支熟悉团青工作规律、政治思想素质高、原则性强、能力作风过硬、实践经验丰富、爱岗敬业、乐于奉献的团干部队伍。最后,要建立团干部考核评价机制,激发团干部提升能力的内生动力。各级团组织应结合工作实际和团干部队伍现状,明确团干部的工作职责,严格考核方式和考核程序,将考核结果作为评先表彰、提拔任用的基本依据。对考核为“差”的团干部,予以提醒谈话、诫勉谈话、通报批评等;对不能胜任团青工作的,坚决调整工作岗位。

（二）健全团内制度执行监督内容选择机制

健全团内制度执行监督内容的选择机制,首先要健全监督主题选择机制。按照突出问题、重点领域、关键位置等要求选择监督主题,便于抓住关键问题,找准突破口,聚集监督力量进行监督,提高监督效率。其次要健全日常监督工作机制。建立高效协调的日常监督工作机制,实现日常监督的制度化、长效化、常态化和科学化,推动各级团的领导机关将功夫下在平时,及早发现团内制度执行中存在的问题,不断提升监督的针对性和精准度。最后要健全社会监督信息收集研判机制。精选监督主题、实现精准监督的前提是及时、准确、全面地掌握监督信息,这就需要建立完善的社会监督信息收集研判机制。一是要进一步畅通监督渠道,充分发挥各监督主体的作用,及时获取各类监督信息。二是依托计算机技术和大数据技术,建立社会监督信息收集处理系统,及时研判社会监督信息。

（三）健全团内制度执行监督结果运用机制

健全团内制度执行监督结果运用机制,可以提高监督效率,提升监督结果的警示教育作用,强化监督工作的威慑力。首先,完善监督结果的问责制度。建立进一步坚持党的领导,保证党的路线方针政策和党中央重大决策部署贯彻落实,保证全团重大工作部署有序推进的问责机制,明确团内问责的工作原则、责任主体、问责对象、责任区分、问责情形、问责方式和问责程序等。其次,健全监督结果运用配套制度。为了全面体现监督结果对监督工作的积极反馈作用,应当建立健全监督结果运用配套制度。要将监督结果运用于干部任用、年终考核、评先评优、干部工作作风等领域。但是,共青团工作中,相关领域的专门制度仍需进一步完善,还缺乏有关监督结果运用的统一制度、量化标准和统计办法。为此,要尽快建立健全监督结果运用机制。最后,健全监督结果运用制度衔接体制。针对具体问题的专门制度,有助于具体问题的解决。监督对象是多元的,监督范围是广泛的。

6.5.1 《中国共产主义青年团纪律处分条例（试行）》

从监督主体看,团内自上而下的监督机制十分完备,监督结果运用效果明显,但是团内自下而上的监督机制却十分缺乏。从监督结果来看,自下而上监督结果缺少制度支撑。这些问题产生的原因在于监督结果运用制度欠缺衔接机制,各种监督结果难以得到正确运用。因此,要使监督工作更具权威性、科学性,必须建立健全监督结果运用制度的衔接体制,使监督结果之间产生监督合力。

问题:

1. 全面从严治团的目的意义是什么?

2. 共青团坚持党的领导有哪些举措?

3. 全团理论武装的首要任务是什么?

4. 全面从严治团的目的意义是什么?

5. 共青团坚持党的领导有哪些举措?

6. 全团理论武装的首要任务是什么?

7. "一专一站两联"工作机制是指?

8. 加强新时代团的基层建设、着力提升团的组织力的基本原则是?

9. 发展团员和团员教育管理工作的总要求是什么?

10. 团的基层组织团员人数、产生和任期要求是什么?

11. "三会两制一课"制度具体内容是什么?

12. 支部大会、支部委员会、团小组会多长时间召开一次?

13. 落实"三会两制一课"的第一责任人和组织实施者分别是?

14. 建立团组织过程中遇到的一些特殊情况该如何解决?

15. 兼职团干部重点面向的4类群体是什么?

16. 团的双重领导体制在团干部管理工作中的具体体现是什么？

17. 团干部教育培训重点设置的 3 个课程模块是什么？

18. 发展团员有哪些注意事项？

19. 团组织接收新团员的流程有哪些？

20. 入团仪式流程有哪些？

21. 超龄离团有什么要求？

22. 现阶段对发展团员比例的调控目标是？

23. 团员档案由哪些材料构成？

24. 团的制度建设的原则是什么？

25. 团的制度建设的思路是什么？

主要参考文献：

［1］习近平.论党的青年工作［M］.北京：中央文献出版社，2022：152－165.

［2］习近平.在庆祝中国共产主义青年团成立 100 周年大会上的讲话［EB/OL］.（2022－05－10）. https://www.ccps.gov.cn/tpxw/202205/t20220510_153828.shtml.

［3］习近平.加强和改进新形势下党的建设的纲领性文献［N］.人民日报，2009－10－09（002）.

［4］中共中央办公厅.中共中央办公厅印发《共青团改革方案方案》.（2016－08－02）.http://dangjian. people.com.cn/n1/2016/0803/c117092－28608057.html.

［5］共青团中央.共青团中央关于印发《关于新形势下推进从严治团的规定》的通知：中青发［2017］3 号［EB/OL］.（2017－01－23）.https://www.gqt.org.cn/documents/zqf/201701/P020170125556476746454.pdf.

［6］共青团中央.共青团中央关于印发《新时代全面从严治团实施纲要》的通知：中青发［2022］1 号［EB/OL］.（2022－01－28）.https://www.gqt.org.cn/documents/zqf/202201/P020220130550347798202.pdf.

［7］《中国共青团》编辑部.始终恪守"党旗所指就是团旗所向"——团十八大以来共青团以政治建设为统领工作纪实［J］.中国共青团，2022（1）：57－59.

［8］共青团中央.共青团中央办公厅关于深入推进从严治团有关工作的通知：中青办发［2017］3 号［EB/OL］.（2017－03－28）.https://www.gqt.org.cn/documents/zqbf/201703/P02017033137657766617454.pdf.

［9］胡国.共青团改革背景下中学团组织的工作现状及对策研究［J］.青年探索，2020（05）：60－69.

［10］谢卓芝，刘秀萍.新中国成立以来党的政治建设历程与基本经验［J］.理论导刊，2019（08）：4－12+90.

［11］李明阳.新形势下国有企业共青团工作存在的问题及解决路径探析［J］.山西青年，2017.

［12］李川，李佳阳.更好发挥党的助手和后备军作用［N］.中国青年报，2022－01－18（001）.DOI：10.38302/n.cnki.nzgqn.2022.000194.

［13］《中国共青团》编辑部.努力做到忠诚干净担当——团十八大以来共青团严抓团干部队伍管理工作纪实［J］.中国共青团,2022(1)：62－65.

［14］王鹏.群团改革视角下的团员队伍建设研究［J］.青年学报,2016(4)：25－30.

［15］共青团中央.中国共产主义青年团团内规章制定条例(试行)中青发［2021］11 号［Z］.2021－12－30.

［16］刘俊彦,叶子鹏.团章修正的历史沿革与基本规律［J］.中国青年社会科学,2017,36(4)：65－72.

［17］中国共产主义青年团章程［N］.《中国青年报》,1978－10－28.

［18］江西共青团和青年工作理论研究会共青团江西省团校.共青团章程汇编——共青团早期临时章程至共青团十七大章程［M］.南昌：江西人民出版社,2015：194.

［19］《中国共青团》编辑部.《中国共产主义青年团章程(修正案)》起草工作综述［J］.中国共青团,2018(7)：35－39.

［20］伊士国.论形成完善的党内法规体系［J］.学习与实践,2017(7)：5－12.

［21］习近平.加强和改进新形势下党的建设的纲领性文献［N］.人民日报 2009－10－9(002)

［22］皮坤乾,杨秀琴.党内法规制度执行的监督机制研究［J］.新疆社会科学,2022(1)：15－22.

［23］《中国共青团》编辑部.更好发挥党的助手和后备军作用——团十八大以来共青团严抓团组织建设工作纪实［J］.中国共青团,2022(1)：59－62.

［24］《中国共青团》编辑部.坚定不移听党话跟党走——团十八大以来共青团严抓团员队伍建设工作纪实［J］.中国共青团,2022(1)：66－68.

第七章
共青团的实用工作方法

关键词: 工作计划;发展规划;数字工具;理论学习;习近平新时代中国特色社会主义思想;党性教育;马克思主义立场观点方法;调查研究;数据分析;数据可视化;研究报告;会议类型;组织会议;会议质量;公益交友;青年婚恋观;网络阵地;经验做法;新媒体;受众特征;官方账号;运营策略;微团课;自我教育;政治引领;课程设计

针对党的青年工作,习近平总书记指出,"团的干部必须提高工作能力,勤奋学习,向书本学习,向实践学习,向青年学习,在同广大青年的密切交往中提高工作本领,在同他们打成一片中找到做好青年工作的有效办法","要敏于把握青年脉搏,依据青年工作生活方式新变化新特点开展工作","青年在哪里、有什么需求,团组织就要建在哪里,有针对性地开展工作"。

工作方法是指人们在实践的过程中为达到一定目的和效果所采取的办法和手段。团的工作方法必须随着党的中心任务及党对团的要求的变化而不断充实,应该适应新形势和任务的要求,在继承和发扬党的优良传统的基础上,创造出新的工作方法,推动党的青年工作顺利进行。

第一节　如何制定并落实工作计划

计划是管理的首要职能,是从现在通往未来的桥梁。对于组织而言,工作计划是组织运行的"乐谱",可以激发干劲、导向重点、集中精力形成自动自发的氛围,培养团队确立共同目标,凝心聚力。对于个人而言,制定工作计划意味着清楚未来每项工作的目的,分清轻重缓急,利于时间分配,提前做出行动部署,在没有结果前"看到"结果,坚定信心。

一、为什么要制定工作计划

工作计划是指党政机关、人民团体和企事业单位对未来一定时间内要做的工作,从目标、任务、要求到措施等方面进行预先设计、安排和部署。

（一）工作计划的作用

（1）确定目标方向，减少盲动性。工作计划确定的是本系统、本部门、本单位共青团工作的行动目标和方向，为今后一定时期内的工作活动提前作出统筹安排，变未知为可知，变盲目为自觉，变抽象预见为直观构设，使工作活动意向明确，有的放矢，从而大大增强工作活动的主动性、自觉性，减少被动性、盲目性。

（2）确立任务指标，提高可行性。在工作计划制定的过程中，结合对现阶段客观情况的分析了解，经过科学估算，确立今后一定时期内所要完成的任务、指标、要求和措施，用工作计划指导工作，便于控制进度，也便于督查和落实。

（3）制定实施步骤，建立秩序性。工作计划的制定和执行，其中心作用是以所"预"来指导工作活动的方向、调整工作活动的秩序，使运行有条不紊，人员各司其职，各种资源得到合理调配和充分利用，保障整个单位部门工作活动上下一贯，协调统一，从而提高工作效率，顺利完成任务和目标。

（4）便于检查督促，增强规范性。工作计划又是检查工作、衡量工作的一把尺子。制定计划并按计划工作，便于单位和个人进行阶段性的工作总结、评价和考核，推动工作按既定目标和轨道向前发展。

（二）工作计划的基本要素

工作计划的名称和种类虽然繁多，但各种计划的基本内容都要具备明确的任务目标，切实可行的方法措施，以及合理的安排部署三个方面，这些被称为工作计划的三个基本要素。

（1）明确的任务目标。制定工作计划，首先要在掌握前期计划执行情况的基础上，明确本期准备做什么和预计达到的程度。工作计划的任务目标为计划执行者指明了实践的方向和依据，必须明确具体，文字表述要确切明白，尽量将抽象笼统的目标概念具体化，以利于计划的实施，也便于检查、总结计划的执行情况。

（2）可行的方法措施。要完成既定的任务，达到预定的目标，就得依靠科学的方法和切实可行的措施，从经济、社会、技术和环保等多个角度判断计划所指向的事情或项目是否可操作、可落实、可完成。具体到实施层面，要结合技术、环境、资源条件来保障工作项目顺利推进。

（3）合理的安排部署。合理的安排部署是指在全面分析、研究预定目标和准备采取的方法措施之后，精心规划、设计未来实践的蓝图，安排好工作顺序和流程，分阶段、分步骤、有条不紊地完成总任务，实现总目标。

二、如何制定工作计划

（一）制定工作计划的步骤

一般来说,工作计划的制定要有一个上下反复的过程,这个过程大致可分为以下几个步骤:

1. 调查研究

工作计划的制定要有主客观依据,要集思广益,了解青年的需求,听取他们的意见、要求。在调查中,一方面要注意全面、系统地掌握第一手资料;另一方面也要注意"解剖麻雀",有针对性地把问题追深追透。在全面、系统调查的基础上,再进行分析论证,提炼出正确合理的目标和切实有效的措施,而不能仅凭几个过往的计划样本,就主观推定计划目标和拟定实施措施。

2. 集体决策

在调查分析的基础上,初步定下工作目标、实施措施等,然后依据民主集中原则,召开团委班子会议,就该项工作的目标、措施等内容进行讨论、修正和定夺。

3. 拟订方案

目标、措施等确定后,需要制定实施方案来将实施目标的条件、方法和可能出现的困难及克服办法、解决措施具体化。制定计划的过程不能闭门造车,要根据调查得到的数据和资料,审慎地提出工作计划的战略目标、主要任务、相关指标、实施步骤、关键节点等,并附上必要的说明。

4. 集体通过

在工作计划初步拟订后,应提交团委班子进行评估、筛选、修改和决策。必要时,这一程序可反复多次,比较各种可行方案的合理性,从中选择一个满意的计划,最后由班子成员共同批准实行。

5. 下发文件

工作计划在团委班子决策通过以后,根据决策时提出的修改意见修改定稿,然后签发印文,下发给有关部门和单位。

6. 狠抓落实

一份工作计划成文下发之后,并不是工作的结束,更重要的是要不断推进工作部署,狠抓落实,及时做好阶段总结。

7. 及时调整

工作计划是预设性的,在具体实施过程中会面临很多复杂的情境或问题。正因如此,计划仅具有指导性而不具有规定性。在计划的实施过程中,需要视实际情况变化作一些修正,以保证计划的科学性和可行性。

（二）工作计划的类型与具体写法

工作计划有许多不同种类。根据不同的角度,计划可以分成很多类:按时间的长短可分为长期工作计划、中期工作计划和短期工作计划,或是年工作计划、季度工作计划、月工作计划和周工作计划;按制定计划的主体可以分为自己制定的和上级部门下达的工作计划,以及同等职位请求协助完成的工作计划。

从工作计划的具体分类来讲,比较长远、宏大的为"规划";比较切近、具体的为"安排";比较繁杂、全面的为"方案";比较简明、概括的为"要点";比较深入、细致的为"计划"(此"计划"为狭义的工作计划);比较粗略、雏形的为"设想"。无论何种称谓,这些都是计划的范畴。

1. 规划

规划是计划中最宏大的一种:从时间上说,一般都要在三五年以上;从范围上说,大都是全局性工作或涉及面较广的重要工作项目;从内容和写法上来说,往往是比较概括的,如国家《中长期青年发展规划(2016—2025年)》。规划是为了对全局或长远工作作出统筹部署,以便明确方向,激发干劲,鼓舞斗志。相对其他计划类公文而言,规划带有方向性、战略性、指导性,因而其内容往往更具有严肃性、科学性和可行性。制定规划必须先进行深入的调查和周密的测算,在掌握大量可靠资料的基础上,根据党、国家和具体单位的发展方针,确定发展远景和总体目标,然后充分吸收有关意见,以科学的态度对各种方案进行反复比较、研究,最终选定各项指标和具体措施。

规划的格式一般由"标题"和"正文"两部分组成,通常不必再落款,也不用写成文时间。规划的标题是"四要素"写法,即"单位名称+内容范围+时间期限+'规划'二字"。如《上海市青少年发展"十四五"规划》。规划的正文一般都比较长,通常包括前言、指导方针和目标要求、主要任务和政策措施、结尾等几个部分。

2. 设想

设想是计划中最粗略的一种:在内容上是初步的,多是不太成熟的想法;在写法上是概括、粗略的勾勒。但时间不一定都是远的,范围也不一定都是宏大的。一般说来,时间长远些的称"设想",范围较广泛的称"构想",时间不太长、范围也不太大的则称"思路"或"打算"。设想是为制定某些规划、计划做准备的一种文体,表达了人们的一些初步想法。设想在严肃性、科学性和可行性方面的要求相对低一些,因为它是为正式规划或计划做准备的文字,不具备交付上一级机构和领导审阅的条件,目标就是交由干部、群众集体研究讨论,只要基本成形即可。设想与规划一样,强调原则和概括,不必太细、太具体。

设想因具有超前性,所以其写作要求并不十分严格,其格式也不大一样:如需呈报上级机关或领导,应严肃一些,随报告报送,不必落款,也不必写行文时间;如果是交给群众讨论的,或者不以通知、报告的形式转发或上报,就要落款并写明具体行文时间。设想的标题可以是"四要素",也可以是"三要素"(省略单位名称或省略时间期限),还可以是"两要素"(省略单位名称和时间期限),如《关于高校改革的初步设想》。设想的正文一般有两种写法,一是只讲目标、要求的条项并列式写法;二是按规划、计划、方案或安排的格式结构行文,只是内容较为粗略,如征求意见的"构想""思路"或"打算"。

3. 计划

狭义的计划是广义工作计划中最适中的一种。其特点表现在:时间一般在一年或半年左右;范围一般都是一个单位的工作或某一大项重要工作;内容和写法要比规划具体、深入,要比设想正规、细致,要比方案简明、集中,要比安排扩展、概要。

计划大多涉及一个单位的工作内容范围,只要求在单位内执行,一般不以文件形式下发。因此,除标题和正文外,往往还要在题下或文后标明"×年×月×日制定"字样,以示郑重。计划的标题也是"四要素"写法,哪一个要素都不应省略。由于计划是对一个单位的全面工作或某一项重要工作的具体要求,所以计划的正文写法要比规划和设想更加具体、详细,一般包括开头、主体和结尾几个部分。

4. 要点

要点,其实就是计划的摘要,即经过整理,把主要内容摘出来的计划,大多是上级机关某一项重要或较大工作计划的摘要,一般都要以文件形式下发,因而多用某个通知作"文件头"。

要点有标题和正文两部分内容即可,不必再落款和写成文时间;但有些要点由于涉及的工作较为重大,为郑重起见,往往要在标题下标明发文机关名称和制发具体时间。要点的标题可写"四要素",也可写"三要素",但"三要素"的写法一般要在题下标明被省略的发文机关名称。由于要点的内容是摘录计划的主要之点,所以其正文都写得比较精炼,不需要兼顾各个方面,也不必讲具体做法,更不用讲道理;同时也没有过渡段,段落也不长。在结构方式上,大都是并列式,可分若干项目一贯到底,也可分几大项,大项下分若干小项,其中的小项可在每一大项下单独排列,也可全文排列。

5. 方案

方案的内容往往是上级对下级行文,或对涉及面比较大的工作的部署,是计划中内容最为复杂的一种。由于一些具体工作发挥着某种职能,比较复杂,不作全面部署不足以说明问题,因而其内容构成势必繁琐一些,一般有指导思想、主要目标、工作重点、实施步骤、政策措施、具体要求等项目。方案一般都用带"文件头"形式下发,不用落款,只有标题、成文时间和正文三部分内容。方案的标题有两种写法:一是"三要素"写法,即由发文机关、计划内容和文种三部分组成,如《中央团校改革方案》;二是"两要素"写法,即省略发文机关,但发文机关必须在领头的"批示性通知"(文件头)的标题中体现出来,如《上海市推进商业数字化转型实施方案(2021—2023 年)》。为郑重起见,方案的成文时间一般不省略,而且要注在标题下。

7.1.1　共青团中央改革方案

方案的正文一般有两种写法:一是常规写法,即按"指导方针""主要目标""实施步骤""保障措施"及"要求"几个部分来写;二是变项写法,即根据实际需要加项或减项的写法,适用于特殊性的单项工作。不管哪种写法,"主要目标""实施步骤""保障措施"这三项都必不可少,实际写作时可以把"目标""步骤"和"措施"等说法替换成为类似的"目标和任务""实施办法""组织保障"等。

6. 安排

安排是计划中最为具体的一种格式,由于其工作比较确切、单一,需要做出具体安排才能把工作落实、落细、落地,所以其内容要写得简洁明确,这样容易使人把握。一般而言,方案的内容范围适合于上级对下级的工作部署,或涉及面比较大的工作,安排的内容范围则适合于单位内部或涉及面较小的工作。安排一般有两种发文形式:一种是上级对下级安排工作,尽管涉及面较小,也要用"文件头"形式下发,由"标题"和"正文"两部分组成。另一种是单位内部的工作安排,也可直接下发文件,格式就由"标题""正文""落款及时间"三部分组成。不管哪种形式,作为安排本身都不该有受文单位,如果必须有,则或者以"文件头"形式下发,或者以"关于……安排的通知"名义下发。

安排的标题可以是"三要素"写法,也可以是"两要素"写法。安排的正文一般由"开头""主体"和"结尾"三部分组成;也有的省略"结尾","主体"结束,正文即随之结束。"开头"同计划的开头差不多,或阐述依据,或概述核心内容,简明扼要。"主体"是正文的核心,一般包括任务、要求、步骤、措施四方面内容。

三、如何落实工作计划
(一)明确落实工作计划的具体路径

工作计划的落实需要有具体的路径。只有对实施路径作出阐述,才能更有针对性地推动各类工作计划落地生根。

资源分配和安排次序是落实工作计划的关键内容,可以通过借鉴经济社会领域已有规划的具体举措,找到落实团青工作计划的基本思路。例如《国家中长期教育改革和发展规划纲要(2010—2020)》在强调把教育摆在优先发展的战略地位时,提出各级党委和政府要切实保证"经济社会发展规划优先安排教育发展,财政资金优先保障教育投入,公共资源优先满足教育和人力资源开发需要"。《中共中央、国务院关于实施乡村振兴战略的意见》在规定农业农村优先发展原则时,提出"在干部配备上优先考虑,在要素配置上优先满足,在资金投入上优先保障,在公共服务上优先安排"。可见,落实工作计划的具体路径,通常体现在人员配备、工作安排、资金保障、资源满足等事项的优先分配和优先保障上。

(二) 整合落实工作计划的各方力量

青年发展领域与党政部门不是——对应的关系,而是跨越单一部门所具有的工作边界,存在于多种部门边界的交叉地带。[①] 青年事务客观存在的跨界性(即青年事务超越了单个部门的职责范围,需要多个部门共管共治),决定了团青工作计划的落地往往需要多个部门合作共治。协同治理作为国际社会普遍采用的跨部门、跨层级合作共治的新型治理模式,适用于团青工作中各类工作计划的实施落地。

以青年发展规划的实施为例,党委、政府和共青团组织作为政策执行主体,各自发挥独特作用。青年发展规划的施行要取得实效,就必须建立党委牵头、政府负责、共青团协调、社会参与的青年发展协同治理机制。各级党委既是青年发展战略的制定者,又是青年发展政策的主导者,因而在青年发展事务中发挥领导作用。各级政府是公共管理和社会服务的重要主体,青年发展的很多工作需要通过资源、经费、项目整合的行政模式进行推进。各级共青团组织作为党的青年组织,发挥着青年发展工作的协调作用。家庭、学校和社会在青年发展中也具有重要作用。

青年工作联席会议机制是实现青年工作协同治理的重要手段。根据《中长期青年发展规划(2016—2025 年)》的实施要求,国家、省、市、县四级建立了青年工作联席会议机制。截至 2021 年 1 月,除全国中长期青年发展规划部际联席会议之外,100%的省级行政区、97.5%的地市、94.5%的县区建立了青年工作联席会议机制。各地青年工作联席会议普遍由党委和政府牵头,党政部门参与,共青团组织协调和督促,不同部门进一步明确其在青年发展事务中的职责和任务,把青年工作落实到本部门工作的相关方面和相关环节之中。

---

① 张良驯.青年优先发展的逻辑理路与实践路径[J].中国青年社会科学,2021,40(03):23-32.

（三）制定和落实工作计划的数字化工具

1. 计划制定：思维导图

思维导图可以用图表的形式，将人脑看到的文字、图片、声音等信息转化为个体能理解的思维逻辑。一个简单的思维导图只有一个中心主题，而后从中心主题上发散出若干分支，不同的关键词按逻辑关系呈放射状发散排布在不同层次的分支上（参考图7.1）。因此，思维导图是基于关键词之间的发散性关系来设计的，可以被大脑非常轻松地理解和提取。

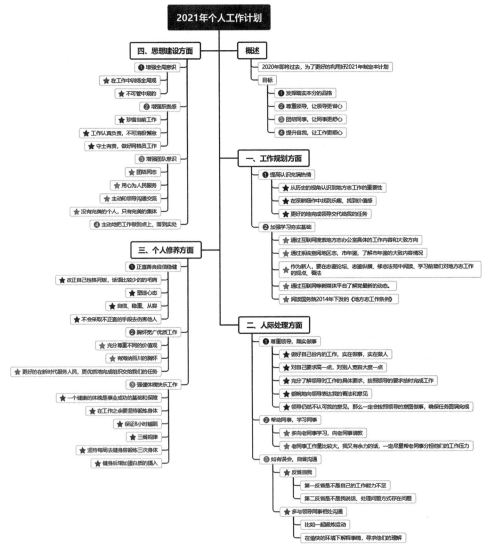

图 7.1　"2021 年个人工作计划"思维导图

将思维导图运用于工作计划,针对不同的事件可用不同的方法。阶段性的工作可用四象限法和事件分类法,项目计划可用 5W2H 法。当前,市场上常用的思维导图工具很多(如 MindManager、MindMaster 等),团青工作者可以根据自己的需要进行选用。

2. 工作推进:甘特图

甘特图(Gantt chart)又称为横道图、条状图(Bar chart),以图示的方式,通过活动列表和时间刻度,形象地表示出任何特定项目的活动顺序与持续时间。甘特图一般以线条图为表现形式,横轴表示时间,纵轴表示活动(项目),线条表示在全过程中计划和实际活动完成的情况。它直观地表明任务计划在什么时候进行,及实际进展与计划要求的对比。管理者由此可便利地弄清一项任务(项目)还剩下哪些工作要做,可据此评估工作进度。

一个完整的甘特图(参考图 7.2)一般包含以下三个方面:一是以图形或表格的形式显示活动;二是一种通用的显示进度的方法;三是任务的起始日期、结束日期和持续时间,使用者可按实际情况决定是否要将周末和节假日算在进度之内。

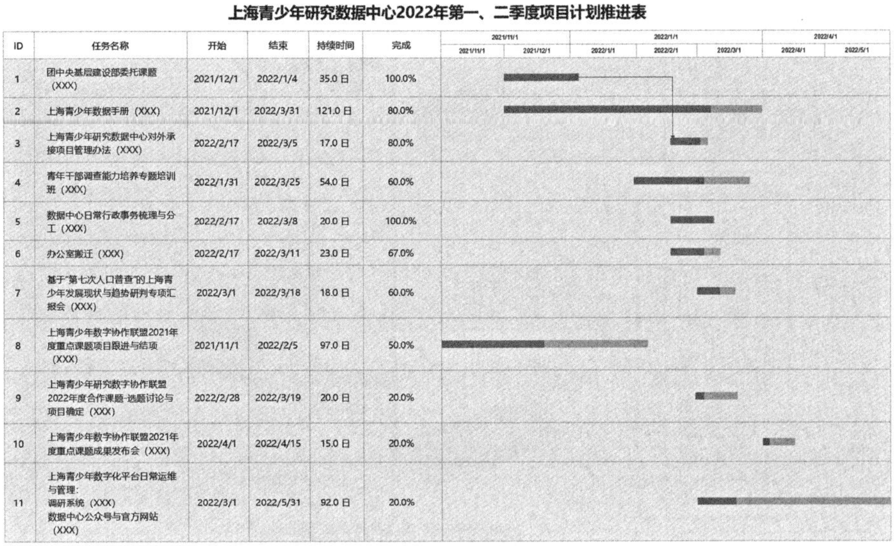

上海青少年研究数据中心2022年第一、二季度项目计划推进表

ID	任务名称	开始	结束	持续时间	完成
1	团中央基层建设部委托课题(XXX)	2021/12/1	2022/1/4	35.0 日	100.0%
2	上海青少年数据手册(XXX)	2021/12/1	2022/3/31	121.0 日	80.0%
3	上海青少年研究数据中心对外承接项目管理办法(XXX)	2022/2/17	2022/3/5	17.0 日	80.0%
4	青年干部调查能力培养专题培训班(XXX)	2022/1/31	2022/3/25	54.0 日	60.0%
5	数据中心日常行政事务梳理与分工(XXX)	2022/2/17	2022/3/8	20.0 日	100.0%
6	办公室搬迁(XXX)	2022/2/17	2022/3/11	23.0 日	67.0%
7	基于"第七次人口普查"的上海青少年发展现状与趋势研判专项汇报会(XXX)	2022/3/1	2022/3/18	18.0 日	60.0%
8	上海青少年数字协作联盟2021年度重点课题项目跟进与结项(XXX)	2021/11/1	2022/2/5	97.0 日	50.0%
9	上海青少年研究数字协作联盟2022年度合作课题-选题讨论与项目确定(XXX)	2022/2/28	2022/3/19	20.0 日	20.0%
10	上海青少年数字协作联盟2021年度重点课题成果发布会(XXX)	2022/4/1	2022/4/15	15.0 日	20.0%
11	上海青少年数字化平台日常运维与管理:调研系统(XXX)数据中心公众号与官方网站(XXX)	2022/3/1	2022/5/31	92.0 日	20.0%

图 7.2　"上海青少年研究数据中心 2022 年第一、二季度项目计划推进表"甘特图

3. 问题解决:鱼骨图

鱼骨图又名石川图,是一种发现问题"根本原因"的方法。其特点是简洁实用,深入直观。它看上去有些像鱼骨,问题或缺陷(即后果)标在"鱼头"处(参考图 7.3)。在鱼骨上长出鱼刺,上面按出现机会多寡列出产生问题的可能原因,有

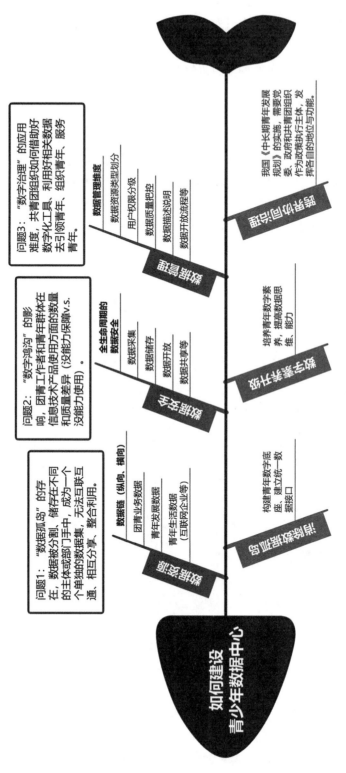

图 7.3 如何建设青少年数据中心

助于说明各个原因是如何影响后果的,根据不同的原因,可以针对性地提出解决方案,促进问题解决。

第二节 如何开展理论学习

习近平总书记说过:"一个民族要走在时代前列,就一刻不能没有理论思维,一刻不能没有正确思想指引。政治上的坚定、党性上的坚定都离不开理论上的坚定。干部要成长起来,必须加强马克思主义理论武装。"①当代青年要担负起新时代中华民族伟大复兴的重任,必须通过理论学习全面提高自己的思维水平和政治素质。共青团要加强和改进理论武装工作,引导广大青年运用马克思主义立场、观点、方法观察分析问题,坚定正确的政治方向。

一、理论学习的主要内容

2021 年 11 月,共青团中央发布《中国共产主义青年团干部教育培训工作条例(试行)》。根据条例要求,团干部教育培训工作要以习近平新时代中国特色社会主义思想为主干构建内容体系,重点开展政治教育、理论教育和能力教育。因此,青年的理论学习主要包括党的基本理论、党性教育两个方面。

（一）党的基本理论

1. 党的创新理论

促进新时代青年的理论学习,重中之重就是要深入学习习近平新时代中国特色社会主义思想这一当代中国马克思主义、21 世纪马克思主义。学习新时代中国特色社会主义思想和习近平总书记关于青年工作的重要思想,要深刻认识和领会其时代意义、理论意义、实践意义、世界意义,深刻理解其核心要义、精神实质、丰富内涵、实践要求。②

2. 党的经典理论

广大青年还要深入学习马克思列宁主义、毛泽东思想、邓小平理论、"三个代表"重要思想、科学发展观,通过认真学习和研读经典著作,学习掌握马克思主义哲学、政治经济学、科学社会主义,学习掌握中国特色社会主义理论体系,学习掌握贯穿其中的马克思主义立场观点方法。

---

① 习近平在省部级主要领导干部学习贯彻党的十九届六中全会精神专题研讨班开班式上发表重要讲话[EB/OL].(2022 - 1 - 11).http:// politics.people.com.cn/n1/ 2022/0111/c1024 - 32329097.html.

② 共青团中央关于印发《2020—2023 年全国团干部教育培训规划》的通知[EB/OL].(2020 - 2 - 18).https://www.gqt.org.cn/documents/zqf/202002/P020200221626419957859.pdf.

（二）党性教育

1. 理想信念教育

促进新时代青年的理论学习,要组织广大青年开展理想信念教育,学习党的宗旨和作风,引导他们解决好世界观、人生观、价值观这个"总开关"问题。

2. 党的规章制度

组织青年学习党章和团章,引导他们树立党的意识,自觉尊崇党章、模范践行党章、忠诚捍卫党章;组织学习党规党纪特别是政治纪律和政治规矩,引导青年自觉用党规党纪规范言行,知敬畏、存戒惧、守底线。

3. 党的历史教育

组织学习党史、新中国史、团史,引导青年树立正确的历史观、民族观、国家观、文化观,带头践行社会主义核心价值观,传承红色基因,永葆政治本色。

二、如何进行理论学习

（一）理论学习的基本过程

习近平总书记强调,在学习理论上,干部要舍得花精力,全面系统学,及时跟进学,深入思考学,联系实际学。广大干部特别是年轻干部要在常学常新中加强理论修养,在真学真信中坚定理想信念,在学思践悟中牢记初心使命,在细照笃行中不断修炼自我,在知行合一中主动担当作为。①

1. 读原著学原文是基础——学懂

党的政治理论的主要载体是马克思主义经典著作、党的领袖的讲话和文选、党的重要文件、党的章程、党的历史。马克思主义经典理论内容博大精深,蕴含巨大的思想力量和广博的思维宽度,再加上众多专业化的学术术语和繁杂的背景知识,这对于青年来说,是一场难度较高的阅读挑战。

读原著学原文是青年理论学习的基础。习近平总书记在中青年干部培训班上曾说过:"学习理论最有效的办法是读原著、学原文、悟原理,强读强记,常学常新,往深里走、往实里走、往心里走。"这说明反复阅读是读懂原著学好原文的必要条件,在反复阅读过程中促进对理论的理解由量变向质变的转化。俗话说:书读百遍,其义自见。然而,反复阅读并非低水平意义上的简单重复,其实质在于通过阅读数量的积累实现阅读质量的提升,即不断触及理论原著原文的深层意蕴和时代价值,唯有如此,才能达到对原著原文及其思想的本质把握,进而由读者提出有

---

① 习近平在中央党校(国家行政学院)中青年干部培训班开班式上发表重要讲话[EB/OL].(2019-3-1).http://www.xinhuanet.com/politics/2019-03/01/c_1124182661.htm.

新意乃至创新性的思想。①

读原著学原文要运用适合青年的方法。以学习习近平在庆祝中国共产主义青年团成立 100 周年大会上的讲话原文为例,可以通过开场、百年奋斗历程、宝贵经验、希望寄语、党和青年工作和结语六个部分进行框架解读,也可以运用青年喜闻乐见的思维导图对原文内容进行形象提炼,还可以运用"数读"的方法,对大会目的意义的"五个一",共青团百年奋斗历程的"三个四",新时代好青年、团员、团干部的标准和要求的"四五四"等进行数字化解读,从而达到深读熟读原文和掌握文书背后的逻辑要义。

2. 把握文字背后的逻辑要义——学深

在重复阅读原著原文的基础上,还要注重在学习中把握文字背后的逻辑要义。即透过文字理解理论背后的精神实质、内在逻辑和精髓要义,做到知其然更知其所以然,达到理论上的"不惑",才能实现对党的理论主张的真学、真懂、真信、真用。

要掌握理论真理的力量,就要从理论的维度进行分析解读。例如,习近平总书记在建团 100 周年大会上的讲话极大地丰富和发展了其关于青年工作的重要思想,要理解文字背后的逻辑要义就要回到科学内涵七个方面的理论框架进行深入地解读和分析,才能够更好地掌握理论所揭示的立场观点方法。

要把握文字背后的逻辑要义,必须注重两个方面:

第一,融会贯通学。例如,我们学习马克思主义政党理论时,要结合学习中国共产党史,才能更深刻地理解邓小平同志关于"任何一个领导集体都要有一个核心,没有核心的领导是靠不住"的这一重要论述,才能更深刻地认识到党有核心才能确保思想上高度统一、政治上高度团结、行动上高度一致。只有通过系统地、融会贯通地学习,才能完整准确地学习好领会好把握好思想逻辑。

第二,深入思考学。要在读懂读深的基础上,深入思考习近平总书记为什么能够在每一个关键时刻,总能针对时代的变化提出新常态、新时代、新发展理念、精准扶贫、供给侧结构性改革、国家治理体系和治理能力现代化、人类命运共同体等新的思想。只有善于提问,深入思考地学习,才能深刻准确地学习好领会好把握好核心要义。

3. 掌握科学的立场观点方法——弄通

在学懂学深原著原文的情况下,青年要学会掌握科学的立场观点方法。习近平总书记说:"加强理论学习,掌握和运用辩证唯物主义和历史唯物主义,掌握贯

---

① 鲍金.论阅读马克思主义经典著作的有效方法[J].思想理论教育,2021(12):36.

穿其中的马克思主义立场观点方法,才能深入认识共产党执政规律、社会主义建设规律、人类社会发展规律。"掌握科学的立场观点方法,是青年深入学习习近平新时代中国特色社会主义思想,提高思想理论水平的根本要求。

立场,是人们观察、认识和处理问题的立足点。从马克思列宁主义、毛泽东思想、邓小平理论、"三个代表"重要思想、科学发展观到习近平新时代中国特色社会主义思想,我们可以清楚地看到一条一脉相承又与时俱进的思想主线,这就是:"始终站在人民大众立场上,一切为了人民、一切相信人民、一切依靠人民,诚心诚意为人民谋利益。"

观点,是人们对事物的看法。学习和掌握党的创新理论中贯穿的马克思主义观点,就要学习和掌握马克思主义关于人类社会发展规律及其历史趋势的基本观点,始终坚定中国特色社会主义信念和共产主义理想;就要学习和掌握马克思主义关于生产活动是人类社会存在和发展根本前提的观点,始终把发展作为党执政兴国的第一要务;就要学习和掌握社会主义经济政治文化社会协调发展的观点,把中国特色社会主义事业全面推向前进;就要学习和掌握马克思主义关于人的全面发展的观点,在发展中始终坚持以人为本。

这里所说的方法,是与马克思主义世界观相统一的方法论,它是指导我们正确认识和改造世界的根本思想方法和工作方法。坚持党的创新理论中贯穿的马克思主义方法,就要用唯物辩证、实事求是、群众路线的思想方法和工作方法武装头脑。①

4. 运用理论指导实践——悟透

在掌握科学的立场观点方法之后,青年要学会运用理论来指导实践。马克思在《关于费尔巴哈的提纲》中提出:"哲学家们只是用不同的方式解释世界,问题在于改变世界。"习近平总书记也特别强调:"武装头脑、指导实践、推动工作,落脚点在指导实践、推动工作;学懂弄通做实,落脚点在做实。"例如,习近平总书记在建团100周年大会上的讲话可以帮助青年更好地明确新时代共青团工作的使命职责,推进共青团改革向纵深发展。青年将理论用于指导实践时,必须注重两个方面:

第一,坚持知行合一、真抓实干。掌握思想理论的精神实质,最重要的是将这一理论运用到实践中去。找准具体工作与政治理论之间的结合点、切入点,真正将科学理论用于指导实践,做到学思用贯通,知信行统一。

---

① 习近平在中央党校(国家行政学院)中青年干部培训班上发表重要讲话[EB/OL].(2010 - 3 - 1).http://www.ccps.gov.cn/xxsxk/xldxgz/201812/t20181231_127689.shtml.

第二,坚持实践验证,深化理论。就是要结合实践加深学习,把自己摆进去、把职责摆进去、把工作摆进去,在观察社会生活、感知青年特点、践行党的青年工作的过程中,体会、反推理论的正确性,不断加深对党的政治理论的理解与认同。

（二）理论学习的主要方式

为了切实提升青年的政治素质和理论水平,组织者要适应新时代的特点和要求,采用多元学习载体,充分利用网络优质资源,不断创新理论学习的组织形式。理论学习可以选择的主要方式有概念学习、实践中观察学习、反思内化学习、问题导向式学习四种形式。

1. 概念学习

概念学习首先要让青年读原文学原著,重在引导青年在传统的苦读死记的基础上悦读活记,多读精读,把握文字背后的逻辑要义。组织者要注意设定学习目标,精选学习内容,在自主学习的基础上,让青年以小组为单位,对自主学习的内容进行讨论交流,分享学习感悟,在交流中深刻把握马克思主义的立场、观点和方法,通过思辨和交流,让青年们深化对政治理论概念的认识、明辨真理,从而指导实际工作。

组织者也可邀请名家名师举办专题报告,解读原文原著和重要文件精神,灵活运用线上线下多种学习方式。用好网络新媒体手段,持续推动网络新媒体为学习"赋能",例如,上海共青团建设的网络服务平台"青春上海"是一个综合运用互联网技术的青年服务平台。该平台上的"青年大学习"板块就是一个形式多样的组织学习载体。该载体上有丰富的视频、音频、图像学习资料,还会定期开展活动打卡,在线答题等不同形式的组织学习活动。在建党百年的系列组织学习中,该平台不仅上线了党史课程,还开发了有声考题等组织学习形式,带领青年在线上通过视频、音频、图文、答题互动等形式重温百年党史。这一平台将组织学习实施、课后反馈、参与者考核、学习质量评估等环节融合在一起,是受青年群体欢迎的学习载体之一。

2. 在实践中观察学习

政治理论学习不能停留在表面,而要学会综合运用,分析和解决实际问题,在实践中观察学习,进一步提高青年的政治素质。组织者可以在实际工作中围绕重点工作部署,结合工作中的重点和难点,让青年们多维度深入思考中心工作,紧贴实践需要,主动观察学习和思考,让青年们在实践中观察学习,灵活运用理论学习成果。组织者可以积极探索以机关、企业、学校、农村、社区、红色场馆等为学习课堂,让青年们深入现场、走进基层、贴近群众,形成高质量且有深度的调研成果,主动在实践中观察思考,以解决实践中遇到的实际问题为目标,经常性地开展讨论和分享。

强化典型引领示范。凝练青年突击队、青年文明号、青年岗位能手、青年安全生产示范岗等传统品牌的新时代内涵,挖掘榜样们可信可学的感人事迹、奋斗历程、精神品格,引导青年学习,激发思想认同、情感共鸣和学习行动,引导青年在实践中不断淬炼思想、锤炼忠诚。

3. 反思内化

学习过程中非常重要的是反思内化。紧密结合当代青少年思想特点和行为习惯,精心设计内涵丰富、形式新颖、互动性强的教育内容,促使青少年思考内化,切实提升针对性和实效性。充分调动青年学习的积极性,有效克服传统接受式集体学习的弊端。比如让青年在学习过程中做好读书笔记、撰写心得体会,不定期地组织研讨交流发言。也可以组织读书沙龙、成长分享等活动,组织微信交流群时常分享理论文章、碰撞思想观点等。团组织开展团课、团组织生活、专题研讨会等,都是让青年通过思考讨论,及时将所学知识反思内化的学习方式。组织者可以根据青年工作需要和兴趣,创设平等互动的集体学习氛围,促进青年思考内化所学内容,避免单一灌输式的学习方式。

4. 问题导向式学习

学习的目的在于应用。要坚持学以致用,培养青年学习的内动力。有的青年之所以对政治理论学习积极性不高,主要是觉得学理论没有多大用处。这就启示我们,组织者在组织青年学习政治理论过程中要与时俱进,结合青年思想和工作实际中的共性问题布置思考题、讨论题。组织者要善于找到有价值、有吸引力、有启发性的学习议题,引导青年以问题意识、全局意识,思考社会热点、结合焦点问题等,加强对政治理论的深入认识与把握。引导青年理论结合实际,融入时代精神进行思考讨论。这样的学习方式能使青年感觉有收获有提高,能激发青年进一步学习提高的愿望。

三、如何组织理论学习

组织青年开展理论学习,要注重学习实效性、针对性和持续性,以学习教育统一思想认识,用思想理论指导工作实践,切实将学习成果转化为开展工作的精神动力。这就要求开展理论学习一定要抓好以下几个方面:制定理论学习的计划、开展学习需求的调研、组织讨论、组织社会考察、实施学习质量评估。

(一)制定理论学习的计划

理论学习的第一步是制定学习计划。学习计划可分为长期计划和阶段性计划两种。长期计划适合全面系统地组织学习,以实现全面提高青年素质为目的,如系统学习党的理论、形势政策、持续学习先进典型、当代科学文化知识、党史知识等。阶段性学习计划主要用于某个主题的学习,如习近平新时代中国特色社会主义思想学习、时事政治学习等。

学习计划的制定需要以书面的形式记录下来,便于后期工作开展。首先,需要明确记录组织学习要达成的目标,写清学习的主题、对出勤率的要求、对参与者的预期学习成果等,为组织学习定下努力的方向。其次,要写出组织学习的具体安排,写明将以何种形式开展学习,共开展多少次组织学习,在何时、何地学习,计划邀请何人担任讲师或嘉宾,计划邀请多少青年人参加。最后,要写出组织学习的支出计划,详细列明邀请讲师、租用场地、购买相关物资的费用等信息。

（二）开展学习需求调研

学习党的理论、学习先进知识是青年共同的需求,但处于不同年龄段、不同职业或不同学习阶段的青年,个人认知发展程度、对学习方式的偏好、知识信息的掌握程度并不一样,因此不能对所有青年"一刀切",将一样的理论知识灌输进去。在组织学习的准备阶段,组织者应开展学习需求调研,把握不同青年的需求特点,为他们量身定做合适的学习方式。这是强化学习针对性和时效性的重要途径。不同对象学习的方式是不同的,分层调研可以了解不同青年的工作特点、学习特点、语言特点、爱好兴趣差异等,制定因人而异、因群体而异的学习计划。

（三）组织讨论

无论是学习习近平新时代中国特色社会主义思想,还是开展党性教育、学习党的理论,组织学习都离不开讨论这一形式。通过讨论促进青年思考,在讨论思辨中掌握学习要义。讨论能活跃青年的思维,更发挥青年学习的主观能动性。组织讨论要考虑以下几个方面:

（1）确定讨论的目标。要明确讨论究竟要达成什么样的具体学习目标,例如,通过讨论,促进青年对所学的政治理论知识形成新的思考;帮助青年破解思想上的某种困惑;帮助青年学会从不同角度进行思考和学习等。比如专题学习"习近平总书记在建团100周年大会上的讲话"的学习讨论会,先要明确讨论的主题,可以从习近平总书记讲话丰富和发展了其关于青年工作的重要思想的角度展开讨论和学习,或者是结合习近平总书记讲话精神进一步讨论新时代共青团工作的使命职责等角度组织讨论。

（2）确定讨论的形式。要明确讨论分组的人数分配,讨论过程的发言机制以及讨论结果的呈现形式是小组汇报还是个人发言。讨论前,要准备好讨论的辅助资料,包括视频、音频、图片、PPT 等学习资料。组织者事先可以通过知网、各政府网站、图书馆、"学习强国"学习平台等权威机构、平台整合学习材料。明确通过录音、录像或书面文字等形式留存学习记录。

(3)明确讨论的主题。组织者可以在仔细研读学习材料基础上明确讨论的主题,选题需紧扣学习内容并可以引发青年思考。同时讨论的主题最好是结合青年实际工作中遇到的问题和难点,或是紧密结合当代经济社会发展焦点问题来拟定。讨论的主题最好还带有启发性,通过对确定主题的讨论思考可以帮助青年进一步掌握学习内容。

(四)社会考察

一般而言,青年对政治理论的学习要先经过感性认识阶段,再上升到理性认识阶段。到社会实践中去考察,是这个过程中的一个重要组成部分。针对政治理论学习的内容,组织者可以充分运用各类红色资源,组织青年参观革命遗址、参与社会实践活动等多种形式,发挥各类爱国主义教育基地、公共文化设施的作用。提高社会化合作能力,有效整合运用社会资源开展学习。促进青年在实践中进一步思考相关政治理论的含义和意义。这样可以有效增强青年学原文原著的效果,促进青年在实践中运用所学理论分析和解决问题。

(五)实施学习质量评估

实施学习质量评估。探索建立内容全面、指标合理、方法科学的学习质量评价体系。课后学员学习质量评估旨在验证学员的学习成效。质量评估的形式可以灵活调整,可以采取纸面问答的传统形式,也可以采用课后经验分享、撰写学习感悟、开展课后小组讨论、拍摄课后学习总结视频等多种方式进行课后学员学习质量考核与评估。还可以将一些宣传工作与课后学员考核工作融合起来开展。例如,某一次学习活动结束后,组织者可以对部分学员进行个人专访,请他们分别介绍各自的学习经验、学习收获、学后感悟等。工作人员记录下每一份访谈内容,形成微信推文,通过微信公众号的形式发布。这样不仅完成了课后学员考核,还进行了系列宣传报道。

整体的学习质量评估工作需要与学习计划对应起来,分别进行长效评估和阶段性评估。阶段性学习计划一结束,即针对本阶段学习计划执行的情况展开阶段性评估工作;长效评估则实施于长期学习计划结束之后。

开展学习评估时,组织者除了对学员学习质量评估外还要注重对组织学习成效方面的评估:① 青年在学习中的投入程度,用以评估学习载体、学习方法、学习安排是否合理;② 青年在学习后的收获情况。可参考课后对学员的考核中获得的数据和结果评价学员学习的效果;③ 青年对组织学习的满意度以及再次参与的意愿,由此了解组织学习是否吸引青年;④ 组织学习投入的物资情况,评估是否有被浪费的资金、人力、物品。通过评估,组织者对组织学习的全盘成效有深入了解,能帮助工作人员不断完善学习计划和实施方案。

第三节 如何做好调查研究

调查研究,是通过各种途径和方式方法,有计划、有目的、客观地收集数据资料信息,并加以研究分析,以获得对客观事物本质和规律的认识。在此基础上,对未来的发展趋势予以预测,提出对策建议。对团干部和青年工作者来说,调查研究既是具体的工作方法,也是全部工作的方法论,拥有较强调查研究能力不仅能提高工作的科学性和效率,而且能更好地为领导决策服务。《新时代全面从严治团实施纲要》中的"重点机制 20"要求深化团干部密切联系青年的工作机制,推动团的各级领导机关干部以调查研究的方式,切实走近青年,为青年办实事。

一、调查研究是我们党的优良传统

调查研究是马克思主义认识论和实践论的统一,是马克思主义世界观和方法论的要求,是人们认识问题、分析问题和解决问题的一种具体的方式方法,是我们党的优良传统和传家宝。

毛泽东一生对调查研究极其重视。调查研究是毛泽东一生所倡导的一种科学工作方法,是毛泽东以马克思主义指导革命实践的生动体现。

1930 年 5 月,毛泽东从理论上总结了调查研究与马克思主义世界观和方法论之间不可分割的关系,写下了《调查工作》一文,提出了"没有调查,没有发言权""一切结论产生于调查情况的末尾,而不在它的先头"等著名论断。① 20 世纪 60 年代,我国国民经济出现了前所未有的严重困难。毛泽东认为,首要的甚至唯一的方法,是全党同志、特别是党的领导干部下去搞调查研究。他说:"我的经验历来如此,凡是忧愁没有办法的时候,就去调查研究,一经调查研究,办法就出来了,问题就解决了。"②调查研究为我们党认识社会主义建设规律,作出科学决策,提高执政能力和领导水平,留下了宝贵的经验。

---

① 杨明伟.毛泽东与调查研究[EB/OL].2018 - 2 - 26.党建网,http://www.dangjian.com/djw2016sy/djw2016dsgs/201802/t20180226_4599118.shtml.

② 杨明伟.毛泽东与调查研究[EB/OL].2018 - 2 - 26.党建网,http://www.dangjian.com/djw2016sy/djw2016dsgs/201802/t20180226_4599118.shtml.

陈云一贯重视调查研究,是全党公认的调查研究楷模。1956 年 11 月,陈云在《做好商业工作》中强调,"我们做工作,要用百分之九十以上的时间研究情况,用不到百分之十的时间决定政策。"①1987 年,陈云结合自身在家乡青浦调查研究的实践经验指出:"调查研究很需要。"②陈云在学习马克思主义哲学的基础上,坚持实事求是,在实践中总结出了一套正确的思想方法,即"交换、比较、反复"。③

2018 年 11 月 2 日,为学习陈云同志高度重视调查研究的精神,陈云纪念馆主办了《陈云与调查研究》专题展。展览全面系统地梳理了陈云一生调查研究的足迹,揭示了他重视调查研究方法的态度及其重要的时代价值。

党的十八大以来,以习近平同志为核心的党中央高度重视调查研究。2013 年 7 月 23 日,习近平在武汉召开部分省市负责人座谈会时强调:"调查研究是谋事之基、成事之道。没有调查,就没有发言权,更没有决策权。"2017 年 12 月 25 日至 26 日,中央政治局召开民主生活会,习近平总书记在会上指:"调查研究是我们党的传家宝,是做好各项工作的基本功。"

2020 年 10 月 10 日,习近平在中央党校(国家行政学院)中青年干部培训班开班式上发表重要讲话时要求:"年轻干部要提高调查研究能力。调查研究是做好工作的基本功。"2021 年秋季学期中央党校(国家行政学院)中青年干部培训班开班式上习近平再次指出,"要了解实际,就要掌握调查研究这个基本功。"

重视调查研究是中国共产党的优良传统。年轻干部、团干部只有不断提高调查研究能力,才能让工作更贴近现实生活,让群众的满意度更高。

二、如何开展调查研究

为满足新时代青年新需要,团的工作应该结合青年的特点深入青年、了解青年,想青年之所想、急青年之所急、谋青年之所求、解青年之所难,切实为青年服务。团干部要正确把握当代青年的时代特征,抓住青年最强烈的成才、发展要求,为他们创造机会、创造条件,开展具体有效的服务。要吸引凝聚、引领服务广大青年必须用更科学务实的方式——深入基层做好调查研究必不可少!

(一)调查研究原则

调查研究要注重实效,要坚持以下四方面的原则。① 真实性。深入实际,实

---

① 曹应旺.陈云与调查研究[EB/OL].2020-9-21.http://dangshi.people.com.cn/n1/2020/0921/c85037-31868571.html.

② 陈云文选(第 3 卷)[M].北京:人民出版社,1995:358.

③ 李卫红.论陈云"交换、比较、反复"的思想方法[J].湖北经济学院学报(人文社会科学版),2011,4:5.

事求是,搜集的数据资料信息能如实反映客观实际。② 完整性。调查对象符合科学抽样的要求,不重复、不遗漏,尽可能系统、充分、全面地掌握搜集的数据资料。③ 时效性。把准时间节点,按计划及时开展调研,按时完成调查任务,及时取得调查研究数据资料。④ 科学性。始终坚持正确的观察和思维方法,对所获数据、资料、意见、情况去粗取精、去伪存真、由此及彼、由表及里,确保调查研究的方法科学性和结论的正确性。

（二）调查研究流程

调查研究是一种系统的认识活动,它具有一定的结构和程序,做好调查研究,提高调查研究质量,需要掌握和运用科学的思想方法。共青团调查研究工作的对象主要是青年人,青年人充满活力,思维也最为活跃,要成为青年的良师益友,做好青年的表率应该在调研工作上解放思想、与时俱进,不断开拓创新,才能适应新形势的要求,满足青年的需要,使共青团的工作发挥更大的作用。调查研究实施开展过程中,主要包含以下四方面:

1. 确定调查研究主题

主题是调查研究的意图,是通过调查研究要发现和解决的问题。共青团组织在从事青年工作过程中,一般要明确的调查研究主题主要有以下几个方面:团的思想教育,团的组织建设,团的制度建设,团员队伍建设,团的干部队伍建设,共青团工作和青年事务的关系,青年素质状况,共青团为青年服务的手段,青年发展指标监测,青年民生状况,青年对党政中心工作的认知与建议等。

2. 设计调查研究方案

调查研究方案是关于某项调查研究具体程序、操作方法以及必要条件的详细规划,具有至关重要的作用。基本内容应包括如下:

（1）明确调查研究目的。根据调查研究主题,具体说明调查研究要解决哪些问题,哪些是主要问题,哪些是次要问题,解决到什么程度等。

（2）界定调查研究对象。根据调查研究目的,认真分析调查研究范围内青年对象基本特征(如人员代表性、性别、年龄、身份、行业分布、职务等),从而确定调查研究对象。

（3）确定调查研究内容。调查研究内容是调查研究的核心。应围绕调查研究目的,结合调查研究对象特征,进行调查研究内容的设计和规划。内容设计上,主要根据调查研究需要和调查研究关注的主要议题展开。

（4）选择调查研究方法。调查研究方法是实现调查研究目的的工具。调查研究方法主要为两大类:定量方法和定性方法。定量方法建立在统计理论基础上,通过分析具有代表性的样本,来推论总体特征,一般采用问卷法、网络调查和大数据调查等方法。定性方法是通过对事物或社会现象的性质、质量和特征的考察来认识世界或社会的,一般采用访谈法、座谈会等。具体开展调查研究时应注重定性定量方法的有机结合。

(5)统筹调查研究分工。调查研究是一个分工协作的系统性工程。通过明确分工,确定在整个调查研究中各成员的职责和责任。

(6)安排调查研究时间。首先,要确定整个调查研究工作的总期限;其次,要排出具体的进度表,包括时间节点、阶段安排、主要任务、责任人等。

(7)计划经费预算。在经费预算计划中,须详列各项用途和具体数目(如交通费、餐饮费、劳务费、专家咨询费、办公用品费、印刷装订费等)。经费预算要符合所在机构的制度规定和财务标准。

3. 实施调查研究

根据调查研究方案设计问卷或者访谈提纲等,组织人员开展工作并收集相关资料。初期,应注重材料搜集工作的质和量;中期,应总结前面出现的问题,提出解决办法,以确保最后阶段调查的质量;后期,要对已收集资料进行初步整理工作,以便及时查缺补漏。

4. 撰写调查研究报告

根据调查研究目的,运用学术理论和方法,对调查结果进行深入细致地分析,系统如实地整理成书面文字。

(三)调查研究方法

1. 问卷法

根据调查研究的任务和目的设计问卷,向被选取的调查对象了解相关情况或征询意见,收集、汇总后,进行相应的统计、分析和判断。调查问卷的设计是问卷调查的基础和重点工作,问卷的题目通常包括三类:特征性问题(性别,年龄等),行为性问题(怎么做的,通常行为),态度性问题(怎么想的,态度意愿)。问卷的常见题型包括填空题、单项选择题、多项选择题、排序题、赋值题、开放式问答题等等。

形式为内容和主题服务,青年工作中的调查问卷形式要以调查目的和主题为依据,同时要结合青年的特点进行形式和语言的创新,比如要调查青年的主观身体感知,在选项的设计上运用"身体倍儿棒,吃嘛嘛香""问题不大,偶尔小毛小病""亚健康,常常感觉身体被掏空""体弱多病,像个药罐子"等表述,就比"很好""较好""一般""较差"这样的表述更显现"青言青语"。

2. 访谈法

一般是访谈员与被访者进行面对面的直接调查研究,通过口头交流的方式了解情况,获取信息。

3. 座谈会

通过座谈会的形式进行调查,开会的人不必太多,参与的人应有代表性。会前把调查研究的主题尽可能详尽地告诉到会人员;开会时,调查研究者口问手写,认真与到会人员展开讨论。提出的问题要具体生动,通俗易懂。

4. 结合会议汇报材料调查

调查研究中,听取有关汇报、翻阅有关书面材料都很有必要。有助于全面了解情况,提高调查效率。团干部在阅读已有材料时,要善于分析和归纳总结。

三、如何运用数字化工具开展调查研究和数据分析

大数据时代背景下,为更好服务青年,团青工作者,特别是团干部应增强运用互联网技术能力,以信息化手段开展调查研究。这是青年工作朝数字化方向转型趋势下的必然要求。

(一)网络调查研究

网络调查研究是指通过互联网和计算机技术,使用调查系统把传统的调查、分析方法在线化、智能化,通过线上渠道和途径向特定对象发送调查问卷并回收数据的一种调查研究方式。

网络调查研究的最大优点是方便快捷,节省费用,减少纸质问卷录入系统的误差。目前,网络上有问卷星、问卷网、腾讯问卷等可使用的在线调研系统。按照调研系统要求和标准录入设定的问卷,并进行有效推送即可实施调研。本书具体介绍通过上海青少年研究数字化平台网络调研系统开展调研的方法。

上海青少年研究数字化平台(网址 https://www.youthdata.cn)在共青团上海市委、上海市青少年服务和权益保护办公室、上海市团校、市青少年研究中心联合发起下,由上海青少年研究数据中心负责建设运营。

用户登录上海青少年研究数字化平台,首页选择"做调研"功能,进行创建问卷、设计问卷、发布问卷、统计分析、下载报告,即可实施网络调查研究全过程。具体操作过程如下:

(1)创建问卷。此处输入问卷名称,问卷基本信息,问卷说明等。

(2)设计问卷。进入问卷设计主界面,根据系统问卷设计器提供的各种题型,选择适合本问卷所需题型,包括单选题、多选题、评测题、矩阵题、填空题等30多种题型。此外,还可以进行问卷逻辑设计、外观设计、页面设置和执行设置等。

(3)发布问卷。点击相应发布选项,问卷即可发布。发布成功后,会自动生成问卷链接,并同时生成对应的二维码供受访者扫码填答。

（4）统计分析。系统支持对答卷数据的常用统计分析功能,包括单题统计,按条件进行的分类统计,交叉统计,柱状图和饼图的显示,并且支持根据答卷时间、时长等条件进行答卷数据筛选,以及查看每一份答卷的详细信息等。

（5）下载报告。系统支持对答卷数据 Excel、SPSS 格式数据导出,以及数据统计报告的下载。

（二）调查研究数据分析

调查研究数据分析也称为定量分析,是对调查问卷的数据从数量方面进行计算和分析,以弄清其数量特征的方法。调查研究数据分析的主要手段是统计分析,即运用统计学的原理,对调查所得的数据资料进行综合处理,从中分析现象在不同对象、不同条件下的数量关系。常用统计工具有 Excel、SPSS、SAS、Python、Mplus、R 语言、Matlab、LISREL 等软件。下面以 SPSS 软件为例,介绍描述分析、方差分析、卡方分析、相关分析、线性回归分析 5 种常用方法:

（1）描述分析:指整理加工收集到的数据,找出现象之间的关系以及其中的规律,并用统计量对这些资料、基本特征进行描述。一般分为频数分析和描述性分析。频数分析是指对题项进行频数和百分比统计,直观描述样本选择情况,也可以使用图形或表格直观展示样本选择情况,通常涉及样本、有效样本、频数、百分比、累计百分比和有效百分比等;描述性分析对调查中的变量或者量表等定量数据进行统计,通常涉及平均值、标准差、中位数等。

（2）方差分析:指分类变量与定量变量之间的差异性分析,包括单因素方差分析和多因素方差分析。单因素方差分析用于研究一个分类变量,多因素方差分析用于分析多个分类变量(常见是两个)。

（3）卡方分析:是研究分类变量与分类变量关系的分析方法。通常涉及卡方值和 P 值,P 值小于 0.05 说明存在显著差异。

（4）相关分析:用于研究两个定量变量之间的相关关系情况,包括二者是否存在相关关系,以及相关关系的紧密程度。其衡量标准为相关系数,通常使用 Pearson 相关系数。

（5）线性回归分析:研究变量 X 对于变量 Y 的影响关系,其中 X 被称为自变量,Y 被称为因变量。在多数情况下,可以使用线性回归分析进行假设验证。

（三）调查研究数据可视化

调查研究数据可视化主要是指对调查研究原始数据进行处理,将这些数据转换成视觉结构(包括形状、位置、尺寸、值、方向、色彩、纹理等),并进行组合,把它转换成图表(Chart)、图(Diagram)和地图(Map)等,将数据直观地展现出来。数据可视化的操作流程主要分为三步:首先对数据进行分析,得出结论,明确要表达的信息和主题(即通过图表要说明什么问题);然后根据这个目的在图表信息库中选择能够满足目标的图表;最后开始动手制作图表,并对图表进行美化、检查,直至最后完成图表。

Excel 是常用的数据可视化软件,完全可以满足一般的可视化要求。Microsoft Power BI、Sugar、Tableau Software 等可以超越 Excel 做一些稍微复杂的数据分析。R 语言、JavaScript、HTML、SVG、CSS、Processing、Python 需要编程语言实现可视化。Google Spreadsheets 则是基于 Web 的应用程序,允许使用者创建、更新和修改表格,并在线实时分享数据。

四、如何撰写调查研究报告

调查研究报告是调查研究过程的最后环节。通过对调查研究所得资料和数据进行深入分析,结合调查研究相关青年问题,寻找规律,提出见解,总结经验,并以书面形式陈述调查研究的结果。

(一)调查研究报告的结构

调查研究报告一般由标题、前言、正文、附件等部分组成。

(1)标题。标题应该简洁、明确,能充分高度概括调查研究的主题、内容和核心观点,揭示调查研究报告的主题思想。标题字数一般宜控制在 20 个字以内。

(2)前言。前言文字要简练,概括性强,一般包括调查研究目的、意义、背景,调查研究的组织开展,调查研究对象和内容,调查研究方法,调查研究数据的处理,统计方法等。比如,青年群体的社会背景,即有关青年各种社会特征的资料。

(3)正文。正文是调查研究报告的主体部分,一般包括现状描述,问题挖掘,核心观点或结论的提炼,对策建议等。撰写时应做到主次分明,详略得当,联系紧密,逻辑清晰,表达准确。比如,青年群体的行为和活动、青年人群的意见和态度。

(4)附件。附件是对调查研究报告的补充,也是详尽的说明。一般包括调查研究问卷、数据分析报告、访谈提纲、汇编报告、会议材料、参考资料、材料的出处、调查研究统计图表的注释和说明等。

(二)调查研究报告撰写注意点

调查研究报告的撰写与一般的学术文章有所不同,是在对数据资料信息进行逻辑分析的基础上得出的结论和观点。撰写时应注意以下几点:

(1)调查研究报告的数据绝对不能是捏造、拼凑虚假的,所反映的内容是客观存在的、真实的。

(2)调查研究报告对不同的报告对象要有确切指向,反映或解决的问题与报告对象所提要求一致。

（3）调查研究报告要抓住问题的本质和主要方面，特别是青年问题，无需面面俱到。

（4）调查研究报告在撰写时应注意表述，要不断完善结构，做到语言通俗易懂，善用青言青语，用数据充分论证观点。

（三）调查研究报告中对策建议质量的提升

调查研究报告中的对策建议是正文的重点。要说明对调查研究所把握的问题应该采取什么措施、方案或具体行动步骤进行破解。

（1）对问题的调查研究，要提出解决问题的具体办法。通过仔细深入的调查研究，以辩证唯物主义的方法论，深刻分析事物的发展趋势，提出具有较强可操作性的解决办法。

（2）对趋势的调查研究，要提出趋势性意见。强调在了解现有情况的基础上，对其未来的发展趋势作出准确预测和判断。这类调查研究着重在反映某一类现象，尤其是一些易被忽视、暂不被重视但带有趋势性，可能导致较为严重后果或者是发展方向的一类现象。

（3）对政策出台的调查研究，要提出政策性意见。对于党和政府部门开展的工作，团干部需要学习政策内容，把握政策思维，做好政策建议，学会"法言法语"。调查研究所得的结果可以为具体工作服务，为开展工作提供依据参考，应使得工作更具有科学性和前瞻性，符合社会发展的一般规律。

第四节　如何召开会议

会议是指组织三人以上参与，围绕一个共同主题，就某个或某些议题进行交流或讨论，研究和解决问题，并遵循一定议程开展的活动。召开会议的目的是做好工作，解决问题。会议一般有主办方、承办方和与会者等主体（许多时候还有演讲人、汇报人等），往往伴随着一定规模的人员流动和经费的支出。本节主要从青年工作会议的类型，如何有效组织会议和如何提升会议质量三方面展开阐述。

一、青年工作会议的类型

会议召开需要明确时间和地点。正式会议往往还要冠以完整而确切的名称，以传达会议内容、性质、人员、时间、地点等基本信息。会议的构成要素包括主题、名称、时间、地点、主持者、与会者、议题、方式方法以及结果等。无论什么会议，都要围绕中心议题进行讨论，明确解决相关问题、得出相关结果。青年人讲效率、讲务实,共青团和青年工作的会议更应如此。

（一）从组织形式来分

（1）例行会议。是各机关、单位、部门领导人员研究和处理日常工作的一种定期会议。如团支部例会,一般每周召开一次,主要是交流情况、相互通气、统一步调和安排工作。

（2）工作会议。是各机关、部门为了贯彻中央和上级重要指示或部署一个时期的主要工作而召开的会议。这类会议往往不定期,根据实际情况决定召开。工作会议的内容比较集中,多是由领导机关主持,召集下属单位的领导人或有关人员参加,集思广益,研究、落实某一方面的工作和问题。

（3）现场办公会。是上级机关领导干部改变作风,带领有关部门负责人,深入基层或现场召开的会议。相关负责人当场就可以拍板,就地解决问题。

（4）专业会议。是指为研究或解决某个部门专项业务工作而召开的会议。这类会议一般不定期,叮根据工作进展情况和需要确定召开的时间。与会人员往往与所研究的相关问题有关。

（5）电话会议。是领导机关临时向下属单位布置某一项紧急任务而召开的会议。

（6）视频会议。也称线上会议,通过通信设备和网络,让位于两个或多个地点的人们面对面交谈的会议。新冠疫情暴发以来,为减少人与人之间的直接接触,根据实际需要,人们频繁组织和召开视频会议,提高了工作效率。

（7）座谈会。这类会议的形式灵活多样,其目的也多种多样:有的座谈会为了征求意见,有的座谈会为了讨论某一个专门问题,有的属纪念性座谈会,有的则属于调查研究的一种方法(见第三节)。

（8）大型会议。是指会场规模较大,出席人员众多的会议。如重大节日的纪念会、模范人物的表彰会、重点工程建设的动员会和庆功会等。

（二）从功能类型来分

（1）青年工作联席会议。是规划任务分工成员单位围绕青年发展凝聚共识、组织动员的过程和机制,也是共青团组织在党的领导下推动政策协调,资源调动的依据、载体和平台。一般情况下,每五年召开一次全体会议,每年召开一次成员单位联络员会议,根据需要不定期召开专题会议。

（2）各级代表会议和代表大会。是各级共青团组织行使权力,决定方针、政策,选举领导机构而召开的会议。会议一般按规定定期召开,参加会议的人员根据各自的法规、章程而定。

（3）团委全体会议。每年至少召开一次,其主要任务是:根据党的中心任

7.4.1　图解：基层团组织换届程序

务,传达贯彻党委、上级团组织的有关指示精神和重要会议精神;讨论决定共青团重要工作部署和共青团工作发展战略、规划、计划;听取和审议团委常委会的工作报告;讨论通过提请团代会、团代表会议审定的议案;其他需要提请团委全会讨论决定的事项。

（4）团委常委会议。一般每两个月召开一次。其主要任务是:传达贯彻党委、上级团组织的有关指示精神和重要会议精神,检查贯彻执行的情况;检查团代会、代表会议和团委全会决定的贯彻执行情况;酝酿、研究需提请团代会、代表会议、团委全会审定的议案;讨论决定有关共青团工作的方针、政策与措施和其他需团委常委会议决定的其他事项。

（5）团委书记办公会议。一般每周召开一次,其主要任务是:全面贯彻党委和上级团组织的指示精神,根据党的中心任务,对团委常委会制定的团的工作方针和政策,提出各阶段具体实施意见;定期分析研究本地区、本系统、本单位政治、经济形势和青少年思想动态,交流工作中的重要情况,检查有关重大方针、政策的贯彻执行情况,讨论决定团的工作方针、政策与措施,为党政部门提供青少年工作决策的依据;酝酿、研究需提请团委常委会讨论的重大问题;讨论决定与横向单位、部门的重大工作协商,讨论决定下属团组织报送团委的重要请示等文件,以及团委各部门向团委书记办公会请示的重要事项;审议决定本地区、本系统、本单位共青团组织的各类命名、表彰;审定团委向党委、行政、上级团组织提交的重要报告;讨论决定以团委名义召开的工作会议,协调上级团组织或党委交办的重大会议、活动等的组织落实;讨论需团委书记办公会议决定的其他事项。

（6）团支部大会。一般每季度召开一次,其主要任务是:学习党的理论、学习习近平总书记系列重要讲话精神;传达学习党的路线、方针、政策和团的政策文件、重要会议精神,传达同级党组织、上级团组织的决议、指示等,研究制定贯彻落实的计划和措施;听取和讨论支部委员会的工作报告,对支部委员会的工作进行审议和监督;选举新的支部委员会和出席上级团代会的代表,增补和罢免支部委员;讨论接收新团员;开展团员教育评议工作;研究决定对团员的奖励,推荐优秀团员作入党积极分子;讨论通过对团员的处分;决定除名要求退团和自行脱团的团员;开好团支部组织生活会;研究决定本支部其他重要事项。

（7）团支部委员会议。一般每月召开一次,其主要任务是:学习党的理论、学习习近平总书记系列重要讲话精神;宣传和执行党的路线、方针、政策,学习团的政策和重要会议精神,执行同级党组织、上级团组织的决议、指示等;贯彻落实支部大会的决议和工作安排;研究制定团支部工作计划,起草工作报告;研究确定提交支部大会审议的议题;研究确定入团积极分子和团员发展对象;研究讨论支部团员教育评议意见,决定对团员奖励,研究提出团员处分意见;讨论检查支部自身建设工作,研究制定支部相关制度;研究解决支部、团员的问题和困难;开好团支部委员会组织生活会;研究其他需要支部委员会讨论决定和贯彻执行的事项。

（8）团小组会。可根据工作需要随时召开,其主要任务是:组织团员学习党的理论,学习习近平总书记系列重要讲话精神;组织团员学习党的路线、方针、政策和决议、重要会议精神;贯彻落实上级团组织、支部大会和支部委员会的工作部署;酝酿支部大会有关选举候选人;开展团员教育评议工作;对支部接收新团员、推荐优秀团员作入党积极分子、奖励和处分团员提出意见;听取和反映团员青年的意见和要求;开好团小组组织生活会;研究其他需要团小组会议讨论决定和贯彻执行的事项。

二、如何有效组织会议

青年工作会议的召开过程一般包括会前准备工作、会中组织工作和会后总结工作三个阶段。

（一）会前准备工作

一是拟定召开会议的方案。在筹备会议时,首先要弄清开会的目的、内容、时间、参加人员,确定会议的地点。然后根据会议的议题研究会议的开法。议题一般是根据上级意见或实际工作需要确定的,避免把不成熟的议题带到会议上,一次会议的议题不宜过多,一般以安排一个主要议题和一两个小议题为宜。

二是起草会议文件。大中型会议一般事先要组织相应人员负责起草文件,小型或日常会议的文件主要由相关职能部门负责准备。会议文件初稿要报送领导集体研究,或在预备会上审查,经过反复修改定稿后,作为会议正式文件进行编号、印刷,除有保密要求外应提前分发给与会者阅读,要尽量避免会上临时发文件的做法。

三是制作会议证件。大中型会议需要专门制作证件,供出入会场、住宿使用。要根据实际需要,制作代表证、出席证、列席证、旁听证、签到证、工作证、记者证、出入证、汽车通行证等。小型会议一般发会议通知或入场券即可,不制作各种证件。

四是会前要尽早发出书面通知。会议通知必须简明扼要,内容包括会名、内容、开会时间、地点、会期、参加人员范围、入场凭证和报到时间及地点等信息,代表需携带的文件或有其他特殊要求也要在通知中写清楚。大型会议除发书面通知外,还应召开预备会议,明确会议的各项要求。

　　五是布置会场。会场要根据人员数量选定,大小应适中。需要用到国旗、党徽、会标、回头标、票箱、屏幕、灯光、音响、话筒的,每一样都不能出问题;国歌、入场音乐等需提前调试;引导员、唱票员、播音员等要提前对接会议流程;席位卡要提前印制、核对,并在会议前摆放到位;对有发言任务的参会对象,尽量安排在两侧,方便进出。会场布置陈设应庄严、隆重、朴素、大方,体现出会议的中心内容。

　　六是妥善安排食宿。与会者连续几天集中住宿,并有外埠同志参加会议,要热情做好接待工作,除发邀请信外,还要提前致电告知对方报到的时间和地点等事宜,并根据实际情况安排接站。同时,要根据出席会议的名额,提前编制住房分配方案,做到人员一到立即安置。同时,会议期间的伙食(特别是少数民族代表的餐饮安排)和医疗等事宜也要有专人负责。

　　七是组成会议专门班子。一般中小型会议有专人负责组织即可,但举办大型重要会议时,必须抽调人员组成精干的大会秘书处或会务组,全面负责会议期间的一应事务。

(二)会中组织工作

　　会议期间,大会秘书处或会务组要按照大会议程,协助会议主持人组织和控制好会议的各项活动。

　　一是做好会议签到。会议开始时,必须在入场时做好签到工作。签到有两种形式:一种是簿式签到。会议参加者入场时在签到簿上签署自己的姓名、职务、单位等,表示到会。这种办法只适用于小型会议。另一种是采用证件签到办法,即把证件事先发给与会者。与会者进入会场时交出一张签有本人姓名的签到证,签到证印有会议名称、日期、座次号、住宿房号等信息,这适用于大中型会议。与会者进入会场后,要及时、准确地把出席、列席会议及缺席人数统计出来,报送大会主持人,便于主持人了解会议出席情况。

　　二是安排好会议议程和日程。议程是根据会议内容所制定的会议进行的程序,日程是每日会议进程的具体安排。因此,要根据会议的议程,排列大会日程表,列出每日的活动,如上午、下午会议由谁主持,进行什么内容,开大会还是小组讨论,大会安排的领导讲话和发言,晚上有何活动等都要作出具体安排,经大会领导审定后打印发出,供会议主持人掌握。同时,要印发给所有与会同志,便于其准时参加会议各项活动。

　　三是做好会议记录。如实记载会议情况,客观反映会议的内容和进程,为研究和整理纪要提供主要依据。会议记录通常有两种方法:一种是摘要记录,另一种是详细记录。会议过程中,如有上级主要领导同志到会讲话,要准备好录音、录像设备,及时整理成文。如不适宜录音录像,则要做好文字记录,便于会议精神贯彻落实。

四是组织好分组讨论。大会期间往往有许多问题需要在小组会中进行讨论。小组会常常穿插在大会之间进行。有很多重要议题一般是先经过小组会充分酝酿和讨论,再拿到大会上通过。编组的基本方法有两种:一种是按地区和单位分组,一种是按专业研究的问题分组。各组可事先指定召集人和记录员。召集会议机关的领导干部可单独集中讨论;也可分别下沉到各地区、单位或专业小组。同时,为及时了解讨论情况,要派工作人员分别下到各组,掌握会议的进展情况,及时处理非正常现象。

五是出好会议简报。会议简报的文字应简明扼要,内容应重点突出,反映会议的动态和进程,选辑会上某领导与个人的发言,综合与会者发言摘要。还可按问题分类整理会内、会外相关内容的花絮等信息,以丰富简报内容和形式。内容的选择要严格,要有典型性和代表性,要注意质量。简报期数不作硬性规定,及时印发即可。简报发送要根据内容确定。有时要根据发送对象分别出两种简报(范围小的可叫快报或内部反映等)。

六是做好会议的安全保卫工作。为了保持良好的会场秩序,事先要拟好会议须知,要求与会者共同遵守。

七是会中有效控制进程。会议负责人在会中要时刻关注会议的召开情况,及时有效处置相关情况,确保会议正常顺利进行。

(三)会后总结工作

会后还要注意做好以下总结工作。

一是写好会议纪要。会议纪要虽然形成在会议之后,但在会议一开始就要确定专人负责,及早做好准备。会议纪要大体有三种:决议性纪要;情况性纪要;消息性纪要。负责起草的同志要在选定纪要种类的基础上,了解会议的宗旨,掌握讨论情况,领会领导讲话精神,注意积累有关素材。会议纪要的观点要鲜明,内容要概括,文字要简洁。首先,写清会议概况,出席人员,召开的时间、地点,哪位领导到会讲话等;同时,讲明会议的主要宗旨;其次,写会议讨论和研究的主要问题及决定的事项;最后,写对会议的基本评价,以及会后贯彻的具体要求。

二是做好会议文件的收退工作。在会议上发的文件、讲话材料、简报等,要根据相关收退清单收回。其中的机密文件必须收回编号。

三是做好会议文件的整理立卷工作。要根据"一会一案"原则,会后及时整理立卷,并按会议文件重要程度和时间进行排列。立卷内容包括:① 会议正式文件,如通知、决定、计划、报告等;② 会议参考文件;③ 会上的相关发言稿;④ 会议文件的历次修改稿;⑤ 会议记录;⑥ 会议纪要;⑦ 记事表;⑧ 会议简报;⑨ 其他有关材料。立卷后,按照档案管理的相关程序,应及时交由档案室保存。

四是做好外地与会人员及时返程的服务工作。主要是:提前为与会人员登记购买返程车票、船票、飞机票,事先安排好送站的车辆和人员,为个别需要留下的与会人员安置好住宿,结清住宿的账目。

五是协助新闻单位做好会议的宣传报道工作。除有些不宜公开报道的会议外,一般会议报道都要经领导批准后,将会议报道要点、有关资料等,提交给新闻单位,供新闻单位参考。

六是做好报销账务处理工作。会后,根据会议预算和财务规范要求,在规定的时间内做好报销工作。

三、如何提升会议质量

中央"八项规定"明确提出"要精简会议活动,切实改进会风,不开泛泛部署工作和提要求的会,切实提高会议实效,开短会、讲短话,力戒空话、套话。"因此,应该追求会议的高质量、高效率。青年工作会议不应过于强调形式,要有青年特色和青年本色的特征,更多考虑青年的心声,会议过程中应让更多的青年参与,让更多的青年有机会表达,会议形成的成果也应更好的为青年成长服务。

（一）会议准备质量的提升

一是加强会议的计划管理。要坚持会议审批制度。大型会议要由单位领导审批。基层单位召开各种会议,应由办公室负责人协助领导把关。要根据工作需要,妥善安排好各种会议,统排好每周会议日程表。青年工作会议的与会者大多是青年人,会议的各项安排应以青年为本。会议准备应充分考虑青年人的个性、习惯,合理安排各种会议,避免与青年同志的学习工作时间冲突,减轻负担。

二是加强会议领导,明确会议的中心议题。习近平总书记曾强调,"问题是时代的声音""必须坚持问题导向",会议的主要负责人要强化对会议的掌控,确保会议始终围绕中心议题进行,与会议中心议题无关的问题,会上不讨论。

（二）会场组织质量的提升

一是端正会风,改革会议制度。会风是作风的重要内容,在面对具体问题时要站在广大青年的立场思考问题。在青年工作会议中,要及时纠正会议中的官僚之风,营造适合青年的新风气。要提倡开短会,说短话。要充分运用现代化手段,善于用电话、传真、报纸、广播、电视、录像、网络视频等现代化手段指导工作。

二是提高会议效率。会议的主题应单一集中,讨论问题要围绕主题开展。问题讨论遵循共商原则以及科学原则,与会人员要对议题发表自己的观点,并进行集体讨论,最终充分依靠领导班子、参会者的集体智慧,正确运用决策技术和方法来做出决定。会议主持者既要善于启发引导,放得开;又要能够归纳控制,收得拢,使讨论不致陷入漫无边际或钻牛角尖之境。部署工作的会议,可以把几个内容合并到一个会上讲,然后分别去贯彻落实。一般中小型会议,不要搞开幕式和闭幕式等形式。在会议通知上,应写明会议具体时间。以书面代言,既已分发材料,不必再照本宣科。会议后期,要议而有决,结论要在当场确认。

三是会议议事规则。一个好的会议,就是用更少的时间,获得最想要的结果。《中华人民共和国全国人民代表大会议事规则》是我国全国人民代表大会的基本规则,1989 年 4 月 4 日第七届全国人民代表大会第二次会议通过,2021 年 3 月 11 日第十三届全国人民代表大会第四次会议通过《全国人民代表大会关于修改〈中华人民共和国全国人民代表大会议事规则〉的决定》,自 2021 年 3 月 12 日起施行。全文分为会议的举行;议案的提出和审议;审议工作报告、审查国家计划和国家预算;国家机构组成人员的选举、罢免、任免和辞职;询问和质询;调查委员会;发言和表决;公布;附则共九章。可以说,会议议事规则确保会议能够有效率地顺利地进行下去,这些规则和步骤在青年工作会议中值得借鉴。

7.4.2　中华人民共和国全国人民代表大会议事规则

四是拓展会议开展方式。新冠肺炎疫情暴发以来,会议大多通过线上形式进行。线上会议大大降低了人员差旅费用和会议布置费用等;简化了会议流程,增强了参会者间的沟通,多媒体技术的发展使得参会者之间可以通过多种方式进行沟通交流;不在受空间限制,随时随地都可以开展一场会议,深受青年工作者的喜爱,参会者可以把更多的精力投入到会议内容中去。

（三）会后总结质量的提升

会议记录人员应及时形成会议纪要,将会中内容翔实准确记录下来,并第一时间转发相关部门和人员。同时做好会议相关文件资料的归档。会议简报的编写也要及时,借助网络信息手段将会议精神传达落实下去。会议事项的落实要跟踪督促,做到及时反馈进展情况。

会务人员在会后应及时对整体会务工作进行回顾梳理、分析评价,工作总结是会议善后工作的重中之重,是整个会务工作中的一个重要组成部分。会议结束后还需要及时复盘,分析存在的问题、认真思考、总结经验,找出规律,用以指导今后的会务工作,提升办会能力。会务人员还应收集参会人员和协助单位对会务工作的反馈意见,虚心采纳,并在下一次办会过程中做出针对性的改变。

最后,需要强调的是,对当代青年来说,一些会议(如座谈会、团员大会、青年大会、专业会议)已经超越上传下达、工作部署的功能,而成为青年政治、社会参与的重要途径。共青团组织要积极顺应当代青年参与热情高涨、乐于知政参政议政的趋势,健全日常化、便利化、常态化、受激励的会议参与机制,突出会议的问题导向、目标导向,坚持共商原则、效率原则、决策科学性原则,建立从议事规则到政策执行到评估反馈的"全链条"的参与新范式。

第五节　如何开展公益交友活动

习近平总书记高度重视青年发展的方方面面。在庆祝中国共产主义青年团成立 100 周年大会的讲话中,习近平总书记要求,"要千方百计为青年办实事、解难事,主动想青年之所想、急青年之所急,充分依托党赋予的资源和渠道,为青年提供实实在在的帮助,让广大青年真切感受到党的关爱就在身边、关怀就在眼前!"为青年提供实实在在的帮助,就是要帮助青年解决好他们在毕业求职、创新创业、社会融入、婚恋交友、老人赡养、子女教育等方面的操心事、烦心事。2017 年,中共中央、国务院印发的《中长期青年发展规划(2016—2025年)》中,将青年婚恋等作为青年发展的重要领域,明确了目标任务,提出了发展措施。

一、为什么要开展公益交友活动

公益交友活动由团组织主导,整合各级政府、企业、社会组织的力量,以搭建青年交流平台,提供青年人婚恋支持,提升青年群体生活幸福感为目的,是面向适龄青年开展的公益性婚恋服务。

公益交友活动的目标人群主要为适龄且处于单身状态的青年。活动的短期目标聚焦于扩大目标人群交际圈,为其提供互动、相亲场所,提供家庭支持服务;活动长期目标聚焦于帮助目标群体树立积极择偶观、正确家庭观,传承优秀家庭文化与婚恋文化。

(一)公益交友活动的意义

1. 有利于社会和谐稳定

家庭幸福是社会和谐的基础,正确婚恋观是家庭幸福的前提。促进青年婚恋,必须与社会发展的具体实际相结合。第七次全国人口普查数据显示,我国 60岁及以上人口占总人口的比重已经达到了 18.70%,比 2010 年上升了 5.44%。这表明我国人口老龄化程度进一步加深,全社会从上到下都亟须有效应对人口老龄化的挑战。促进青年树立正确婚恋观,更好地解决婚恋问题,是有效应对人口老龄化的重要途径。共青团组织应当对青年婚恋工作进行合理引导和统筹安排,针对青年"交友难"等现实问题,做好"服务员"的角色,积极组织单身青年参加各类交友活动。

2. 有利于城市发展建设

一座城市的发展和建设的主力军是青年,如何服务好青年,让他们在城市中安居乐业、扎根创业、建功立业,直接影响着城市未来的发展。上海是一座伟大的人民城市,在新时代奔向社会主义现代化国际大都市战略目标的引领下,必须努力服务好青年、支持好青年,在青年需要成家立业的关键阶段对接好相应的资源。对青年婚恋工作的保障和重视是潜移默化强化青年对城市融入感与归属感的重要因素。

3. 有助于个人社会化进程

个体社会化是指个体在与社会相互作用中,将社会所期望的价值观、行为规范内化,获得社会生活所需要的知识和技能,以适应社会变迁的过程。对社会而言,这是文化得以延续的手段;对个体而言,这是被社会认同,参与正常社会生活的必要途径。青年处于个人社会化的关键时期。重视和保障青年婚恋工作,有助于青年个人社会化进程的顺利进行。

（二）开展公益交友活动的原则

开展公益交友活动要把准青年群体的特点和需求,同时,注意对青年群体的思想引领,整合多方资源形成合力服务于青年。要提前精心设计、策划活动,执行到位。

1. 服务国家大局,提高青年婚恋工作软实力

习近平总书记在庆祝中国共产主义青年团成立 100 周年大会讲话中提到:"团的最大优势在于遍布基层一线、深入青年身边。要紧扣服务青年的工作生命线,履行巩固和扩大党执政的青年群众基础这一政治责任,既把青年的温度如实告诉党,也把党的温暖充分传递给青年。"因此开展公益交友活动要提高政治站位,开阔视野,深刻理解"青年婚恋交友"工作的重要意义,把这项工作放在党和政府对国家发展战略、人口发展政策、城市发展要求中思考、谋划和推进。要通过婚恋交友诉求,看到广大青年对自身发展的渴望和对美好生活的向往。

2. 强化教育引导,促进婚恋观与社会发展相匹配

共青团组织作为广大青年的先锋队,在联系教育青年树立正确婚恋观、了解

最新动向、调整婚恋条件方面有着义不容辞的责任。要协调家庭氛围营造、学校日常教育、社会环境熏陶等多方面,进一步强化教育引导,促进当代青年婚恋观和城市发展相匹配。

3. 积极开拓创新,探索开展工作的科学模式

在各类青年婚恋交友活动开展过程中,要积极开拓创新工作模式。各级团组织要与社会组织、相关企业在总体方案策划,经费和资源的协调以及单身青年的组织和服务等方面开展密切合作。基层团组织在场地协调、地区资源对接、志愿者队伍招募、现场安全保障、活动防疫等方面要统筹安排好。在科学合理的工作模式下,各方充分发挥优势,调动各级资源为青年服务。同时,积极探索团的基层组织与企业、社会组织的合作共赢模式。

4. 服务青年为本,推进调查研究和项目评估

在推进青年婚恋工作的过程中,应通过座谈调研、微信社群联动等方式,广泛吸取近年来青年婚恋交友课题研究的成果和实践经验,从个体自我认知与婚恋观、群体行业特征与发展规律、交友活动形式与场景打造等多方面了解当下青年交友方面的现状、个性化诉求和痛点、难点,有针对性地设计相关服务工作项目。此外,对品牌项目也应作长期调研摸排,通过问卷调查、工作组复盘等形式,了解服务成效,找出难点、痛点,准确把握青年婚恋工作中的"急难愁盼"等问题,为今后进一步提升服务品质提供数据支撑,明晰改进方向,让青年在活动全过程中切实感受到品质服务的诚意和城市的温度。

二、如何开展公益交友活动

(一)公益交友活动目前存在的问题

任何活动都离不开精准的活动设计和周密的活动流程。团组织开展的公益交友活动更需要事先周到细致的策划。与其他活动中讲师单向传递信息或团队间配合完成任务不同,公益交友活动需要参与的青年相互间进行全面互动交流,以加深了解、增进感情。从实际情况看,目前青年公益交友活动中还存在着一些问题。

1. 网络阵地仍需进一步健全

不少青年因工作繁忙导致交友圈子窄,结识异性的机会较少。共青团组织要在运用自身组织优势的同时,充分发挥网络阵地的作用,以效果为导向,满足青年的相关需求。从实际状况看,虽然各级团组织会定期不定期开展公益交友活动,但大多数活动的覆盖面还不够广,主要集中在城市企事业单位和行政机关单位内部的青年群体中开展,很难全面覆盖自由职业者、小微企业从业人员、乡镇及农村青年等群体。青年在哪里,团组织就建在哪里;青年有什么需求,团组织就要有针对性地开展工作。当代青年比较集中地聚集在网络上,因此,在活动信息发布、宣传,以及活动开展过程中,要发挥网络阵地的作用,促进青年间的互动。

2. 活动形式尚需进一步丰富

共青团根据青年特点,在公益交友活动的内容和形式等方面作了一些探索创新,但大部分活动还停留在简单的互动游戏层面,没能对青年的兴趣爱好和需求做充分的调研,应更多从趣缘角度出发,设计主题活动,给青年提供充分展示自己的舞台。事实上,青年是思维最活跃、精力最旺盛、最具创意的群体。促进青年公益交友活动,必须充分调研,更好地了解青年的需求。对青年群体进一步细分,以兴趣为导向,兼顾不同地域、行业青年的不同诉求,为青年在志趣相投的互动中不断深化交流提供机会。活动形式需进一步丰富,使服务青年更具针对性,不断提升活动对青年的吸引力。

3. 青年婚恋观引导方式还需进一步创新

共青团一向注重帮助青年树立正确的择偶标准,将婚恋观教育与人生观、价值观、责任心、理想教育相融合。随着信息技术的进步以及多元文化的融合,当代青年的思想观念、价值取向和精神需求越来越多元化。目前,基层团组织工作中存在着团青沟通不及时,婚恋观引导方式创新不够等问题。这就要求团组织坚持问题导向,把解决青年最关心、最直接、最现实的婚恋问题作为活动开展的出发点和落脚点,在及时认真倾听青年心声的同时,进一步创新青年婚恋观的引导方式,帮助青年排解困惑。团组织要深入研究青年的特点及其发展变化,根据青年需求制定符合青年特点的活动方案,撰写青年喜闻乐见的宣传文案,从专业视角为青年婚恋问题答疑解惑。

(二) 开展公益交友活动的主要方法

1. 发挥联盟作用,整合各种资源

为进一步形成体制内外、线上线下"协同、健康、规范"的婚恋交友生态链,共青团组织一方面要从体系内部广泛挖掘整合资源服务青年交友,另一方面,从相关社会组织、婚恋机构、企业等处广泛征集资源,形成婚恋交友工作项目库和服务力量库。如团上海市委组建的"青春益友联盟"统一使用"青春益友"婚恋工作品牌,为青年提供交友活动、情感指导、婚姻咨询等各类服务。

2. 了解青年需求,建立诚信服务平台

"怕上当,没保障"是青年在婚恋交友过程中最大的担忧。要帮助青年减少顾虑,就要努力打造"诚信、公益、靠谱"的婚恋服务平台。团上海市委推出

的"青春益友爱情总局"就是这样一种平台。团上海市委努力把它建设成上海市最有影响力、最具可信度的青年交友活动平台。"青春益友爱情总局"通过在微信上搭建的微网站,以在沪单身青年为主要服务对象,运用线上线下O2O模式,向他们提供各类交友活动和服务产品,为青年构建起交友的生态体系。"青春益友爱情总局"是实名制、跨平台、互动婚恋的社交平台。"真实、公益"是其特色。

3. 打造特色品牌,引领健康婚恋观

引领青年形成积极、健康的婚恋价值观一直是共青团组织开展婚恋交友工作的初衷。为了营造"渴望爱、勇敢爱、真诚爱"的社会氛围,鼓励青年交友、恋爱,勇敢面对爱情,打造青年婚恋交友工作特色品牌十分重要。在打造特色品牌过程中,工作人员可以有意识地总结活动形式,将公益交友活动与团组织开展的其他活动相结合。如把公益交友活动与环境保护、河道清洁志愿服务等结合起来;或与工会、社会组织合作,开展由单身青年男女参与的社区公益服务、老年人探访等活动。这样不仅可以更大限度地发挥团组织人力物力的效能,还可以丰富活动形式,强化公益交友活动的社会意义和相关青年自身的成就感。

4. 创新开发课程,提供新型交友体验

促进青年交友活动项目常态化,结合青年群体的特点和需求,开发打造新课程。团组织可以定期邀请相关领域和专业的人士为男女青年授课。团上海市委结合青年对婚恋交友形式多样化的需求,探索研发剧本杀等各类沉浸式交友戏剧体验活动,旨在通过沉浸式戏剧体验、心理专家的专业辅导等形式,为青年提供一种全新的交友体验,使青年在活动中对婚恋价值观有新的思考和认识。

5. 做好青年调研工作,提升活动实效

"哪个区域的单身男女最聚集?""什么特质最被异性看好?""婚恋交友究竟是难是易?"这些问题是青年男女在婚恋交友过程中最关心的问题。这就要求团组织做好青年婚恋交友方面的调研分析工作。如团上海市委通过引入上海社科院人口所等研究机构专家的力量和资源,针对不同年龄、不同领域的上海青年持续开展单身、交友、恋爱、婚姻等内容的研究,科学解读上海青年婚恋状况和特点,定期动态推出未婚青年男女的数据分析报告。根据分析报告的具体内容,举办符合青年需求的各项活动。

三、各地共青团组织公益交友活动的经验做法

公益交友活动是近年来新兴的团组织活动之一。新兴意味着总结的要求高,

探索的任务重。这就要求团组织在每次活动结束后，都应该进行复盘、总结并跟进宣传，以积累项目经验，扩大项目影响力。

（一）上海市"上海青年爱情节"等活动围绕青年需求

团上海市委、上海市青少年服务保护办推出"上海青年爱情节"项目品牌，结合运动、音乐、游戏、时尚、心理、美食等多种元素打造为单身青年提供各类交友服务的"爱情星际"，并先后于 2019 年、2020 年和 2021 年连续三年成功举办三届"上海青年爱情节"。特别是 2021 年，聚焦全市建设发展"五个新城"战略，开展走进"五个新城"系列活动。围绕新城定位、特色产业和人才集聚需求，吸引单身青年走进新城"多交一个朋友"，倡导"渴望爱、勇敢爱、真诚爱"的婚恋风尚和"讲感情、讲尊重、有道德、有责任"的婚恋观念，为广大青年提供靠谱、真诚的交友服务。"上海青年爱情节"力求进一步深挖价值理念，深耕品质效能，深化品牌形象，持续做优、做强服务力，让青年更有参与感、获得感和幸福感，为上海人民城市建设与发展、为上海城市软实力的提升贡献力量。

（二）安徽省"青年之声·安徽"互动社交平台发挥网络阵地作用

当代青年比较集中地聚集在网络上，发挥网络阵地作用，利用多媒体资源，能够更为直接精准地吸引和凝聚青年。"青年之声·安徽"自上线以来，建立了 1000 多个分平台，实现了从省市县镇（乡）乃至街道的各级团组织，到 13 个大型企业以及 35 所省属高校的全覆盖。在平台上，成长服务导师专门回答青年有关婚恋交友方面的问题。很多地方团委的工作人员也参与讨论，支招帮助青年破解困惑。有网友提出"谈恋爱会耽误学习，而且都讲能走到结婚的大学生不多，到底应不应该恋爱？"这一热度很高的话题，不仅有青年朋友热心回答，也有成长联盟导师给予中肯的建议，很多地方团委的工作人员也参与了讨论，支招破解青年的困惑。

（三）河北省"冀 e 青春"汇聚多方资源开展活动

团河北省委整合各级民政、妇联等党政群团部门和报刊、网络、电视、车载广播等专业媒体及婚纱店、婚庆公司等多方专业性、公益性社会力量充当公益"红娘伙伴"，为全省青年婚恋提供更全方位、专业化的公益交友服务。团河北省委联合河北大学专业调研团队，收集整理线上问卷，线下座谈各领域青年，形成调研报告，为开展青年婚恋工作提供科学有力的依据。

团河北省委还专门组织单身青年联谊交友活动——快递小哥专场。150 名单身青年参与现场活动，活动参与者的信息全部由"冀 e 青春"青少年服务云平台录入婚恋交友信息库。以此次活动为契机，团河北省委对接河北省邮管局，鼓励省内 11 万名快递行业青年在平台注册。为扩大活动覆盖面，根据快递小哥的职业特点,着重采用了4种"在路上"的公益宣传方式。活动现场也设置了"爱的快递""签收幸福"等多种互动环节。活动结束后建立微信群,将现场交流延伸至场外和线下,形成全流程、一体化服务。

(四) 陕西省"丝路青缘+"注重青年婚恋观引导

团陕西省委通过研判青年发展规律,及时掌握青年婚恋动态,打造诚信度高,适合青年特点的"丝路青缘+"青年婚恋工作新品牌,不断加强青年婚恋观、家庭观的教育和引导。团陕西省委与省社科联、相关高校合作,开展"陕西省青年婚恋监测指标"研究,建立指标体系强化监测评估,逐步建立和完善省级青年婚恋发展监测数据库,进行青年婚恋趋势动态分析,为科学化决策提供参考。

团陕西省委通过带领单身青年到延安鲁艺旧址参观学习等方式,形成积极健康的婚恋舆论导向。先后在网红书店、建设工地等场所,面向重点工程建设者、返乡创业青年、进城务工青年、青年官兵等群体,策划开展了爱国敬业、家风传承、运动健康、绿色环保等主题的公益交友活动,倡导当代青年婚恋新风尚。

第六节　如何运用新媒体做好宣传工作

共青团宣传工作的目标受众主要为青年群体,新媒体是我们开展事务的重要阵地。本节通过对新媒体与青年受众的特征分析,分析总结了共青团如何运用新媒体做好宣传工作,从而持续吸引青年受众,持续与受众对话,培养受众对共青团官方账号的忠诚度,有效达到价值传播和思想引领的目的。

一、为什么要用好新媒体

(一) 新媒体发展历史

新媒体的发展是未来媒体发展的新趋势。传统媒体是指通过电视、广播、报刊、杂志等媒介,通过单一形式完成的对于信息的传播,而新媒体是在传统媒体的基础上运用数字媒体技术开发创意完成的对于信息的传播加工以及新的诠释的一种新的媒体概念,如数字杂志、数字报纸、数字广播、手机短信、移动电视、网络、桌面视窗、数字电视、数字电影、触摸媒体、手机网络等。

新媒体的发展,可以分为两个阶段[①]:

一是以门户网站为代表的 WEB1.0 时代。20 世纪 90 年代,新媒体开始出现。

<hr>

① 李畅.两微一抖时代媒介研究[J].传媒论坛,2020,3(18):40-41.

人类开始进入 WEB1.0 时代。在 WEB1.0 时代,网站提供给用户的内容是网站编辑编辑处理后提供的,用户阅读网站提供的内容。这一时期,新媒体的内容以传播者单向传播为主,受众大多数情况下作为信息的接受者存在,而非信息的传播者。

二是以"两微一抖"为代表的 WEB2.0 时代。目前,新媒体生态已经进入以"两微一抖"为代表的 WEB2.0 时代。所谓 WEB2.0 时代,指的是利用 Web 平台,用户主导生成内容上传至互联网,成为互联网产品的这样一种模式。它克服了平面媒体信息获取的枯燥性,延迟性和互动缺乏等不足,运用数字技术,无线技术和互联网实现了受众与媒体之间更多更深层次的互动,因此也被称为互动式数字化复合媒体。当前用户数量位列前三的分别是微信、微博、抖音,并称为"两微一抖"。

(二) 新媒体媒介特征与受众特征分析

《中国新媒体发展报告(2020)》调查显示,新媒体的受众主要集中在年轻群体。下文以 6 个较受青年群体欢迎的新媒体为例,对其媒介特征和受众特征展开分析。

1. 以传播范围广、速度快为主要特点的社交媒体:微博

微博是指一种基于用户关系信息分享、传播以及获取的通过关注机制分享简短实时信息的广播式的社交媒体、网络平台。微博允许用户通过多种方式接入,以文字、图片、视频等多媒体形式,实现信息的即时分享、传播互动。自 2009 年 8 月新浪微博创立,至 2020 年 10 月,微博月活跃用户达 5.23 亿,其中,30 岁以上用户占比 23% ,30 岁以下的占比 77%[①]。UGC[②]+PGC[③] 是微博内容的主要来源。网友主要是以 UGC 的形态进行传播,而官方微博主要以 PGC 的形态展现,这就使得微博传播内容既具有草根性,又具有专业性。

2. 以私密性强、互动性高为主要特点的社交平台:微信

微信是腾讯公司于 2011 年 1 月推出的一个为智能终端提供即时通讯服务的免费应用程序。微信支持跨通信运营商、跨操作系统平台通过网络快速发送免费语音短信、视频、图片和文字,也可以使用通过共享流媒体内

[①] 飞鱼.微博月活跃用户达 5.23 亿,2020 中国移动社交行业用户画像及行为分析[EB/OL].(2020 - 10 - 21)[2020 - 10 - 21].https://www.iimedia.cn/c1020/74841.html.

[②] UGC(User-Generated Content),指的是用户生产内容。在 UGC 平台,任何人都可以上传相关的图文和短视频内容,来自朋友圈的文章、小视频,以及快手、秒拍、抖音等短视频中的各色内容大都属于 UGC.

[③] PGC(Professional-GeneratedContent),指的是专业生产内容,即由专业个人或团队有针对性输出的较为权威、制作精良的内容,如电视节目、报纸刊物、媒体资讯等.

容的资料和基于位置的社交插件,提供公众平台、朋友圈、消息推送等功能。截至 2021 年 9 月底,微信月活跃账户数为 12.626 亿,是当之无愧的"第一国民 APP"①。微信的受众因功能模块的不同而不同。微信小游戏 30 岁以上的用户在不断增加,微信支付的用户群体则以 20~35 岁为主②。微信主要传播内容的阵地是公众号和朋友圈,熟人社交的特点有助于提升传播内容的速度及信度。

3. 以泛娱乐性、短平快为主要特点的小视频平台:抖音

抖音于 2016 年正式上线,通过短短"15 秒"的小视频将创意、幽默、音乐等元素融合在一起展现给抖音用户,给他们带来瞬时的轻松和快乐。截至 2021 年 8 月,我国抖音用户人数已高达 8.2 亿,其中主要群体为大学生,占总人数的 65%。用户是抖音内容的主要来源,因为抖音的用户大部分是草根群众,因此抖音用户喜欢的内容偏向于草根性的内容。

4. 以原创和实时互动为主要特点的视频社区:哔哩哔哩

哔哩哔哩是中国年轻人高度聚集的主要文化社区,创建于 2009 年 6 月,被粉丝们亲切称为"B 站"。其特色是悬浮于视频上方的实时评论功能,爱好者称其为"弹幕",基于互联网的弹幕能够超越时空限制,构建出一种奇妙的共时性关系,形成一种虚拟的部落式观影氛围,让 B 站成为极具互动分享和二次创造的文化社区。截至 2021 年第三季度,B 站平台月活用户数达 2.7 亿,其中 86% 年龄为 35 岁以下,而其新用户的平均年龄则在 21 岁左右。在 B 站,最受欢迎的是 UP 主创造的内容,每月 B 站的 UP 主会创作超过 1 000 万个视频,其中 90% 是原创视频。此外,许多 UP 主也和主流媒体共同创造了很多优质的内容③。

5. 以云评论和心动模式为主要特点的音乐社区:网易云

网易云音乐是一款由网易开发的音乐产品,主打发现和分享。2020 年,网易云音乐在线音乐服务月活跃用户数约 1.805 亿人,以 30 岁以下年轻群体为主,女性用户占比较高;用户主要分布在一二线城市,具有较高的消费能力④。网易云音乐的社交化传播手段是它最大的特色,喜好相同的用户可以互相关

---

① 山蓝.微信及 WeChat 合并月活达 12.626 亿,2021 年移动社交用户规模及行业趋势分析[EB/OL].(2021 - 11 - 11)[2021 - 11 - 11].https://www.iimedia.cn/c460/81921.html.

② 微果酱.刚刚,微信发布了年度数据报告和一个彩蛋![EB/OL].(2020 - 01 - 10)[2020 - 01 - 10].https://zhuanlan.zhihu.com/p/54447627.

③ DVBCN.哔哩哔哩董事长陈睿:未来 90% 以上的内容都将是视频形态[EB/OL].(2021 - 11 - 29)[2021 - 11 - 29].http://www.dvbcn.com/p/128295.html.

④ Detektivbyran.网易云音乐产品分析报告[EB/OL].(2019 - 03 - 07)[2021 - 03 - 07].https://zhuanlan.zhihu.com/p/90661831.

注、互加好友,完成网络社交,因其强调情感连接的社区氛围,被用户以"云村"相称。"云村"用户自发撰写或引用的乐评产出了不少年度流行语,点赞数最高的 5 000 条优质乐评曾被印在地铁站,如"你别皱眉,我走就好""最怕一生碌碌无为,还说平凡难能可贵",以用户自己的输出语言和符号来做线下推广,并选择大众平时比较聚集的地方进行宣传,以此增强用户的沉浸式体验感,吸引更多的潜在受众加入。

6. 以专业性知识问答为主要特点的互动社区:知乎

知乎是一个中文互联网高质量的问答社区和创作者聚集的原创内容平台,于2011 年 1 月正式上线。知乎以问答业务为基础,凭借认真、专业、友善的社区氛围,独特的产品机制以及结构化和易获得的优质内容,聚集了一群中文互联网科技、商业、影视、时尚、文化领域中最具创造力的人群。截至 2021 年 12 月,知乎平均月活跃用户数为 1.03 亿,整体呈现"年轻"的特征:绝大多数在 30 岁以下,二线及以下城市用户占比较高,女性略少。近一两年,30 岁以上用户数量呈显著增长[①]。在知乎,基于 Web2.0 与 UGC 的技术支撑确保了平台上知识的高效生产,基于话题的社区互动拓展了知识生产的广度和深度,基于兴趣的内容推送则实现了知识的精准传播。

二、共青团如何运用新媒体开展宣传工作

习近平同志《论党的宣传思想工作》一书,围绕党的宣传思想工作发表了一系列重要论述,提出了一系列新思想、新观点、新论断,为做好新时代党的宣传思想工作提供了根本遵循。习近平总书记强调,必须坚持和加强党对意识形态工作的全面领导,把意识形态工作领导权牢牢抓在手里,更好巩固和发展主流意识形态,不断增强意识形态领域主导权和话语权。

新媒体的兴起产生了新的媒体环境,对党的思想舆论工作具有重要影响。加强共青团网络宣传和新媒体工作,进一步提高共青团的思想引领能力,增强团组织在广大青年中的吸引力、凝聚力和影响力,是共青团宣传工作的基本任务。

同传统媒体相比,新媒体的传播速度更快、范围更广,比如数字报纸,通过将传统纸质报纸转化为数字化报纸,能够使更多公众依托手机或计算机等新媒体载体及时获得社会热门消息,突破原本时间与空间的限制。与此同时,新媒体能够

---

① 青瞳视角. 知乎发布 2021 年财报:年营收 29.59 亿增 118.9%,月活 1.03 亿[EB/OL].(2022－03－14).https://baijiahao.baidu.com/s?id＝1727280557068002582&wfr＝spider&for＝pc.

实现与受众的在线互动,在让信息内容得到深入宣传的同时,让信息内容获得有效检验,并把建议回馈给信息发布者,以便发布者做好信息更新和未来工作的优化。

截至 2020 年底,中国 6 岁至 18 岁未成年人网民达 1.8 亿,互联网已经成为当代青少年不可或缺的生活方式、成长空间、"第六感官"①。共青团的工作对象是青年,而青年是网络时代的数字原住民。美国游戏产业企业家 Prensky 认为,数字原住民处理、加工信息的方式是不同于数字移民的。数字原住民习惯于通过网络信息技术迅速获得最新信息,同时处理多种任务、喜欢文本前呈现图表而不是相反、喜欢获得即时的反馈信息等。正如《新时代的中国青年》白皮书所指出的,中国青年日益成为网络空间主要的信息生产者、服务消费者、技术推动者,深刻影响了互联网发展潮流。

当前的新媒体技术正是在与青年的互动中应运而生,它让团员及青年群体不再只是信息的接收者,也让他们成为共青团工作的参与者、推动者。共青团要充分发挥新媒体的技术优势,运维好新媒体官方账号,在互联网空间一如既往地代表青年、赢得青年、依靠青年,使共青团宣传工作提升到新高度。

（一）定位上：红色属性,价值主导

共青团作为广大青年在实践中学习中国特色社会主义和共产主义的学校,其官方账号必须凸显红色属性,从政治上着眼、从思想上入手、从青年特点出发,引导青年早立志、立大志,从内心深处厚植对党的信赖、对中国特色社会主义的信心、对马克思主义的信仰。团属官方账号只有坚持政治性和教育性相统一的定位,才能在内容输出、活动策划、运营模式等全方位体现价值引领。以"共青团中央"在新媒体平台开展的宣传工作为例,在运营模式上,共青团中央在新媒体矩阵各平台上皆统一使用"团团"人设,且一律以用户名"共青团中央"出现在大众视野以便识别及辨认,各账号采用统一头像以及 Q 版团团形象,其 KOL 地位来源于账号主体,代表共青团中央的政治性和权威性。在内容输出方面,共青团中央在各大平台投放的内容大多围绕主流价值观这一主题展开,但在传播语态方面,则善于巧妙融入时下青年喜闻乐见的元素,贴近青年,以年轻、活泼的"团团"人设赢得了网友的一致认可。

（二）内容上：内容为王,注重原创

习近平总书记指出："对新闻媒体来说,内容创新、形式创新、手段创新都重

---

① 《新时代的中国青年》白皮书［EB/OL］.（2022 - 04 - 21）.http：//www.scio.gov.cn/ztk/dtzt/47678/48169/48177/Document/1723487/1723487.htm.

要,但内容创新是根本的。"①粉丝量和互动粉丝活跃度是判断官方账号影响力的重要指标。优质内容是获取用户和保持用户活跃的重要手段。如何持续输出优质内容? 这需要从内容规划、内容选题、内容写作上遵循专业的工作流程,并且需要紧跟时事热点。文章内容是否优质、是否有价值、是否被广大青年阅读并喜爱,需要结合后台数据进行分析。可以通过观察文章点赞、评论、阅读等方面的数据,去判断推送的内容是否被用户广泛接受,例如共青团中央常以略带诙谐的内容传递信息,因为对互动文本数据的分析发现,带"幽默""接地气"等属性的传播内容更容易赢得网友青睐。

(三) 形式上: 立足平台调性,提升公号专业度

专业度是指在从事某一行业的人掌握、精通、熟知该领域必备的理论知识、技术水平、职业素养等,标志着解决相关问题的能力。对于一个官方账号而言,其专业性直接体现在发布的内容是否可靠严谨,呈现的图景是否真实流畅。如对党和国家方针政策的解读是否到位;学术报道专业名词的使用是否得当;研究的过程方法是否科学,数据是否准确;研究成果是否符合青年成长规律;直播视频能否实时播放互动等,这些都直接影响着一个官方账号对青年思想价值引领的能力和水平。

(四) 运营上: 思想价值引领与团结凝聚青年并重

由于受年轻人喜爱的各种平台本身的特性不同,因此聚集的青年群体也不同。对不同平台官方账号的运维,要善于研究和把握各种平台的特性,懂得有针对性地输出推文或短视频等产品。作为面向青年的共青团官方账号,在运营过程中有三个值得注意的操作性建议,一是做好官方平台的"包装"工作,让青年易于接受。"包装"的过程需要投入精力,深入青年了解流行元素,使用特定技术将青年易于接受的元素包装在表层,让真正的思想价值内核潜移默化地深入青年心中。二是打造专业性平台,让青年获取资讯。团结凝聚青年是做好青年群体思想价值引领工作的前提。因此,紧跟热点,"打造"新闻平台,锤炼优质内容,提供即时资讯,吸引更多读者,扩大影响力,增强用户粘性,才能更好地代表共青团发声。三是加强多样互动,让青年主动靠拢。一般的官方媒体由于自身权威性与严肃性所限,不能自由地和公众进行互动。但作为面向青年的团属官方账号,可以围绕青年事务(如就业实习、志愿服务、团费缴纳等项目)开设互动专区,通过提供工具性便利,不断提升青年人对团属官方账号的信赖度和依赖度,从而更好地团结组织青年。

---

① 习近平谈媒体融合发展:关键在融为一体、合而为一 [EB/OL]. (2018-08-22). http://cpc.people.com.cn/n1/2018/0822/c164113-30242991.html.

三、共青团新媒体宣传工作实践

由于新媒体各平台功能作用、目标公众等不同,其信息内容呈现形式也有所区别,"新媒体矩阵"应运而生。政府部门通过运用包含网络、"两微多端"等多种新媒体平台进行传播,逐渐形成了多种平台互动、多种介质互融的传播模式,我们称为政务新媒体矩阵。实践证明,政务新媒体矩阵不仅逐渐广泛运用于各级政府及其部门的形象塑造、传播沟通、舆论引导,还在危机事件处理、主流价值引领等方面发挥着重要作用。

(一)团属新媒体账号的建设现状和特征分析

1."共青团中央"新媒体矩阵建设现状

共青团中央新媒体官方账号开设时间线

官方微博,2013年12月20日

微信公众号,2013年12月27日

知乎官方账号,2016年12月1日

入驻"B站",2017年1月2日

入驻网易云音乐,2017年7月18日

入驻抖音,2018年3月22日

图7.4 共青团中央新媒体官方
账号开设流程图

2013 年 12 月 20 日,共青团中央官方微博"@共青团中央"开通。2013 年 12 月 27 日,该账号发布第一条微博,意味着共青团中央正式入驻新浪微博。同一天,团中央开通微信公众号"共青团中央"。2016 年 12 月 1 日,共青团中央微信公众号发布推文《知乎? 我们来了》,宣告共青团中央入驻知乎平台。2016 年 2 月 25 日,共青团中央在 B 站发布第一条视频。2017 年 1 月 2 日,共青团中央在微信公众平台发布推文《真当团中央不上 B 站? 2017,在这里等你!》,标志着团中央正式入驻 B 站。2017 年 7 月 18 日,共青团中央入驻网易云音乐,并发布了第一条动态。2018 年 3 月 22 日,共青团中央以"青微工作室"为名在抖音短视频平台以快闪形式发布第一条短视频《你好,我是团团》。同年 10 月 1 日,该账号正式更名为"共青团中央"。

2."共青团中央"新媒体矩阵受众特征与内容特征

目前,共青团中央在各大平台(即微博、微信公众平台、知乎、B 站、抖音、网易云音乐)的用户特征如下(表 7.1)①。

---

① 蔡岚,丁凯利.政务新媒体矩阵建设实践与发展路径探析——基于"共青团中央"新媒体账号的研究[J].岭南学刊,2020(04):50-56+63.

表 7.1　共青团中央各平台受众特征

平台	微 博	微信公众平台	知 乎	B 站	抖 音	网易云音乐
受众特征	年龄分布年轻化；追星娱乐氛围浓厚。	年龄分布年轻化；兴趣阅读特征突出。	新兴中产和影响力人群占主流；高学历、高收入、高购买力；学习知识与传播兴趣共存	以 Z 世代为主力军；多源于经济文化发达地域。以互联网为文化主场，且对精神文化追求高；对内容极度宽容、极度苛刻；极度忠诚。	用户年轻化；整体态势下沉明显；以"娱乐放松"为主要目的的使用平台。	以 15~35 岁的学生、年轻白领为主；具备一定的消费能力；对音乐品质有要求。

在具体内容上，共青团中央会充分利用各新媒体平台的特性优势，进行不同特征的内容输出。

微博：侧重实时综合短资讯。微博是共青团中央最早开通的新媒体阵地，结合微博独特的平台优势和传播规律，共青团中央在题材选择上侧重具有实时性、综合性的短资讯。数据分析显示，共青团中央微博的信息发布频率为其矩阵内各平台之首。对时事热点的简短报道占信息发布量的 18% 左右，日均发布微博达17 条。

微信公众号：侧重正能量长文。微信公众号的编辑成本高、时效性弱，但却有着文本长度不受限、深度内容传播的优势。因此，共青团中央微信公众号更多选择了科普、评价和价值引领等内容题材，如青年健康、垃圾分类、低碳环保、时事新闻点评、青年励志等内容，强调对青年人心理状态的把握和正确的价值引领。

知乎：侧重专业见解输出。知乎平台强调严肃知识输出，主打真实、理性，内容生产以传统的优质文字内容为主，且话题具有较强的讨论价值。共青团中央在知乎上发布的内容基本是对热点公共事件的分析表态，通过优质、专业的见解，引导受众建立正确立场。

B 站：侧重针对年轻受众的爱国主义叙事。B 站是以年轻人为主的亚文化交流平台，聚集了许多小众文化，如弹幕文化、鬼畜文化、二次元文化、萌文化等。共青团中央在这个平台上的内容生产上一改严肃风格，以开放多元、包容并蓄的方式深入平台，采用年轻化元素展开爱国主义叙事，赢得了广泛认可与好评。

网易云音乐：侧重青春励志，传播情感正能量。团团在"如何评价共青团中央入驻网易云音乐"一文中表示：云村（网易云音乐）是个听歌的好地方，也是一个可以交流音乐背后的故事的地方。团团想做的事情很简单，就是：陪青年听歌，陪青年写歌，陪青年唱歌。其建立的歌单主推中文歌曲，充满青春正能量、扶植原创、注重弘扬传统文化。

抖音：侧重励志短视频。抖音作为近年来发展迅猛的短视频平台，已经成为政务新媒体建设的新风向和新阵地。共青团中央抖音账号以短、快、燃为关键词，在内容生产上以正能量引导为主，形成了"短视频+快节奏+燃音乐"的风格，开创了主流价值观引领的全新范式。

（二）团属新媒体账号的传播内容与运营策略

1. "共青团中央"新媒体矩阵的传播内容

以共青团中央新媒体矩阵为例，自 2013 年的两微时代起，发展到今日"多位一体"的新媒体矩阵，得到了广大网民的认可，其传播策略是成功的关键原因所在。共青团中央具有鲜明的团属特色。这主要体现在"共青团相关"内容占据一定比例，以及其传播的内容聚焦于其服务对象即青年身上。

突出共青团相关内容的宣传，共青团中央在各平台都会发布一定比例的与共青团相关的信息。例如，微博平台的"#青运史上的今天"话题；微信公众平台对"青马工程""全国大学生'返家乡'社会实践活动"等共青团特色项目活动的宣传；知乎针对与团相关的问题——"大学生的团费缴纳标准是怎么样的？""公司没有团组织如何缴纳团费？"等进行解答。

传播内容聚焦于服务青年群体。相比于占比不高的共青团相关信息，共青团中央新媒体矩阵在运行过程中更注重立足于全方位、多角度服务青年。尽管各平台传播主题侧重不同，但强国励志类、军警形象类、英雄楷模类、历史文化类、政治外交类等类别在各个平台都有一定规模的占比。这些内容作为爱国主义教育的一种形式，以社会主义核心价值观为中心展开宣传，带有强烈的主流意识形态色彩，以此对青年进行思想引领。与此同时，与青年相关的权威政策的解读、对青年日常生活的关怀问切，以及对时事新闻尤其是正能量新闻的播报也都会出现在共青团中央的新媒体矩阵中。

2. "共青团中央"新媒体矩阵的运营策略

各平台各司其职，传播定位精准。共青团中央在其新媒体版块的运行与发展过程中，始终践行"青年在哪里，共青团就到哪里"的宗旨，从最初的"双微"，逐步扩大发展成为今日的矩阵，充分发挥各新媒体平台的特性优势，进行"多功能矩阵"打造。在把团的工作"安营扎寨"到各大新媒体平台的过程中,共青团中央会对各平台本身自带特性进行分析,同时结合团团各平台的用户画像分析,以验证共青团新媒体矩阵的内容是否和受众定位与需求相符合。

各平台互通互联,差异互补。团中央在新媒体矩阵运行的过程中,除了在把握各平台特性、受众特性基础上推进特色运营外,还注重促进平台相互之间的互通互联与差异互补。具体表现为各渠道的相互"内嵌",以及多平台对同一内容的分工"合唱"。渠道"内嵌"主要表现为团中央会在其微信公众号推文的底部添加其新媒体矩阵(团团在微博、知乎、B 站等平台的官方账号)关注指引小动画,以十只"Q 版团团全家福"形式指引用户进行关注,他们也善于在某个平台上公关其他平台的活动。内容"合唱"体现为,在同一公共事件背景下,各平台不仅能够在各自特性与优势的基础上"各显神通",还能做到"合力发声"。

(三) 团属新媒体账号影响力的提升路径

1. 制度树立权威,做好疑声的"回应者"

针对团属新媒体存在的"去中心化"权威消解背景下的冷处理现象,可从树立权威和危机处理两方面入手。一方面,身为官媒须推动建立健全针对网络暴力的法律法规,推动对在网络平台散布极端言论,侮辱污蔑国家、先烈的个别网民进行依法惩戒,净化网络环境,为新媒体的权威与公信力提供制度保障;另一方面,后真相时代背景下,热点事件爆发时,情感往往战胜事实,传播者沉默冷处理难以安抚民众情绪。多数青年涉世不深、辨别能力低、盲目从众等特征明显,容易被网络平台中极端、激进的言论影响其价值判断,甚至迷失方向。面对公众质疑时,团属公众号应扮演好其"青年引领者"的角色,勇于直面质疑,敢于承担责任,虚心接纳来自公众的批评与建议,坦率与公众进行沟通,不缺席,不失声,不打官腔,充分维护好官媒的公信力,为思想引领工作奠定扎实的组织基础。

2. 深度利用平台,当好内容的"创作者"

针对政务新媒体"平台内容同质化"和"总体原创率低"的困境,可从平台和内容两方面着手提升。一方面,由于各新媒体平台拥有表现形式多样、用户群体规模大等天然优势,应结合受众特性,进一步充分利用平台的优势(如知乎的深度解读功能,B 站的鬼畜模式,抖音的高燃特征等)进行内容推广,避免简单搬运某个平台的图文、视频至其他平台。另一方面,相对于其他新媒体,团属公众号拥有其独特的受众群体和政治属性,打造类似"团团有话说""青课"等团属特色栏目,明确栏目定位,发挥其品牌吸引力,达到尽可能提高原创内容占比的目标,增强粉丝粘性。

3. 注重青年互动,做好"微社区"的"管理者"

随着各平台功能的日益完善,团属新媒体账号的互动专栏也愈发重要。以"共青团中央"和"青春上海"微信公众号为例,当前,"共青团中央"自定义专栏中的"青年之声"这级中会有推送消息出现,引导用户点击并在对话框中发送自己的问题,并附有"团团和几千名专家欢快地赶来为你回答"的提示。"青春上海"则开设了"微社区",通过会员注册等形式开展社群建设,为用户和用户之间搭建交流平台,彼此互动点赞,答疑解惑,增加了互动形式的多样性。此外,共青团组织也要积极吸纳和培养更多政治立场正确、道德品质优良、文化储备充实、媒体经验丰富的人才,使其在引导青年主流价值观的过程中发挥更大的作用。

第七节　如何讲授微团课

团课作为"三会两制一课"的重要"一课",在增强青年政治性、思想性、先进性方面发挥着重要作用。在微时代背景下,讲授微团课是团干部必须掌握的一项实务工作方法,也是一种重要的语言表达技巧。好的微团课,不仅能使青年了解党的创新理论、历史和政策,也能增强党团组织和干部的吸引力,使青年愿意团结凝聚在党周围,为实现中华民族的伟大复兴而不断奋斗。

一、微团课的主要特点

(一) 微团课的基本含义

微团课是指内容精练、形式多样、见微知著的小课程,以短小的视频为主要的传播载体而进行的教学活动,是共青团组织引领青年的一种创新形式。

(二) 微团课的主要特点

1. 微团课短小精悍

"微"是指微团课的时长和容量短小。通常,微团课的时间长度在 10~20 分钟。这样的时间长度和信息容量更加适应微时代青年工作任务重、学习压力大、生活节奏快等现实状况。而微团课做成短视频,更契合青年的认知特点和互联网的传播规律。通过微团课,团组织可以充分利用一些"碎片化"时间,见缝插针,灵活机动地引领、教育广大青年。不过,微团课时间虽短,内容却很精悍。一堂微团课往往通过讲清楚某个知识点、某件事或某个故事,引带出一些重要的思想,给予青年多方面的启示。

2. 微团课具有政治属性

开设微团课,旨在培养新时代青年理想信念、政治认同、道德品质、组织意识,①通过教育、引领,使广大青年听党话,跟党走,为实现中华民族伟大复兴的中国梦而奋斗。微团课中阐述的观点不是讲授者个人的思想和观点。从根本上说,它是党的意志、主张和要求的具体体现。因此,微团课本质上是一堂"政治课"。

3. 微团课追求润心无声之效

微团课通过多种教学形式,调动团员青年多感官参与,希望他们在潜移默化的过程中接受思想引领。微团课往往以讲故事、情境表演等艺术演绎的方式展开。但艺术表达只是一种手段,关键是要通过讲述故事、铺陈情境,凸显和传播党的意志、主张和要求,潜移默化地启迪青年,振奋青年精神。②

4. 微团课采用朋辈教育的形式

微团课的讲授者和听众大都是青年,是青年之间朋辈教育的重要形式。例如,2018 年 8 月,共青团中央在微信平台正式上线"青年大学习"网上主题团课的专栏,迅即引发全国各行各业青年纷纷关注参与。截至 2022 年 5 月 2 日,已累计推出 12 季 138 期微团课。近年来,青春上海推出了一系列上海青年讲师团的微团课,不断探索党的创新理论的"青年化"阐释。

二、如何进行微团课的主题选定和课程设计

(一) 微团课的主题选定

微团课本质上是"政治课",其强烈的政治性首先体现在主题上。因此,微团课要重点围绕学习贯彻习近平新时代中国特色社会主义思想开展宣讲,着力讲好以下四个方面的主题和内容。③

1. 党的创新理论

微团课要讲好马克思主义中国化最新成果特别是习近平新时代中国特色社会主义思想,帮助广大青年学会用马克思主义立场、方法和观点认识问题、分析问题,引导青年不断增强政治认同、思想认同、情感认同,始终同以习近平同志为核心的党中央保持高度一致。

---

① 共青团中央印发《新时代加强和改进共青团思想政治引领工作实施纲要》[EB/OL].(2020-4-20).http://youth.ouc.edu.cn/2022/0425/c21536a368578/page.htm.

② 刘宏森.微团课：理论与实践的新课题[J].中国青年研究,2021,10：40.

③ 共青团中央关于《在全团实施"青年讲师团"计划》的通知[EB/OL].(2019-2-27).https://www.gqt.org.cn/documents/zqf/201902/P020190228394428410478.pdf.

2. 党史国史团史

微团课要讲好中国共产党诞生以来团结带领全国各族人民为民族独立、国家富强、人民幸福不懈奋斗的辉煌历程、伟大贡献和宝贵经验;新中国成立以来特别是改革开放以来,党带领广大人民艰苦创业、百折不挠、砥砺奋进的光辉历史和取得的伟大成就;中国共青团在党的领导下团结带领广大青年不忘初心跟党走,充分发挥党的助手和后备军作用的时代足迹。

3. 国情形势政策

微团课要讲好改革开放特别是党的十八大以来党和国家事业取得的历史性成就、发生的历史性变革;新时代中国的政治、经济、文化、社会、外交、国防的发展现状和未来前景;百年未有之大变局背景下,国际政治经济格局的变迁、全球化的潮流趋势;党和国家大政方针,特别是《中长期青年发展规划(2016—2025 年)》等关于青年发展的政策。

4. 青年榜样典型

微团课要讲好各行业各领域青年典型在创新创业、创造创优、扶贫济困、爱国奉献、自强励志、公益慈善等方面的成长故事、奋斗故事、奉献故事;注重讲好在革命、建设、改革不同历史时期涌现的青年英雄模范故事,用榜样的力量激励广大青年培育和践行社会主义核心价值观,破除思想迷茫、树立远大理想、增强奋斗精神。

(二) 微团课的课程设计

微团课可采用多种教学形式和多媒体辅助手段开展。但课程设计最为关键的还是要把握以下几个基本要素和环节:[1]

1. 明确课程的目标要求

制定明确具体的目标要求是上好微团课的基础和必要前提。明确具体的目标要求,就要明确讲授者想通过课程传达什么样的价值和理念,希望青年受到什么样的影响和教育。这就要求讲授者必须清晰认识青年工作的要求和授课对象的实际状况,如党对共青团工作和青年的具体要求;团组织所在行业、单位的中心工作,及其对青年的具体要求;团组织所在行业、单位青年的具体需求、具体困惑等。

以上海青年讲师团的微团课《一场没有硝烟的战争——略谈意识形态斗争》为例,主讲者对本课程的目标和要求就很明确:面对特朗普发动中美贸易战、股市起伏、经济下行等现实问题,回应广大青年的现实关切和困惑,帮助他们揭示现

---

① 刘宏森.微团课:理论与实践的新课题[J].中国青年研究,2021(10):42-45.

象背后的本质,提醒他们在复杂形势面前,学会审问、慎思、明辨,承担起自己的义务与责任。无疑,这样的课程目标和要求非常具体、明确,具有较强的现实针对性,自然容易引起青年的特别关注。

2. 收集整合丰富的素材

微团课只有给予广大青年丰富的信息,才能更好地适应青年学习求知、拓宽视野、提升政治思想水平等方面的要求。因此,工作团队必须广泛收集真实可信的素材:既包括微团课选题所涉及的种种专门知识、事实和理论,还包括团队成员自身从实际生活和工作中得到的多种经验材料和实际感受。掌握真实客观而又丰富全面的素材,这是构思必不可少的坚实基础。

以微团课《陈望道》为例,他首译《共产党宣言》时废寝忘食的故事大家都耳熟能详,如果要向青年提供更多信息,就不妨思考一下:影响如此深远的大事件何以会与陈望道联系在一起,陈望道承担这么一项有很大风险的任务,其内在动力是什么,当代青年应该从中得到哪些启示等。因此,工作团队应当更多了解陈望道首译《共产党宣言》前后的故事,尤其是当时知识界的基本情况和陈望道作为首译者的特殊素质等方面的种种史实,从而为把握他成为首译者的理由和必然性打好基础。

3. 提炼思想理念

微团课团队要善于从选用的故事中提炼出思想理念,并通过故事传播思想理念。要从故事中提炼出新颖的思想理念,具体可以从两方面入手:

第一,通过提问和质疑把握思想线索。从事实、史实中提炼出思想理念,需要构思者从素材中有所发现,其方法就是善于质疑,擅提问题。比如,微团课《传承红色基因牢记使命担当——上海京剧院"讲好中国故事"微团课》在讲述上海京剧院重排《智取威虎山》的故事、杨子荣的故事、7代杨子荣演员的故事等方面花费了很多时间,但对这些故事缺乏提问和思考。比如,这些故事中的"红色基因"主要是指什么,"红"在哪里,青年如何传承这种"红色基因"等。如果多多提出类似问题并进行探讨,这堂微团课的思想容量将会更大。

第二,发散思维,多向联系。现实生活中的许多人、许多事之间看起来互不牵涉,但若将这些人、事放在一起考察,会很容易发现它们之间往往存在一些深层的内在联系。抓住这些深层的内在联系,可使我们对现实世界的认识得到深化。发散思维,就是善于从不同的人和事之间,把握住深层的、内在的联系,从而形成新的见解,给人以新的启发。

有一堂题为《寻味四史》的微团课,其主要内容是青年学习建党百年历史的体会。给人深刻印象的是,这堂微团课的团队善于动脑筋,在学习四史的过程中,发现食物和那些有历史意义的地方之间的紧密关系。这些食物不仅由内而外地散发出当地风土人情的气息,一定程度上更是浓缩了四史的精华。讲授者讲美食、讲历史,在美味与历史事件之间建立联系,独具匠心,体现出创造力。

4. 选好"切入口"

微团课时间短,讲授者想要快速"抓住"听众,选好"切入口"至关重要。"切入口"主要指视角。视角就是人们把握和分析问题的角度。选好"切入口"主要包括两种方式:

第一,把握"有意味的"现象。"有意味的"现象是指一些具体现象本身或许并无多少奇崛之处,细究后,人们却发现其背后牵连着许多复杂的人和事。表里之间存在着较大的距离,从而引发人们的好奇和疑问。比如,"无人的衣冠冢"中,张人亚明明活着,家人却为他建了衣冠冢,这是为什么? 衣冠冢里埋葬了什么东西? 由此疑问开头,容易引起听众的特别关注。张人亚及其家人为保存中国共产党第一部党章等党的早期文献,不畏牺牲的艰辛历程和精神品格,由此次第展开。

第二,从小问题切入,逐步逼近重大问题。微团课要传递的思想、理论往往较为宏大、抽象,其牵涉面都非常广,所涉及的关系极其复杂。人们如果想在短时间内讲清楚这些宏大、抽象的思想、理论,需要选择合适的"切入口"。其主要方法是:对大问题进行分解,再从中分解出一些小问题,并择其一展开,进行深入挖掘。而从大问题中分解出小问题的关键,是从选题所包含的"属概念"中选择一个"种概念",甚至某一个具体概念,进行集中、深入地挖掘和分析。

比如,《争做延安精神的践行者》这一微团课,标题包含着"延安精神"这样一个大概念。其外延很广,就意味着其含义非常丰富,包括的方面很多。要在一节微团课内讲清楚全部内涵,显然难免泛泛而谈、蜻蜓点水。在此情况下,以"延安精神"中的某一种具体精神,比如,自力更生、艰苦奋斗的创业精神为主要讲授内容,不求面面俱到,但求具体深入。

三、如何掌握微团课语言表达技巧

语言的表达技巧是指人们使用语言的方式。人们使用语言的方式主要有两种: 有声语言和无声语言。有声语言,即口语,是人类使用行为进行语言交流的最主要的方式。无声语言,主要包括口述声音、手势及表情等表达方式。

微团课要站在青年的视角,根据青年的特点,运用青年能够接受的语言和方式,对思想资源进行提炼、选择和加工,使之更容易被青年所接受,成为他们成长、发展所需的重要养料。微团课时间短,讲授者要吸引、感染、引领青年,必须在语言表达形式和语言表达特色等方面下功夫。

（一）生动有趣的表达形式

微团课是一种新型团课，不同于传统的宣讲、授课形式，它注重采用广大团员青年喜闻乐见的多种形式，包括故事讲述、小品表演、相声、朗诵等，进行多方面转化的探索和实践，努力实现春风化雨、润心无声的效果。

1. 讲述故事

讲故事是微团课传递思想理念的重要形式。微团课团队要充分挖掘利用丰富的红色资源，着力讲好故事，用故事阐释道理，用细节打动人心。近年来，在上海微团课大赛中，大多数微团课均以讲故事为主要形式。

比如，《党的"一号机密"守护人》《五四运动概论》《走进首部党章诞生地》等微团课讲述了革命战争时期，仁人志士尤其是我党领导下的革命者浴血奋战的故事。再比如，《抗疫手稿展》《改革开放的购物之变》《身边的楷模——四位宝钢人的故事》等微团课讲述的是以社会主义建设时期的模范人物和建设成就等为主要内容的故事。此外，还有一些微团课通过讲述当下社会生活中的一些故事，从中引出对时事政治的深入思考，如《一场没有硝烟的战争——略谈意识形态斗争》《共青团与青年外交——让中国青年的声音在世界回响》等。

2. 情境表演

一些团组织组成微团课情境表演团队。团队成员分别扮演不同的角色，以小品、相声、朗诵等多种形式，展示历史事实和情境，表达对英雄人物精神的理解和崇敬。比如，上海市一些共青团组织推出的《鲁迅与柔石》《永不消逝的电波》《无人的衣冠冢》等微团课。此外，还有一些团组织充分利用多媒体技术，与前辈英雄、模范人物跨时空对话、交流互动，等等。上好微团课不是一件容易的事情，进一步丰富微团课的形式，不断强化微团课的宣传教育效果，没有更多现成路可走，这需要人们不断探索。

（二）通俗易懂的语言特色

总体而言，微团课的语言应该具备目的性、专业性、逻辑性、针对性等普通课程具有的特性。此外，为了做到巧妙运用语言，微团课更要关注以下三种语言特色：

1. 朴实易懂性

一方面，青年最基本的内心需求在于信息需求，即能听懂，且不需要过于费力地去揣摩就能获得课程所包含的内容。因此，简明扼要的语言可以避免听众在聆听时将一部分注意力转移到分析语意、判断词义上，从而忽略了课程想要传递的价值观和精神内涵。另一方面，思想引领的内容有时会使人产生一种无形的距离感,而口语化、生活化的语言却能够很好地打破这种距离感,无形中搭建了听众与传递思想之间的桥梁和纽带。

2. 生动形象性

青年在满足了信息获取的基本需求后,会将重心转移到精神及心理需求上,希望通过聆听,最大程度地、感同身受地领略故事中的生动细节。形象化的语言容易激发人的内在情感,具有很强的鼓舞性和激励性,结合表达技巧的使用,能在很大程度上打动听众。因此,通过语言艺术的魅力能将外化的教育功能转变成影响听众精神世界的内在力量。

3. 声韵和谐性

青年在精神及心理需求满足后,内心需求会提到一个新的标准和高度,即审美需求,希望在接受教育和学习的过程中不仅能够获得精神品质的提升,也能获得更优质的聆听体验和美的享受。四声的配合交融,使讲授内容通过语言形式表达出来后达到高低错落、此起彼伏的效果,从而产生朗朗上口、韵律协调的听觉感受。这样,听众在聆听讲授的过程中不易产生疲倦感和困乏感,在一定程度上也会提高听众接受教育的积极性和学习兴趣。

通俗易懂的语言特色容易拉近彼此的距离,让青年自然而然地接受启发、引导,尤其是在生动活泼的形式和丰富情感的感召下,接受课程传递的思想理念和价值观。因此,微团课一定要把握青年心理规律和语言表达的规律,循序渐进地引领青年,潜移默化地传递思想理念。

7.7.1　青年大学习·微团课

7.7.2　青春上海·微团课"青春上海"微信公众号

7.7.3　《给90后讲讲马克思》

问题:

1. 工作计划有哪几种类型?

2. 工作计划撰写的一般结构是?

3. 制定工作计划前需要做哪些工作?

4. 在制定工作计划时,可以选用哪些数字化工具进行辅助?

5. 如何落实工作计划?

6. 理论学习主要包括哪些内容?

7. 什么是马克思主义立场观点方法?

8. 理论学习的主要方式有哪些?

9. 如何做好理论学习需求的调研?

10. 如何完善理论学习质量的评估?

11. 为什么说调查研究是我们党的优良传统和传家宝?

12. 调查研究的流程包括哪些?

13. 如何运用上海青少年研究数字化平台开展网络调查研究?

14. 如何进行数据分析?

15. 如何有效撰写调查研究报告?

16. 什么是会议?

17. 有哪些常开的会议?

18. 如何做好会议的各项工作?

19. 如何有效开展会议?

20. 如何提升会议召开质量?

21. 公益交友活动的意义是什么?

22. 开展公益交友活动有哪些方法?

23. 如何通过公益交友活动引领青年健康婚恋观?

24. 如何充分发挥网络阵地的优势开展公益交友活动?

25. 如何创新公益交友的活动形式?

26. 为什么要用好新媒体?

27. 当前受青年喜爱追捧的新媒体工作阵地有哪些? 受众特征如何?

28. 共青团在不同的平台建设新媒体阵地的初衷和宗旨是什么?

29. 当前共青团官方账号的运营策略有哪些?

30. 提升团组织官方账号影响力的具体路径有哪些?

31. 什么叫微团课? 它的主要特点有哪些?

32. 微团课可以选择哪些主题?

33. 微团课的课程设计需要把握哪些基本要素和环节?

34. 微团课可以采用哪些表达形式?

35. 微团课适合选用怎样的语言特色?

主要参考文献:

[1] 国务院办公厅关于印发国务院 2021 年度立法工作计划的通知[J].中华人民共和国国务院公报,
　　 2021(18):50 - 55.

[2] 中共中央 国务院印发《中长期青年发展规划(2016 - 2025 年)》[J].中华人民共和国国务院公

报,2017(12):6-20.

[3] 周伟亮.打通青年理论武装工作"最后一公里"扎实推进"青年讲师团"计划[J].中国共青团,2019(08):26-28.

[4] 叶贝琪.加拿大推进2021年暑期工作计划助力青年就业[J].甘肃教育,2021(13):128.

[5] 上海市杨浦区人民政府关于印发《杨浦区新型基础设施建设2020年工作进展和2021年工作计划》的通知[J].上海市杨浦区人民政府公报,2021(08):3-10.

[6] 共青团中央关于印发《中国共产主义青年团干部教育培训工作条例(试行)》的通知,2021年11月26日。

[7] 贺军科同志在中央团校2019年秋季学期开学典礼上的讲话[EB/OL].(2019-09-02).https://www.gqt.org.cn/documents/ccylspeech/201910/P020191008412613603258.pdf.

[8] 高颖,郭彦琨,冯运.基层党组织政治理论学习长效机制探析.党政论坛[J].2021(5):38-40.

[9] 王学东.高校教职工政治理论学习实效性研究.创新创业理论研究与实践[J].2019(13):181-182.

[10] 秦雯静.陈云调查研究思想及其当代价值研究[D].2020.

[11] 程美东.毛泽东调查研究思想的缘起[N].光明日报,2020-12-11(11).

[12] 杨明伟.毛泽东与调查研究[OL].2018-2-26.党建网,http://www.dangjian.com/djw2016sy/djw2016dsgs/201802/t20180226_4599118.shtml.

[13] 廉思.如何有效开展调查研究[M].北京:人民日报出版社,2019.

[14] 曹应旺.陈云与调查研究[OL].(2020-9-21).http://dangshi.people.com.cn/n1/2020/0921/c85037-31868571.html.

[15] 陈功.现代企业会议管理工作的有效方法[J].中外企业家,2017,(08):85-86.

[16] 范书珍.基于研修视角的视频会议利弊分析与价值实现[J].教学与管理,2021,(24):54-56.

[17] 中国共产主义青年团章程[M].北京:中国青年出版社,2018.

[18] 许昌秀.当代青年婚恋观现状与引导研究——以安徽省共青团引导青年婚恋观的实践为例.新生代[J].2020(6):60-65.

[19] 陕西省青少年发展研究中心."丝路青缘+":团省委如何成就"陕西最大的红娘"?.中国共青团[J].2020(2):32-34.

[20] 刘景,陈忱.爱的专递,请签收——河北共青团为青年"牵红线"倡导婚恋新风尚.中国共青团[J].2020(9):62-63.

[21] 共青团沧州市委.以团为媒 助力青年觅良缘 青上加亲 促进团青心相通——沧州市城市青年婚恋问题研究及对策建议.中国共青团[J].2018(1):66-68.

[22] 汪頔.新媒体的发展趋势及其对价值观的影响[D].复旦大学,2013.

[23] 李畅.两微一抖时代媒介研究[EB/OL].(2020-09-03)[2020-09-03].https://www.fx361.com/page/2020/0903/7001781.shtml.

[24] 潘彦辰.网络微博的受众研究[D].黑龙江大学,2012.

[25] 孔令淑.公益广告在青年网民中的传播策略研究——基于哔哩哔哩的分析[J].新媒体研究,
　　　2021,7(24):37-39.

[26] 常江.利用新媒体进行大学生爱国主义教育实现路径研究——以抖音为例[J].现代职业教育,
　　　2022(07):1-3.

[27] 蔡岚,丁凯利.政务新媒体矩阵建设实践与发展路径探析——基于"共青团中央"新媒体账号的研
　　　究[J].岭南学刊,2020(04):50-56+63.

[28] 朱瓅雅.公众参与视角下的政务微信服务优化研究[D].华东政法大学,2017.

[29] 王军,张富荣.关注表达技巧,注重语用实践.江苏教育报[J].2021(8):3.

[30] 肖泽.浅谈艺术语言表达技巧.戏剧之家[J].2020(14)220.

索引词: 新民主主义革命时期;社会主义革命和建设时期;社会主义现代化建设;改革开放;改革开放和社会主义现代化建设新时期;中国特色社会主义新时代;新时代;革命;建设;社会主义;大革命;国民革命;中国共产党;共青团;共产主义青年团;共青团改造;青年团重建;社会主义青年团;新民主主义青年团;土地革命;抗日战争;解放战争;五四运动;五卅运动;一二·九运动;五二〇运动;第二条战线;青年突击队;青年垦荒队;青年扫盲队;学雷锋;五讲四美三热爱;新长征突击手;希望工程;青年志愿者;青年文明号;保护母亲河;四个现代化;脱贫攻坚;科技攻关;疫情防控;抢险救灾;奥运竞技;民族复兴;中国梦;从严治团。

中国共产主义青年团是中国共产党缔造和领导的一个具有光荣历史和革命传统的先进青年的群团组织,是广大青年在实践中学习中国特色社会主义和共产主义的学校,是中国共产党的助手和后备军。1922年5月5日,在中国共产党直接关怀和领导下,中国共产主义青年团宣告成立。一百年来,在党的坚强领导下,共青团不忘初心、牢记使命,走在青年前列,组织引导一代又一代青年坚定信念、紧跟党走,为争取民族独立、人民解放和实现国家富强、人民幸福而贡献力量,谱写了中华民族伟大复兴进程中激昂的青春乐章。①

第一节　新民主主义革命时期的共青团

新民主主义革命时期,党面临的主要任务是反对帝国主义、封建主义、官僚资本主义,争取民族独立、人民解放,为实现中华民族伟大复兴创造根本社会条件。这一历史时期,共青团广泛传播马克思主义,用先进思想启迪青年觉醒、凝聚青春力量,团结带领广大团员青年踊跃投身反帝反封的工人运动、农民运动、学生运动,积极参加党领导的革命武装,在打倒军阀、抗日救亡、推翻国民党反动统治的伟大斗争中冲锋陷阵,展现出不怕牺牲、浴血斗争的精神风貌。刀光剑影,枪林弹雨,广大团员青年对党忠贞不渝,经受住了生与死的考验,为中国革命胜利贡献了

---

① 习近平.在庆祝中国共产主义青年团成立100周年大会上的讲话[J].中国共青团,2022(10).

青春、建立了重要功勋！①

一、青年团的诞生

中国共产主义青年团最早的名称叫中国社会主义青年团，它是在列宁领导的俄国十月革命的影响下，在伟大的五四运动的推动下，由中国共产党领导和创建的。

1919 年爆发的五四运动，促进了马克思主义在中国的传播，揭开了新民主主义革命的序幕，为社会主义青年团的创建准备了思想和干部条件。1920 年夏，中国共产党发起组在上海成立，陈独秀任书记。为了教育广大青年，更好地实行社会改造和宣传社会主义，陈独秀指派中国共产党发起组最年轻的成员俞秀松牵头，与李汉俊、叶天底、陈望道、施存统、袁振英、沈玄庐、金家凤一道，于 1920 年 8 月 22 日在上海法租界新渔阳里 6 号发起成立上海社会主义青年团，俞秀松任书记。这是中国历史上第一个社会主义青年团组织。20 多位从各地来上海到《新青年》编辑部寻求救国出路的青年参加了上海社会主义青年团，成为第一批团员。其中包括刘少奇、任弼时、罗亦农、萧劲光、李启汉等一大批进步青年。②

同年 10 月，毛泽东在湖南长沙准备建党的同时，也积极组织湖南的建团工作。1920 年底，湖南社会主义青年团正式成立。最先发展的成员有何叔衡、肖静、夏曦等。11 月，北京社会主义青年团第一次会议在北京大学召开，参加会议的有邓中夏、高君宇、张国焘等。与此同时，广州、武汉等地也先后建立了团组织。各地社会主义青年团的迅速建立和发展，迫切需要从思想上、组织上进一步加强和巩固青年团。

1921 年 7 月，中国共产党正式成立后，立即着手领导创建中国社会主义青年团。在党的直接领导和关怀下，在共产国际的支持和帮助下，在马克思诞辰 104 周年这一天——1922 年 5 月 5 日，中国社会主义青年团第一次全国代表大会在广州召开。出席大会的代表共 25 人，代表全国 15 个地方团组织。大会制定通过了团的纲领和章程，建立了全国统一的领导机构。在团的纲领中，确立中国社会主义青年团是"中国青年无产阶级的组织"，它的奋斗目标是为在中国建立"一切生产工具收归公有和禁止不劳而食的初级共产主义社会"。③

大会选出高尚德（高君宇）、施存统、张太雷、蔡和森、俞秀松 5 人组成的团中

① 习近平.在庆祝中国共产主义青年团成立 100 周年大会上的讲话[J].中国共青团,2022(10).
② 李玉琦.中国共青团史稿[M].北京：中国青年出版社,2010：32-35.
③ 团中央办公厅.中国青年运动历史资料(1)[Z].(内部出版)1957：129.

央执行委员会,施存统任书记。团的一大的顺利召开,使中国社会主义青年团实现了思想上和组织上的统一,真正成为中国青年运动的核心力量,同时也表明中国青年团组织创建工作的最后完成。由此,中国共产主义青年团宣告成立。

在国内建立团组织的同时,在法国勤工俭学的赵世炎、周恩来、李维汉等酝酿建立了"中国少年共产党"。不久,经党中央批准,旅欧中国少年共产党改名为"旅欧中国共产主义青年团(中国社会主义青年团旅欧支部)"成为全国青年团的重要组成部分。①

综上可见,共青团是中国共产党亲手缔造的,没有中国共产党,就没有中国共青团。党的关怀和领导使共青团实现了思想上、组织上的统一,成为具有明确纲领和奋斗目标的全国性的先进青年组织,成为中国青年运动的先锋队。

二、在大革命的洪流中搏击

共青团成立后,在中国共产党的领导下,团结带领广大青年积极投身反对帝国主义和北洋军阀的斗争。1923 年 6 月,中国共产党在广州召开第三次全国代表大会。这次大会根据马克思列宁主义的策略原则和中国革命的具体情况,制定了同国民党建立革命统一战线的方针,决定采取共产党员以个人身份加入国民党的形式实行国共合作。为了加强对青年运动的领导,大会通过了《青年运动议决案》,号召青年团根据党的第三次全国代表大会的精神积极参加国民革命。

1923 年 8 月 20 日至 25 日,中国社会主义青年团第二次全国代表大会在南京召开。出席大会的代表有邓中夏、恽代英、林育南、施存统等 30 余人。经过讨论,大会接受了党的三大确立的与国民党建立统一战线的方针,决定社会主义青年团团员以个人名义加入国民党。大会还通过了《关于本团与中国共产党之关系的决议案》,明确规定中国社会主义青年团在政治上要完全服从中国共产党的主张。②

同年 10 月,团中央机关刊物《中国青年》杂志在上海创刊,团中央宣传部长恽代英担任主编。《中国青年》在宣传马克思主义,教育广大青年提高共产主义觉悟,与国家主义派开展激烈思想斗争中发挥了重要作用。

1925 年 1 月 26 日至 30 日,为贯彻党的四大动员全国青年迎接新的革命高潮,中国社会主义青年团在上海召开第三次全国代表大会,出席大会的代表有任弼时等 18 人,代表全国 2 400 余名团员。团的三大决定把"中国社会主义青年团"改名为"中国共产主义青年团",提出无产阶级化、群众化、青年化的组织发展

---

① 中国现代史资料选编(1)[M].哈尔滨:黑龙江人民出版社,1981:426.
② 李玉琦.中国共青团史稿[M].北京:中国青年出版社,2010:55.

原则,把入团最高年龄由 28 岁降到 25 岁,规定 14 岁以上 25 岁以下的青年才能入团。大会宣言指出:"共产主义是帝国主义、军阀以及一切反革命派所最恐怖的名辞,我们正应当很勇敢的揭示我们共产主义者真面目,让他们在我们的面前发抖。"①

　　这次大会选举张太雷为总书记,任弼时为组织部主任,恽代英为宣传部主任,贺昌为工农部主任,张秋人为非基督教部主任兼上海地方团书记,由他们 5 人组成团中央局。同年 7 月,中央局成员调整为任弼时、恽代英、贺昌、林育南、刘昌群 5 人,任弼时任总书记兼组织部长。中国社会主义青年团第三次全国代表大会的召开及其改名,使团的组织完全以新的姿态和面貌迎接大革命高潮的到来。共青团三大闭幕不久,以五卅运动为发端的大革命高潮迅速形成,一场中国人民同帝国主义、封建军阀的大搏斗拉开了序幕。

　　1925 年 5 月 15 日,日本资本家枪杀青年工人、共产党员顾正红,这一流血事件成为五卅反帝运动的导火索。事件发生后,共青团立即行动,积极发动大中学校学生开展街头宣传、募捐活动,演讲顾正红被害真相,揭露帝国主义暴行。五卅惨案发生后,共青团在中共中央的直接领导下,通过全国学联,迅速在全国各地掀起规模宏大的反对帝国主义的斗争浪潮,为五卅运动的兴起和发展做出了重要贡献。据不完全统计,在五卅运动期间,全国约有 200 余名共青团员在斗争中献出了宝贵的生命。

　　五卅运动后,中国革命形势有了突飞猛进的发展。在中国共产党的领导下,北洋军阀统治的中心区域中国北方的工人运动、农民运动也日益高涨。为了向人民革命力量进攻,在英国、日本帝国主义的策划下,不同派系的军阀势力勾结起来,帝国主义军队也与之配合,在北方地区发动武装挑衅。为抗议帝国主义和封建军阀的暴行,在中共北方区委的领导下,社会各界和广大民众纷纷集会和请愿,北京的共青团组织带领团员青年给予积极配合,他们不畏强暴,英勇地参加斗争。在被鲁迅称为"民国以来最黑暗的一天"——1926 年 3 月 18 日发生的惨案中,刘和珍、杨德群等 33 位青年殉难,其中有 6 人是共青团员。②

　　在五卅运动和三一八斗争中,烈士们用鲜血唤醒了全国民众,用革命的武装击溃帝国主义、封建军阀的统治成为全国人民的共同呼声。1926 年 5 月,以共产党员、共青团员为骨干的叶挺独立团先行出征,7 月 9 日,国民革命军正式出师北伐,埋葬北洋军阀统治的大决战以摧枯拉朽之势全面展开。各地共青团组织带领

①　团中央办公厅.中国青年运动历史资料(2)[Z].1957(内部出版):32.
②　李玉琦.中国共青团史稿[M].北京:中国青年出版社,2010:75－76.

青年参加北伐军、支持北伐军,用无数光荣的战绩,在中国青年运动史上谱写了瑰丽的篇章。

三、在土地革命中英勇斗争

1927 年 4 月 12 日,蒋介石在上海发动反革命政变,大肆屠杀共产党人和革命青年,党团组织遭受重大损失。在革命局势非常紧急的情况下,1927 年 4 月 27 日至 5 月 9 日,中共"五大"在武汉举行,提出了无产阶级在革命中的领导权问题。5 月 10 日至 16 日,共青团在武汉召开第四次全国代表大会。到会正式代表 39 人,代表全国 37638 名团员。[①] 会议指出,在新的斗争形势下,共青团的任务是领导工农青年群众参加夺取革命领导权的斗争。今后青年学生运动的主要方针应是"到群众中去"——到农村去,到军队去。大会选举任弼时、李求实、杨善南为中央局常务委员,任弼时任总书记。

共青团"四大"以后,共青团中央在团中央书记任弼时的领导下,同中共中央坚持正确路线的同志一起,坚决反对陈独秀的右倾机会主义,并遵照党的"八七"会议精神,动员广大团员青年参加党领导的南昌起义、秋收起义和广州起义等武装起义,回击国民党反动派的猖狂进攻,为创建农村革命根据地和工农红军而斗争。

1928 年 7 月 12 日至 16 日,共青团根据革命形势的变化和党的六大精神,在莫斯科召开了共青团第五次全国代表大会。这次会议是在少年共产国际与中国共产党直接领导下举行的。出席大会的代表 46 人,代表全国 7.5 万名团员。[②] 大会选举产生了共青团第五届中央委员会委员,关向应任团中央书记。大会根据党的六大确定青年团的基本任务,即争取、团结更广大的劳动青年在党的周围,切实把工作青年化,进一步发动他们积极参加工农革命斗争,协助党准备群众武装起义,建立工农民主政权。

随着井冈山革命根据地和其他红色根据地的不断发展,共青团组织在根据地内逐渐壮大起来。1930 年 10 月,根据地的团员发展到 10 万人。1931 年 1 月,团苏区中央局正式建立。1932 年 1 月 15 日至 20 日,苏区团第一次代表大会在江西瑞金召开,形成了比较健全的根据地共青团工作机构,顾作霖担任团苏区中央局书记。1931 年 7 月,团苏区中央局创办了机关报《青年实话》。为了培养共青团干部,还建立了列宁团校。这一切都为根据地共青团工作的顺利开展,提供了可

---

① 李玉琦.中国共青团史稿[M].北京:中国青年出版社,2010:105.
② 郑洸等.中国共青团简史[M].北京:中国青年出版社,1992:50 - 51.

靠的保证。

1933 年 5 月,由共青团组织动员,在中央苏区开展了创立"少共国际师"的扩军运动。同年 8 月 5 日,由 1 万多名青年组成的"少共国际师"正式成立,部队中党团员占 70% 以上,战士平均年龄 18 岁左右。"少共国际师"在反围剿斗争中取得了出色成绩。[①]

共青团在保卫和建设革命根据地,建立和发展工农红军方面做出了杰出的贡献。在 1934 年开始的二万五千里长征中,共青团员冲锋在前,跟着党中央为创建陕北革命根据地英勇战斗。

四、抗日战争时期的共青团改造

1931 年"九一八"事变后,日本帝国主义者侵占我国东北,中日民族矛盾日趋激化。侵占东北后,日本加紧了对我国华北的侵略。1935 年 6 月中旬,在日本胁迫下,国民党"中央军"撤出平津和河北,整个华北危在旦夕。北平学生悲愤地喊出:"华北之大,已经安放不得一张平静的书桌了!"[②]

1935 年 12 月 9 日,在中共地下组织的领导下,北平学生举行声势浩大的抗日游行,遭到国民党军警镇压,"一二·九"学生爱国运动由此爆发并迅速波及全国。许多大中城市的学生和工人纷纷投身抗日救亡运动。上海和其他地方的爱国人士和团体成立各界救国会,要求停止内战,出兵抗日。"一二·九"运动极大地促进了中华民族的觉醒,标志着中国人民抗日救亡民主运动新高潮的到来。

"一二·九"运动发生不久,12 月 20 日,根据中共中央的指示精神,共青团中央发布《为抗日救国告全国各校学生和各界同胞宣言》,号召青年"把反日救国运动扩大起来!到工人中去,到农民中去,到军队中去!",在全国吹响抗日救国的号角。

1936 年 1 月,平津学联组建了"平津学生南下扩大宣传团",2 月 1 日正式成立青年抗日救亡组织——中华民族解放先锋队(简称民先队),这是在中国共产党领导下的以抗日民主为奋斗目标的先进青年的群众组织,它一经成立,就成为抗日救亡运动的骨干力量,后来发展成为拥有 2 万余人的全国性的组织。民先队的建立为中国共产党领导抗日战争时期的青年运动以及充分发挥党领导下的青年群众组织的作用提供了成功的范例。[③]

---

① 郑洸等.中国共青团简史[M].北京:中国青年出版社,1992:55-56.
② 中国共产党简史[M].北京:人民出版社、中共党史出版社,2021:67-68.
③ 李玉琦.中国共青团史稿[M].北京:中国青年出版社,2010:150-151.

随着日寇的步步紧逼,"停止内战、一致抗日"的呼声日益高涨,在统一战线工作深入开展的形势下,把共青团由无产阶级先进青年组织改造成为抗日青年的群众组织的要求提上了日程。在党的领导下,共青团首先在西北根据地开展建立青年救国会的工作。

1936年11月1日,中共中央政治局召开会议,专门研究共青团改造工作,会议作出了《关于青年工作的决定》。决定发布后,共青团中央立即在根据地开始了自上而下的改造工作,并通过不同的方式和渠道,把这个决定传达到国民党统治区。1937年4月12日至17日,西北青年第一次救国代表大会在延安举行,正式成立了冯文彬任主任的西北青年救国联合会,这是全国各地青年救国团体的临时最高领导机关。自此,中国的青年运动进入到一个新的发展阶段。

全面抗战开始后,中国共产党领导下的各个抗日根据地普遍建立了青年救国会组织。这些组织在党的领导下,带领广大青年在参军参战、宣传抗日救亡、开展生产运动和减租减息等方面做出了巨大贡献。

五、解放战争时期的青年团重建

抗日战争胜利后,南京国民党政府在美帝国主义的支持下发动了反人民的内战,中国共产党领导中国人民开始了人民解放战争。1946年11月5日,党中央根据革命形势发展的需要,为了满足广大青年积极分子政治上的进步要求,发布了《中共中央关于建立民主青年团的提议》。各解放区接到文件后,先后开始了试建青年团的工作。当月,我国农村第一个"新民主主义青年团"支部——延安冯庄团支部按照党中央的指示精神建立起来,紧接着工厂、学校的试点团支部也建立起来。经过两年努力,试建青年团的工作遍及各解放区。

1949年元旦,党中央发布《关于建立中国新民主主义青年团的决议》,明确规定团的性质、任务、建团方针与步骤,号召在全国普遍建立青年团。同年2月18日,成立了由中共中央书记处书记任弼时为主任的中国新民主主义青年团筹备委员会,开始了筹备新民主主义青年团第一次全国代表大会的工作。

1949年4月11日至18日,中国新民主主义青年团第一次全国代表大会在北平举行。出席大会的代表有364人,代表全国19万名团员。毛泽东同志为大会题词,指示青年团要"同各界青年一起,领导他们,加强学习,发展生产"。[①] 大会通过了团的章程、纲领,选举产生了团中央领导机构。任弼时当选为中国新民主主义青年团名誉主席,冯文彬当选为团中央书记,廖承志、蒋南翔当选为副书记。

---

① 李玉琦.中国共青团史稿[M].北京:中国青年出版社,2010:203.

大会的召开,标志着中国新民主主义青年团正式成立,中国青年运动迈入新的历史阶段。

第二节　社会主义革命和建设时期的共青团

社会主义革命和建设时期,党面临的主要任务是,实现从新民主主义到社会主义的转变,进行社会主义革命,推进社会主义建设,为实现中华民族伟大复兴奠定根本政治前提和制度基础。这一历史时期,共青团积极参与中华民族有史以来最为广泛而深刻的社会变革,组建青年突击队、青年垦荒队、青年扫盲队,开展学雷锋活动,团结带领广大团员青年激发"敢教日月换新天"的豪情,喊出"把青春献给祖国"的响亮口号,向科学进军,向困难进军,向荒原进军,展现出敢于拼搏、辛勤劳动的精神风貌。艰难困苦,千难万险,广大团员青年主动作为、勇挑重担,哪里最困难、哪里就有团的旗帜,哪里有需要、哪里就有团员青年的身影,为祖国建设贡献了青春、建立了重要功勋![1]

一、从新民主主义向社会主义过渡

这一时期,青年团协助党胜利地完成了从新民主主义向社会主义过渡阶段的各项任务,围绕党的中心工作,开展适合青年特点的独立活动,赢得了党和政府以及社会各界的普遍赞誉,成为新中国青年运动的坚强领导核心。

为了保卫和巩固新生的红色政权,在青年团的组织动员下,广大团员青年纷纷响应党中央"抗美援朝 保家卫国"的号召,踊跃参加中国人民志愿军。在朝鲜战场上,青年团员发扬国际主义、爱国主义和革命英雄主义精神,他们中涌现出黄继光、邱少云、罗盛教等一大批英雄人物,被誉为"最可爱的人"。在国内,青年团团结带领团员青年积极参加党领导的一系列社会改革运动以及恢复国民经济、支援前线的工作,并协助党广泛深入地在青年中开展爱国主义等教育,成为党的得力助手,成为巩固人民民主专政的一支英勇的突击队。

随着国民经济的恢复和发展,我国进入有计划的建设时期,团组织在社会主义建设中得到锻炼,进一步发展壮大。为了适应新的工作任务要求,1953 年 6 月 23 日至 7 月 2 日,新民主主义青年团在北京召开第二次全国代表大会。参加大会的代表 795 人,代表全团 8 万个基层组织的 900 万名团员。大会根据党在过渡时期的总路线,提出团在新时期的基本任务是:团结全国各族青年为建设祖国而忘

---

[1] 习近平.在庆祝中国共产主义青年团成立 100 周年大会上的讲话[J].中国共青团,2022(10).

我劳动,发奋地学习,并在建设中协助党以共产主义精神教育团员和青年,为逐步实现国家工业化和逐步过渡到社会主义社会而奋斗。大会讨论并通过了胡耀邦所作的题为《团结全国青年在建设伟大祖国的行列中奋勇前进》的工作报告。报告要求团员和青年成为热爱祖国、忠于人民、有知识、守纪律、勤劳勇敢、朝气蓬勃、不怕困难的年青一代。

6月30日,毛泽东主席接见大会主席团,发表《青年团的工作要照顾青年的特点》的重要讲话,指出:"党和团的领导机关,都要学会领导团的工作,善于围绕党的中心任务,照顾青年特点,组织和教育广大青年成长。"他提出新中国的青年工作要为青年设想,关心青年一代的成长,并提出以"三好"(身体好、学习好、工作好)作为青年团工作的方向。根据新的形势和任务要求,大会修改了《团章》,选举了新一届中央委员会。在青年团二届一中全会上,胡耀邦等9人当选为团中央书记处书记。

这次大会后,各级团组织严格贯彻中共中央指示的"按照青年特点,开展独立活动"的工作方针,带领团员青年认真学习、宣传和贯彻党的过渡时期总路线,开展共产主义思想教育,动员团员青年参加对农业、手工业和资本主义工商业的社会主义改造工作。青年团工作进入一个十分活跃的时期。

1953年,我国开始执行国民经济建设的第一个五年计划。青年团急国家之所急,响亮地提出:"把青春献给祖国""一切为了社会主义""到最艰苦最需要的地方去"等口号,在此鼓舞下,大批团员青年奔赴全国各地,支援国家重点建设。仅1953、1954两年,上海就有7万多名青年奔赴祖国各地,支援国家重点建设。[1]1954年1月,北京展览馆工地上建立起全国第一支青年突击队。此后,在团中央"重点试建,逐步推广"方针的指引下,全国城市和农村建立和发展起各种青年突击队。各地还先后建立和发展了各种形式的青年节约队、青年监督岗、青年生产队等青年生产组织,在经济建设中发挥了巨大作用。

1955年5月,党中央农村工作部提出垦荒的意见。7月,团中央提出青年在这方面应起积极的突击队作用。在团中央的组织号召下,1955年8月30日,全国第一支青年志愿垦荒队——北京市青年志愿垦荒队开赴黑龙江萝北县的大荒原进行垦荒。一年间,青年团组织动员了16个省市近20万青年,远赴边疆、海岛和内地荒芜地区开展垦荒,改变了这些地区贫瘠荒凉的面貌。其中,上海和浙江温州青年志愿垦荒队分别赴江西鄱阳湖、浙江大陈岛垦荒,为共青城和大陈岛建设作出了突出贡献。

---

[1]　郑洸等.中国共青团简史[M].北京:中国青年出版社,1992:115;119-120.

1956 年 3 月,为响应党中央"植树造林、绿化祖国"的号召,团中央在延安召开陕西等沿黄河五省、自治区青年造林大会。会后,全国青年开展了一场规模巨大的绿化祖国活动,当年有 1.2 亿青少年参加了植树造林,涌现出一大批先进集体和个人。①

为了更好地动员全国青年参加第一个五年建设计划,青年团二届二中全会决定召开全国青年社会主义建设积极分子大会。1955 年 9 月,全国青年社会主义建设积极分子代表大会在北京隆重举行,出席大会的代表 1 527 人,其中团员 1 401 人。毛泽东等 20 多位党和国家领导出席了大会,并同全体代表合影。邓小平代表党中央向大会祝贺。团中央赠予大会代表"青年社会主义建设积极分子"的奖章,赠予 163 个先进单位"朝气蓬勃,永远前进"的锦旗。这次大会的召开,极大地鼓舞了广大团员青年参加社会主义建设的自觉性和积极性,全国各行各业迅速地掀起争做社会主义建设积极分子的热潮。

二、投身社会主义全面建设

1956 年,社会主义改造基本完成,我国开始进入全面的大规模的社会主义建设阶段。作为党的助手,共青团跟随党探索社会主义建设道路,团结带领全国各族青年共同为建设社会主义社会而奋斗。

1956 年 9 月,中国共产党第八次全国代表大会在北京召开。为了加强党对青年团的领导,党的八大通过的新党章加上了"党同共产主义青年团的关系"一章,明确规定了党如何加强对青年团的领导和青年团如何服从党的领导的内容,充分体现了党对青年的关怀、对青年团工作的重视。

在党的八大路线指引下,1957 年 5 月 15 日至 25 日,中国新民主主义青年团第三次全国代表大会在北京召开。出席大会的正式代表 1 493 人,代表全国 92 万个基层组织的 2 300 万名团员。毛泽东出席大会开幕式,邓小平代表中共中央向大会致祝词。他指出,祖国进入新的历史时期,中国青年肩负着更为繁重的任务。"这个任务就是在党的领导下,用共产主义的精神教育青年一代,团结全体青年积极参加建设社会主义的劳动,以便尽快地把我国建设成为一个伟大的社会主义工业国,为将来实现共产主义准备条件。"②大会讨论通过了胡耀邦所作的题为《团结全国青年建设社会主义的新中国》的工作报告和《关于将中国新民主主义青年团改名为中国共产主义青年团的决议》。《决议》指出:"为了继承和发扬我国青

---

① 李玉琦.中国共青团史稿[M].北京:中国青年出版社,2010:235.
② 邓小平.邓小平文选(第一卷)[M].北京:人民出版社,1989:276.

年运动的光荣传统,应该将改名以后团的全国代表大会和过去的中国社会主义青年团、中国共产主义青年团以及中国新民主主义青年团历次代表大会相衔接,按照次序加以排列,把下一次团的代表大会定名为中国共产主义青年团第九次全国代表大会。"①大会还修改了《团章》,选举胡耀邦为团中央第一书记。大会闭幕时,毛泽东主席接见全体代表并作重要指示:"希望你们团结起来,作为全国青年的领导核心"。②

1958年,随着全国学习马克思列宁主义、毛泽东思想热潮的兴起,团的三届三中全会作出《关于组织广大青年学习马克思列宁主义,学习毛泽东著作的决议》,在全国青年中广泛开展学习马列主义理论、学习毛泽东著作的运动,成千上万的团员青年,通过各种形式,开展学"毛著"(毛泽东著作)活动。青年学理论活动取得了积极效果,产生了广泛社会影响。

1963年初,由共青团组织发起,在毛泽东等党中央领导人的号召下,全国青少年掀起了学雷锋的热潮。从城市到乡村,各行各业的青年谈雷锋、学雷锋、比雷锋,"向雷锋那样生活和战斗"成为广大青少年的热切愿望。在雷锋精神的教育和感召下,涌现出大批雷锋式的青少年模范人物。学雷锋活动开创了一代新风,培育了一代新人,成为共青团历史上最有影响的活动之一,对于加强青少年思想品德教育、促进青少年健康成长,具有重大的实践意义和深远的历史影响。

1964年6月11日至29日,共青团第九次全国代表大会在北京召开。出席大会的正式代表2 396人,列席代表927人。这是历届代表大会人数最多,也是共青团成立以来最盛大的一次代表大会。党和国家领导人毛泽东、刘少奇、周恩来、朱德、邓小平等出席开幕式。大会根据毛泽东的指示,提出促进我国青年革命化,培养无产阶级革命事业接班人的任务。大会上,胡耀邦作题为《为我国青年革命化而斗争》的工作报告。报告指出:"摆在我国各族人民面前的伟大任务就是把我国建设成具有现代化农业、现代化工业、现代化国防和现代化科学技术的社会主义强国。"报告提出,团干部应具有"朝气蓬勃,实事求是"的作风。大会选举胡耀邦为团中央书记处第一书记。

1966年5月"文化大革命"开始,共青团组织遭受空前浩劫,被迫停止活动,直至1976年10月"文化大革命"结束后才恢复活动。

1978年10月16日,中国共产主义青年团第十次全国代表大会在北京召开。

---

① 郑洸等.中国共青团简史[M].北京:中国青年出版社,1992:137-138.
② 革命领袖论共青团工作[M].北京:中国青年出版社,1994:77.

出席大会的代表共 2 000 人,代表全国 4 800 万名团员。大会上,韩英作题为《为伟大的新长征贡献青春》的工作报告,胡启立作《关于修改团的章程的报告》。根据党在新时期的任务,大会提出了青年的光荣使命和把共青团建设成团结青年的更加坚强的核心等任务,并选举韩英为团中央书记处第一书记。这次大会结束了共青团长达 12 年之久“一无章、二无纲、三无团中央”的局面,对共青团事业具有继往开来的意义。

第三节　改革开放和社会主义现代化建设新时期的共青团

改革开放和社会主义现代化建设新时期,党面临的主要任务是,继续探索中国建设社会主义的正确道路,解放和发展社会生产力,使人民摆脱贫困、尽快富裕起来,为实现中华民族伟大复兴提供充满新的活力的体制保证和快速发展的物质条件。这一历史时期,共青团适应党和国家工作中心战略转移,解放思想,锐意进取,广泛开展争当新长征突击手、“五讲四美三热爱”、希望工程、青年志愿者、青年文明号、保护母亲河等一大批青春气息浓烈的创造性活动,团结带领广大团员青年发出“团结起来、振兴中华”的时代强音,在现代化建设各条战线上勇立潮头,展现出敢闯敢干、引领风尚的精神风貌。革故鼎新,建设四化,广大团员青年勇作改革闯将,开风气之先,为改革开放和社会主义现代化建设贡献了青春、建立了重要功勋![1]

一、在新长征路上奋进

1978 年 12 月,党的十一届三中全会在北京召开,全会从根本上冲破了长期以来“左”倾错误的严重束缚,果断地把党和国家的工作重点转移到社会主义现代化建设上来。共青团在党的领导下,积极开展拨乱反正工作。

1981 年 8 月,团的十届三中全会在北京召开,明确提出“一个中心,两个口号,四项基本工作”。“一个中心”就是坚持“以四化为中心活跃团的工作”;“两个口号”就是“争当新长征突击手”和“做建设社会主义精神文明的先锋”;“四项基本工作”就是始终把加强和改善思想政治工作放在领先地位,把带领青年为四化贡献青春作为中心任务,把关心青年为四化贡献青春作为中心任务,把关心青年的切身利益作为重要职责,把提高团员质量、增强团的战斗力作为组织保证。

---

[1]　习近平.在庆祝中国共产主义青年团成立 100 周年大会上的讲话[J].中国共青团,2022(10).

这一时期,共青团紧密围绕改革开放和经济建设开展青年工作,各级团组织带领团员青年以"振兴中华"为己任,满腔热忱地战斗在各条战线上,成为建设社会主义物质文明的突击队。1979 年 3 月 1 日,共青团中央发出《关于在全国青年中开展"争当新长征突击手"活动的决定》,指出新长征突击手应是各条战线上为实现四个现代化做出优异成绩的又红又专的青年先进人物。同年 9 月,团中央在北京召开全国新长征突击手命名表彰大会,命名表彰了 150 个新长征突击手(队)标兵和 1 万名新长征突击手(队)。此后,"争当新长征突击手"的活动在全国广泛开展。

同时,团中央根据党中央提出的建设社会主义精神文明的要求,在全国青少年中积极开展"学雷锋、树新风""五讲四美三热爱"等活动,在青少年心中点燃精神文明之火。通过这一系列健康向上的活动和灵活扎实的思想教育,广大青少年振奋了投身祖国建设事业的精神,增强了为人民服务、为社会服务的意识。在争做新长征突击手和"五讲四美三热爱"活动中,全国涌现出了 100 多万个新长征突击手,建立了 50 多万个学雷锋小组和青年服务队。①

1982 年 9 月,党的十二大在北京召开,提出了"全面开创社会主义现代化建设的新局面"的口号,为全国人民和广大青年指出了一条建设有中国特色的社会主义道路。党的十二大通过的党章,恢复了"党和共产主义青年团的关系"这一章,并且比过去规定得更加明确和完备。

《党章》规定:"中国共产主义青年团是中国共产党领导的先进青年的群众组织,是广大青年在实践中学习共产主义的学校,是党的助手和后备军。共青团中央委员会受党中央委员会领导。共青团的地方各级组织受同级党的委员会领导,同时受共青团上级组织领导。""党的各级委员会要加强对共青团的领导,注意团的干部的选拔和培训。党要坚决支持共青团根据广大青年的特点和需要,生动活泼地、富于创造性地进行工作,充分发挥团的突击队作用和联系广大青年的桥梁作用。"②

1982 年 12 月 20 日至 30 日,共青团第十一次全国代表大会在北京召开。出席大会的代表 1 964 人,代表全国 4 800 万团员。大会期间,胡耀邦、邓小平、陈云、邓颖超等党和国家领导人出席开幕式,胡启立代表党中央向大会致《殷切的期望》的祝词,王兆国作题为《团结全国各族青年,向社会主义现代化的光辉前程进军》的工作报告。大会审议和通过了新的团章,恢复了"后备军"的提法,强调共

---

① 郑洸等.中国共青团简史[M].北京:中国青年出版社,1992:177;181.

② 十二大以来重要文献选编[M].北京:人民出版社,1986:89-90.

青团是广大青年在实践中学习共产主义的学校,并将团员年龄上限由 25 岁改为 28 岁。大会选举产生了新一届团中央委员会,王兆国当选为团中央书记处第一书记。

大会进一步明确了以四化为中心,全面活跃团的工作的指导思想,实现了共青团工作根本性的拨乱反正。大会根据党的十二大提出的全面开创社会主义现代化建设新局面的精神,号召全国青年为四化而英勇劳动,根据四化需要而勤奋学习,适应四化要求而开创新风,并在实践中把自己培养成为有理想、有道德、有文化、有纪律的一代新人。

伴随着时代前进的步伐,共育团通过"一山两湖"(指华山抢险、迎泽湖抢险、沉绿湖抢险)英雄群体、优秀团员张海迪等生动典型的事迹鼓舞士气、振奋精神,引导青年献身改革和建设事业。各级团组织带领广大团员青年参加读书演讲、立志达标、学史建碑、普法教育等活动,争做"四有"新人,为社会主义精神文明建设贡献青春力量。

为适应改革要求,共青团还进一步加强思想建设和组织建设。1983 年 12 月,团中央做出《关于学习整党文件 提高团的战斗力的决定》,在全团开展学习教育活动,使全团普遍受到了一次马克思主义教育,促进了团的自身建设和改革。1984 年 10 月,团中央在福建省龙海县召开共青团基层工作会议,明确提出"投身经济改革,实现自身改革"的工作要求。会后,团中央推进改革工作,在一些地区试点"团员证"制度、试行基层团干部招聘制等,在基层组织建设改革方面进行了有益的探索和实践。

1987 年 10 月,中国共产党举行第十三次全国代表大会,提出社会主义初级阶段理论和党在这个阶段的基本路线,为青年工作指明了方向,为共青团十二大的召开提供了思想理论基础。

1988 年 5 月 4 日至 8 日,共青团在北京召开第十二次全国代表大会。出席大会的代表共 2 027 名,代表全国 260 万个基层组织的 5 600 万名团员。会上,胡启立代表中共中央致题为《希望在青年》的祝词,宋德福作题为《在建设有中国特色社会主义的伟大事业中继往开来艰苦奋斗》的工作报告。大会确立了改革开放时期团的工作的指导思想,即"贯彻党的基本路线,改革和活跃团的工作,代表和维护青年利益,努力培养'四有'新人,为建设有中国特色的社会主义英勇奋斗"。①大会修改了团章,并通过《关于实行团员证制度的决议》,确定《光荣啊,中国共青团》为中国共青团代团歌,选举宋德福为团中央书记处第一书记。

---

① 李玉琦.中国共青团史稿[M].北京:中国青年出版社,2010:318.

团十二大后,共青团带领广大团员青年服务改革和经济建设大局,积极为发展生产力做贡献,为维护安定团结发挥作用。1989年10月,团中央、中国青少年发展基金会发起旨在改善贫困地区基础教育设施、救助贫困地区失学少年重返校园的社会公益事业——希望工程,产生了广泛而积极的社会影响。希望工程通过援建希望小学、资助贫困学生唤起了全社会的重教意识,促进了基础教育的发展,同时弘扬了扶贫济困、助人为乐的优良传统,推动了社会主义精神文明建设。

为了优化共青团事业的外部环境,共青团还积极进行团的体制改革的探索。1988年8月,团中央印发《关于共青团体制改革的基本设想》,明确了10个方面的改革。1989年12月,党中央发出《关于加强和改善党对工会、共青团、妇联工作领导的通知》,为加强和改善共青团工作指明了方向。同月,团中央做出《关于加强团员队伍建设、提高团员素质的决定》。

1990年2月,团中央在广西南宁召开共青团组织会议,提出"团要管团,团结青年"的工作要求。1991年9月,共青团全国基层工作会议在吉林省榆树市召开,会上印发了《中国共产主义青年团基层建设纲要(试行)》,对改革开放以来团的基层建设的基本经验进行了总结。

二、昂首迈向新世纪

1992年10月,中国共产党第十四全国代表大会在北京召开。大会确立邓小平建设有中国特色社会主义理论的指导地位,提出建立社会主义市场经济体制的宏伟目标,为共青团工作指明了前进方向。

1993年5月3日至10日,中国共青团第十三次全国代表大会在北京召开。与会代表1 420人,代表全国270万个基层团组织的5 680万名团员。江泽民等党和国家领导人出席大会。胡锦涛代表党中央以《肩负起历史的重任》为题向大会致祝词。大会审议和批准了李克强代表共青团十二届中央委员会所作的题为《高举建设有中国特色社会主义的伟大旗帜,团结带领各族青年为加快改革开放和现代化建设而奋斗》的工作报告,审议通过了《中国共产主义青年团章程(修正案)》。大会选举产生新的团中央领导机构,李克强当选为团中央书记处第一书记。

大会提出了共青团必须长期遵循的8条重要原则:"坚持党对共青团的统一领导;坚持贯彻党的基本路线;坚持带领青年为解放和发展生产力做贡献;坚持对青年进行生动有效的思想教育;坚持引导青年在学习和实践中成长;坚持正确代表和维护青年的具体利益;坚持适应青年特点独立自主地开展活动;坚持在改革

中不断加强团的建设。"①

1993年12月,团的十三届二中全会在北京举行。全会审议通过了《在建立社会主义市场经济体制进程中我国青年工作战略发展规划》。规划要求:全团进一步深入学习邓小平建设有中国特色的社会主义理论,把实施跨世纪青年文明工程和跨世纪青年人才工程作为工作重点,努力为建设社会主义市场经济体制创造良好的社会环境,提供有力的智力支持,并与调整运行机制、强化基础建设一起,构成"品"字形工作战略,整体推进青少年事业,使共青团更好地在经济建设中起推动作用,在青年思想教育中起引导作用,在服务青年中起促进作用,在社会稳定中起积极作用。

团的十三大和团的十三届二中全会后,各级团组织大力推进"跨世纪青年文明工程"和"跨世纪青年人才工程",在团结带领广大青年实现跨世纪奋斗目标中稳步推进团的建设,促进青年和青年工作发展。

青年志愿者行动是"跨世纪青年文明工程"首先推出的实施项目。1993年12月,团中央和全国铁道团委组织2万余名铁路系统青年志愿者,在北京全深圳铁路沿线上率先开展志愿服务活动,拉开了"中国青年志愿者行动"的帷幕。1994年2月,团中央发出《关于在全国开展创建"青年文明号"活动的意见》。4月,"青年文明号"正式启动。共青团兴办的跨世纪青年文明工程还包括"青年文化园""保护明天行动"等活动,这些活动一方面服务社会,另一方面促进了青少年的健康成长。

"跨世纪青年文明工程"方兴未艾之时,"跨世纪青年人才工程"也在策划启动。1994年2月,团中央、国家经贸委和劳动部联合发出《关于在全国企业青工中开展青年岗位能手活动的通知》,奏响了实施"跨世纪青年人才工程"的序曲。同年12月,团中央在北京召开"跨世纪青年人才群英会",标志着"跨世纪青年人才工程"全面启动。

此后,围绕"青年岗位能手""培养青年星火带头人""18岁成人仪式教育活动""大学生跨世纪素质发展计划""举荐优秀青年人才和杰出青年"等活动,"跨世纪青年人才工程"迅速在全国各行各业全面推开。1995年,团中央发布《跨世纪青年人才工程实施纲要》,表明这一工程开始进入系统、科学和规范的发展轨道。

在实施"跨世纪青年人才工程"中,共青团建立起一套评选、表彰、推荐优秀青年人才的制度,每年都向社会推出一批优秀青年人才。1995年1月,团中央下

---

① 李玉琦.中国共青团史稿[M].北京:中国青年出版社,2010:347.

发《关于深入开展推荐优秀团员作党的发展对象工作的通知》。1997年1月,团中央、全国学联下发《关于颁发"中国青年五四奖章"的决定》。这些卓有成效的工作有力地促进了跨世纪青年人才的迅速成长。

1997年9月12日至18日,中国共产党第十五次全国代表大会在北京隆重召开。大会提出,高举邓小平理论的伟大旗帜,把建设有中国特色社会主义事业全面推向21世纪。共青团召开第十四次全国代表大会全面贯彻和落实党的十五大精神。

1998年6月19日至25日,中国共青团在北京举行第十四次全国代表大会。1 469名代表出席,代表全国6 850万名共青团员。会上,胡锦涛代表党中央致题为《迈向新世纪,创造新业绩》的祝词。周强代表共青团第十三届中央委员会作题为《在邓小平理论指引下团结带领各族青年为实现党的跨世纪宏伟目标而奋斗》的报告。

报告指出,在跨世纪的新征途中,共青团的主要任务是:"深入贯彻落实党的十五大精神,高举邓小平理论的伟大旗帜,坚持党的基本路线,紧紧围绕经济建设这个中心,自觉服从服务于改革、发展、稳定的大局,继续深化跨世纪青年文明工程、跨世纪青年人才工程和服务万村行动,努力开拓新的工作领域,团结带领广大青年坚定信念、发愤学习、锐意创造、自觉奉献,在建设有中国特色社会主义事业中充分发挥生力军作用,为实现跨世纪宏伟目标而奋斗,努力把青年培养成为有理想、有道德、有文化、有纪律的社会主义新人。"大会选举产生第十四届中央委员会,周强当选为团中央书记处第一书记。

1998年召开的共青团十四届二中全会,审议并通过《共青团工作跨世纪发展纲要》。根据党的十五大精神和团十四大确定的主要任务,《纲要》提出了共青团工作跨世纪发展的总体目标和基本任务,强调指出,共青团在实现跨世纪发展中,必须根据世纪之交经济、社会、科技发展的要求和青少年成长成才的需要,着力构建包括青少年组织体系、服务体系、参与体系、信息网络体系在内的青少年工作体系。围绕上述目标和任务,共青团开展了一系列工作。

一是加强青少年思想教育。各级团组织以团干部、大学生和各条战线青年骨干为重点,组织团员青年认真学习邓小平理论和"三个代表"重要思想,开展形式多样的实践教育活动。

1998年11月,团中央和全国学联在上海召开全国高校学生深入邓小平理论座谈会。2000年5月,中宣部、教育部、共青团中央在北京召开全国青年学习邓小平理论经验交流会。这些会议交流推广先进经验和典型,有力推动了全国青年学习邓小平理论活动。此外,团中央下发《关于深入学习江泽民同志"三个代表"重要思想的通知》等文件,对全团认真学习宣传贯彻"三个代表"重要思想进行了部署,努力使邓小平理论和"三个代表"重要思想在团员青年中入脑、入心。期间,团中央充分发挥团属新闻舆论阵地的作用,积极开辟网上青少年思想教育新阵地,以扩大对团员青年开展思想政治教育的影响和效果。

二是推动经济发展,促进社会进步。根据《共青团工作跨世纪发展纲要》所提出的"服务改革发展稳定大局、服务社会全面进步、服务青年成长成才"的工作思路。各级团组织团结带领广大青年积极投身经济社会建设,在推动经济发展、促进社会进步中成长成才,为改革开放和社会主义现代化建设贡献青春力量。

推动经济发展方面,各级团组织围绕农业和农村经济发展,广泛开展青年农民科技培训,积极实施示范推广科技项目,带动大批农村青年增收致富;围绕国有企业改革和发展,大力开展青年创新创效活动和青年岗位能手活动,促进企业经济效益的提高;围绕科教兴国战略,通过大学生"挑战杯"科技竞赛、海外学人回国创业等,深入实施中国青年科技创新行动;围绕可持续发展战略,通过保护母亲河行动等,动员组织青少年参与生态保护和建设;围绕西部大开发战略,开展博士服务团、青年企业家西部行、少数民族团干部培训等活动,为西部地区提供信息、技术、人才等多方面服务。

促进社会进步方面,各级团组织动员广大青少年参与群众性精神文明创建活动,引领社会风气、弘扬社会新风。团十四大到十五大期间,共组织青年5 000多万人次参与扶贫开发、社区服务、大型活动、抢险救灾等方面的志愿服务,丰富了雷锋精神的时代内涵。各级青年文明号集体以爱岗敬业、诚实守信、服务群众的实际行动促进了青年职业道德建设。文化科技卫生"三下乡"活动,为农村两个文明建设作出了积极贡献。青年文明社区创建活动在活跃社区文化、方便群众生活、优化社区环境等方面发挥了积极作用。在全国人民抗击非典的斗争中,共青团动员组织广大团员青年充分发挥生力军作用,与全国人民一道,弘扬伟大民族精神,筑起抗击非典的新长城。①

三是服务青年,帮助青年成才。着眼于青少年成长发展的多样化需求,各级团组织为青少年提供切实有效的服务。针对青少年学习成才的强烈愿望,推出了青少年新世纪读书计划、大学生素质拓展计划、千宫百万培训、新世纪我能行体验教育等活动,帮助青少年全面提高素质;针对青年就业创业的迫切需求,大力实施帮助青年创业计划、进城务工青年发展计划,帮助青年提高就业和创业能力;针对青年日益增长的精神文化需求,广泛开展青年文化广场、青年文化节等活动,组织

---

① 李玉琦.中国共青团史稿[M].北京:中国青年出版社,2010:397.

实施团的"五个一工程",活跃青年文化生活。同时,各级团组织还配合有关部门实施《未成年人保护法》和《预防未成年人犯罪法》,开展普法教育,深化优秀青少年维权岗创建活动和青少年自护教育活动,切实维护青少年合法权益。

为适应互联网快速发展的新形势,全团大力加强信息化建设,积极开辟网上青少年教育服务阵地,共青团信息化建设取得新突破。"中青网"被列入国家重点扶持的 8 家新闻宣传网站。"血铸中华""民族魂"和毛泽东、邓小平等 50 多个专题纪念网站建立,形成了青少年爱国主义教育网站群。中国共青团网站被评为政府上网工程网站建设示范单位,以中国共青团网站为龙头、包括 300 多个团属网站的工作网络,在各级团组织和广大青少年之间架起了交流沟通的新型桥梁。此外,团中央启动实施共青团县县上网工程,为实现县县上网、全团互联奠定了基础。颁布《全国青少年网络文明公约》,引导青少年文明上网。①

四是坚持党建带团建,推进组织建设。共青团贯彻落实全国基层党建带团建工作会议精神,使团的建设纳入党的建设总体规划之中。通过扎实开展创建五四红旗团委活动,共青团大力加强基层团组织建设和团干部队伍建设,团的建设迈出新步伐。

具体而言,在巩固国有企业和学校等领域团组织建设的基础上,努力推进非公有制经济组织、社区、民办高校等新领域的团组织建设。按照强乡带村的思路,大力加强农村基层团组织建设。积极推进团建创新,探索出联合建团、依托建团、社区建团、公寓建团等灵活多样的团组织设置方式以及流动团员管理的新模式。按照党中央的部署,扎实开展"三讲"教育和农村"三个代表"重要思想学习教育活动,促进了团干部队伍建设,团员教育和管理工作得到加强。此外,共青团切实加强推优入党工作,共推荐 299.5 万名优秀团员加入党组织。②

三、为全面建设小康社会努力奋斗

2002 年 11 月,中国共产党第十六次全国代表大会在北京召开。大会通过《全面建设小康社会,开创中国特色社会主义事业新局面》的报告,提出全面建设小康社会的奋斗目标。

为了深入贯彻落实党的十六大精神,2003 年 7 月 22 日至 26 日,共青团在北京举行第十五次全国代表大会。1 500 名团员代表出席大会,代表全国 6 980 万名团员。吴官正代表党中央发表题为《在全面建设小康社会的伟大实践中谱写新的

---

① 李玉琦.中国共青团史稿[M].北京:中国青年出版社,2010:403.

② 李玉琦.中国共青团史稿[M].北京:中国青年出版社,2010:405.

青春乐章》的祝词。团中央书记处第一书记周强作题为《在"三个代表"重要思想指引下,团结带领广大青年为全面建设小康社会而努力奋斗》的工作报告。

大会提出"共青团要坚持把竭诚服务青年作为全部工作的出发点和落脚点,以培育四有新人为根本目标,以帮助青年解决实际问题为着力点"的工作思路,强调以改革的精神进一步加强和改进团的建设,"逐步建立健全与社会主义市场经济相适应的组织体系和运行机制,不断提高团组织自我完善和发展的能力,增强团组织的吸引力和凝聚力。"

大会修改通过了团章,修改后的团章将原有的中国共青团"是广大青年在实践中学习共产主义的学校"改为"是广大青年在实践中学习中国特色社会主义和共产主义的学校"。并正式规定《光荣啊,中国共青团》为中国共产主义青年团团歌。共青团十五届一中全会选举周强为团中央第一书记。

2003年12月,共青团十五届二中全会在北京召开。全会审议通过《全面建设小康社会进程中共青团工作战略发展规划》,规划确定未来五年共青团工作发展的总体目标,从青年思想教育、青年参与、青年发展、青年事务、青年组织等五个方面提出具体保障措施。

一是加强青少年思想道德建设。各级团组织引导团员青年认真学习邓小平理论、"三个代表"重要思想和科学发展观,用马克思主义中国化的最新成果构筑青年一代的精神支柱。开展增强团员意识教育活动,开展以理想教育为核心,以社会主义荣辱观教育为主线,以学习、创造、奉献为主题的"我与祖国共奋进"的主题教育实践活动。团中央启动"青年马克思主义者培养工程",成立"中国大学生骨干培养学校",实施团干部"百千万"教育培训工程,构建全国、省(区、市)、高校三级培训网络,不断创新理论建设的形式和载体。

二是发挥青年在经济发展中的生力军作用。各级团组织实施青春建功新农村行动,以"新农村、新青年、新风采"为主题,以培养新型青年农民、发展农村青年文化、促进公共事业发展、创新青年组织形式为着力点,引导团员青年在社会主义新农村建设中建功立业;深入开展青年科技创新行动、青年创新创效活动、青工技能振兴计划,积极举办青年精英论坛和海外学人回国创业周等,为建设创新型国家作出新的贡献;大力推进保护母亲河行动,以"保护母亲河,齐心促和谐"为主题,积极弘扬生态环保文化,建设生态环保示范工程,实施长江流域、辽河流域、"三江源""绿色奥运"等青少年生态环保实践活动,建设青少年绿色家园和各种纪念林,推动构建资源节约型、环境友好型社会。

三是在促进社会和谐中展现青春风采。各级团组织深入推进青年志愿者行动,相继推出大学生志愿服务西部计划、青年志愿者扶贫接力计划、青年志愿者社区发展计划、青年志愿者国际合作发展计划,青年志愿者在抢险救灾、扶贫开发、社区建设、生态环保、大型赛会等领域发挥重要作用,共青团率先倡导志愿精神在全社会大力弘扬,志愿服务在社会主义和谐社会构建中的作用进一步显现,成为共青团组织参与社会管理和公共服务的有效途径。深入开展青年文明号专项行动,引导广大青年立足本职岗位,为促进社会和谐贡献力量。

四是努力服务青少年成长发展。各级团组织从青年最关心、最直接、最现实的问题入手,扎实开展服务工作。全面推进青年创业行动、青年就业促进计划、成功创业计划、青年创业国际计划、大学生就业见习行动、大学生素质拓展计划和"工岗快递"行动、青年成长社区计划、推出一批青年创业小额贷款项目,新建了一批青年创业见习基地和青年创业孵化基地,从培训、融资和经营方面为青年就业创业提供支持。通过开展大学生济困助学、"真情助困进万家"等活动,为贫困学生、进城务工青年、下岗失业青年、农村贫困青年、残疾青少年、农村留守少年儿童和流浪未成年人等青少年群体提供了及时有效的服务。深化创建优秀"青少年维权岗"活动,大力加强12355青少年网络服务台的建设,初步实现服务青少年与青少年接受服务的有效对接。积极推进进城务工青年维权服务站(点)的建设,开展青春自护、帮助未成年人戒除网瘾、青少年绿色网络行动、百万家庭健康上网大行动、青春红丝带、社区青少年远离毒品等活动。

五是紧跟党建发展步伐,加强团的自身建设。以落实"五带一优化"要求为重点,团的建设纳入党的建设总体规划,各地团组织建立健全联席会议制度、工作考核制度和团建工作情况通报制度。在党建的带领和推动下,基层团组织突破以单位为依托、与党政建制相对应的传统组织模式,实行联合建团、依托建团、挂靠建团、社区建团、网上建团等多种建团新形式。积极探索和实施电子团员证制度,广泛运用互联网等现代科技手段联系和管理团员。广泛开展县(市)团委、基层团委和团支部三级联创活动,提高基层团建整体水平。

2007年10月,中国共产党第十七次全国代表大会在北京召开。大会通过了《高举中国特色社会主义伟大旗帜,为夺取全面建设小康社会新胜利而奋斗》的报告,为共青团事业发展指明了前进方向。共青团召开第十六次全国代表大会贯彻落实党的十七大精神。

2008年6月10日,中国共产主义青年团第十六次全国代表大会在北京召开。与会代表1 500多名,代表全国7 500多万名团员青年。李长春代表党中央发表题为《在发展中国特色社会主义的伟大征程上创造新的青春业绩》的祝词。陆昊代表共青团第十五届中央委员会作题为《高举中国特色社会主义伟大旗帜团结带领广大青年为夺取全面建设小康社会胜利而奋斗》的报告。大会要求全团坚持先进性与群众性的统一,充分发挥党的助手和后备军作用、国家政权的重要社会支柱作用、党和政府联系青年群众的桥梁和纽带作用,切实做好组织青年、引导青年、服务青年和维护青年合法权益的工作,团结带领广大青年为全面建设小康社会新胜利而奋斗。大会通过了团章修正案,把深入贯彻落实科学发展观写入团章,选举产生新一届团中央委员会,陆昊当选为团十六届中央委员会书记处第一书记。

团的十六大之后,共青团在党的领导下,紧紧围绕党和国家工作大局,切实履行组织青年、引导青年、服务青年、维护青少年合法权益的职能,推动团的各项工作和建设实现新的发展。

在青年思想引导方面。全面深化青年思想引导工作,积极运用新媒体和文化手段,创新工作载体,贴近青年思想实际,深入开展"我与祖国共奋进""学党史、知党情、跟党走"、青年马克思主义者培养工程、"红领巾心向党"等主题宣传教育活动,引导广大青少年进一步坚定跟党走中国特色社会主义道路的理想信念。在深入调研的基础上准确把握不同青年群体的思想状况,推动基层团组织广泛开展分类引导工作。与此同时,深入开展学雷锋等多种形式的道德实践活动,组织引导青少年践行基本道德规范。

在组织青年参与建设方面。坚持组织化动员与社会化动员相结合,充分发挥团的工作品牌的引领作用和各类青年骨干的带动作用,促进广大青年踊跃投身各项建设事业。加强组织化动员,深化青年文明号、青年岗位能手、"振兴杯"技能竞赛等工作,大力培养和选树农村青年致富带头人,深入开展"挑战杯"学术科技竞赛、青少年科技创新奖评选等活动。拓展社会化动员,开展博士服务团等项目,深化保护母亲河行动,深入实施青年志愿者行动。

在服务青年、维护青年权益方面。注重整合资源、形成合力,扎实推进服务维权工作。截至团的十七大前,为促进青年就业创业,推动金融机构向167万名青年发放创业小额贷款,组织100多万名青年到就业创业见习基地上岗见习,对超过1000万人次的青年进行就业技能培训,并成立青年创业就业基金会。大力实施共青团关爱农民工子女志愿服务行动,动员436万名青年志愿者结对帮扶农民工子女,建设各类服务阵地近3万个。通过畅通渠道、完善机制,推动青少年合法权益工作创新发展。在县以上普遍开展"共青团与人大代表、政协委员面对面"活动,针对重点青少年群体开展预防违法犯罪试点工作,切实加强未成年人权益保护,大力营造全社会关心、维护青少年合法权益的氛围。

在团组织自身建设方面。大力推进乡镇街道团组织格局创新和乡镇实体化"大团委"建设,共青团面向基层的"桥头堡"朝着乡镇一级迈出坚实步伐。团的基层组织建设和基层工作实现突破。截至团的十七大前,在非公企业和新社会组织中新建 43 万个团组织和 5 000 多个省市县三级驻外团工委,联系和覆盖了大量游离在团组织之外的团员青年。以班级团支部为重点加强高校团组织建设,制定实施加强中学和中职共青团工作的指导意见,促进学校共青团活力进一步增强。切实加强团干部队伍建设,在团干部中深入开展学习实践科学发展观、创先争优和"三讲"教育活动,分批分层培训各级团干部 219.4 万人次。①

第四节　中国特色社会主义新时代的共青团

党的十八大以来,中国特色社会主义进入新时代。党面临的主要任务是,实现第一个百年奋斗目标,开启其实现第二个百年目标新征程,朝着实现中华民族伟大复兴的宏伟目标继续前进。这一历史时期,共青团积极投身伟大斗争、伟大工程、伟大事业、伟大梦想波澜壮阔的实践,坚持守正创新、踔厉奋发,全面深化自身改革,团结带领广大团员青年在脱贫攻坚战场摸爬滚打,在科技攻关岗位奋力攀登,在抢险救灾前线冲锋陷阵,在疫情防控一线披甲出征,在奥运竞技赛场奋勇争先,在保卫祖国哨位威武守护,在党和人民最需要的时刻冲得出来、顶得上去,展现出自信自强、刚健有为的精神风貌。"清澈的爱,只为中国",成为当代中国青年发自内心的最强音。伟大梦想,伟大使命,广大团员青年自觉担当重任,深入基层一线,让青春在实现中华民族伟大复兴的中国梦中绽放异彩,为党和国家事业取得历史性成就、发生历史性变革贡献了青春、建立了重要功勋!②

一、建功新时代

2012 年 11 月 8 日至 14 日,中国共产党第十八次全国代表大会在北京举行。大会通过了胡锦涛代表第十七届中央委员会所作的题为《坚定不移沿着中国特色社会主义道路前进,为全面建成小康社会而奋斗》的报告和《中国共产党章程(修正案)》。大会确立了科学发展观的历史地位,选举产生了新一届中央委员会,习近平当选为中央委员会总书记。党的十八大后,在以习近平同志为核心的党中央坚强领导下,党和国家事业取得历史性成就、发生历史性变革,中国特色社会主义进入新时代。

为贯彻落实党的十八大精神,2013 年 6 月 17 日至 20 日,中国共产主义青年团第十七次全国代表大会在北京召开。1 500 多名来自全国各地的团十七大代

---

① 高举团旗跟党走 奋力实现中国梦——共青团十七大报告摘要[N].中国青年报,2013 - 06 - 18.
② 习近平.在庆祝中国共产主义青年团成立 100 周年大会上的讲话[J].中国共青团,2022(10).

表,代表全国 8 900 多万共青团员出席大会。习近平等党和国家领导人到会祝贺,刘云山代表党中央发表了题为《在实现中国梦的伟大实践中谱写壮丽的青春篇章》的祝词。祝词希望广大青年按照习近平总书记的要求,志存高远、脚踏实地,坚定理想信念,练就过硬本领,勇于创新创造,矢志艰苦奋斗,锤炼高尚品格,努力成长为现代化建设的栋梁之材,始终走在时代发展前列,不断增强中国特色社会主义道路自信、理论自信、制度自信,在实现中国梦的伟大实践中勇做奋进者、开拓者、奉献者。秦宜智代表共青团第十六届中央委员会作了题为《高举团旗跟党走 奋力实现中国梦》的报告。大会通过了秦宜智所作的报告和《中国共产主义青年团章程(修正案)》,选举产生共青团十七届中央委员会,秦宜智当选为团中央书记处第一书记。

团十七大之后,共青团团结带领广大青年紧跟着党,勇做走在时代前列的奋进者、开拓者、奉献者,努力开创青年工作新局面。

(一) 全面推进团的改革,展现新的时代面貌

在新时代全面深化改革的进程中,共青团贯彻中央党的群团工作会议精神,落实《共青团中央改革方案》,紧紧围绕保持和增强政治性、先进性、群众性的目标,下大气力解决机关化、行政化、贵族化、娱乐化问题,以上率下,全面推进共青团改革。

改革领导机构,团中央、省级团委"减上补下",机关分别精简行政编制 30%、15%,县级团委平均增加 2 至 3 名实际工作力量。大幅提高基层一线团干部、团员在各级代表大会、委员会、常委会中的比例;改革干部制度,适应群团工作特点,建设专职、挂职、兼职相结合的机关干部队伍;改革工作方式,推动团的领导机关干部直接联系服务青年的制度建设,不断增强团干部到基层去、到网上去、到青年中去开展工作的自觉性;改革团员发展和教育管理,突出政治标准,规范发展程序,控制团青比例,提升团员先进性。改革使团的基础得到加强,基层团组织的组织力、引领力、服务力不断增强,有效覆盖和组织活力持续提升。[①]

(二) 引领新时代青年,高扬思想政治主旋律

新时代的共青团着力加强青年思想政治引领,先后开展"我的中国梦"主题教育、培育和践行社会主义核心价值观等活动,积极打造青少年网上精神家园。2013 年 4 月,团中央在团员青年中广泛开展"我的中国梦"主题教育实践活动,当年开展 1 万余场遍布全国城乡的宣讲交流、覆盖 350 多万个基层团组织的主题团日等活动,有超过 2.4 亿人次青年参与,"实现中国梦、青春勇担当"成为鼓舞当代

---

① 紧跟伟大的党　铸造青春荣光[N].中国青年报,2022 - 05 - 05.

青年奋发前行的最强音。①

2014年3月,团中央发布《关于在广大青少年中深入开展社会主义核心价值观宣传教育和实践活动的通知》。同年10月,团中央启动实施了"全国向上向善好青年"推选活动,通过"选树身边好青年""青年典型青年选"等动员青年积极发现身边典型,每年推选100名爱岗敬业、创新创业、崇义友善、诚实守信、孝老爱亲五个类别的"全国向上向善好青年",以此推动社会主义核心价值观在广大青少年中的培育和践行。②

2015年10月,团中央下发《关于在全体共青团员中开展争当"中国好网民"活动的通知》,主动设置议题,推出"我为核心价值观代言"等大批阅读量过亿的网络话题活动,引导上千万青年网络文明志愿者针对网上错误言论和现象,开展旗帜鲜明的斗争,在网上积极弘扬正能量、展示新风尚,共同营造清朗网络空间。③

(三) 新时代创造新业绩,彰显青年生力军作用

在脱贫攻坚战中,各级团组织扎实做好2 446个贫困村的定点扶贫工作,选派2 740名专职团干部奋战在一线,开展"三个10万+"行动,有效助力教育扶贫、就业扶贫、创业扶贫。从2013到2018年,希望工程累计筹集资金近50亿元,资助建设希望小学1 700所,资助家庭经济困难学生110万名。共青团对口援藏援疆工作筹措资金15亿元,完成首批1 021个援助项目。全国大中专学生暑期"三下乡"社会实践每年组织不少于700万名青年学子,累计组建1万余支全国重点实践团队,深入基层贫困地区开展实地调研、农业技术培训、政策宣讲等实践项目。博士服务团共选派1 594名具有博士学位的优秀人才,到西部地区、革命老区和边疆民族地区扶贫支教、服务锻炼。团中央和团的省、市共三级机关选派多批机关干部组建扶贫工作队,进驻402个贫困县的853个贫困乡村开展扶贫工作。

为促进青年投身全面小康社会建设,共青团积极引导青年参加"大众创业、万众创新"的双创活动。至2019年,团中央举办的六届"创青春"中国青年创新创业大赛吸引45万支青年创业团队、逾200万名创业青年参赛,通过青年创新创业板为青年创业融资数十亿元,建设"青年创业示范园区"近三千家,形成了青创群、青创课、青创赛、青创板、青创园、青创云的工作体系,为青年创业提供全链条服务。在"脱贫攻坚青春建功行动"中,共青团以电商扶贫为切入点,成立中国电

---

① 胡献忠.中国青年运动一百年(1919—2019)[M].南京:中国青年出版社、江苏人民出版社,2022:615.
② 胡献忠.中国青年运动一百年(1919—2019)[M].南京:中国青年出版社、江苏人民出版社,2022:617-618.
③ 紧跟伟大的党 铸造青春荣光[N].中国青年报,2022-05-05.

商联盟,举办青年电商扶贫周和众筹活动,与阿里巴巴、京东集团、苏宁云商等合作,建设青年电商创业孵化中心,将技能培训、站点创建、网上众筹、小额贷款等服务,送到贫困地区创业青年身边。[①]

进入新时代后,共青团还进一步推动青年志愿服务等活动,鼓励广大青年在融入社会、服务社会中发现自我、获得成长。

(四) 服务青年新需求,形成青年发展新格局

2015 年,根据党中央决定,团中央牵头起草青年发展规划。2017 年 4 月,《中长期青年发展规划(2016—2025 年)》由中共中央、国务院印发。在团中央的推动协调下,51 个部委齐抓共管青年事务,地方各层级的配套规划和联席会议机制不断完善,青年发展大格局日渐形成。共青团以规划实施为契机,转变工作理念和工作方式,积极履行协调督促职责,推动形成专项青年政策,优化青年发展环境,协调推动相关部门把青年发展政策一项一项落到实处。

譬如,2017 年 9 月,团中央联合民政部、国家卫生计生委共同制定并下发《关于进一步做好青年婚恋工作的指导意见》,指出恋爱成绩是青年的人生大事,做好青年婚恋工作,不仅直接影响青年的健康发展,也关系到社会的和谐稳定。各级团组织围绕青年婚恋积极开展工作,提供公益性的婚恋交友服务,帮助青年收获幸福生活。再如,团中央推动修改完善《中华人民共和国未成年人保护法》《中华人民共和国预防未成年人犯罪法》,协调各级人大代表、政协委员提出促进青少年成长发展的建议、提案、议案数万件,"青少年维权在线"汇集近 7 000 名法律、心理专家为青少年提供服务。

各级共青团组织不仅努力服务青年的普遍需求,还针对各类不同青年群体特点,打造精准化的服务。面向大学毕业生,开展"牵手毕业季 见习助就业"活动和"千校万岗"大学生就业帮扶行动,通过就业讲堂、职业规划辅导、就业见习等方式,为青年实现更高质量和更充分的就业搭建桥梁;面向青年职工,深入开展"振兴杯"技能竞赛,选树一大批青年身边的"青年岗位能手",激励青年爱岗敬业,培养青年的工匠精神;面对农村青年,实施农村青年创业致富"领头雁"培养计划,激励带动更多农村青年实现就业创业;面向新兴领域青年,实施新兴青年团体"筑梦计划",聚焦签约作家、自由撰稿人、独立制片人、独立演员歌手、自由美术工作者和新社会组织从业人员等青年,为他们量身打造发展需求服务项目,为他们搭建追梦圆梦的平台。[②]

---

① 胡献忠.中国青年运动一百年(1919—2019)[M].南京:中国青年出版社、江苏人民出版社,2022:623-624.

② 胡献忠.中国青年运动一百年(1919—2019)[M].南京:中国青年出版社、江苏人民出版社,2022:659.

（五）增强组织活力，不断提升团建科学化水平

在从严治团方面，各级团组织全面加强党的建设，强化党的领导，加强党内监督，落实党建工作责任制。严肃党内政治生活，严格遵守党的政治纪律和政治规矩，切实增强"四个意识"。认真落实中央八项规定和实施细则精神，扎实开展党的群众路线教育实践活动、"三严三实"专题教育、"两学一做"学习教育，推动各级团干部加强党性修养和作风锤炼。深入开展"学习总书记讲话·做合格共青团员"教育实践活动，严肃团内组织生活，落实"三会两制一课"要求，规范基础团务。

在加强团的基层组织建设方面，团中央制定基层团组织工作条例，着力提升学校、国有企业等领域团组织活力，扩大非公有制经济组织团建覆盖，推进区域化团建，初步构建起纵横交织的基层组织网络。至 2013 年底，全团已建立 60.55 万家"两新"团组织，对 2 950 万名 35 岁以下青年实现组织覆盖。在团中央指导下，全国城乡社区广泛建立"青年之家"。截至 2017 年 9 月，全国共建成具有一定规模的各类"青年之家"4.3 万家，其中 1 万多个"青年之家"已入驻云平台，依托云平台开展活动 3.7 万场，参与团员青年超过 65 万人次。① 此外，各级团组织通过培训骨干力量、建设孵化平台、实施示范项目等措施，重点培育和联系社区服务类、公益慈善类、生态环保类青年社会组织，打造共青团主导的青年社会组织体系，扩大对新兴青年群体的有效覆盖，并通过推动基层充实编制、购买社工服务、招募志愿者等方式，加强基层工作力量。

二、奋进新征程

2017 年 10 月 18 日至 24 日，中国共产党第十九次全国代表大会在北京召开。大会通过了习近平代表第十八届中央委员会所作的题为《决胜全面建成小康社会夺取新时代中国特色社会主义伟大胜利》的报告和《中国共产党章程（修正案）》，明确了中国特色社会主义进入新时代是我国发展新的历史方位，确立了习近平新时代中国特色社会主义思想是全党全国人民为实现中华民族伟大复兴而奋斗的行动指南。大会选举产生新一届中央委员会，习近平当选为中央委员会总书记。

为了深入贯彻落实党的十八大精神，2018 年 6 月 26 日至 29 日，中国共产主义青年团在北京举行第十八次全国代表大会。1 500 多名代表肩负全国 8 100 多万共青团员重托出席大会。王沪宁代表党中央发表题为《乘新时代东风 放飞青春梦想》的致词。致词指出，习近平总书记关于青年工作的重要思想，为做好新时

① 青年之家：建设团员青年身边的团组织[J].中国共青团,2017(9).

代的青年工作指明了前进方向。实现党的十九大提出的决胜全面建成小康社会、开启全面建设社会主义现代化国家新征程的宏伟蓝图,当代青年重任在肩。希望广大青年牢记习近平总书记的谆谆教诲,始终坚定理想信念,着力锤炼高尚品格,不断增长能力才干,永远保持奋斗精神,勇于投身创新创造,勇当实现中华民族伟大复兴的生力军,奏响新时代的青春之歌。贺军科代表共青团第十七届中央委员会作题为《高举习近平新时代中国特色社会主义思想伟大旗帜 奋力谱写决胜全面建成小康社会 全面建设社会主义现代化国家的壮丽青春篇章》的工作报告。

大会强调,要用习近平新时代中国特色社会主义思想统领共青团工作,把习近平总书记关于青年工作的重要思想落实到团的全部工作和建设之中。全团要深入贯彻落实中央关于群团改革的决策部署和重要要求,围绕保持和增强政治性、先进性、群众性,增强与改革窗口期赛跑、与青年社会组织发展壮大速度赛跑、与青年主动选择组织分化程度赛跑的责任感和紧迫感,坚定不移推进共青团改革再出发。大会通过了关于共青团十七届中央委员会报告和关于《中国共产主义青年团章程(修止案)》的决议。共青团十八届一中全会选举产生新一届团中央领导机构,贺军科当选为书记处第一书记。

团的十八后,共青团在党的坚强领导下,以习近平新时代中国特色主义思想为指导,贯彻落实习近平总书记关于青年工作的重要思想,积极担负起中国特色社会主义事业培养建设者和接班人的根本任务,努力为党培养堪当民族复兴大任的时代新人。紧扣党的十九大战略部署,围绕统筹推进"五位一体"总体布局、协调推进"四个全面"战略布局,聚焦打好"三大攻坚战",找准服务大局的切入点、结合点、着力点,找准新时代发挥青年生力军和突击队作用的新领域,推进共青团工作形成社会功能。大力促进青年发展,健全落实中长期青年发展规划的工作机制,落实青年发展重点项目,竭诚为青少年排忧解难。通过全面深化改革,共青团不断活跃团的工作、强化团的功能,团十八届二中、三中、四中、五中、六中全会分别围绕团的基层建设、宣传思想文化工作、为推进国家制度和国家治理体系建设作贡献、组织团员青年建功"十四五"的主题、以自我革命精神深入推进全面从严治团,把全团精力集中起来,向团的主责主业进军,有力推动提高了共青团的引领力、组织力、服务力和大局贡献度。

（一）突出思想引导,提升引领力

共青团持续深入推进"青年大学习",构建了"导学、讲学、研学、比学、践学、督学"为一体的学习体系,在团员青年中广泛开展学习研讨、理论培训、宣讲交流、知识竞赛等各类学习活动,每周吸引超过5 000万人次团员青年参加。规模达2万人的青年讲师团队伍,常态化深入青年宣讲党的创新理论、政策主张、伟大成就,组织青年学习《习近平的七年知青岁月》《习近平关于青少年和共青团工作论述摘编》《习近平与大学生朋友们》等图书,引导广大青年深刻领会习近平总书记的关心关爱和殷切期望。

2020 年 6 月,共青团中央、教育部、民政部、农业农村部、国务院国资委共同印发《关于深入实施青年马克思主义者培养工程的意见》。共青团大力推进这一工程,通过"青年马克思主义者培养工程",累计已有 300 多万各领域优秀青年受到了政治锻造。目前,青年马克思主义者培养工程逐步构建起涵盖全国省(区、市)市(地、州、盟)、县(市、区、旗)和高校、国有企业、农村、社会组织、少先队工作者各领域的工作体系,以理论学习、红色教育、实践锻炼为主要培养内容,在青年中着力培养造就一大批用马克思主义中国化最新成果武装的马克思主义者,引导青年成长为社会主义的合格建设者和可靠接班人。

2021 年 3 月 12 日,团中央召开共青团"学党史、强信念、跟党走"学习教育动员会,对全团开展党史学习教育进行集中动员和全面部署。活动期间,全团累计开展活动 472 万场,覆盖 99.6%的团支部,3.2 亿人次青年直接参加。①

（二）加强基层建设,提升组织力

2019 年 10 月,经中央书记处批准,团中央制定实施《共青团基层组织改革综合试点方案》,推动 10 个省份、20 个县市区开展为期一年的试点。该方案聚焦改革团员发展和教育管理、改革团的基层组织设置方式和运行机制、改革团干部队伍建设和管理模式、优化保障机制等方面内容,着力探索破解团的基层建设中一些关键性、深层次问题。

经过各级团组织的努力,全团基层组织覆盖率和组织活力不断提升。2019年全团新建、新增直接联系的青年社会组织 1 万余家,联系重点新兴青年 3.1 万余人。2021 年,全团在省、市两级新建 329 家行业系统团组织,推进县域团属青年社会组织建设,建成志愿服务、创业就业、文艺体育三类青年社会组织 9 800 余个,推动基层团组织培育或联系青年社团近 16 万个,累计建设 4.9 万个"青年之家"实体阵地,基本实现乡镇街道全覆盖。全年新建团组织 17.8 万家,着力加强对社会领域特别是互联网行业和网约车司机、快递小哥、网络作家等新兴青年群体的覆盖。②

2021 年 5 月,团中央制定印发《关于扩大县域共青团基层组织改革试点的指导意见》。意见要求,以共青团在县域强化政治功能、形成社会功能为基本目标,

---

①　紧跟伟大的党　铸造青春荣光[N].中国青年报,2022－05－05.

②　2021 年共青团工作情况[N].中国青年报,2022－01－27.

通过改革创新团干部选用、团组织设置和运行、团员教育管理,领导保障等方面的体制机制,推动共青团改革不断基层延伸,在全面建设社会主义现代化国家新征程中更好肩负引领凝聚青年、组织动员青年、联系服务青年的职责使命,当好党的助手和后备军。其后,团中央在各省、自治区、直辖市和新疆生产建设兵团确定了619个县(市、区、旗)参与扩大试点工作。①

(三) 强化政策服务,提升服务力

2017年4月,国家《中长期青年发展规划(2016—2025年)》出台。为落实党中央关于规划实施的战略部署,提高规划实施工作的科学化和专业化水平,团中央推动成立了中长期青年发展规划专家委员会,推动规划向基层延伸。截至2019年10月,31个省(区、市)和新疆生产建设兵团的青年发展规划全部制定出台,带动市县两级因地制宜编制规划,构建以"国家规划+省级规划"为骨干的青年发展规划体系。团中央、国家统计局牵头成立各部委参加的规划统计监测组,收集青年发展统计监测数据,形成统计监测年度报告,建立中国青年发展统计年鉴出版机制。青年发展被纳入"十四五"规划和2035年远景目标纲要,建设"青年发展型城市"成为全国大批城市的自觉行动。2021年,团中央着力推动青年发展规划纵深实施,省、市、县三级青年工作联席会议机制普遍建立。各地针对青年发展中的"急难愁盼"问题,出台具体政策1 700多项,深圳、成都、保定等80个地市探索青年发展型城市建设,深化青年发展规划实施县级试点工作。②

此外,共青团务实推进服务青年项目,围绕高校毕业生就业、"双减"政策落实、大城市住房等青年热点、难点、痛点,多轮次开展大样本调研,进一步找准服务青年的着力重点。各级团组织以"我为青年办实事"为主题,依托青年之家、12355服务台等渠道,推出爱心暑托班、"四点半课堂"、青年廉租房等一大批广受青少年和社会欢迎的服务项目。

(四) 胸怀国之大者,提升大局贡献度

在党的坚强领导下,共青团把引领青年思想、塑造青年精神与服务青年成长、动员青年建功紧密结合,聚焦"国之大者",融入各项工作,团结带领青年一代投身我国经济、政治、文化、社会和生态文明建设的第一线,奋斗在载人航天、深海探测、量子通信、大飞机、高铁等国家重大项目攻关的最前沿,用实际行动书写"请党放心,强国有我"的时代华章。

---

① 县域共青团基层组织改革扩大试点全面启动[N].中国青年报,2021-06-23.
② 贺军科.以自我革命精神深入推进全面从严治团[N].中国青年报,2022-01-27.

在乡村振兴中,共青团领导新时代青年领办专业合作社、推广现代农业科技、壮大农村新产业新业态,带头移风易俗、改善农村人居环境、倡导文明乡风,带动农民增收致富,助力农村焕发新貌。截至 2021 年,47 万名"三支一扶"人员参加基层支教、支农、支医和帮扶乡村振兴(扶贫),数百万青年学生参与"三下乡"社会实践活动,为脱贫攻坚和乡村振兴提供新助力。

在创新创业和岗位建功中,共青团擦亮"挑战杯""创青春"品牌,深入实施青少年科技创新攀登行动,推进大学生乡村创业帮扶计划、中国青少年科技创新奖励基金等工作。在信息技术服务业、文化体育娱乐业、科技应用服务业等以创新创意为关键竞争力的行业中,青年占比超过 50%。共青团深入推进"青年文明号"、青年岗位能手、青年安全生产示范岗、青年突击队、"振兴杯"全国青年职业技能大赛等活动,让青年在岗位平台上勇显身手,走在经济社会高质量发展的前列。

在促进区域协调发展和社会治理中,中国青年志愿者扶贫接力计划研究生支教团、大学生志愿服务"西部计划"连续 18 年派遣 41 万余名研究生、大学毕业生,到中西部 2 100 多个县(市区旗)开展扶贫支教、卫生医疗等志愿服务。截至 2021 年底,全国希望工程累计接受捐款 194.2 亿元,资助家庭经济困难学生 662.6 万人,援建希望小学 20 878 所。全国志愿服务信息系统中 14 岁至 35 岁的注册志愿者已超过 9 000 万人。①

2020 年新冠肺炎疫情暴发后,团中央第一时间划拨 1 260 万元特殊团费,专项支持基层团组织防疫工作。各地团组织纷纷响应,不到两个月就组织 165 万名团员青年加入青年突击队,170 余万名团员青年报名成为疫情防控志愿者。中国青基会、光华基金会、青创基金会发起特别行动,面向社会筹集资金超过 5.8 亿元,及时支援湖北等疫情严重地区,为受疫情直接影响的青少年带去关爱。②

(五)坚持全面从严治团,推动共青团改革向纵深发展

团十八大后,共青团着力强化自身建设,贯彻全面从严治党的精神和要求,推进从严治团成为团的自觉行动。

一是以抓政治建设从严为根本。始终把坚持党的全面领导作为全面从严治团的根与魂,深入领会"两个确立"的决定性意义,自觉用习近平新时代中国特色社会主义思想武装头脑、指导实践、推动工作,坚决维护习近平总书记党中央的核心、全党的核心地位,坚决维护党中央权威和集中统一领导。

---

① 紧跟伟大的党　铸造青春荣光[N].中国青年报,2022 − 05 − 05.
② 中华人民共和国国务院新闻办公室.新时代的中国青年[N].人民日报,2022 − 04 − 22.

二是以抓团组织建设从严为基础。持续深化改革,全面从严治团,不断提升团的组织力凝聚力战斗力。勇于革新思想观念,自觉运用社会化工作理念,积极采用项目化、扁平化工作手段,着力激发组织效能,让共青团真正像一个现代化组织那样开展工作。将从严管理的总要求落实到青联、学联学生会、少先队各项工作和建设中去,使党的青少年组织更加充满活力、更加坚强有力。

三是以抓团干部队伍管理从严为关键。持续强化团干部队伍和团干部作风建设,以制度机制建设为重点,狠抓团内"关键少数"。团中央先后研究出台《2020—2023年全国团干部教育培训规划》《中国共产主义青年团干部教育培训工作条例(试行)》,加强对团干部的系统培训,以团县委书记为重点,狠抓党性修养和业务能力提升,努力培养忠诚干净担当的高素质专业化团干部队伍。团十八大以来,团中央直接组织各类团干部教育培训主体班次114个,累计培训10 873人,折合培训量323 123人。

四是以抓团员队伍管理从严为重点。坚持"宁可少一点,也要好一点"的鲜明导向,不断深化团员先进性建设,努力实现从数量控制到质量跃升的转变。狠抓团队衔接,加强团前教育,建立健全积分入团、评议入团制度,使发展团员的标准更鲜明、过程更科学。充分发挥团支部在团员教育管理方面的基础性作用,让"在组织中接受教育、收获成长"成为团员的常态。进一步发挥党、团、队相衔接的育人链条功能,积极向党组织推荐输送新生力量。

五是以抓制度建设从严为保障。团十八大后,团中央着力强化制度"四梁八柱",先后制定颁布一系列制度规定,稳步推进团内规章制度体系建设。2018年7月,共青团中央印发《关于提高政治站位改进工作作风的六条规定》,大力强化团干部作风建设。2019年9月,印发《共青团推优入党工作实施办法》,全面规范和加强共青团推优入党工作。2022年初,团十八届六中全会审议通过《新时代全面从严治团实施纲要》《中国共产主义青年团纪律处分条例》,进一步彰显了以自我革命精神深入推进全面从严治团的决心和行动。

经过全团上下的共同努力,全面从严治团取得阶段性成效。在政治建设上,各级团组织团干部旗帜鲜明讲政治的意识大幅增强,深刻领会"两个确立"的决定性意义,切实增强"四个意识"、坚定"四个自信"、做到"两个维护"。在思想建设上,团内政治理论学习氛围日益浓厚,学懂弄通做实习近平新时代中国特色社会主义思想的自觉性不断提升。在组织建设上,大抓基层的导向鲜明树立,组织规范化建设和组织形态创新在基层齐头并进,团的工作有效覆盖面持续扩大。在作风建设上,团的贵族化、娱乐化问题基本消除,机关化作风明显减少,行政化依赖有所减轻,团组织和团干部队伍形象日趋好转。在纪律建设上,制度规范逐步完善,监督执纪更趋严格,团内纪律的严肃性、权威性得到提升。①

总之,党的十八大以来,以习近平同志为核心的党中央高度重视青年、热情关怀青年、充分信任青年。习近平总书记着眼党的事业后继有人、红色江山永不变色,高度重视、亲切关怀共青团和青少年工作,主持召开党的历史上第一次中央党的群团工作会议,指导出台新中国历史上第一个青年发展规划,指导发布新中国历史上第一部专门关于青年的白皮书,指导制定《共青团中央改革方案》《中央团校改革方案》《中共中央关于全面加强新时代少先队工作的意见》。习近平总书记提出一系列新观点新论断新要求,深刻回答了新时代培养什么样的青年、怎样培养青年,建设什么样的共青团、怎样建设共青团等方向性、全局性、战略性课题,形成了习近平总书记关于青年工作的重要思想,为做好新时代共青团工作提供了根本遵循。

在以习近平同志为核心的党中央坚强领导下,在习近平新时代中国特色社会主义思想科学指引下,共青团认真落实习近平总书记关于青年工作的重要思想,坚定不移走中国特色社会主义群团发展道路,履职尽责、守正创新,团的工作和建设取得显著成就、发生深刻变革。

2022 年 5 月 10 日,在庆祝中国共产主义青年团成立 100 周年大会上,习近平总书记发表重要讲话,全面回顾共青团坚定不移跟党走、为党和人民事业奋斗的光辉历程,深刻阐明共青团百年征程形成的宝贵经验,指明了新时代共青团工作的努力方向,对广大共青团员和团干部寄予殷切期望。

习近平总书记在讲话中从共青团一百年来团结带领广大团员青年展现的精神风貌、贡献的青春力量、建立的重要功勋出发,鲜明指出"坚定不移跟党走,为党和人民奋斗,是共青团的初心使命。"高度评价在革命、建设、改革开放、新时代不同历史时期,共青团团结带领广大青年听党话、跟党走,为党和人民奋斗所建立的重要功勋,充分肯定共青团不愧为中国青年运动的先锋队,不愧为党的忠实助手和可靠后备军。并且明确提出,在新的征程上,如何更好把青年团结起来、组织起来、动员起来,为实现第二个百年奋斗目标、实现中华民族伟大复兴的中国梦而奋斗是新时代中国青年运动和青年工作必须回答的重大课题。

习近平总书记指出,坚持党的领导是共青团的立身之本,坚守理想信念是共青团的政治之魂,投身民族复兴是共青团的奋进之力,扎根广大青年是共青团的活力之源。这是一百年来,共青团坚定理想、矢志不渝形成的宝贵经验,也是共青

---

① 贺军科.以自我革命精神深入推进全面从严治团[N].中国青年报,2022-01-27.

团面向未来、再立新功的重要遵循。他寄语新征程上的共青团：坚持为党育人，始终成为引领中国青年思想进步的政治学校；自觉担当尽责，始终成为组织中国青年永久奋斗的先锋力量；心系广大青年，始终成为党联系青年最为牢固的桥梁纽带；勇于自我革命，始终成为紧跟党走在时代前列的先进组织。

习近平总书记要求共青团增强引领力、组织力、服务力，团结带领广大团员青年成长为有理想、敢担当、能吃苦、肯奋斗的新时代好青年，履行好全团带队政治责任，规范和加强少先队推优入团、共青团推优入党工作机制，着力推动党、团、队育人链条相衔接、相贯通。要求新时代的团员青年做理想远大、信念坚定的模范；做刻苦学习、锐意创新的模范；做敢于斗争、善于斗争的模范；做艰苦奋斗、无私奉献的模范；做崇德向善、严守纪律的模范。要求新时代的团干部铸牢对党忠诚的政治品格，高扬理想主义的精神气质，心境澄明，心力苦壮，让人迎面就能感受到年轻干部应有的清澈和纯粹；自觉践行群众路线、树牢群众观点，同广大青年打成一片，做青年友，不做青年"官"，多为青年计，少为自己谋；培养担当实干的工作作风，不尚虚谈、多务实功，勇于到艰苦环境和基层一线去担苦、担难、担重、担险，老老实实做人，踏踏实实干事；涵养廉洁自律的道德修为，心有所畏、言有所戒、行有所止，不断锤炼意志力、坚忍力、自制力，做一个一心为公、一身正气、一尘不染的人。

习近平总书记在讲话中强调，过去、现在、将来青年工作都是党的工作中一项战略性工作。各级党委（党组）要倾注极大热忱研究青年成长规律和时代特点，拿出极大精力抓青年工作，做青年朋友的知心人、青年工作的热心人、青年群众的引路人。各级党组织要落实党建带团建制度机制，经常研究解决共青团工作中的重大问题，热情关心、严格要求团干部，支持共青团按照群团工作特点和规律创造性地开展工作。

习近平总书记在庆祝中国共产主义青年团成立100周年大会上的重要讲话，极大丰富和发展了习近平总书记关于青年工作的重要思想，为在新起点新征程上推动共青团事业守正创新、推进中国青年运动蓬勃向前提供了思想引领和行动指南。新时代新征程，在以习近平同志为核心的党中央坚强领导下，中国共青团将以百年积蓄的强大信仰力量、顽强斗争精神、坚定历史自信，积极投身具有许多新的历史特点的伟大斗争，团结带领广大团员青年勇于在大风大浪中当先锋、做闯将，为提供实现中华民族伟大复兴更为完善的制度保证、更为坚实的物质基础、更为主动的精神力量，努力作出青春贡献，继续书写不负党和人民殷切期望的精彩篇章！

问题：

1. 为什么说五四运动是旧民主主义革命走向新民主主义革命的转折点,标志着中国青年成为推动中国社会变革的急先锋?

2. 新民主主义革命时期共青团带领广大青年踊跃投身的重要革命运动有哪些? 为中国革命胜利建立了怎样的重要功勋?

3. 为什么说中国共青团是中国青年运动的先锋队? 共青团的成立在中国革命史和青年运动史上具有里程碑意义?

4. 中国共青团是如何在中国共产党的直接关怀和领导下成立的?

5. 进入社会主义全面建设时期,共青团是如何组织青年向科学进军,向困难进军,向荒原进军,展现出敢于拼搏、辛勤劳动的精神风貌的?

6. 为什么说学雷锋活动是共青团发动、持续时间最久、影响最为广泛的一项品牌活动?

7. 中国共青团历史上经历过两次更名和一次改造,其背后的原因是什么?

8. 改革开放初期,为适应党和国家工作中心战略转移,共青团在广大青年中组织开展了哪些重要活动? 这些活动具有怎样的时代意义?

9. 改革开放新时期共青团主要开展了哪些具有浓烈青春气息的品牌活动,对于中国特色社会主义建设事业具有怎样的积极意义?

10. 面向新世纪的共青团为什么要推出跨世纪青年人才工程和跨世纪青年文明工程? 新世纪"双跨"工程具体包括哪些内容?

11. 新时代青年在党和人民最需要的时刻冲得出来、顶得上去,展现出自信自强、刚健有为的精神风貌,具体体现在哪些方面?

12. 新时代共青团如何才能保持和增强政治性、先进性、群众性,始终成为组织中国青年永久奋斗的先锋力量,成为紧跟党走在时代前列的先进组织?

主要参考文献：

[1] 习近平.在庆祝中国共产主义青年团成立100周年大会上的讲话[J].中国共青团,2022(10).

[2] 李玉琦.中国共青团史稿[M].北京：中国青年出版社,2010：32-35,55.

[3] 团中央办公厅.中国青年运动历史资料(1)[Z].(内部出版)1957：129,32.

[4] 中国现代史资料选编(1)[M].哈尔滨：黑龙江人民出版社,1981：426.

[5] 郑洸等.中国共青团简史[M].北京：中国青年出版社,1992：50-51,55-56.

[6] 中国共产党简史[M].北京：人民出版社、中共党史出版社,2021：67-68.

[7] 革命领袖论共青团工作[M].北京：中国青年出版社,1994：77.

[8] 十二大以来重要文献选编[M].北京：人民出版社,1986：89-90.

[9] 高举团旗跟党走 奋力实现中国梦——共青团十七大报告摘要[N].中国青年报,2013-06-18.

[10] 紧跟伟大的党 铸造青春荣光[N].中国青年报,2022-05-05(001).

[11] 胡献忠.中国青年运动一百年(1919—2019)[M].南京：中国青年出版社、江苏人民出版社,2022：

615,617－618,623－624,659.

［12］青年之家：建设团员青年身边的团组织［J］.中国共青团,2017(9).

［13］2021年共青团工作情况［N］.中国青年报,2022－01－27.

［14］县域共青团基层组织改革扩大试点全面启动［N］.中国青年报,2021－06－23.

［15］贺军科.以自我革命精神深入推进全面从严治团［N］.中国青年报,2022－01－27.

后　记

经过一年多的筹划,《团务通——基层团务实用手册(第三版)》终于在党的二十大胜利召开之际和广大读者见面了。作为新时代团务工作的工具书,《团务通——基层团务实用手册(第三版)》在前两个版本的基础上,结合全团和上海共青团工作的新发展要求进行编撰。整体内容丰富充实,基本涵盖群团改革以来共青团工作的各方面,文稿内容系统阐述习近平总书记关于青年工作的重要思想的深刻内涵,按照共青团"三力一度两保障"工作格局分章撰写,书中内容注重基础性、实用性、逻辑性和针对性,使团干部便于学习和使用。

共青团上海市委非常关心、重视本书的编写工作,在团市委组织部的统筹协调下,上海市团校组建了由校领导牵头、26名教师组成的专项工作项目组,并于2021年7月和9月分别召开了《团务通(第三版)》专项工作推进会,进一步推动编写工作有序进行。在团市委的大力支持下,项目组收集整理了群团改革以来上海共青团重点工作的相关素材资料,各章编写教师在整理素材资料的基础上进行工作规律提炼。在整书的成稿过程中,结合团市委机关各部门的指导意见,各章编写教师对书稿进行多次修改完善,最后形成终稿。

戴冰同志、张恽同志设计了本书的总体框架和篇章结构,沈艳同志、李刚同志统筹协调项目组日常工作。赵文同志、张恽同志、金燕娜同志编写了第一章习近平总书记关于青年工作的重要思想;卢会志同志、王冬梅同志、汤莉莉同志编写了第二章青少年思想政治引领;赵凌云同志、刘鸿方同志、张林同志、陈元元同志编写了第三章组织动员青年;邓蕾同志、俞晓歆同志、朱红蕊同志、林入雁同志编写了第四章联系服务青少年;葛凤同志、李成斐同志、毕晓敏同志、焦莉同志编写了第五章紧扣中心大局,提升共青团青年工作的大局贡献度;李刚同志、蔡爽同志编写了第六章全面从严治团;陆烨同志、邱懿同志、丁烜红同志、邓丽娜同志编写了第七章共青团的实用工作方法;赵文同志编写了第八章共青团简史。本书的出版还得到了上海交通大学出版社的大力帮助。

在所有关心本书修订工作的同志们的共同努力下,本书得以在建团百年之际如期再版。在此,谨向他们表示诚挚的敬意和衷心的感谢!

由于时间仓促,并限于编者水平,修订过程中给难免有疏漏和差错,欢迎广大读者给予批评指正,以待进一步修正完善。

本书编写组

2022 年 8 月